제2판

벤처창업과 기업가정신

최종열 · 정해주

탑북스

2판 머리말

경영환경의 불확실성은 기술혁신의 속도와 소비자의 니즈 변화에 비례한다. 이러한 관점에서 볼 때 기업의 생존 또한 환경변화에 따라 매우 유동적임은 당연하다. 기업의 생존이 유동적이라 함은 창업과 폐업이 일상적임을 의미한다. 또한 세계경제의 침체와 함께 저성장의 환경에서 신규 일자리의 창출이 없는 현상이 지속될 것으로 예상되고 있다.

이러한 사회 현상을 극복하기 위한 방안의 하나로 창업이 제시되고 있다. 정부는 창조경제 건설이라는 명제 하에 다양한 창업 기회의 제공에 노력하고 있다.

이와 같은 배경으로 창업에 대한 이론과 실제를 접목하고자 하는 욕심에 이 책이 세상에 나온 지 5년이 지났다. 그동안 저술한 의도와 같이 독자에게 접근되고 있는지 항상 자문하면서도 변화를 적극적으로 반영하지 못해 왔다. 이에 이 책을 교재로 사용하신 교수님과 창업 실천서로 활용하신 창업가 여러분의 건설적인 비판을 수렴하여 한걸음 더 나아가는 계기로 삼고자 한다.

개정판은 창업에 대한 초판의 기술 방향을 유지하면서 불필요하거나 부족한 부분의 보완에 중점을 두었다. 다만 정책에 따라 변화가 심한 제도 부분은 한 학기에 법과 제도까지를 강의한다는 것이 현실적으로 어렵다는 현장의 의견과 함께 창업경영에 있어 학문적 연구의 진전으로 법과 제도에 관한 영역은 별도로 논의함이 타당하겠다는 생각에 개정판에서 제외하였다.

앞으로도 지속적인 경계와 보완으로 이 책이 진부해지 않도록 할 것임을 약속드리며, 개정판이 나오도록 기다려 주신 탑북스 김광식 사장님과 직원 모두에게 감사드린다.

2016년 7월

저자 일동

머 리 말

경제의 패러다임이 자원기반에서 지식기반으로 변화함에 따라 기업경영도 혁신성과 유연성을 바탕으로 하는 전략의 수립 및 실행이 요구되고 있다. 이러한 두 가지 개념에 가장 부합하는 기업형태가 벤처기업이라 할 수 있다. 또한 21세기 글로칼리제이션 시대에 따라 세계화와 더불어 지역의 경제적 발전과 경쟁력 제고의 중요성이 강조되고 있는데 이러한 목표를 달성하는 수단으로 기술기반 중소기업인 벤처기업의 창업과 육성이 부각되고 있다.

오늘날 영원한 일등이 없는 무한경쟁시대를 헤쳐 나가기 위해서 모든 기업가들에게 창의성과 도전정신을 바탕으로 한 기업가정신이 요구되고 있다. 특히 소유자원이 부족하고 기업환경의 불확실성이 매우 높은 창업기업가의 경우 기업가 정신의 중요성은 더욱 크다. 그러나 벤처기업의 육성과 활성화의 필요성에 대한 인식 정도에 비해 기업가정신을 보유한 창업기업가의 육성에는 아직도 미흡한 실정이다.

창업성공을 위해서는 창업자가 창의적이고 위험감수성향을 가지며, 기업가로서의 역량과 가치관을 보유해야 할 것이다. 이 책은 창업을 준비하거나 창업에 관심이 있는 독자를 위해 이러한 기본을 튼튼히 하는데 주안점을 두고 작성하였다.

기업가정신 및 창업은 경영, 기술, 법률 및 인문학적 요소를 가진 학제적 성격을 가지고 있음에 따라 모든 내용을 포괄하는 교과서의 제공은 상당히 어려울 것이다. 따라서 이 책은 예비창업자 및 창업에 관심을 가진 독자가 실제 창업과정에서 활용할 수 있는 활용성과 이의 이론적 배경을 제공하고자 하는데 중점을 두었다. 이를 위해 경영관리와 창업 프로세스, 이론과 실제의 조화에 많은 노력을 하였다.

이 책은 총 12장으로 구성하였고 전체의 흐름은 창업의 3요소인 사람, 자본, 아이디어를 중심으로 사업화에서 회수의 과정까지를 기술하고 있다. 구체적으로 환경의 변화와 창업의 중요성(제1장), 준비된 창업을 위한 창업전략(제2장)을 통해 창업에 대한 기본적 이해를 제공하고 있다. 창업의 가장 중요한 요소인 인적요소에 대한 논의는 기업가정신(제3장) 및 조직과 경영팀(제4장)에서 기술하였으며, 제품 요소에 대하여는 아이디어 개발을 위한 창의성(제5장)과 기회의 탐색(제6장)에서 논의하고 있다. 기회의 구체화를 위한 자본 조달을 비롯한 재무적 관심은 제7장 재무와 회계에서 다루고 있다.

창업의 3요소에 대한 이해를 바탕으로 기회에 대한 평가(제8장)와 실행계획인 창업사업계획서에 대한 이해(제9장)를 통해 창업 실무에 관해 논의하였다. 창업기업은 자원의 부족 및 다양한 외부 환경의 제약과 도전으로 인해 안정적 성장에 많은 어려움이 상존하고 있다. 이를 극복하기 위한 방안으로 성장전략에 대하여 논의하고 아울러 좋은 기업이 되기 위한 기업가 및 기업의 사회적 책임에 대하여 제10장에서 기술하였다. 창업의 궁극적인 목표에 대하여 고민하고 창업 이해관계자에 대한 적절한 보상 방안인 회수에 관하여 제11장에서 논의하고 있다. 제12장에서는 제도적 관점에서 창업과 관련되는 법률에 대한 설명을 하고 있다.

이 책은 창업의 출발점에서 결승점까지의 과정을 중심으로 따라가면서 각 과정에 필요한 주요 이슈를 이론과 실제 사례를 통해 알아보고자 하였다. 책은 쓰는 순간 과거가 된다는 위험을 무릅쓰고 이렇게 정리한 이유는 10년 넘게 창업기업의 보육을 담당해왔고, 수업을 하면서 창업과정 중심으로 보다 이해하기 쉬우며, 예비창업자 및 창업기업가들에 도움이 되었으면 하는 마음임을 이해 바란다.

마지막으로 시간적 제약에도 불구하고 이 책을 발간해 주신 탑북스 김광식 사장과 직원에게 감사드린다. 이 책의 오류는 전적으로 저자의 미흡함으로 인한 것이며, 창업과 기업가정신에 관심과 애정을 가지신 독자 여러분의 가르침을 기다린다.

2011년 1월
저자 일동

차 례

제3장 기업가정신

제4장 벤처 조직과 경영팀

제11장 벤처기업의 회수

제1장 환경 변화와 벤처창업

학습목표

- ❑ 산업 환경과 패러다임의 변화
- ❑ 기업환경의 변화와 기업의 변화
- ❑ 창업과 벤처의 이해

제1장 환경 변화와 벤처창업

제1절 산업 환경의 변화

환경은 우리의 생활 방식은 물론 기업의 생존에 직접적인 영향을 미치고 있다. 반면 현대 사회는 '불확실성의 시대'라고 할 만큼 환경의 변화가 급변하고 있다. 따라서 이러한 환경 변화에 적응하며 미래를 예측하고 대비하지 않으면 개인은 물론 기업이나 국가도 유지 발전할 수 없다는 것이 공통된 인식이다.

환경의 변화는 돌발적이거나 우연에 의한 것이 아니라 반드시 어떤 원인이나 근거에 의해 나타나게 마련이다. 즉 과거의 어떤 원인이 현실의 상황을 가져오게 되고, 현실은 미래의 어떤 결과를 유도하게 되어 있다. 따라서 과거의 현상과 과정을 분석하고, 이를 근거로 현실을 파악하며, 현실을 바탕으로 미래를 정확히 예측할 수 있어야 개인은 물론 기업도 성공할 수 있을 것이다. 따라서 환경의 변화를 인식하는 것은 매우 중요하다.

1. 환경 변화

1) 사회의 변화

인류 역사의 흐름은 새로운 문명의 발전과 같이하고 있다. 환경에 적응하고 효율적인 문명을 창조한 종족은 타 종족보다 우월한 지위를 누리고 자원과 부를 우선적으로 점유하는 결과를 가져왔다.

토플러(Alvin Toffler)는 인류 문명의 발전 과정에서 기존과는 확연히 다른 새로운 일과 생활의 방식을 가져오는 계기를 커다란 물결로 설명하였다. 이러한 물결에는 수렵채취 시대에서 농경문화 시대로 전환시킨 제1의 물결, 공업기술 시대로 바꾼 제2의 물결, 지식정보 사회로의 변화를 가져온 제3의 물결 그리고 미래 인류의 삶에 더 큰 변화를 가져올 바이오 기술을 바탕으로 한 제4의 물결이 그것이다.

- ✦ **제1의 물결** : 인류사에 존재한 수만년 동안의 수렵 및 채취 방식의 생산 방식과 이동식 생활방식에서 3,000년 ~ 4,000년 전의 농경기술의 발전이 정착생활과 농경문화를 형성하였다. 농경기술을 빨리 받아들이고 발전시킨 국가와 민족은 융성했고, 그렇지 못한 국가와 민족은 몰락의 길로 갔다.
- ✦ **제2의 물결** : 200년~ 300년 전 산업혁명은 공업기술의 발전을 가져왔다. 공업기술을 활용한 국가는 선진공업국으로서 대량생산과 무역의 주도권을 가지고 세계의 중심국가가 되었으며 산업자본주의의 탄생을 가져왔다.
- ✦ **제3의 물결** : 20C에 들어 디지털 및 인터넷 기술의 발달은 고도의 지식 및 정보의 힘이 지배하는 '지식사회'(knowledge society) 또는 '정보화 사회'로의 변화를 가져왔다. 이러한 지식 · 정보화는 6T로 대표되는 정보통신기술, 의약 및 바이오, 문화산업, 환경산업, 우주항공산업, 나노기술의 발전에 기여하였다.
- ✦ **제4의 물결** : 토플러는 21C에 새로운 물결이 밀려올 것을 예언하고 있다. 2001년 미국이 게놈(genome)지도를 공표함으로써 촉발된 정보통신과 바이오의 결합 및 융합으로 생명공학을 축으로 하는 '게놈혁명'이다.

우리는 이미 국제적 환경에 의해 두 번의 엄청난 경제적 어려움을 경험했다. 1998년의 외환위기, 2008년 발생한 미국의 신용위기 및 그리스를 비롯한 남유럽 국가의 경제위기에서 최근의 브렉시트(Brexit)에까지 세계경제의 불확실성은 더욱 심화되고 있다. 우리에게 주어진 환경의 지속적 변화는 외환위기 극복과정에서 경험했듯이 기존의 중후장대(重厚長大)와 대마불사(大馬不死)의 사고에서 경박단소(輕薄短小) 및 유연하고 탄력적인 사고로의 전환과 같은 생각과 행동양식의 변화만이 이러한 위기를 극복하게 해줄 것이다.

변화는 혁신을 통해 이룰 수 있으나 이에는 저항이라는 변화를 싫어하는 행위가 있으며 이의 타파가 중요할 것이다.

그림 1-1. 산업 환경의 변화 과정

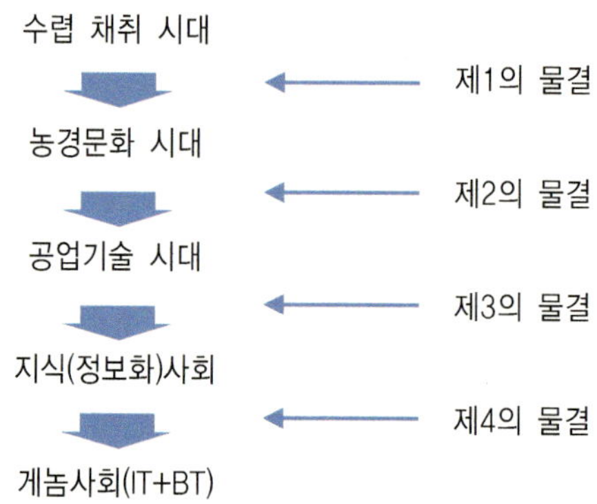

2) 사회와 패러다임의 변화

사회의 변화는 사회를 구성하고 있는 구성요소 및 힘과 권력의 원천에 변화를 수반한다. 이에 따라 상류 계급과 이들의 지탱하게 하는 주요 기술에도 변화가 발생한다. 또한 사회 여론의 생산과 전달을 주도하는 중심축도 이동하게 된다.

그림 1-2. 사회와 패러다임의 변화 과정

	원시사회	→	농경사회	→	산업사회	→	정보사회	→	게놈사회
힘의 근원	근력 노동		토지		자본		정보		BT
상류 계급	무사		지주		자본가		정보기술자		BT기술자
주요 기술	사냥기술	농업혁명	경작기술	산업혁명	제조기술	IT혁명	정보기술	BT혁명	BT기술
생산 방식	자급자족		장인제조		소품종 대량생산		맞춤형 소량 생산		다품종 소량생산
사회 여론	권력자 중심		농민중심		언론중심		언론중심		BT 생산자 중심

그림에서 보는 바와 같이 원시사회의 육체적 능력 중심의 사회가 농업기술의 혁명으로 정착생활을 가져왔고, 정착의 농경문화는 토지의 보유가 힘의 원천으로 작용하였다. 산업혁명의 공업기술 발전은 자본과 공업제품이 부의 창출 근원이 되었다. 정보기술에 의한 정보화 사회에서는 정보와 지식의 중요성이 강조되며, 기존의 사회구조, 행동양식, 경영환경의 변화를 가져왔다. 앞으로 도래될 바이오 기술에 의한 게놈사회에서는 인간의 삶과 일하는 방식에 더 급격하고 큰 폭의 변화가 예상된다.

3) 정보화 사회의 특징

디지털 및 인터넷을 중심으로 한 정보기술의 혁명은 산업사회의 사고와 행동양식 그리고 생산과 생활의 기반에 엄청난 변화를 가져왔다. 기존의 일방적 단선 구조에서 다방향의 복선구조로의 변화를 강요하고 있다.

사회구조면에서 구성원들은 신뢰 또는 능력 중 하나만 보유하고 지휘·명령에 의한 인간관계형성으로 삶의 기반이 과거에는 이루어졌으나, 디지털 사회로의 이동은 신뢰와 능력을 동시에 갖추고 다양한 정보원을 활용하고 관계를 형성해야 하는 형태로 전환되었다. 이에 따라 행동양식은 물리적 대면을 통한 일처리 방식에서 가상공간이 상용화되었으며, 소비자 중심의 경제 패러다임의 변화로 다양한 소비자의 니즈를 충족하기 위한 다품종 소량생산 시스템의 도입이 요구되고 있다. 또한 대표자를 통한 의사표현 형태에서 전자투표를 이용한 의사결정에의 직접 참여가 일반화되는 사회가 예상된다.

또한 문화의 소비가 특정 계층의 전유물이 아닌 대중화로 문화가 산업(난타, 점프 등)이 되며, 소비자가 생산자가 되는 참여(체험)형 소비로 변화하고 있다.

이에 따라 사회구조, 행동양식 및 문화기반의 변화는 필연적으로 기업의 경영환경에 많은 변화를 가져왔다. 먼저 경제활동의 범위가 특정 지역을 중심으로 의사결정을 하던 형태에서 정보기술의 발달로 기업 활동 정보가 전 세계에 실시간으로 공유됨에 따라 경쟁의 격화를 가져왔다. 이러한 글로벌화는 자본, 정보 및 제품의 표준화를 유발하며 기업의 활동이 세계의 표준에 부합할 것을 요구하고 있다.

표 1-1. 정보화 사회의 특징

구분	아날로그 사회	디지털 사회
사회구조	- Linework - 아마추어의 독자 생존 가능 - 신뢰 or 능력 요구	- Network - 프로를 중심으로 생존 - 신뢰 and 능력 동시 요구
행동양식	- 물리적 접촉 - 생산자 중심의 경제생활 - 代議 민주주의	- 사이버공간 접촉 - 소비자중심의 경제생활 - 전자·직접 민주주의
문화기반	- 이성적 사고 - 엘리트 문화 - 문화와 산업이 분리	- 감성적 선택 - 참여주의 문화 - 문화산업이 중요
경영환경	- 경제 범위가 제한적 - 예측 가능한 경영환경 - 실물재화 중심	- 확산성으로 경쟁격화 - 복잡성으로 예측 불가능 - 가상성으로 가상재화 유통

또한 경영 의사결정에서의 고려 환경이 확대됨에 따라 영향변수에 대한 제한적 적용을 활용하는 선형적인 예측은 더 이상 효용가치가 없어졌으며 예측 자체가 불가능한 상황이 초래되고 있다. 유통의 대상에서도 실물 재화 및 서비스에 추가하여 가상재화(도토리, 마일리지, 게임 머니 등)가 새로운 교환의 대상 및 교환의 도구로 사용되고 있다.

읽을거리 1

디지털 환경이 가져온 변화

✦ 95%에게는 공짜, 5%에게만 유료

인터넷 세상의 가장 권위 있는 사상가 중 한 사람이면서 베스트셀러 『롱 테일 경제학』의 저자 크리스 앤더슨(Chris Anderson)은 후속으로 프리(Free)를 통해 모든 것이 공짜로 되어가는 공짜경제(Freeconomics = Free + Economics)시대에 대해 이야기한다. 그는 "디지털화할 수 있는 모든 것은 마치 중력(重力)처럼 값이 공짜에 가까워지는 현상에서 벗어날 수 없다"고 말한다. 인터넷 공간에 널려 있는 그 많은 공짜 콘텐츠들을 생각하면 쉽게 이해가 갈 것이다.

그렇다면 살아남는 방법은? 그는 "공짜 경제를 피할 수 없는 현실로 간주하고 이 시대에 살아남을 수 있는 창의적인 대안들을 마련하라"고 강조한다. 그가 21세기의 비즈니스 모델로 치켜세우는 것 중 하나가 이른바 프리미엄(Freemium = Free + Premium) 모델이다. 95%의 범용 서비스는 공짜로 제공하되 나머지 5%의 차별화되고 개인화된 서비스를 소수에게 비싸게 팔아서 수지를 맞추라는 것이다. 많은 기업인들이 공짜경제 시대에

당혹감을 느끼고 있다.

"버라이존(Verizon · 미국의 통신회사)과 모토로라가 GPS 칩을 내장한 '드로이드'(Droid)를 출시하면서 이용자가 길을 걸어가면 방향 안내 정보를 음성으로 알려준다. 구글이 위치 정보를 공짜로 제공한다. 네비게이션 회사들의 사업 영역이 하루아침에 공짜가 되어버린 것이다. 1000억달러 산업이 어느 날 갑자기 사라질 수 있다. 이것이 현실이다.

무언가 디지털화할 수 있는 것은, 결국 공짜 버전이 나오곤 만다. 결국 당신의 숙제는 어떻게 공짜와 경쟁할 수 있느냐는 것이다. 공짜 버전이 제공하지 못하는 것을 제공하라. 아이튠즈(iTunes · 애플의 온라인 음악 판매 사이트)가 제공한 것은 편리함이었다(인터넷에서 공짜로 음악을 다운로드 받을 수 있지만, 아이튠스를 이용하면 편리하기 때문에 한 곡에 99센트를 주고 이용한다는 의미). "제품을 파는 시대에서 서비스를 파는 시대로 바뀌고 있다."

✦ 프리미엄(Freemium) 모델의 실제 사례들

- 30일 무료, 그 이후 유료 전환: 세일즈포스
- 컴퓨터 간의 통화는 무료, 컴퓨터와 전화 간의 통화는 유료: 스카이프
- 데모용 소프트웨어는 무료, 완전판은 유료: 대부분의 비디오 게임
- 웹 콘텐츠는 무료, 인쇄 콘텐츠는 유료: 잡지와 서적 등 많은 상품
- 서적의 일부 콘텐츠는 무료, 서적은 유료 판매: 구글의 북서치 이용 출판업체들
- 사진 공유 서비스는 무료, 저장 공간이 더 필요시 유료 판매: 플리커
- 일반적인 경영 정보는 무료, 맞춤 경영 정보는 유료: 맥킨지와 맥킨지저널
- 가상 관광을 무료 제공하고, 가상 토지를 유료 판매: 세컨드 라이프

✦ 디지털이 가져온 새로운 사업 기회

콘텐츠의 소비는 스마트폰 또는 PC로 보는 경우가 일반화 되었다. 많은 사람이 콘텐츠 제공 서버에 접속한다면 해당 서버는 과부하로 멈춰버린다. 그렇다면 어떻게 수십만 명이 동시에 영상을 볼 수 있는 것일까? 씨디네트웍스 고사무열 전 대표는 "서버와 사용자 간에 콘텐츠를 연결해 주는 콘텐트전송네트워크(CDN) 업체가 있기 때문"이라고 설명한다.

2000년 국내 최초로 CDN 업체를 창립한 그는 씨디네트웍스의 역할을 "사이버 물류사업"이라고 비유했다. 물류업체들이 세계 주요 거점에 대형 창고를 지어놓듯이 콘텐츠센터를 만들어 놓고 대통령 취임식, 올림픽 경기처럼 많은 관심을 끄는 콘텐츠를 저장해 뒀다가 소비자들이 원할 때 빠르게 제공한다는 것이다.

'강남스타일'처럼 전 세계에서 인기를 끄는 동영상은 대륙별 콘텐츠 기지에 아예 저장해 놓는다. 소비자들은 자신과 가장 근접한 서버로부터 영상 데이터를 받기 때문에 검색 시간이 줄어들고, 접속 폭주로 인한 서버 다운도 피할 수 있다. 2013년 현재 교육방송(EBS), 알리바바, 소니 등 국내 외 1500여 개 기업이 1만7500개의 사이트를 씨디네트웍스를 통해 서비스한다. 국내에서는 인터넷 트래픽의 10~15%가 씨디네트웍스를 통해 처리된다.

CDN 업무는 정보기술(IT) 전반에 대한 지식이 필요하지만 고 대표는 경영학을 전공하였고 1991년 LG CNS에 입사하면서 컴퓨터를 본격적으로 접했다. 두 번째 직장인 데이콤에 근무하면서 인터넷 데이터센터 구축실무를 맡았다. 어느 날 고객이 "동영상을 송출

하는데 자꾸 끊긴다."며 해결을 요청해 왔다. 이 문제는 데이콤만으로는 해결할 수 없었다. 소비자들은 다양한 통신사의 인터넷망을 통해 콘텐트를 소비하기 때문이다. 그는 퇴사한 뒤 CDN 회사를 차렸다.

그는 "통신사업자들을 찾아다니며 끊김 없는 영상 서비스를 제공하려면 통신사가 모두 참여해야 한다."며 "고객 만족도가 높아져야 영상 소비도 늘어날 것"이라고 설득했다. 1년여 만에 데이콤 · 하나로(현 SK브로드밴드) · KT가 공동 출자에 동의했다. 통신회사 간의 '동업'은 흔치 않은 일이었지만 '고객 편의'를 무기로 참여를 이끌어낸 것이다.

씨디네트웍스는 현재 미국 아카마이와 라임라이트에 이어 세계 CDN 사업 3위에 올랐다.

2. 기업 경영환경의 변화

1) 경영환경의 개념

기업의 경영활동은 기업이 속한 사회의 가치관과 생활양식뿐 아니라 기업의 경영활동에 의해 영향을 받는 이해관계자 집단에 의해서 제약을 받는다. 따라서 기업은 사회 가치관의 변화와 이해관계자가 중요하다고 생각하는 현상과 기준이 어떻게 변화하고 있는지에 면밀한 관심을 가져야 사회 구성원으로서의 역할을 할 수 있을 것이다.

사회 구성원들의 공통된 사고방식, 생활양식, 생산방식 등 시대정신의 종합인 패러다임이 정보기술의 발달 등으로 새롭게 변하고 있다. 그 첫째 현상으로 글로벌 경제체제이다. 경영활동의 전 분야에 있어 세계시장을 대상으로 제품의 개발, 마케팅 활동, 자금 조달과 운용, 기업의 사회적 책임 등이 이루어져야 한다. 둘째로 디지털 사회로의 전환이다. 디지털화는 정보의 확산성, 저장성, 가공성 등의 특성을 제공함에 따라 이를 활용하는 지식경영으로의 전환이 요구되고 있다. 셋째로 지식사회로의 진전이다. 암묵지와 형식지의 순환에 따라 지식의 축적 및 활용이 과거보다 더욱 용이해짐에 따라 지식 반감기는 더욱 단축되어가고 있다. 이제 기업의 경쟁력은 기업 구성원들의 지식의 보유 및 활용 역량에 따라 좌우되고 있다.

이러한 패러다임의 변화에 따라 미래에 다가 올 사회인 새로운 환경의 자본주의를 Post-Capitalism이라 하고 이 시장은 제품, 자금, 정보에 있어 글로벌 표준화가 진행될 것이다.

제품(서비스)의 표준화는 경영활동의 대상이 기존의 국내 등 보호된 시장, 폐쇄된 시장에서 관세의 철폐, 무역의 자유화(FTA, WTO) 등 시장의 개방화로 인해 기업이 생산하는 제품(서비스)이 세계의 기준에 부합되어야만 생존할 수 있음을 의미하고 있다.

자금의 표준화는 국가 간 자금 이동에 제한이 없어짐에 따라 자금의 흐름이 국제적 이자율과 위험의 정도에 따라 영향을 받는다. 이에 따라 자금의 종류, 금융업 형태 등에 있어 글로벌화가 진전되고 금리 등 금융의 표준화가 진행된다.

정보의 표준화는 IT기술의 혁명으로 새로운 기술과 생산프로세스에 관한 정보가 공유되어 감을 의미한다. 즉 형식지에 해당하는 정보는 차별화의 의미가 없으며, 기업의 경쟁력 우위 요소가 되지 못한다.

이러한 기업환경의 변화는 기업 경영자에게 기업의 생존과 발전을 위해서는 지속적인 변화와 고정관념의 파괴 등 혁신활동을 요구하게 된다.

읽을거리 2

고정관념의 파괴 : Gordon Sir의 실험

파리와 꿀벌을 깜깜한 병에 넣은 후 거꾸로 하여 위쪽의 구멍을 통해 불빛을 주었을 때, 꿀벌과 파리 중 어느 쪽의 생존율이 높은지를 실험하였다.

꿀벌은 밝은 곳이 출구라는 논리적 사고에 의해 위로만 탈출을 시도하다 죽게 되나,

파리는 빛의 논리를 무시하고 날아다니다 2분이 못되어 탈출에 성공하였다.

사람의 사고방식에 있어 과거 경험이 현재의 행동을 제약하고, 논리가 탐색을 지배하는 현상에 대한 설명으로 현대조직에 있어 수단이 목적에 묶이고 행동이 통제되는 일들의 타파가 중요해지고 있음을 보여주고 있다.

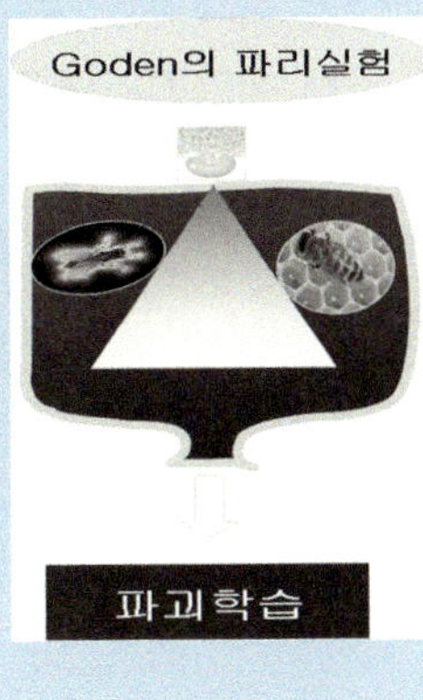

2) 기업형태의 변화

사회의 변화와 기업경영 환경의 변화에 따라 기업의 형태도 변화하고 있다. 기존의 소품종 대량생산 시스템과 효율성 위주의 사고에서 다품종 소량생산 시스템 및 효과성 중심의 사고로의 이전에 따라 이에 적합한 새로운 형태의 기업으로 변화하고 있다. 최근 기업 및 정부 등 각종 조직에서 적극 도입하고 있는 팀제도와 같은 조직의 수평구조화 및 1인 기업 등 유연성과 신속성을 핵심으로 하는 소규모 기업(벤처기업, 기술혁신형 기업, 팹리스 기업)의 활성화가 이를 반영하고 있다.

표 1-2. 기업형태의 변화

구분	전통적 기업형태	새로운 기업형태
조직구조	피라미드형, 수직구조	Flat형, 수평구조
조직규모	대규모 조직형태	소규모 조직형태, 1인 기업
생산방식	소품종 대량생산	다품종 소량생산
인사제도	연공주의와 능력주의	능력주의와 창의성 위주

3) 벤처 창업경영의 영역

대표적인 새로운 기업형태인 벤처기업의 경영은 기존의 경영과는 다른 새로운 접근방식의 학문적, 실천적 검토가 필요하다. 먼저 벤처기업의 창업과 경영을 이해하기 위해서는 변화와 혁신을 지향하고, 계산된 위험을 감수하며, 성취지향적인 기업을 창업하고 운영하는 일련의 활동과정인 기업가정신에 대한 이해와 이러한 과정을 지원하고 배양하는 인프라에 대한 이해가 필요하다. 두 번째로 창의성에 바탕을 둔 사업기회의 발견과 기회에 대한 타당성의 검토 과정이 필요하며, 세 번째로 이를 수행할 인력과 기술경영, 재무회계 및 벤처기업의 마케팅 영역이 있다. 네 번째로 제품 및 기술의 시장진입 후 성장관리 및 벤처자금의 회수라는 영역이 있으며, 마지막으로 이러한 전반적인 과정의 실천을 위한 전략수립과 전략의 구체적 실천 방안인 사업계획서의 작성에 관련된 학습이 필요하다. 물론 전략은 글로벌 시장을 목표로 수립되어야 할 것이다.

그림 1-3. 벤처 창업경영 영역

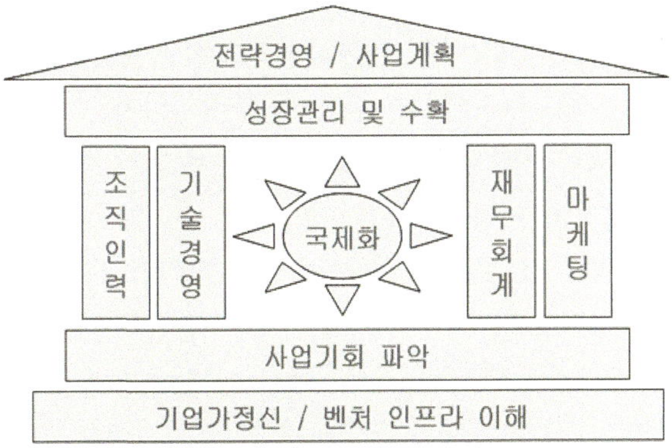

제2절 창업과 벤처

창업은 새로운 생명을 탄생시키는 과정으로 이에는 많은 영향요인과 위험이 상존하고 있다. 이러한 창업 과정에 대한 이해와 창업의 유형 중 새로운 성장 동력으로서의 기업인 벤처기업과 벤처기업이 탄생하고 성장하는 토양인 인프라에 대한 이해가 필요하다.

1. 창업

1) 창업의 정의

창업이란 각종 업(業)을 새로 시작하는 것을 의미한다. 즉 제품이나 서비스를 생산 또는 판매하기 위하여 이제까지 존재하지 않았던 새로운 기업조직을 설립하는 행위를 말한다.

창업의 행위는 기업 유기체 관점으로 보면 기업이라는 생명체(生命體)를 탄생시키는 과정이며, 본질적으로 불확실성(不確實性)을 내포한 의사결정이다. 이러한 특성으로 창업기업가들은 진취적이고 창조적이며 위험감수적인 모험적 성격을 가지게 되는 것이다.

우리나라에서는 중소기업창업지원법에 창업으로 보지 않는 경우를 정의하고 있다. 이는 창업의 경우 자금, 인력, 세제 등에서 다양한 정부의 지원정책이 제공되고 있는데 이러한 정책적 지원의 중복 또는 정책의 목적에 부합되지 않는 것을 방지하는데 목적이 있다.

창업으로 보지 않는 형태로 개인이나 법인이 기존의 사업체를 인수하여 동일 사업을 계속 운영하는 포괄승계, 개인기업 또는 법인기업에서 업종의 변경 없이 법인기업 또는 타 형태의 법인으로 전환한 형태 변경 그리고 기존 사업체를 폐업한 후 동일 또는 타 지역에서 동일한 업종을 시작하는 폐업 후 동종 사업을 계속 영위하는 경우로 이러한 경우에는 창업으로 인정하지 않는다.

동종 사업의 범위는 한국표준산업분류상 동일한 세분류(4단위)가 같은 업종을 의미하며, 업종이 추가된 경우 추가 업종 매출액 비율이 50% 이상으로 되는 시점에 창업으로 인정하고 있다.

2) 창업의 중요성

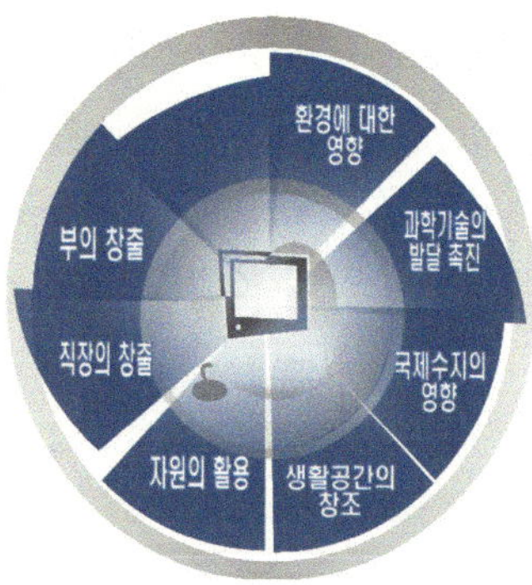

창업은 창업자 개인은 물론 국가 경제적인 측면에서 중요하다. 개인적인 측면에서 보면 개인의 꿈을 실현(자아실현)시키는 중요한 수단이 되며, 국가 경제발전의 중추적 역할을 담당하는 것이 기업이고, 그 기업은 창업을 통해 탄생되는 조직이기 때문에 국가적인 측면에서도 매우 중요하다.

이러한 창업이 개인과 사회에 미치는 영향을 구체적으로 보면 첫째, 창업자의 새로운 아이디어나 혁신활동을 통해 자원의 새로운 활용을 꾀하며, 둘째, 생산성의 향상 등으로 부(富)를 창출하며, 셋째, 새로운 일자리를 만들어 사회에 제공한다. 이는 일상의 대부분을 보내는 생활공간을 제공한다는 의미이다. 다섯째, 새로운 기술과 아이디어는 과학기술의 발전에 촉매역할을 한다. 여섯째, 창업으로 인한 기업의 수출 경쟁력 강화 등은 국가의 국제수지 개선에 기여하며, 일곱째, 친환경적인 제품과 기술의 개발은 환경 개선에 영향을 주나, 반면 기업 활동으로 인한 환경의 파괴를 초래하는 등 부정적인 영향을 가져오기도 한다.

3) 창업 시 주요 의사결정

창업을 실천함에 있어 창업가는 많은 의사결정을 하게 된다. 이러한 의사결정은 5W1H를 활용하여 그 대상을 확인할 수 있다.

첫째, Who는 창업 아이디어나 기술에 대한 보유 및 정보수집자, 창업자의 사업적성 및 경영능력, 동업 관계 및 조직, 인력구성 등 사람에 관한 사항을 포함한다. 즉 창업의 주체에 관한 의사결정이다.

둘째, What은 내게 맞는 업종과 종목의 선정 과정이다. 평생을 투자해도 아깝지 않을 사업 대상을 찾는 과정으로 창업의 대상에 관한 의사결정이다.

셋째, When은 창업 시기의 결정이다. 준비상황이나 개인적인 상황을 고려해야 하며, 비전을 담은 사업계획서의 작성을 포함한다. 준비되지 않은 창업은 많은 위험과 불확실성을 극복하는데 실패할 확률이 높다. 창업이 최초의 선택이어야지 마지막이어서는 안 된다.

넷째, Where는 창업 입지 결정과정으로 기업의 설립 위치, 크기, 설비 등을 사전에 파악하고 적합여부를 검토하여야 한다. 기업의 운영 전략과 밀접한 관계를 가진다. 요소중심 또는 시장중심에 따라 설립 위치 및 규모가 달라질 것이다.

다섯째, How는 사업의 구체화를 위한 전략과 자원의 조달 등으로 자금조달 및 최적사업 규모, 사업형태, 경영전략 결정 등이 이루어진다. 사업진행 일정 및 방법 및 계획대로 진행되지 않을 경우를 대비한 방안 등 구체적 사항이 체계적으로 검토되어야 한다.

여섯째, Why는 창업기업의 비전, 목적, 경영철학의 결정으로 기업의 장기적 존재 근거이다. 창업 후 성장 과정에 있어 발생할 수 있는 방향성의 혼돈을 극복하며, 정체성을 유지하는 중요한 지침이다.

2. 창업의 과정

1) 창업의 3요소

창업을 위해 필요한 요소는 창업자를 포함한 인적 요소, 사업의 구체화에 필요한 자원인 물적 요소 그리고 사업화의 대상인 창업 아이디어를 포함한 목표 요소로 구분할 수 있다. 창업은 이들 요소의 적절한 조합을 통해 부를 창출하는 과정이라 할 수 있다.

인적 요소는 창업자 및 창업자를 도와 기업조직의 각 기능을 담당할 인적 자원을 말한다. 물적 요소는 창업 자본 등 물적 자원으로 사업 아이디어를 상품이나 서비스로 구체화하는데 필요한 자본, 기술, 설비, 재료나 부품 등이다. 목표 요소는 회사가 제공하는 제품 또는 서비스로 창업을 통해 무엇을 할 것인가에 대한 구체적인 사업 내용으로 궁극적으로 소비자에게 무엇을 제공할 것인가이다. 이는 기업의 존재 이유와 목적을 대변한다.

그림 1-4. 창업의 3요소

인적 요소	→	창 업 자
물적 요소	→	자 본
목표 요소	→	창업 아이디어

2) 인재의 유형과 창업자

창업에 있어 가장 중요하게 인식되고 있는 창업자는 어떠한 유형 또는 역할을 하는 사람인지를 확인하기 위하여 보유 능력 유형과 기업성과 창출에 기여하는 방식을 활용하면 [그림 1-5]와 같이 창업자가 갖추어야 할 특성을 이해할 수 있다.

기업가는 기업의 성과에 직접적으로 공헌하고 그 결과에 대하여 책임을 진다. 또한 기업가의 업무는 특정 부문에 집중되지 않고 기업 운영의 전반에 걸쳐 계획하고 실행하며 통제하는 전반적인 경영관리 능력이 요구된다.

그림 1-5. 인재의 유형

성과 창출 공헌 방식		능력 유형: 전문능력	능력 유형: 일반적 관리능력
	직접공헌	1인 기업형 인재 (professionalist)	기업가형 인재 (entrepreneur)
	간접공헌	전문 스탭형 인재 (specialist)	일반 관리자형 인재 (generalist)

또한 창업자의 배태조직 또는 핵심보유역량을 기준으로도 유형을 분류할 수 있다.

첫째, 기술창업자로 기술적 경험과 아이디어를 중심으로 창업한 형태로 관리적 임무보다 기술적 일을 선호하며 위험을 회피하는 경향을 가지고 있다.

둘째, 일반창업자로 분류되는 형태로 기술보다는 사업의 관리능력 위주의 창업으로 기회를 포착하여 사업화하는 창업자이다. 일반적으로 폭넓은 경험과 고학력, 미래지향적이고 관리적・도전적 성향을 가지고 있다.

셋째, 사내창업자로 조직 내 확보된 제반 자원을 활용하여 혁신을 창출하는 사람이다. 아이디어를 수익성 있는 사업으로 구체화하는데 실천적 역할을 함으로써 기업의 성장을 주도한다. 어느 정도 결과가 있을 경우 독립 사업부 또는 분사(Spin-off) 형태로 진행된다. 다수의 성공 벤처기업 사례가 있다.

3) 창업 의사결정 과정

대부분의 사람들은 자신의 아이디어를 새로운 사업으로 연결시키는데 많은 어려움을 느끼고 있다. 그럼에도 불구하고 기업가적인 의사결정과정을 통해 매년 전 세계에서 수백만 개의 새로운 기업들이 탄생하는 것이 현실이다. 새로이 생겨나는 기업들은 각각 독특한 면을 가지고 있기는 하지만 몇 가지 공통적인 특징을 가지고 있는 개인적인 의사결정과정을 거치게 된다. 이는 현재의 라이프스타일에서 새로운 기업을 설립하는 과정이다.

창업을 하고자 하는 의사결정은 창업의 계기에서부터 창업을 구체화하는 과정에 있어 많은 의사결정의 단계를 거치는데 이러한 과정은 [그림 1-6]과 같이 설명될 수 있다.

자신의 아이디어를 새로운 사업으로 연결시키는 과정의 첫 번째는 현재 또는 과거의 생활 속에서 생활의 개선 또는 생산방식의 개선에 대한 아이디어를 바탕으로 창업 아이디어를 발견하는 단계이다. 두 번째로 발견된 아이디어를 실제 창업과 연결되도록 하는 단계로 이는 창업자의 성장, 출신 등 인적 배경이나 사회적 인식 등에 따라 창업이 매력적으로 인식되어 지는 단계이다. 세 번째로 창업을 할 수 있는지에 대한 가능성을 검토하는 단계로 정책적 지원, 자금의 조달, 인적 구성의 가능성 등 경영적인 측면에서의 구체화 여부를 검토하는 단계로 사업타당성 분석이 이루어지는 단계이다. 마지막으로 실행하는 단계로 이때에는 사업계획서의 작성과 계획의 실천이 이루어진다.

그림 1-6. 창업 의사결정 과정

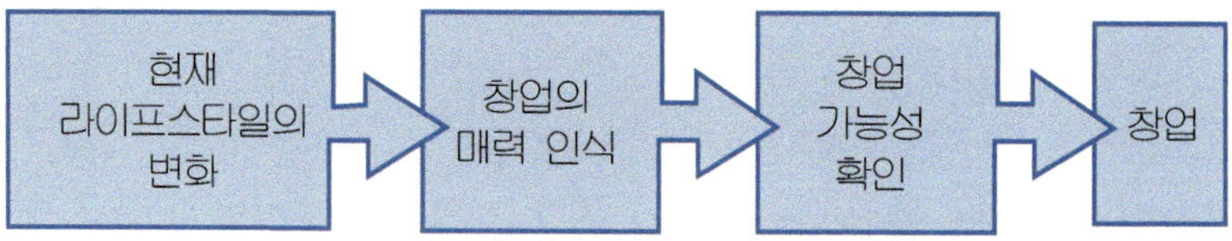

(1) 현재 라이프스타일로부터의 변화

창업을 하는 사람들은 일반적으로 자신에게 익숙한 분야에서 시작하는 경향이 있는데, 연구개발과 마케팅에서의 직업경험이 중요하게 작용한다. 이러한 현재의 라이프스타일의 변화는 창업 계기가 되는 단계로 자신의 익숙한 분야에서 새로운 일을 시작하고자 한다.

대부분의 창업자들은 연구개발 또는 마케팅에서의 경험을 기반으로 새로운 사업 아이디어를 창출하고 있다. 특히 기술 또는 연구개발 분야에서 근무하게 되면, 새로운 제품에 대한 아이디어나 공정과정을 개발하게 되고 이의 적용에 대한 강한 애착을 가지게 된다. 하지만 자신의 아이디어가 조직에서 수용되지 않을 때 개발자는 종종 창업을 결심하게 되는 경향이 있다. 마케팅 분야에 종사하는 사람들은 소비자들의 욕구에 대해 잘 알고 있어 아직 채워지지 않은 욕구를 쉽게 발견할 수 있으므로 이 욕구를 충족시켜 주기 위해 새로운 사업을 시작하기도 한다.

한편, 현재의 라이프스타일을 벗어나 창업을 하게 되는 보다 직접적인 동기는 신분변화(disruption)일 것이다. 상당수의 기업들이 정년퇴임했거나 정리해고를 당한 사람들에 의해 창업되고 있다. 창업을 유도하는 신분 변화의 또 다른 원인은 학위취득이다. 예컨대 졸업 후 취업을 하지 않은 학생 또는 학업 과정에 얻은 연구의 결과를 활용하여 사업을 시작할 수도 있을 것이다. 그러나 창업에 대한 의사결정은 그것이 매력적이고 가능성이 있다고 생각할 때 구체적으로 발생한다.

(2) 창업의 매력에 대한 인식

창업이 매력적이라는 인식은 문화, 하위문화, 가족, 교육, 동료들로부터 영향을 받는다. 창업에 성공한 개인을 중시하는 문화(미국 등) 환경에서는 그렇지 않는 문화에서보다 창업에 대한 긍정적인 인식이 강하고 창업을 부추길 것이다. 예컨대 미국의 경우 기업가가 되고, 개인의 기회를 활용하고, 성공하며 부를 창출하는 것, 즉 기업가정신에 매우 높은 가치를 부여하고 있다.

또한 동일한 문화권 내에서도 가치체계가 서로 상이한 하위문화가 존재해 기업가정신의 촉진에 영향을 미친다. 즉 하위문화에 따라 창업에 대한 사회적 인식이 다르다. 미국의 경우 창업에 대한 긍정적 인식 정도가 높으나 보스턴의 Route 128 지역, 캘리포니아의 실리콘밸리, Dallas/Fort Worth 및 North Carolina Triangle 등의 지역은 미국 내 타 지역보다 창업과 벤처에 대하여 호감의 정도가 높다. 이러한 하위문화들에서는 창업을 가장 좋은 직업기회로 인정하여 기업가정신을 부추기고 있다.

또한 가정환경에 따라서도 창업에 대한 호감의 정도가 다르게 나타난다. 창업자의 부모 직업을 조사한 결과 미국의 경우 사업가, 전문직 또는 예술가 등 독립심을 중시하는 직업이 50–72%로 확인되고 있다.

창업에 대한 관심은 교육에 의해 더욱 심화되기도 한다. 기업가정신과 혁신에 관한 교과과정을 개설한 학교들은 기업가를 양성하고 우호적인 환경을 조성하는데 기여하게 될 것이다. 예를 들면 기업가정신 교육은 창업확률의 증가에 영향이 있음이 확인되고 있다. 동료들도 창업의사결정에 중요한 영향을 미치는 요인이다.

기업가 또는 잠재적 기업가들이 서로 모여 아이디어를 교환하고 문제점 및 해결방안을 토의하는 분위기가 조성된 지역일수록 창업이 보다 활성화되고 있다.

(3) 창업 가능성

창업 가능성의 확인 단계는 정부, 창업자의 배경, 마케팅, 역할 모델 및 자본조달 등 창업의 구체화 가능성을 확인하는 단계이다. 이 단계에서 창업을 지원하는 정책이나 조달원의 우호적인 정도가 창업의 가능성을 높여 줄 것이다. 문화, 하위문화, 가족, 교육, 동료들로부터 영향을 받아 창업에 대한 욕구가 나오면, 그 다음의 문제는 무엇이 창업을 가능하게 하는가이다.

정부는 창업의 인프라를 제공함으로써 공헌하게 된다. 즉 도로, 통신 및 운송 시스템, 설비 및 경제적 안정성, 조세제도, 창업기업을 위한 금융제도 등은 창업에 중요한 영향을 미치게 된다.

기업가 역시 알맞은 배경을 소유하고 있어야 한다. 이 중 공식적인 교육과 이전의 직업경험이 중시된다. 교육은 필요한 사업지식을 제공하는데 중요하지만, 기업가들은 자기의 과거 경험을 바탕으로 창업하는 경향이 있다.

마케팅(marketing) 역시 중요하다. 시장의 규모가 충분히 커야 하는 것은 물론 성공적인 제품출시에 필요한 최상의 마케팅 믹스(4P's)를 구성할 수 있는 마케팅 노하우가 창업성공에 필수적이다. 이러한 의미에서 기업의 존립근거는 기술이라기보다는 소비자 욕구라 할 수 있다.

역할 모델 역시 창업의 가능성에 중요한 영향을 미치는 요소 중의 하나이다. 다른 사람이 창업에 성공을 거두는 것을 보면 창업에 더욱 몰입할 수 있을 것이다.

재무자원은 쉽게 조달될 수 있어야 한다. 대부준의 창업자금은 개인저축, 신용, 친구, 친지로부터 나오지만, 여전히 시드(seed) 머니가 필요하다. 이 경우 벤처투자자들과 엔젤들 이 창업의 활성화에 결정적인 역할을 하게 된다.

창업 의사결정 단계에서 창업 가능성을 확인하는 단계에서는 고려해야 할 많은 요소들이 있다. 이들 창업 환경은 내부환경과 외부환경으로 구분할 수 있다.

내부환경은 창업가 또는 창업 조직의 핵심역량에 대한 강점, 약점을 분석해야 하며, 조직구조 및 창업자의 특성, 사업화 전략 등이 있다. 외부환경은 외부 여건에 의한 기회와 위협에 대한 분석, 경제적 환경, 정치・사회적 환경, 시장 환경 및 기술적 환경 등이 있다.

이를 통해 사업의 기회와 대응전략을 분석하는 SWOT분석이 이루어진다.

4) 창업의 유형

피셔(Fischer, 1988)는 2가지 차원을 기준으로, 신규기업의 유형을 제시하고 있다. 첫 번째 차원은 창업기업이 기존기업과 독립적인가, 의존적인가의 여부이고, 두 번째 차원은 기업의 형성이 독창적인가, 파생적인가의 여부로 구분된다.

이러한 기준으로 분류하면 4가지 유형으로 분류가 가능한데, 즉 독립적 독창기업, 독립적 파생기업, 의존적 독창기업, 의존적 파생기업 등이다.

① 독립적 독창기업은 독립적인 기업가의 창의적인 노력에 의해 새로운 기업이 설립되는 것을 의미한다. 여기에는 종업원이 기업을 소유하고 관리하는 협동조합의 창업도 포함된다.
② 독립적 파생기업은 독립적이기는 하나 타 회사의 상표, 기술 및 판매권을 이용하는 등 기존업체와 기능적인 관계를 유지하는 경우이다. 이 유형에는 프랜차이즈 창업이나 기업인수 등이 대표적이다.
③ 의존적 독창기업의 대표적인 형태가 분공장(branch factory)이다. 이 경우 법적으로는 독립적인 법인으로 되어 있으나 실제로는 모기업의 지배를 받는 경우가 많다.
④ 의존적 파생기업 유형이란 대기업 기업전략의 파생물로 형성되는 기업을 말하며, 대표적인 예는 대기업을 여러 개의 회사로 분할하는 것이다. 특히 관리 및 전문 인력의 퇴직시 기업 활동의 일부를 독립시켜 창업토록 지원하는 반면, 대기업은 핵심적인 생산 및 서비스 라인만을 유지하는 경향이 있다.

이를 정리하면 〈표 1-3〉과 같다.

표 1-3. 창업의 유형

기준		기존기업과의 관계	
		독립적	의존적
기업의 형성	독창적	독립적 기업인의 주도에 의한 새로운 기업의 설립	기존회사의 분공장 설치
	파생적	상표권 사용 기업인수	기업조직 분할 관리권 매입

5) 창업 증가의 원인

21C 지식·정보화시대에 있어 산업구조의 변화, IT기술의 발전, 글로벌 경제화 등은 많은 창업기회를 제공하고 있다. 구체적으로 수요자 욕구의 다양화, 기술변화의 가속화, 자신의 사업을 하고 싶어 하는 젊은이의 가치관 변화, 조기퇴직자·여성들의 사회진출 확대, 청년 창업의 장려, 증가 및 투자규모에 비해 고수익 창출의 가능성 증대가 창업의 증가를 이끌고 있다. 글로벌화는 시장의 규모를 커지게 하였으며, 디지털화와 인터넷의 발달은 이를 더욱 가속화시키고 있다.

3. 벤처기업

1) 벤처기업의 정의

벤처기업에 대한 정의는 다양하게 개념화를 시도하고 있으나 일반적으로 제품 또는 사업방법이 기술혁신과 창조성에 바탕을 두고 고수익을 추구하며, 사업화의 과정에 고위험을 내포하고 있고, 대기업에 종속되지 않은 독립적 경영으로 유연성을 견지하는 기업으로 정리할 수 있다.

여러나라의 정의를 보면 미국의 경우 New Business with High Risk-High Return, High Technology Small Firm, High Technology Business 등으로, 일본의 경우는 중소기업으로 R&D 투자비율이 매출액의 3% 이상이며, 창업 후 5년 미만의 기업을 벤처기업으로 인정하고 있다. OECD에서는 R&D의 집중도가 높은 기업을 벤처기업이라 하며, 우리나라의 경우 벤처확인요령(2006.

6.1 중소기업청 고시 제2006-14호)에 의한 벤처기업 조건에 해당하는 기업을 벤처기업이라 한다.

2) 우리나라 벤처기업 해당요건

벤처기업으로 인정하는 벤처확인요령에 정한 기준은 우리나라에만 있는 제도로 벤처기업의 육성을 위한 정책적 목적을 달성하기 위해 규정으로 정하고 있다. 현재의 규정은 기존의 관 주도에서 2006년 시장친화적으로 개선한 제도이며 벤처기업으로 인정받으면 조세, 자금, 인력 등 많은 혜택이 주어진다.

벤처기업 유형은 벤처투자기업, 연구개발기업 및 기술평가보증·대출기업으로 구분하고 있으며 벤처기업확인증 발급기관은 기존의 중소기업청에서 인증유형에 따라 한국벤처캐피탈협회, 기술보증기금 또는 중소기업진흥공단에서 발급하고 있다. 인정 기간은 2년이며, 제외 업종은 숙박 및 음식점업, 공공·수리 및 기타 서비스업, 부동산업 및 임대업, 오락업 및 문화업이다.

3) 벤처기업의 일반적 특성

벤처기업이 가지고 있는 일반적인 특성은 경영자 측면과 기업 경영 측면으로 구분하여 정리할 수 있다.

벤처기업의 경영자 특성으로는 Take Risk, 고학력의 엔지니어, 30대의 직장경험 보유, 강한 개성과 왕성한 활동력을 보유하고 있다.

벤처기업의 경영 특성은 독자적인 기업 특성, 시장지향적이며 개성적인 전문기업, 첨단기술집약지역에 입지, 전문가 인적 자원의 축적, 성공의 관점은 시장성이며 빠른 성장성과 지식집약적 경영의 모습을 보인다. 벤처기업의 제품은 기술혁신의 템포가 빠른 분야가 많고, 조직에 기동성이 있으며, 의사결정이 빠르고, 기술과 경영이 분리됨으로써 부단한 기술혁신을 이루어 시장을 선도한다.

벤처기업의 성장에 따른 효과로는 기술개발기반의 강화, 생산성의 증대효과, 산업구조의 고도화, 국민경제적 효과 및 중소기업의 활성화로 산업의 균형적 발전에 기여함을 들 수 있다.

기존 연구의 결과로 정리한 우리나라 벤처기업의 특성은

첫째, 고학력(대학원 이상 38.9%, 대졸 54.7%)이며 자신의 분야에서 전문적인 기술능력을 보유하고 있는 창업자 특성을 보이며,

둘째, 창업 동기는 전 직장에서 개발 습득한 기술 등을 사업화하는 파생형 창업(50.2%)이 가장 높다. 이전 직장은 대기업(37.4%)과 중소기업(38.4%)이 유사한 비율을 보이고 있다.

셋째, 기술력은 국제경쟁력을 보유하고 있으며 – 세계유일(최고) : 50.5%, 약간 미흡 : 43% –, 경쟁우위 요소는 품질과 성능(59%), 신제품개발(21%) 등 비가격 경쟁력을 확보하고 있는 것으로 나타났다.

넷째, 시장 진입에 있어 산업 성장단계 경로의 신규시장이 25.1%, 확장단계에 있는 시장이 30.5%, 성숙시장이 15.8%로 창업초기에 자신이 가장 잘 할 수 있는 틈새시장에 집중하고 있음을 볼 수 있다.

다섯째, 연구개발에 매출 대비 7.0%를 투자하고 있으며 규모가 작을수록 더 높은 투자비율을 보이는 등 매출 대비 높은 R&D투자로 기술혁신에 의한 차별화 추구를 지향하고 있는 특성을 보이고 있다.

여섯째, 내부자원의 부족에도 장기적 관점에서 기술개발에 투자하고 있으며, 광고 및 홍보, 생산비 등에 다소 과중한 투자를 하는 경향이 있다.

일곱째, 명확한 경영이념으로 정보 및 이익을 사원들과 공유하여 공동체적 문화를 형성함으로써 벤처기업의 문화적 특성을 보이고 있다.

4) 벤처기업의 발전 배경

미국의 경우 1950년대 NASA 중심의 군사·우주개발기술과 인력들이 냉전체제의 와해로 인해 새로운 일자리 및 기회 창출의 필요성을 가지게 되었다. 이들은 우수한 군사·우주개발기술을 민수용 제품의 생산에 활용하고자 서부의 실리콘밸리, 동부의 루트 128 지역을 중심으로 기술기반기업 창업 붐을 가져왔다. 60년대 반도체 산업, 70년대 유전공학과 전통적 전자공학 기업 및 80년대에 들어 우주항공산업, 정보통신산업 및 S/W산업의 발전의 근간이 되었다.

일본의 경우는 기술도입 및 모방에 의한 기술 혁신 패턴을 보이고 있으며, 우리나라의 경우 80년대 초 큐닉스, 삼보컴퓨터 등 최초의 벤처기업이 전지전자산업에서 시작되었다. 80년대 중반 한글과 컴퓨터, 메디슨, 미래산업 등 벤처 1세대라고 불리는 초기 벤처기업이 탄생하였다. 1986년 「중소기업창업지원법」이 제정되어 중소기업 육성의 기반을 만들었고, 1987년 「벤처기업육성에관

한특별조치법」이 제정되어 본격적인 벤처기업 육성이 시작되었다. 특히 1997년 외환위기 이후 이의 극복을 위한 경제체질개선에 벤처육성정책이 지대한 역할을 하였으나, 정부의 정책에 의한 관 주도의 육성에 따른 부작용으로 2000년 이후 심각한 후유증을 앓았다.

하지만 벤처기업은 경제 패러다임의 변화에 적응한 기업 진화의 결과로 사회의 변화와 경영환경의 변화에 따라 육성 지속되어야 할 기업형태라 할 것이다.

4. 벤처 생태계

1) 벤처 생태계의 정의

생태계는 기업의 유기체적 관점에서 성장, 진화, 융합 그리고 분화가 이루어지는 자기증식 시스템(Self-proliferation System)이다. 즉 벤처기업의 생성(탄생), 성장, 성숙, 퇴출이 순환적으로 이루어지는 시스템이라 할 것이다.

벤처기업의 사업화에 필요한 자양분인 지식, 정보, 인력, 자금의 원활한 흐름이 이루어지는 시스템으로 각종 인프라와 지원환경의 상호작용 시스템이며, 변화지향, 지식공유, 실패관용 등의 문화가 정착된 시스템이다.

2) 벤처 생태계의 구성

벤처기업 발전을 위해서는 그에 적합한 환경조건과 지원정책이 마련되어야 한다. 벤처기업 생태계로서의 환경조건인 infra-structure는 사회문화, 정치/법률, 과학기술, 경제·산업 기반 등으로 역사성을 가지고 축적됨에 따라 단기간 개선 및 향상에 어려움이 있다. 또한 기업(산업)발달에 근본적 제약조건으로 작용한다.

인프라 구조로서의 사회문화는 창업과 개척자 정신, 성취의욕이 고취되는 사회분위기, 도전에 의한 실패를 관용하는 풍토 등의 사회적 인식이 필요하다.

정치적/법적으로는 각종 규제의 완화, 기업을 하기 위한 유리한 법적 여건 및 재기할 수 있는 여건조성 등의 정책과 제도의 정비가 요구된다.

과학기술 측면에서는 과학기술인력과 투자, 기술혁신, 지식과 정보의 축적이

지속적으로 이루어져야 하며, 특히, 대학과 벤처기업의 발전은 밀접한 연관성 있다.

경제/산업 측면에서는 시장의 규모와 성장성, 금융 산업의 기반, 산업차원의 경쟁력 등 벤처기업의 시장 진입에 양호한 환경이 조성될 필요가 있다.

벤처기업의 성장 발전에는 이러한 각 요인들이 복합적으로 작용하여 창업을 촉진 또는 저해하는 역할을 한다. 우리나라의 경우 벤처기업의 활성화를 위한 인프라가 선진국에 비해 매우 취약한 실정이다. 특히 도덕적 실패에 대한 재기의 기회가 주어지지 않는 사회문화적 배경은 높은 위험과 실패를 안고 있는 벤처기업의 탄생과 발전에 최대의 장애요인으로 작용하고 있다.

벤처생태계의 핵심이 되는 구성요소는 벤처기업, 벤처캐피탈 그리고 회수시장이다. 벤처기업은 벤처생태계의 주체이자 가치창출의 원천이다. 벤처캐피탈은 벤처기업의 자금원으로서 벤처기업의 성장을 지원하며 회수시장은 자금의 선순환을 위한 기본적인 기관이다.

이러한 핵심요소를 지원하는 기반요소로 대학을 포함한 교육기관, 연구소, 창업보육센터, 법률회사, 회계사, 컨설팅사 등이 있다. 이들은 벤처기업의 위험을 감소시키고 부족한 경험과 지식을 제공하여 성공과 성장에 도움을 준다.

벤처생태계를 구성하는 배경적 요소인 외부요소의 역할 또한 중요하다. 이에는 정부나 해외벤처 등이 있다. 정부는 벤처생태계의 기반요소를 지원하여 벤처기업 육성의 토양을 형성하는 역할을 한다.

[그림 1-7]은 세계 최고의 벤처생태계가 조성되어 있는 미국 실리콘 밸리의 인프라 구조를 보여주고 있다. 생태계 구성의 주축은 벤처기업, 대학, 전문가 집단 그리고 벤처캐피탈이며, 이들을 위한 정부의 정책, 지역문화 및 산학협력 등이 어우러져 세계에서 가장 역동적이고 혁신적인 신경제의 중심지로 부각되고 있다.

그림 1-7. Silicon Valley 벤처 생태계

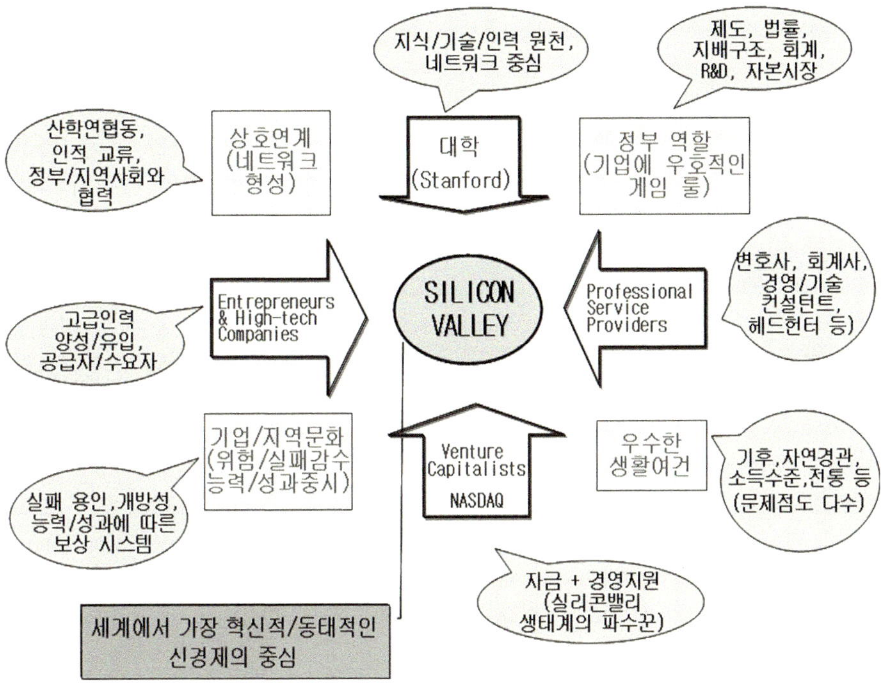

3) 우리나라 벤처생태계의 변화

우리나라의 벤처생태계는 1996년 코스닥의 설립과 함께 벤처기업에 대한 투자의 활성화 계기가 만들어졌으며, 1997년 「벤처기업육성을위한특별조치법」 제정 이후 '벤처기업'에 대한 개념화가 이루어졌다.

1997년 말 IMF 외환위기로 코스닥 시장은 극도로 침체하였으나, 1999년 정부의 적극적인 육성정책에 힘입어 활성화되었으나, 2000년 후반부터 주가의 폭락과 함께 침체의 길에 들어섰다. 이러한 부침은 벤처에 대한 불신을 발생시킴으로서 투자 위축과 창업생태계의 발전을 저해하고 있다.

우리나라의 경제사회적 조건이나 국제적인 환경은 첨단기술 발전을 통한 국가경쟁력 강화, 새로운 고용의 창출, 지속적 경제성장을 실현하여야 한다. 이를 위해서는 벤처의 창업 활성화가 유일한 수단이다. 최근 우리나라에 새로운 변화가 나타나고 있으며 다수의 성공모델이 출현하였고, 벤처스타들이 탄생했다. 또한 정부의 정책적 지원으로 VC와 투자자의 회수시장인 코스닥이 안정적으로 발전하고 있으며, M&A 시장의 활성화 및 제도정비 등을 통해 벤처생태계의 구축에 노력하고 있다. 또한 외환위기로 구조조정에 의한 고용 불안 및 파생형 창업, 아웃소싱 활성화 등도 활성화 요인으로 작용하고 있다.

표 1-4. 우리나라 벤처생태계의 새로운 변화

주요 변화	내 용
새로운 유형의 벤처기업가 집단 출현	· 전문인 창업(교수, 연구원) · 청년창업(20대, 30대 초반) · 여성창업
창업자본 조달 형태의 변화	· 지분출자 · 창업개시기의 자금조달 용이 (Start-up Financing)
지원 인프라의 구축	· 창업보육 · 기술 이전 및 거래 · 창업 교육/컨설팅
공격적 해외 진출	· 창업 초기 단계에서 해외시장 진출 · 해외직접투자, 기술습득, 네트워크 구축 · 신속한 현지화(localization)

4) 우리나라의 벤처창업 촉진요인과 저해요인

벤처창업의 촉진요인으로는 성공모델의 출현, 매스미디어의 집중적 조명, 정부의 정책의지 및 지원, 벤처캐피탈의 성장, 투자회수시장(코스닥) 형성, 대기업의 고용 불안, 파생창업(Spin-off)과 아웃소싱 증가 등이 있으며, 벤처창업의 저해요인으로는 높은 실패율, 창업기업에 대한 낮은 사회적 인식, 정책지원의 역기능, 벤처에 대한 부정적 인식 확산, 벤처캐피탈의 전문성 취약, 코스닥 시장의 신뢰 저하, 내수시장 규모 한계 및 심각한 경기침체 지속을 들 수 있다.

우리나라의 벤처생태계의 발전과정은 〈표 1-5〉와 같이 정리할 수 있겠다. 태동기는 1980년대에서 1996년 코스닥 시장의 개장 전까지로 볼 수 있다. 이때 벤처 1세대라 할 수 있는 큐닉스, 메디슨, 비트컴퓨터, 미래산업, 양지원공구, 삼보컴퓨터, CAS 등이 탄생하였다. 1980년대 후반 벤처 2세대라 불리는 핸디소프트, 터보테크, 퓨처시스템, 휴맥스 등이 창업했다. 이때는 벤처금융이 제도적으로 정착되지 못한 시기이며, 벤처기업에 대한 사회적 인식도 매우 낮은 시기였다.

기반구축기는 1996년부터 2000년 벤처 버블이 꺼지기 직전까지로 법률적, 제도적 정비가 이루어진 시기이다. 1996년 코스닥 시장의 설립과 1997년 「벤처기업육성을 위한 특별조치법」의 제정으로 벤처캐피탈의 자금 순환기능 확보 및 벤처기업에 대한 각종 지원정책의 근거가 마련되었다. 이의 영향으로 대규모 벤처케피탈 시장이 형성되었으며, 우수인력의 벤처기업에로의 이동이 시작되었다. 반면 정부주도의 벤처정책은 대기업 등으로 부터 반벤처정서를 가져오는 부작용을 낳았다. 또한 시세차익을 노린 작전세력의 개입으로 코스닥이 투기화되어 주가가 폭락하는 등 비도덕적인 벤처캐피탈과 벤처정신이 결여된 벤처기업로 인해 벤처생태계 전반에 신뢰를 상실하게 되고 급격한 조정기를 맞는 원인을 제공했다.

조정기는 2001년부터 2004년 말 벤처 재도약을 위한 정책수립 전까지로 코스닥 시장의 진입을 엄격하게 하고 동시에 퇴출을 완화하였다. 또한 공시제도를 강화하는 등 제도적 보완을 통해 시장의 신뢰 회복에 노력하였다.

2005년 이후는 재도약기로 벤처재도약 정책을 수립하면서 시작되었다. 기존의 관 주도적인 벤처확인제도를 시장주도적으로 개선하였으며, 벤처캐피탈과 코스닥에 대한 규제를 완화하고, 모태펀드(fund of fund)를 설립하여 자금의 공급규모를 확충하였다. 또한 창업보육기능의 활성화, 창업초기기업에 대한 투・융자 확대, 대・중소기업간 공정거래제도 보완 및 상생제도 도입, 벤처기업의 수출역량 강화, 다양한 기술개발 지원제도의 도입 등이 시행되었다.

2006년 10년 한시법이던 「벤처기업 육성을 위한 특별조치법」을 정부는 2017년 12월 31일까지로 10년 연장하였다. 한시법의 연장에 대한 비판적 견해도 많았지만 벤처기업의 육성이 국가경제에의 발전에 도움이 된다는 인식을 바탕으로 벤처정책의 근간이 되는 법체계를 유지함으로써 우리나라 벤처 재도약의 기반을 공고히 했다는 점에서 긍정적 측면이 있다.

최근의 창조기업 육성을 위한 정부의 제도 개선 및 육성 정책과 아울러 대기업의 참여 또한 긍정적 요인이라 하겠다.

표 1-5. 한국 벤처생태계의 발전과정

구분	주요 특성
태동기(1995년 이전)	· 1세대 벤처기업 출현 · 창업지원법(1986)에 의한 민간 창·투 설립 · 회수시장 부재 · 벤처창업에 대한 낮은 사회적 인식
기반 구축기(1996~2000년)	· 회수시장(KOSDAQ)의 형성 · 벤처 육성을 위한 제도적 환경 구축 · 벤처 스타 등장 · IMF 경제위기 이후 새로운 성장 엔진 · 사회적 자원의 벤처 이동
조정기(2001년~2004년)	· 정부지원의 역기능에 대한 비판 · 반 벤처정서의 형성 · 사이비 벤처에 대한 법적 제재 · 거품 이후의 침체기(Post-bubble Effect)
재도약기(2005년 이후)	· 벤처제도약 정책의 시행 · 시장 인프라의 성숙 · 코스닥의 활성화 · Venture Capital의 선순환 사이클 형성

5) 한국 벤처생태계의 문제점과 평가

인프라 관점에서 우리나라 벤처생태계를 평가하고 문제점을 확인함으로써 개선이 방향을 찾고자 한다.

벤처 창업 및 보육측면에서 보면 창업기업가가 가져야 할 경영·기술능력 및 벤처정신 등 역량부족, IT 및 기술인력의 수급 불안정, 창업보육센터의 양적 확대 치중, BI의 Value Creation 기능 미약 등이 문제점으로 부각된다.

벤처 자문 및 지원측면에서는 벤처기업 지원 네트워크의 전문성 부족, 창업교육 및 컨설팅 전문가 부족, 급속한 국제화에 대응태세 미비 등으로 벤처기업 지원전문가 집단의 형성과 활용이 미비한 실정이다.

벤처 투자 및 회수 측면에서 보면 벤처캐피탈의 영역 전문화 미흡, 벤처자금의 공급과잉으로 인한 Money game화, M&A 시장의 미 발달, KOSDAQ의 급등락 및 시스템의 취약, 인터넷 벤처기업에 대한 평가기능 미약 등으로 VC의 기능 미정립 및 신뢰구축에 아쉬움이 많다.

이상을 종합하면 우리나라 벤처생태계 참여자들의 글로벌 네트워크 미흡, 건전한 벤처문화 미확립, 반벤처 정서의 출현에 대한 미대비 등으로 벤처 초기보다는 상당히 개선되고 있지만 아직도 개선이 필요한 법적·제도적·문화적으로 부족한 점이 많이 남아있다.

표 1-6. 인프라 관점에서 한국 벤처생태계의 평가

구분	요 인	1996년 이전	1996~2000	2001~2004	2005년 이후
		태동기	기반구축기	조정기	재도약기
경제적 인프라	·벤처주식의 거래시장 발달	×	○	○	○
	·VC 및 개인투자자(엔젤) 투자 활성화	×	○	△	○
	·혁신제품에 대한 시장 존재	×	×	×	△
사회 문화적 인프라	·기업가정신을 고려하는 사회분위기	△	○	△	△
	·과학기술자의 적극적 창업의욕	×	○	△	△
	·신뢰를 바탕으로 한 경제사회질서	×	×	×	△
과학기술 및 교육 인프라	·R&D 투자에 의한 지속적 기술혁신	△	△	△	○
	·학술기관과 사기업간의 인적 교류	×	×	△	○
	·기업가적 능력개발을 위한 교육	×	△	△	△
법적 제도적 인프라	·기업에 대한 규제 및 퇴출 장벽 완화	△	△	△	△
	·지역별 지원네트워크 및 창업보육기능	×	△	△	○
	·투자자와 기업가의 정보 네트워크	×	△	△	△

◎ : 매우 양호, ○ : 비교적 양호, △ : 보통, × : 취약
출처 : 『벤처창업과 경영전략』, 한정화, 2008.

제2장 벤처창업 전략

학습목표

- ❑ 전략에 대한 이해
- ❑ 벤처기업의 경영전략
- ❑ 벤처기업 성공 전략

제2장 벤처창업 전략

제1절 전 략

1. 경영전략

조직체의 기본적인 장기목표를 정하고 이들 목표를 달성하기 위하여 필요한 행동방식을 채택하고 이에 소요되는 자원을 배분하는 일을 전략이라 한다. 즉 전략에는 기업의 목표 수립과 그 목표를 달성하기 위한 여러 가지 계획이나 정책이 포함된다. 경영전략에 있어 주 관심은 경쟁자에 비해서 경쟁우위를 어떻게 가질 것인가 하는 문제이다.

기업이 경쟁우위를 유지하기 위해서는 장기적 목표(미션), 정책, 자원의 효율적 배분 등으로 모든 자원을 통합하되 구체적인 목표를 지향하는 일종의 책략으로서 전략이 수립되는데 이는 기업규모의 확대, 환경의 불확실성, 경영의 복잡성 증가 등 경영환경의 급변에 따라 중요성이 더하고 있다.

1) 전략의 역할

기업이 보유한 자원을 바탕으로 산업 환경에 대응하는 의사결정의 패턴으로서 전략은 조직에 있어 다음의 역할을 한다.

첫째, 계획(Plan)으로서 기업이 처하는 특정 상황에 대응하기 위한 의도적인 행동방향이다. 기업의 비전과 목표의 설정과 이를 달성하기 위한 행위의 기준이 된다.

둘째, 정책(Poly)으로서 경쟁자의 의표를 찌르기 위한 일종의 책략이다. 경영활동의 세부적인 활동으로 마케팅 전략, 기술개발과 제품 출시 전략, 자금 전략 등이다.

셋째, 행위유형(Pattern)으로서 사전 의도에 상관없이 일관되게 나타나는 행위결과의 흐름이다. 장기적으로 기업문화로 발전하며 타 기업과 차별화된다.

넷째, 위치선정(Position)으로서 외부환경 속에서 기업조직의 위치를 결정하는 수단이다. 장기적으로 기업의 생존유형과 직결된다.

다섯째, 관점(Perspective)으로서 기업내부조직을 적절하게 위치시키는 수단으로 작용한다.

2) 전략수립과정

전략의 수립은 기업의 존재의 이유인 미션을 확립한 후 전략적 및 재무적 목표를 수립한다. 이러한 전략적 목표의 달성을 위해 우선 검토해야 할 사항으로 외부환경이 기업에 미치는 기회와 위협을 분석하고 이에 대한 기업 내부능력을 강점과 약점으로 확인한다. 경영목표와 실행전략은 외부환경과 내부자원분석을 바탕으로 기업이 나아가야 할 전략적 방향을 결정하며, 기능별 전략과 활동계획에는 연구개발, 마케팅, 생산, 인사, 재무관리가 포함된다. 기업이 사업단위로 구분되어 있지 않았으면, 제품별로 구분하여 전략을 수립할 수 있다.

전략수립과정을 도표로 나타내면 [그림 2-1]과 같다.

미션(사명)은 기업의 존재 근거이자 기업의 장기적 목적으로 우리 회사는 장기적 관점에서 무엇을 바라는가? 또는 장기적 관점에서 무엇을 피해야 하는가?에 대한 대답이다. 이러한 사명은 기업의 성과에 영향을 줄 수도 있고 또는 아무 영향을 주지 않을 수도 있다. 하지만 사명과 목적은 기업의 모든 활동에 스며들어 있다.

목표설정은 상세하고 측정 가능하게 설정되어야 하며, 사명을 달성하기 위해 기업이 '해야' 할 일들로 구성된다. 이는 전략경영 과정의 다른 요소들에게 영향을 주어야 하며, 좋은 목표는 기업의 사명과 직접 연결된다.

전략의 수립은 기업에 가장 유리한 상황을 창조하는 과정으로 사업부 수준과 기업수준의 전략으로 구분할 수 있다. 사업부 수준의 전략은 주어진 시장에서의 사업 포지셔닝으로 저원가 전략, 차별화 전략이 있다. 전사적 수준의 전략은 어느 시장 또는 사업에 진출할 것인가를 결정하는 것으로 수직적 통합, 다각화 전략, 전략적 제휴 및 인수합병 전략이 있다.

전략 선택의 기본적 논리는 기업의 사명을 뒷받침하는가?, 기업의 목표와 일치 여부, 외부기회와 내부강점의 활용 가능 여부, 외부위협과 내부약점 회피 가능 여부가 될 것이다.

수립된 전략의 실행은 선택한 전략과 일치하는 조직적 정책과 행동이 실현될 때 전략적 목표가 달성될 수 있다. 실행에는 전략이 수행되는 방법(how), 누가(who) 무엇을(what) 할 것인가?, 조직의 구조와 통제인 누가 누구에게 보고하는가?, 채용, 승진, 보상 등은 어떻게 하는가? 등 구체적인 조직정책과 행동지침이 포함된다. 예를 들면 정규 조직구조, 정규적 · 비정규적 구성 및 업무와 역할, 경영통제 시스템, 종업원 보상정책 등이 있다.

그림 2-1. 경영전략 수립과정

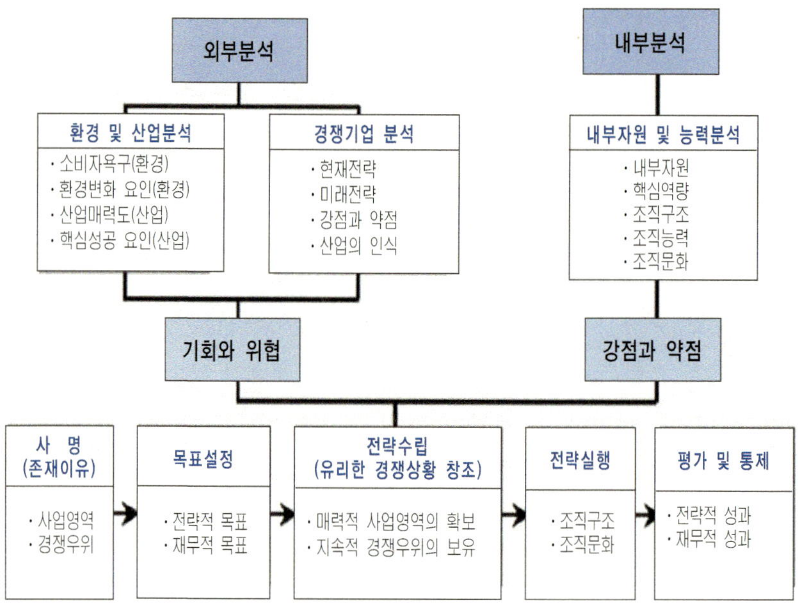

3) 경영전략의 내 · 외부 요인

경영전략에서 고려되어야 하는 외부요인으로는 산업 내 경쟁, 대체재, 잠재적 진출기업, 공급자와 소비자가 있다. 외부 영향요인으로서 산업 내 경쟁자 분석에는 산업의 집중도, 제품차별화, 초과생산능력, 변동비대 고정비의 비율, 시장성장률, 산업의 경기변동, 퇴거장벽 등의 비교우위를 확인해야 한다. 우리 기업의 제품(서비스)의 대체재에 대한 구매자의 성향, 대체재의 상대가격 및 잠재적 시장 진출기업에 대한 규모의 경제, 절대비용우위, 자본소요량, 제품차별화, 유통망에 대한 접근, 정부와 법적 규제, 기존기업의 보복 등도 중요한 확인 요소이다. 또한 공급자와 구매자와의 관계에서는 가격민감성에 영향을 미치는 원자재비용의 비중, 구매자의 이윤율 수준 및 제품품질의 중요성과 구매자의 교섭력인 공급자에 대한 상대적 크기, 전환비용, 구매자의 정보, 구매자의 후방통합능력이 검토되어야 한다.

프러시아 군사전략가 클라우제비츠(Clauzewitz)는 전략의 핵심은 결정적 순간(Critical Moment)에 결정적 자원(Critical Resource)을 동원하는 일이라고 하였다. 자원기반이론에 의하면 지속적 경쟁우위를 위한 자원의 조건으로 Value(가치가 있는 자원), Rarity(산업 내 희소성이 있는 자원), Inimitability(모방이 불가능한 자원), Exploited by Organization? (조직에의 활용)을 제시하고 있다. 특히 모방 불가능성은 독특한 역사적 조건(History), 인과관계의 모호성(Casual Ambiguity), 복잡한 사회적 관계(Social Complexity)를 바탕으로 생성된다고 하였다. 이러한 조건을 충족하는 자원을 Nonsubstitutable Resource(대체가 불가능한 자원)라 하고 이의 보유여부가 기업의 지속적 경쟁우위를 유지시켜준다고 설명하고 있다.

경영자원의 특성과 기업의 성과간의 관계는 [그림 2-2]와 같다.

그림 2-2. VRIO와 기업의 성과

자원의 특성			경쟁적 시사점	성 과
가치(V)	희소성(R)	모방 불가성(I)		
No	--	--	경쟁열위	저수익
Yes	No	--	경쟁등위	평균수익
Yes	Yes	No	한시적 경쟁우위	한시적 고수익
Yes	Yes	Yes	지속적 경쟁우위	지속적 고수익

4) 자원의 종류

자원의 종류에는 인적 자원, 조직자원, 명성자원, 물적 자원, 재무자원, 기술자원 등으로 구분할 수 있다. 인적 자원(Human Resources)은 종업원의 교육훈련 정도, 보유 전문지식, 충성과 헌신, 경험, 판단, 지능, 관계, 통찰력 등과 창업자와 창업팀의 지식, 훈련, 비전, 지능 수준 등 및 조직원의 관계자본(Relational Capital)이 포함된다. 또한 조직 구성원이 가지는 network도 인적 자원의 구성요소이다.

조직자원(Organization Resources)은 기업의 구조와 시스템으로서 보고체계, 공식 및 비공식 계획, 통제 및 조정, 문화와 명성, 이해관계 집단 간의 관계 등을 포함한다. 구성원들의 창의성과 혁신, 열정을 고취할 수 있는 조직구조와 문화는 경쟁자와의 차별화를 위한 중요한 무형자원이다.

명성자원(Reputational Resources)은 회사에 대한 타인의 인식으로 제품차원은 브랜드 충성도, 기업차원에서는 기업의 전반적인 이미지이며, 명성자원의 요소에는 경영수준, 기업자산의 활용, 재무건전성, 투자가치, 제품과 서비스의 품질, 혁신성, 우수인력의 개발과 유치, 지역과 환경에 대한 책임 등이 있다. 이는 벤처기업에 있어 네트워킹에 중요 요소로 작용한다.

물적 자원(Physical Resources)은 설비와 기업에서 사용되는 물적 기술을 포함하며, 공장 및 설비, 지리적 입지, 원재료에 대한 접근성 등이다. 물적 자원은 특별한 역사적 상황에 의해 형성된 경우를 제외하고는 지속적 경쟁우위의 원천이 되기 어렵다.

재무자원(Financial Resources)은 기업의 전략 수립과 실행에 사용할 수 있는 금전적 자원, 차입, 증자, 내부유보 등을 포함한 자금조달 역량으로 평가된다. 금융의 공급이 원활한 상황에서는 재무자원이 경쟁우위의 원천이 되기 어렵다.

기술자원(Technological Resources)은 특허권, 저작권, 영업비밀, 연구 설비 및 기술인력 등의 요소로 R&D에 의해 획득되고 특허, 의장권, 상표 등에 의해 보호될 때 핵심자원으로서의 기능을 한다. 기술자원 자체로는 지속적 경쟁우위의 원천이 될 수 없고, 인적 자원과 결합할 때 가능하다.

경영자원과 경쟁우위와의 관계는 [그림 2-3]과 같이 정리할 수 있다.

그림 2-3. 경쟁우위의 원천

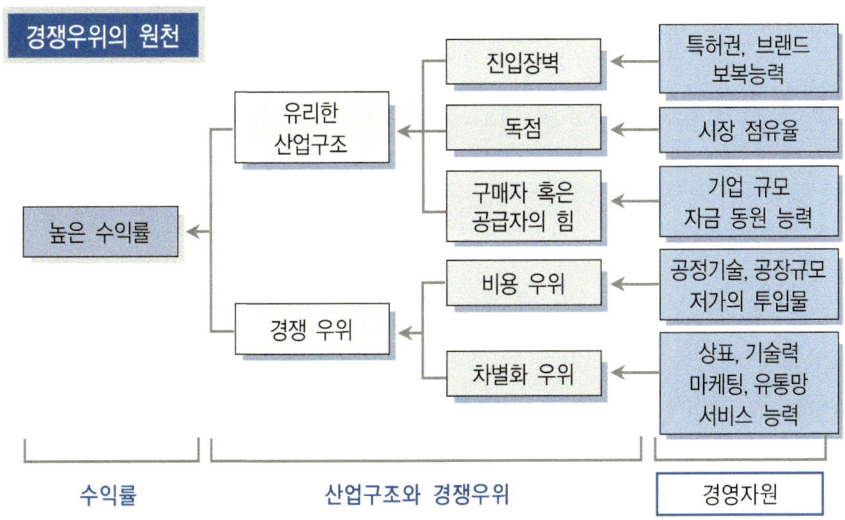

2. 전략수립을 위한 분석도구

1) SWOT 분석

기업의 전략수립에 있어 사용되는 분석도구로 기업의 성공 판단 원천은 기업의 환경이 우호적이냐 아니냐에 의해 결정된다는 포터(M. Porter)의 일반적 전략과 포터의 이론이 가지고 있는 비슷한 환경에 있는 기업은 수익성이 같아야 한다는 약점을 보완한 기업의 수익원천이 외부가 아닌 내부요인에 의해 결정된다는 루멜트와 바니의 자원기반이론을 바탕으로 한 SWOT분석이 사용된다. 이는 환경변수와 자신의 잠재력을 감안해 창업의 방향을 설정하고자 할 때 많이 사용하는 방법 중의 하나이다.

SWOT분석은 환경분석을 통해 기회요인(opportunity)과 위협요인(threat)을 발굴하고, 이를 다시 자신이 가지고 있는 강점(strength)과 약점(weakness)에 연결시켜 타당한 방향을 찾는 방법이다. 기회요인은 지금의 환경변화가 창업을 할 때 어떤 점에서 유리할지를 찾아내는 것이며, 위협요인은 환경변화 중에서 창업자들에게 불리하게 작용할 변수들을 말하며, 현재 전개되는 각종 환경변화에는 경제·기술적 환경변화, 법·정치적 환경변화, 사회·문화적 환경변화 등이 있다.

외부환경과 내부역량의 구체적 분석 내용을 도식화하면 [그림 2-4]와 같다.

그림 2-4. 외부환경 및 내부자원 분석

	기회(opportunities)	위협(threats)
외부 환경	·시장확대 조망 ·고객수요 변화 ·정부 시책 ·관련 업종 부가 상승 ·감세, 면세	·경쟁격화 ·스태그플레이션 ·국제시장 개방화 ·관세장벽 ·수요패턴 쇠퇴
	강점(strengths)	약점(weaknesses)
내부 자원	·우수인재 확보 ·신시설, 최신장비 ·우수한 기업문화 ·자금동원력 ·원가우위 제품보유 ·신제품 개발능력	·인재부족 ·시설 노후화 ·시장인지도 부족 ·유동자금 부족 ·핵심기술 부재 ·장기전략 부재

외부환경 및 내부역량 분석을 통해 기업이 취할 수 있는 전략의 방향을 정리하면 〈표 2-1〉과 같다. 기존 사업 분야와 보유 역량에 대한 외부환경의 변화에 따라 기업에 적합한 전략의 수립이 요구된다.

표 2-1. SWOT 분석을 통한 전략 수립

	강점(S)	약점(W)
기회(O)	공격적 전략	방향전환전략
위협(T)	다각화 전략	방어적 전략

창업기업의 경우 SWOT를 활용한 창업방향의 도출은 〈표 2-2〉와 같이 정리할 수 있겠다. 강점을 활용하는 전략의 수립을 기반으로 외부와의 경쟁 패러다임을 변화시킴으로서 기회를 창출하는 전략의 수립이 필요할 것이다.

표 2-2. SWOT를 활용한 창업전략 도출

구분	기회(O)	위협(T)
강점(S)	기회를 살리고 강점을 활용 (SO전략) → 1순위(성공전략화)	강점을 살리되 위험을 축소 (ST전략) → 2순위(위험회피)
약점(W)	기회를 살리되 약점을 감안 (WO전략) → 3순위(성공전략화)	위협과 약점을 동시에 고려 (WT전략) → 4순위(위험회피)

2) 제품수명주기 분석(Product Life Cycle)

기업이 생산 판매하는 제품에 대하여 시장에의 진입에서 퇴출까지를 유기체의 생애주기에 대비하여 각 단계별 특징에 대응하는 전략을 수립하는 방법이다. 각 주기별 특징과 대응전략은 〈표 2-3〉으로 정리된다.

표 2-3. 제품수명주기 분석

시기	도입기	성장기	성숙기	쇠퇴기
특징	· 투자비용유출 · 이익보다는 손실	이익증대 매출증대 경쟁격화	현금유입 매출둔화시작	매출감소 이익감소
대응전략	· 공격전략 · 판매·광고비 전략 · 기술혁신 투자	시장확대	기존고객만족 생산성 향상 신제품개발 착수	현상유지 비용통제

3) 제품/시장 믹스 분석(Product/Market Grid)

진입하고자 하는 시장과 제품의 존재여부를 결합하여 기업의 취하고자 하는 전략의 방향을 결정하는 방법이다. 제품과 시장의 조합에 따라 기업이 취할 수 있는 전략은 [그림 2-5]와 같다.

그림 2-5. 제품/시장 믹스 분석

시장 \ 제품	기존제품	신제품
기존시장	기존시장 침투	신제품 개발
신시장	신시장 개척	다각화

4) BCG Matrix 분석

기업의 장기적 제품 구성을 위한 전략 수립방법으로 제품의 구조조정 및 자원의 집중 등에 방향을 제시하는 분석방법이다. 시장의 성장률과 점유율을 기준으로 제품군을 분류하고 있다. 미국의 경우 연 10%를, 시장점유율은 평균점유율을 기준으로 하고 있다. 각 제품군은 STARS, Problem Childrens(Question Mark), Cash Cows, Dogs로 명명하고 있다. 제품군의 관계는 [그림 2-6]과 같다.

그림 2-6. BCG Matrix 분석

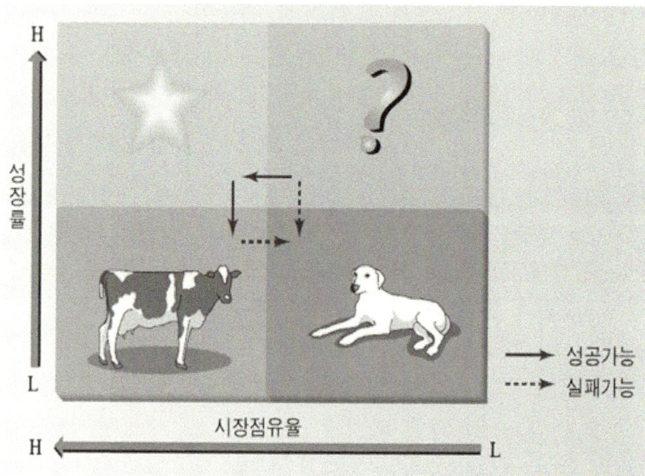

각 제품군의 특성은 다음과 같다.

- STARS : 시장성장률이 높아 많은 수익을 발생시키나, 시장의 성장에 따른 생산설비의 확충, 광고 및 시장 확대유지를 위한 비용 또한 많이 발생하여 이익의 수준은 낮다. 제품수명주기의 성장기에 해당된다.
- Problem Childrens : 시장성장률은 높은데도 불구하고 시장점유율이 낮아, 수익보다 지출이 많아 현금발생은 마이너스 상태이다. 시장진입 초기의 제품으로 지속적 성장 여부는 알 수 없다. 제품수명주기의 도입기에 해당한다.

- Cash Cows : 시장성장률은 낮은데도 불구하고 시장점유율이 높아, 현재 많은 수익을 발생시키고 있으며 앞으로도 수익 발생이 가능하여, 현금 발생은 플러스 상태이다. 제품수명주기의 성숙기에 해당한다.
- Dogs : 시장성장률도 낮고 시장점유율도 낮아 현금발생은 극히 저조한 상태를 보이며 시장에서도 철수를 고려해야 하는 제품군이다. 제품수명주기의 쇠퇴기에 해당한다.

각 제품군의 상대적 시장점유율과 성장률에 따른 제품과 현금의 이동경로는 [그림 2-7]과 같다. Cash Cows 제품군에서 창출한 현금은 미래의 Cash Cows 제품을 확보하기 위해 STARS 및 Problem Childrens 제품군에 투자함을 알 수 있다.

그림 2-7. BCG Matrix의 현금, 상품 이동

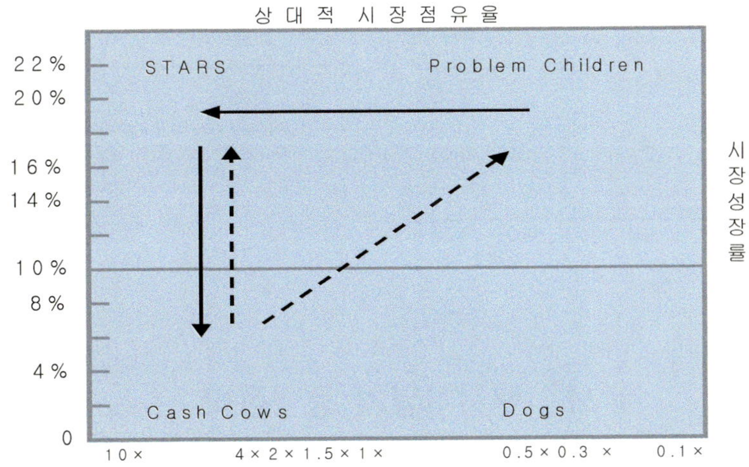

* 실선 : 상품이동, 점선 : 현금이동

5) 전략목표와 대응전략

다양한 경영전략 분석도구를 활용하여 도출된 전략들은 기업의 전략목표에 따라 활용 방법 및 시기가 달라진다. 시장에서 경쟁자와의 관계에 있어 우위를 위한 경쟁우위전략으로는 원가우위전략, 차별화 전략, 집중화 전략 등이 활용된다.

시장의 변화와 트렌트에 적극적으로 대응하기 위한 시장대응전략으로는 제품수명주기전략, 포트폴리오전략, 제품/시장 믹스 전략이 있다.

이를 종합하면 [그림 2-8]과 같다.

그림 2-8. 전략목표와 대응전략

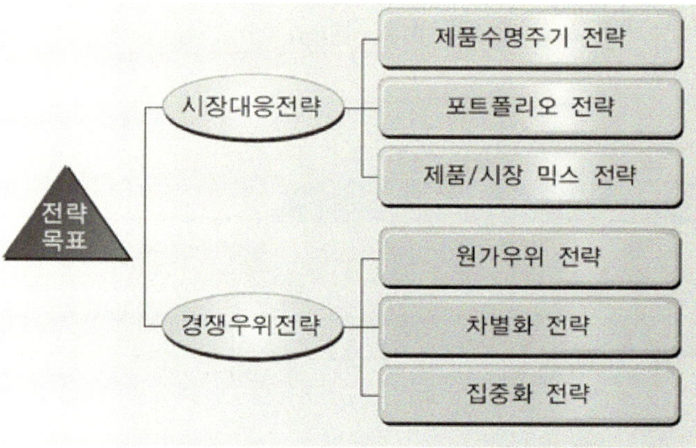

제2절 벤처기업의 경영전략

1. 창업단계에서의 전략 중요성

벤처 창업단계에서는 시장에 진입한 제품이 없는 상태이므로 경쟁우위의 원천이 되는 시제품의 개발과 벤처기업의 시장진입 전략의 수립이 최우선이다. 벤처 제품의 성공은 제품의 경쟁우위 확보와 진입의 타이밍에 좌우된다.

벤처기업이 새로운 제품을 개발하여 시장에 진입하면 신생기업의 어려움

(Liablility of Newness)에 부딪힌다. 알려지지 않은 기업의 제품에 대한 신뢰와 제품에 대한 인지도가 낮음으로 해서 겪는 어려움이다. 이는 일방적인 경쟁우위(unfair advantage)의 확보로 상쇄가 가능하다. 특허나 독점적 점유권 등으로 인해 받는 유리한 조건으로 이의 확보전략이 중요하다.

또한 초기의 경쟁우위를 지속적으로 유지하는 문제이다. 이는 경쟁기업과 차별화되는 핵심역량(distinctive competence) 보유 유무에 의존한다.

벤처 창업자가 범하는 오류로 시장의 정태적 판단에 따라 경쟁위험의 간과이며, 특히 시장진입 당시 분석한 환경조건은 시장진입 후 변화되기에 지속 가능한 경쟁우위의 유지라는 문제점 해결이 매우 중요하다.

2. 벤처기업 경영전략에 대한 외부영향 요인

벤처기업의 경영전략 수립 시 고려해야 하는 주요한 외부영향 요인으로 진입장벽, 교섭력, 산업의 진화가 있다. 이는 기존의 기업과는 다른 신생벤처기업이 부담해야 하는 요인들이다.

- 진입장벽(Entry Barriers) : 기존기업이 신규진입기업에 비해 가지는 우위로 발생의 원인으로는 규모의 경제(Economy of Scale), 다양한 제품군에 의한 제품 차별화, 유통채널의 확보, 자본소요량, 절대적인 비용우위, 기존사업자의 보복 등으로 인해 시장진입에의 어려움이 발생한다.
- 교섭력(Bargaining Power) : 공급자나 구매자간에 상대적인 힘의 격차에서 발생하는 불평등으로 발생의 원인은 구매자나 공급자의 시장집중도, 대체재의 존재여부, 구매에서 차지하는 비중, 교체비용, 전후방통합의 위협 등이다.
- 산업의 진화(Life Cycle) : 유기체적 관점(도입, 성장, 성숙, 쇠퇴)에서 기업은 물론 산업, 제품에 있어 다양한 생애주기를 가지고 있다. 창업기업이 진입하고자 하는 시장의 위치에 따라 다른 전략을 구사하여야 한다. 생애주기의 발생원인으로는 인구추세와 인구구성의 변화, 기술혁신, 가치관과 생활양식의 변화, 구매자 영역 변화 및 독점적 지식의 확산 등이 있다.

또한 Life Cycle은 일정하게 변하지 않으므로 시장 진입초기에 정확한 분석이 필요하다. 산업 Life Cycle의 불규칙성은 [그림 2-9]와 같다.

그림 2-9. 산업 Life Cycle의 불규칙성

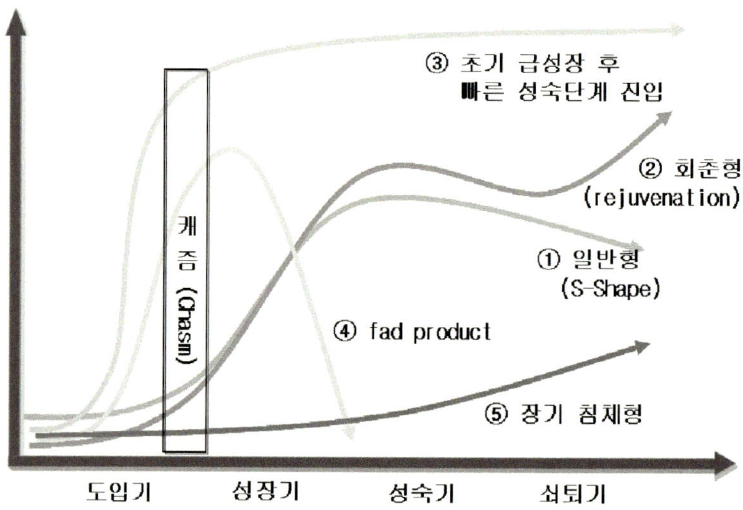

3. 벤처경영전략과 성장위험

사업이 균형적인 성장을 유지해 나가기 위해서는 종합적인 경영방침이 집약된 경영계획에 의하여 리스크를 피하는 경영전략이 필요하다. 따라서 벤처기업이 계속기업으로 존속하기 위해서는 다음과 같은 위험을 잘 관리해야 한다.

1) 개발위험

연구개발은 기업의 성장과정에서 위험이 가장 많은 단계이다. 따라서 많은 나라에서 연구개발비를 국가가 정책적으로 지원하거나 대기업에서 투자하게 된다. 벤처비즈니스의 연구개발이나 기술창업을 도와주기 위해 선진각국에서 활성화되고 있는 제도로 창업보육센터가 있다. 이는 기술 집약형 벤처비즈니스로 하여금 비서, 행정보조원, 작업 공간, 경영 마케팅, 회계, 재무 등의 지원을 통해 기업발전을 가속화시키도록 하는 것이다.

2) 제조위험

제품의 제조나 생산과정에서 중요한 것은 기술성과 제조원가이다. 기술성 부문은 연구개발 위험과도 연결되는 것으로서 신제품의 기술이 기존 경쟁상품보다 우수하지 못하면 불리하다. 또한 시제품은 제대로 만들어졌으나 대량 생산 시에는 원제품과 동질의 제품이 나오지 않는 경우 고정비만 계속 투자하다가 도산하는 기업도 많이 있다. 또한 제조원가가 너무 비싼 경우는 경제성이 없다. 따라서 시판가격이 너무 비싼 경우 경쟁제품이나 대체제품에 비해 수요가 늘어나기 어렵다.

3) 마케팅위험

제품이 생산되어 시장에서 판매가 되어야 비로소 기업은 살아갈 수 있다. 시장에 수요가 존재하고 다른 제품보다 경쟁우위에 있어서 시장에 진입이 순조로워야 벤처비즈니스는 성장할 수 있다. 생산된 제품이 잘 팔릴 수 있도록 정확한 수요예측과 품질과 가격 등 경쟁우위 요소를 많이 확보하고 있다면 마케팅 위험은 줄일 수 있다.

4) 관리위험

기술성이 뛰어나 여러 가지 특허를 가지고 있다 하더라도 관리능력이 없으면 기업경영이 방만해지기 쉽다. 특히 기업은 계속성의 원칙하에 판매관리, 자금관리, 인력관리 등을 짜임새 있게 운영하여야 한다. 관리능력 부족으로 어음관리 및 자금조달 등의 차질을 빚어 결국 부도가 발생하게 되면 생산 및 판매를 눈앞에 두고서도 주저앉는 경우가 많다.

5) 성장위험

성장위험은 기업의 영업실적이 증가하고 조직이 커짐에 따라 증가하게 되는 위험이다. 벤처비즈니스는 성장하면서 맞게 되는 여러 가지 위기를 극복할 수 있도록 금융기관, 원재료공급처 및 판매처, 동 업계 유관기관 등 이해관계자들과 유대를 강화하여야 한다.

4. 성장단계별 경영전략

벤처기업은 초기 시장진입의 어려움을 극복하고 난 이후에도 기업으로서의 체계화 및 경험이 미숙함에 따라 많은 위험이 상존한다. 성장단계에 따라 예상되는 리스크의 회피 및 경영전략은 다음과 같다.

1) 창업기

창업기에는 보통 부족한 자본과 인재로 새로운 기술과 노하우를 바탕으로 사업을 시작하는 단계이다. 이 시기에는 시간적인 압박과 제한된 자원 때문에 비즈니스로서 기본적인 사항이 무시되며 여러 종류의 경영상 리스크가 존재하는 복합리스크 단계이다. 이 리스크를 어떻게 제어하고 관리하여야 하는가를 기업설립 단계에서 면밀한 기획과 실행이 필요하다. 이 단계에서 경영전략은 다음과 같다.

① 회사의 형태, 조직, 주주관리 등을 명확히 결정한다(이 결정은 후에 금융 수요, 개인의 경제 및 상속대책, 법인세 및 소득세의 최소화, 경영권 등의 문제에 크게 영향을 미칠 수 있다.).
② 전체를 포괄하고 신뢰할 수 있는 사업계획을 작성한다.
③ 성장에 필요한 자본금을 확보한다(유상증자, 전환사채 등 공모·사모를 통한 금융과 벤처캐피탈 이용계획, 정부의 지원 및 은행으로부터 차입, 설비와 기계의 리스 등 다양한 방법이 있을 수 있다.).
④ 특허권과 실용신안권 등을 획득한다.
⑤ 기술개발에 주력한다.
⑥ 원재료 공급선을 확보한다.
⑦ 공인회계사, 세무사 등 전문가를 선정한다.
⑧ 회사설립에 따른 창업자와 임원의 개인소득세에 대한 영향을 조사한다.
⑨ 관리회계, 세무, 업무상 절차 등에 관한 방침을 확정한다.

2) 창업자에 의한 성장 초기

아이디어의 상품화에 성공하여 사업이 순조롭게 진행되는 단계이다. 이 단계에서는 시장의 수요에 맞추기 위하여 인적 자원, 공장, 기계, 설비 등 물적 자원과 자금을 총동원하여 생산에 전념하는 시기이다. 또한 창업경영자가 영업, 재무 및 기타 거의 모든 부분에 책임을 지는 리더십 리스크가 존재한다. 이 시기에는 판매와 리더십 리스크를 어떻게 관리하느냐가 가장 중요한 문제이다. 하이테크와 연구개발에만 기업에너지를 사용해서는 안되며, 기업의 조직화에 초점을 맞춤으로써 다음 단계로의 성장을 기대할 수 있다. 이 단계에서의 중요한 관리사항은 다음과 같다.

① 고도정보화 사회에서 경쟁에 이기기 위해서는 제조와 마케팅에 관한 종합적이고도 계속적인 최신 정보가 필요하다. 이를 위해 경영정보시스템과 사무기기자동화 등과 같이 컴퓨터의 이용이 불가피하게 된다.
② 기업규모에 맞는 재무보고시스템을 만들지 않으면 안 된다. 이 단계에서는 신속한 재무보고가 필요하며, 특히 사업에 필수적인 업무, 즉 자금조달, 재고, 시제품, 예측, 예산 등에 관해서는 보고시스템을 잘 갖추어야 한다.
③ 사업이 성장하는데에 따라 최고경영자의 교육・훈련이 필요하다. 인간의 선천적인 능력이나 기술적 능력과는 달리 경영관리능력은 교육・훈련에 의해 증진될 수 있다.

3) 경영관리에 의한 성장 중기

시장에서 제품의 수요가 증가하고 이익이 발생하기 시작하는 시기이다. 수요가 많아지면 하이테크 사업 초기에는 조직과 관리상의 리스크를 간과하기 쉽다. 기업은 언젠가는 경쟁이 치열해지고 시장확보와 계속적인 연구개발을 위한 요소자금이 필요하게 된다. 조직과 관리상의 문제점이 계속 방치된다면 다른 문제가 파생되기 쉽다. 예를 들면 다음과 같다.

① 매출을 정확히 예측할 수 없음
② 생산 일정이 불규칙하게 됨

③ 부문간의 의사소통이 어려워짐
④ 코스트가 상승함
⑤ 재고자산이 누적됨
⑥ 매출채권의 회수에도 문제가 생김
⑦ 제2의 후속 제품개발과 그 시장전략에 지장이 있음

조직과 관리부문에의 투자가 경시되고 경영관리의식이 결여되기 쉬운 이 단계에서의 중요한 경영전략을 살펴보면 다음과 같다.

① 실정에 맞는 조직적인 제조 및 재고관리를 한다.
② 적절한 재무관리 시스템을 구축해야 한다.
③ 기업의 시스템화 · 조직화에 초점을 두는 동시에 경험 있는 경영진의 충원도 고려할 시기이다.

4) 권한이양에 의한 성장 가속기

기업의 규모가 상당히 큰 단계로 성장을 지속해 나가기 위하여 관리직의 동기부여가 필요하게 된다. 이를 위한 방안으로 권한이양에 의한 분권화를 이루는 분산된 관리체제가 필요하게 된다.

즉, 분산된 관리체제를 총괄해야 한다는 의미에서 통제리스크가 문제로 등장하게 된다. 이 단계에서의 중요한 경영전략은 다음과 같다.

① 다각화가 진행되어 제휴와 매수가 확대정책의 하나로 된다.
② 경영체제와 조직의 점검 · 진단이 필요하게 된다.
③ 인적 자원의 재교육 · 재배치를 통하여 분권관리와 전체 통제 시스템을 완성시킨다.

5) 협조에 의한 성장 안정기

권한의 분권화가 진행되면 조직의 통일관리가 어렵게 된다. 이 단계는 경영자가 다시 중앙집권화를 지향하는 시기로 조직이 비대해지고 효율적인 경영을 막는 관료리스크가 중요한 과제로 나타나게 된다. 이 단계에서의 중요한 경영전략은 다음과 같다.

① 효율적인 조직의 확립, 새로운 인재의 충원, 컴퓨터의 도입, 종업원의 재교육을 행하는 것이 중요하다.
② 생산성 향상을 위한 QC활동도 중요하다.
③ 새로운 경영전략의 검토가 필요하다

6) 조직 활성화에 의한 성장 성숙기

기업규모의 확대에 따라 조직의 거대화가 진행되어 유연하고 창조적인 경영의 유지가 곤란하게 된다. 즉 조직의 관료화가 보다 진전되어 조직의 '경직화 리스크'가 발생한다. 이 단계에서는 다음과 같은 점에 유의해야 한다.

① 해외자회사, 지점, 관련회사의 관리, 내부통제의 충실화와 보다 정밀한 재무보고서의 작성 등이 필요하다.
② 규모가 커진 벤처비즈니스를 활성화시키기 위하여 사내 벤처제도 등이 고려되어야 할 것이다
③ 새로운 경영기법을 구사한 전략형 리스크 관리제도의 도입에 의한 조직 활성화가 필요하다.

7) 주식의 상장에 의한 성장 지속기

친인척 또는 소수주주에 의한 사적 기업에서 다수주주에 의한 공적 기업으로 전환되는 시기이다. 그 결과 기업에 대한 이해관계자가 많아지기 때문에 자유로운 기업경영이 어려워지게 된다. 즉 주식공개 리스크가 존재하게 된다. 따라서 기업으로서 경영권을 확보할 수 있는가 신중한 검토를 하지 않으면 안 된다. 이 단계에서는,

① 주식공개에 대한 영향과 기업가에 대한 영향 등을 검토해야 한다.
② 주식매점에 대한 대응책을 세우지 않으면 안 된다.
③ 공적 기업으로서 책임을 다하는 경영체질의 개선, 체제구축이 필요하다.

이제까지 각 성장단계별 리스크와 그 경영전략에 대해서 설명했지만 이것은 어디까지나 공통사항으로서의 문제점을 지적한데에 불과하다. 실제로는 각각의 벤처비즈니스에 대한 독특한 문제점과 리스크가 존재한다. 이는 성장단계별의

모든 리스크를 예상하고 이들을 관리할 수 있는 기업경영자가 있어야 기업이 창업에서 계속기업으로서 성장할 수 있는 것이다. 조직체의 기본적인 장기목표를 정하고 이들 목표를 달성하기 위하여 필요한 행동방식을 채택하고 이에 소요되는 자원을 배분하는 일을 전략이라 한다. 즉 전략에는 기업의 목표 수립과 그 목표를 달성하기 위한 여러 가지 계획이나 정책이 포함된다. 경영전략에 있어 주 관심은 경쟁자에 비해서 경쟁우위를 어떻게 가질 것인가 하는 문제이다.

기업이 경쟁우위를 유지하기위해서는 장기적 목표(미션), 정책, 자원의 효율적 배분 등으로 모든 자원을 통합하되 구체적인 목표를 지향하는 일종의 책략으로서 전략이 수립되는데 이는 기업규모의 확대, 환경의 불확실성, 경영의 복잡성 증가 등 경영환경의 급변에 따라 중요성이 더하고 있다.

기업의 성장단계별 리스크와 경영전략을 정리하면 [그림 2-10]과 같다.

그림 2-10. 벤처기업의 성장단계와 위험

구분	창업기	성장초기	성장중기	성장가속기	성장안정기	성장성숙기	성장지속기
성장	창업기	창업자	경영관리	권한이양	협조	조직활성화	주식상장
규모							
리스크	복합	리더십	관리	통제	관료화	조직경직화	주식공개
시기	초기 <—			성장단계		—>	후기

제3절 벤처기업의 성공전략

1. 벤처기업의 성공전략

벤처기업이 성공하기 위해서는 적절한 아이템의 선정, 자원의 확보 그리고 경영팀이 조화롭게 균형을 이루어야 한다. 벤처가 성공하기 위한 필요조건은 다음과 같다.

· **역량 있는 창업 팀의 구성** :
- 창업자의 부족한 부분을 보완해 줄 수 있는 팀을 구성하여야 한다.
- 다양한 분야의 전문가 확보를 위해 창업 주주를 영입한다.
- 설득력 있는 비전을 제시하는 역량과 태도가 중요하다.

· **효과적인 시장진입전략** :
- 차별화를 통해 진입장벽 우회전략을 개발(제품, 마케팅, 유통, A/S)한다.
- 유통과 고객니즈의 결합 등 새로운 BM개발(델컴퓨터의 성공사례)한다.
- 틈새시장을 공략하는 전략을 추진한다.

· **초기비용 부담 줄이기** :
- 자금흐름이 안정될 때까지 비용 최소화에 노력한다.
- 월별 자금소진율(burning rate)에 관심을 가지고 관리한다.
- 초기 고정비 줄이는 방법으로 아웃소싱을 적극 활용한다.
- 외주업체 선정 시에는 품질 및 납기 등을 신중히 검토하여 결정한다.

· **경쟁우위 지속화** :
- 경쟁우위의 소멸현상으로 경영성과가 떨어짐을 주의한다.
- 기술수명주기 짧은 것이 원인으로 2차 제품과 기술개발에 노력한다.
- 핵심기술이 유출되지 않도록 보호책을 강구한다.
- 기업이 보유한 핵심역량을 정확히 파악하여 우위지속에 활용한다.

- **균형감각 유지** :
  - 원칙과 현실 사이에서 균형을 유지한다.
  - 기업의 성장성, 안정성, 수익성 간의 균형을 유지한다.
  - 투명성과 신뢰성의 확보가 중요함을 인식한다.
  - 일과 가정의 균형을 유지한다.

- **직원에 대한 동기부여** :
  - 핵심인력의 확보와 유지가 중요하다.
  - 금전적 보상뿐만 아니라 정신적 보상도 제공되어야 한다.
  - 직원들의 역량을 강화하기 위한 투자(전문성+감성)를 적극적으로 한다.

- **외부자원 활용** :
  - 자원을 획득하기 위해 사회적 관계를 활용한다.
  - 전략적 제휴나 M&A를 통해서 외부자원을 적극 활용한다.
  - 정부 지원을 적절하게 활용하도록 한다.

2. 성공 벤처와 경영자원

1) 벤처성과와 경영자원

벤처기업은 단기간에 조직능력이나 학습을 통하여 기술과 브랜드 등 경영자원을 어떻게 구축하는가가 기업성과에 중요한 영향을 미친다. 하지만 모든 자원이 전략적으로 중요한 것은 아니며 남들이 쉽게 모방하기 힘든 경쟁우위를 창출하는데 기여하는 자원이 전략적 자원이다.

따라서 독특한 내부자원(핵심역량) 개발이야말로 지속적 고수익의 원동력이다. 이러한 내부역량은 특허 산업재산권, 리더십스타일, 기업문화, 의사결정 시스템, 보상체계 등으로 기업의 독특한 문화를 형성하고 있다.

기업의 성장단계에 따라 필요자원의 유형과 규모가 달라지며, 적절한 자원의 투입이 중요하다. 특히 외부자원의 적극적 활용이 필요하다. 창업 초기에 필요한 자원을 외부로부터 효과적으로 조달할 수 있는 창업자의 명성이나 신뢰, 네트워크 등이 중요하다. 벤처기업은 유연성과 신속성을 특징으로 하므로 이를 유지하기 위해서는 자원의 소유보다 관리역량이 기업성장과 성과창출에 기여한다.

벤처기업은 시장가격보다 낮게 자원을 획득하기 위해 사회적 관계를 활용하며 이러한 점에서 네트워킹은 유용한 사회적 자산(Social Asset)이다. 효과적인 네트워킹을 위해서는 주체간의 신뢰관계가 매우 중요하다. 하지만 벤처기업의 과도한 네트워킹으로 인한 문제점도 발생하고 있는 바, 이의 활용에 균형감각이 필요하다.

성공 벤처기업의 자원특성을 살펴보면 다음과 같은 공통점을 발견할 수 있다

- 외부자원의 적극적 활용
- 자금조달원천의 다양화
- 연구개발 투자와 기술 확보
- 우수인력의 확보와 유지
- 강한 내부결속력
- 자율과 창의성
- 경영시스템의 구축

2) 벤처기업의 성공요인

벤처기업의 성공요인에 대한 기존의 연구들에서 사용된 주요 변수들은 기업가 본인의 특성, 산업환경, 경영전략, 자원과 능력 및 조직의 특성 등이다. 이들 요인들은 상호 복합적으로 작용하여 벤처기업의 성공에 영향을 미치고 있다.

창업자 특성에는 심리적 특성, 동기적 특성, 경력 특성이, 산업환경은 산업환경 특성, 경쟁구도, 산업구조영역과 발전단계, 진입장벽, 수명주기 등이 영향변수로 확인되었다. 전략은 전략적 범위, 경쟁전략, 자원축적 전략 등이 영향요인으로 밝혀지고 있으며, 자원과 능력에는 자금조달 능력, 기술 능력, 제품의 특성이, 조직특성으로는 구조적 특성, 문화적 특성 및 인적자원관리제도가 영향요인으로 확인되고 있다.

이를 정리하면 기업가, 자원, 산업 그리고 전략이 벤처기업 성과에 영향을 미치고 있음을 알 수 있다. 이를 벤처기업의 성과결정 모형이라 하고 [그림 2-11]과 같이 표현할 수 있다.

그림 2-11. 벤처기업의 성과결정 모형

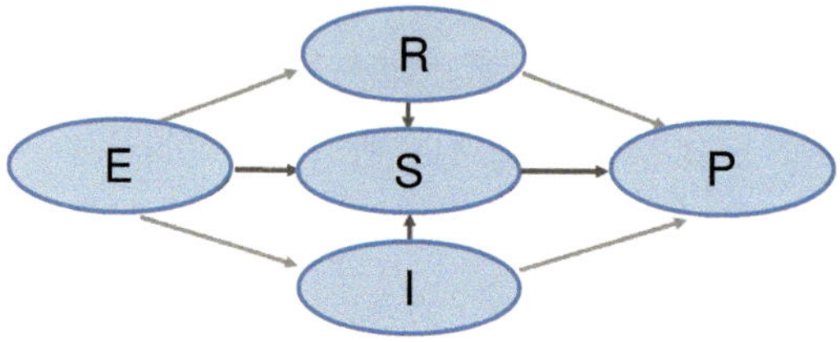

VP = f(E, R, I, S)

E : Entrepreneur, R : Resource, I : Industry, S : Strategy, P : Performance

(출처 : 한정화, 2008)

3. 벤처 실패의 7가지 함정

벤처기업이 창업 후 실패하는 이유는 다음의 몇 가지에 해당되는 경우이다. 이러한 함정에 빠지지 않도록 하여야 할 것이다.

첫째, 선택의 함정으로 창업 아이템 선정의 잘못은 실패원인 중 가장 많다. 사업 의사결정 시 판단에 필요한 지식과 정보가 불충분한 상태에서 조급한 결정은 시행착오를 가져오게 된다. 특히 사업은 해보면서 알게 되는 특성(Learning by doing)이 있다. 또한 트렌드에 과도한 쏠림 현상이나 무리한 분야에 도전하는 경우 실패의 위험이 높다.

둘째, 개발의 함정으로 예상보다 시간과 비용이 많이 들어가는 경우이다. 운전자금의 압박으로 개발조직의 와해를 가져와 제품을 출시도 하지 못하고 실패하는 경우이다. 또한 개발제품의 성능이나 품질의 결함이 있는 경우나 지적재산권 분쟁에 휘말리게 되는 경우에도 실패할 위험이 높다.

셋째, 시장의 함정으로 창업의 성공과 실패를 결정하는 가장 중요한 요소인 시장을 무시하는 경우이다. 창업자의 '기술중심사고'로 '쥐덫의 오류'에 빠짐에 따라 시장과 동떨어진 팔리지 않는 제품을 개발, 생산하는 경우이다. 또한 진입장벽인 전환비용의 문제, 제품 차별화, 정책이나 유통망 등에 동일한 기회가 주어지지 않음을 무시하는 오류를 범하기도 한다. 아울러 경쟁강도가 높아지면 우위가 지속되기 어려우며, 소비자의 욕구변화, 경쟁업체 등장, 모방제품과 대체재 등 시장에는 다양한 위험이 존재하고 있다.

넷째, 관리의 함정으로 조직의 규모가 커지고 관리의 복잡성 증가에 따라 갈등의 증폭과 조직응집력이 떨어지는 원인이 된다. 이런 현상은 비효율로 인한 낭비와 생산성 저하를 가져오게 된다. 일반적으로 모호한 원칙이 내부갈등의 원인이 되며 자금관리의 미흡은 전반적인 금융비용을 높이며, 생산 및 품질관리의 부족은 경쟁력 저하와 고객 불만족을 초래하게 된다.

다섯째, 태도의 함정은 지나친 자기 확신, 과도한 통제욕구, 과시욕 등으로 창업리더의 성격적 특성으로 인한 위험이다. 완벽주의적 성격의 리더는 독선과 권위주의에 매몰되어 조화와 균형을 파괴하며 조직의 분열을 가져오게 된다. 세심함과 주의력 부족으로 뜻하지 않은 실수를 초래하거나 직관적 판단이나 감정에 치우친 경우도 일순간에 조직을 함정에 빠뜨릴 수 있다.

여섯째, 관계의 함정으로 창업은 수많은 이해관계자의 관계 속에 이루어진다. 성장과정에 창업멤버와 영입인력 간의 갈등이 초래되거나, CEO의 도덕적 해이로 리더십의 위기 초래, 갈등 증폭의 위험이 상존하고 있다.

일곱째, 불운의 함정으로 '운'이란 내부나 외부에서 통제가 어려운 심각한 사건인 경우다. 예를 들면 급격한 경기변동, 정책변화, 사고, 사기 등 예측 불능의 상황으로 실패할 위험을 말한다. 또한 거래처의 부도로 인한 연쇄도산의 위험 등이 존재하고 있으므로 이러한 위험에 대한 사전대응력과 위기관리 역량이 필요하다.

읽을거리 1

당신의 전략은?

2008년 10월 마이클 포터의 한국방문 시 강연 후 벤처기업의 전략수립에 대한 질문을 받고 다음과 같이 말했다.

다음 5가지 질문에 'Yes'라고 대답못하면 전략 잘못 짠 것
· 경쟁사가 절대 따라올 수 없는 '독특한 가치'를 제공하고 있는가 · 해야 할 사업분야뿐만 아니라 포기할 분야도 명확히 알고 있는가 · 차별화된 가치사슬을 구축하고 있는가 · 생산 · 광고 · 판매 등 모든 과정이 유기적으로 연결돼 있는가 · 당신의 전략은 5년 이상을 내다본 장기전략이 맞는가

읽을거리 2

벤처기업의 경영전략은?

- 업종 다각화 vs 선택과 집중 -

1990년대 말 수입품 일색이던 초음파 진단기를 국산화해 주목받은 의료기기 제조업체 메디슨 이민화 회장이 이른바 '벤처연방제'를 외치기 시작했다. 벤처연방제란 벤처기업들이 독자적인 기업활동을 하지만 협력이 필요하면 하나로 뭉쳐 같이 움직이는 체제를 말한다. 재벌그룹 운영과 비슷한 형태였다. 하지만 연방제 아이디어를 받아들여 대대적인 투자에 나선 회사들은 예외 없이 실패의 쓴맛을 봐야 했다.

◆ 본업보다 문어발식 확장에 치중하다 망한 벤처들

메디슨의 최대 히트상품은 의료용 초음파 진단기였다. 하지만 메디슨이 재벌의 확장정책을 본떠 자신의 전문영역과 관계없는 분야로 무리하게 사업을 확대하다 결국 부도를 냈다. 이민화 회장도 경영일선에서 물러났다.

쓰라린 아픔을 겪은 메디슨은 본업인 의료용 전자기기 사업에 집중했고, 4년여 만에 법정관리를 졸업했다. 최근 메디슨의 신임 사장으로 선임된 최재범 사장은 "올해 의료기기 연구개발에 150억원을 투자하는 등 3~4년 내에 의료용 초음파 진단기 분야에서 세계 4위에 올라설 것"이라는 포부를 밝혔다.

휴대전화업체 VK도 비슷한 전철을 밟았다. 저렴하고 기능이 뛰어난 휴대폰으로 한때 주목을 끈 VK는 '사업 다변화'라는 명목으로 이곳 저곳에 손을 댔다. 중국 게임사업을 하겠다고 발표하기도 하고, 콘텐트 유통사업을 하겠다는 구상도 했다. 경기도 안양에 18층 규모의 빌딩을 사들여 새 사옥을 만들기도 했다. 하지만 VK의 '외도'는 삼성·LG 같은 대기업도 총력전을 펼치는 휴대폰 시장에서 경쟁력 약화로 이어졌다. VK는 결국 부도가 나 현재 법정관리 중이다.

◆프라임그룹처럼 전문분야 강화로 승부수 던져야

건설·유통 전문인 프라임그룹은 2003년 소프트웨어 회사 한글과컴퓨터(한컴)를 인수했다. 한컴은 무리한 인터넷 사업으로 막대한 손실을 보고 있었다. 한컴을 인수한 프라임 측은 잡다한 인터넷 사업을 모두 정리하고, '선택과 집중'이란 원칙을 지키기 시작했다. 회사 주력인 문서입력 프로그램 '한글', 사무용 프로그램 '한컴 오피스' 개발 판매에 회사 역량을 쏟았다.

쓸데없는 투자나 신규 사업은 생각도 하지 않았다. 한컴 사옥은 팔아버렸다. 한컴의 경쟁상대는 마이크로소프트다. 세계 최고 기업과 싸우면서도 실적이 오히려 좋아지고 있는 것이다.

2002년 240억원 적자를 냈던 한컴은 2003년부터 당장 흑자를 내기 시작했다. 2006년 순익은 66억원. 올 1분기에만 28억1600만원의 순익을 냈다. 한컴 백종진 사장은 성공 이유를 물으면 그냥 "열심히 물건을 팔았다"고 말한다.

무선호출기(일명 삐삐)를 만들던 팬택은 1997년 유관 사업인 휴대전화 제조로 방향을 틀어 조(兆)단위 매출을 올리는 회사로 성장했다. 자신감을 얻은 회사는 해외 직판체제를 확대하기 위해 막대한 자금을 투입했으나, 별 성과를 올리지 못했다.

휴대폰 업계 관계자는 "한군데 역량을 집중해도 모자랄 판에 유럽·미국·러시아·중남미 등 모든 해외 시장에서 골고루 잘하겠다는 팬택의 전략은 애초부터 실패가 예견됐다"고 분석했다.

무리한 확장은 자금난으로 이어졌고, 결국 팬택은 워크아웃(기업구조개선작업)에 들어갔다. 뼈아픈 시련을 겪고 있는 팬택 박병엽 부회장은 "실적이 부진한 해외지사를 대거 정리하고, 선택과 집중 전략을 통해 회사를 되살리겠다."고 말했다.

읽을거리 3

경쟁자를 찾아라

야구르트 아줌마의 가장 큰 경쟁자는 누구인가?

다른 브랜드의 야구르트라고 생각한다면 큰 오산이다. 한정된 수입 안에서 소비하는 소비자들에게 어떤 한 가지의 소비를 줄여야 한다면 과연 어머니들은 야구르트 소비를 줄일까 아니면 학습지를 끊을까?

소비자에게 다가서는 첫번째 원칙은
그들이 우리의 제품과 서비스를 이용하여 얻으려고 하는 것은 무엇이고
그런 같은 혹은 나은 가치를 제공하는 제품과 서비스는 누구인가 이다.
그것이 진정한 의미의 경쟁자가 될 것이다

아직도 콜라의 경쟁자는 펩시라고 생각하는가? 그렇다면 아직도 당신은 경쟁의 범위를 같은 형태나 같은 종류로 한정시켜 좁게 보는 마케팅 근시(Marketing myopia)에 빠져있는 것이다. 물론 콜라 시장에서 가장 근접하고 직접적으로 연관이 있는 것은 펩시이지만 소비자는 항상 코카콜라의 대안으로 펩시를 고르지 않는다. 즉 경쟁의 개념을 마케팅에서는 상품의 형태나 종류가 다르더라도 고객의 입장에서 대체가 가능한 모든 것을 의미한다. 실제 코카콜라의 CEO는 경쟁자를 펩시가 아닌 물로 보고 거시적인 측면에서 마케팅 전략을 짜고 있으며, 펩시 역시 경쟁자를 코카콜라로 한정짓지 않고 다양한 사업군을 확장함으로써 비탄산 부류에서 80% 이상의 매출을 올려 순매출이익 측면에서는 코카콜라를 앞지르게 되었다. 이처럼 새로운 경쟁의 형태를 파악하고 그에 대한 대비를 하는 것이 이제 21세기의 기업들에게는 꼭 해결해야 할 중요한 과제로써 대두되고 있다.

그러나 급속하게 변화하는 현대사회에서 경쟁자를 예측하고 대비하는 것이 이전처럼 단순하지 않다. 산업 간의 경계가 모호해지거나 무의미해지면서 이전에는 상상하지

못했던 새로운 경쟁관계가 형성되곤 한다. 이러한 현상의 가장 근본적인 원동력은 바로 인터넷의 발달이다. 각종 인터넷 서비스와 쇼핑몰 등의 전자상거래가 소비자들의 생활에 깊숙이 파고들면서 오프라인 상점에서는 보이지 않지만 결코 피할 수 없는 경쟁자로 등장하였다.

이제 교보문고는 더 이상 영풍문고 등만을 염두에 두고 마케팅 전략을 짤 수 없다. 가격과 편리성으로 승부하는 인터넷 서점들과 대응하기 위하여 서점 자체로 소비자들을 끌어들이기 위한 전략이 필요한 것이다. 따라서 점점 교보문고 오프라인에서 책 자체를 사기 위한 것이 아니라 책 속의 분위기와 문화를 함께 즐기러 올 수 있도록, 혹은 누군가를 기다리면서 마음껏 책을 보는 하나의 휴식공간으로 여겨 질 수 있도록 새롭게 포지셔닝 할 수밖에 없다. 또한 문화를 즐기거나 시간을 보내기 위한 장소로써 이용되는 서점이라면 이와 같은 목적으로 가는 테이크아웃 커피점 혹은 PC방 등과도 경쟁관계가 형성될 수 있음을 인식해야 한다. 따라서 오프라인 서점이 가야 할 방향은 같은 값을 주고 즐기는 문화와 시간이라면 책을 구입하고 읽는 것이 다른 장소에서 커피 한잔을 마시는 것보다 더 유용하고 가치 있는 것이라는 것을 전달해야 함은 물론이다.

화장품의 경우도 마찬가지이다. 이전의 화장품이 고가 중가 저가 시장 안에서 서로 경쟁하는 형태였다면, 이제는 의사, 약사, 병원에서 직접 제작한 제품들이 신뢰도라는 경쟁력을 가지고 온라인, 오프라인에서 소비자들에게 파고들고 있다. 직접 사용해보지 않고 사기에 불안한 고관여 제품인 만큼 피부과 의사들이 만들어 판매한다라는 사실은 소비자들에게 제품을 믿고 살 수 있는 기반을 마련한다는 점에서 차별되고, 그러한 차별성은 제품을 온라인에서도 많은 매출을 올릴 수 있도록 도와주는 역할을 하고 있다.

최근에 대두되는 핀테크는 금융과 IT기업의 경계를 허물고, 자금조달의 방법에 클라우드펀딩이라는 새로운 수단이 도입되고 있다. 따라서 금융업의 경쟁자에 대한 정의를 새롭게 규정해야 할 필요가 있다.

그렇다고 해서 모든 상품과 서비스가 비슷한 것을 추구한다고 해서 꼭 경쟁해야만 하는 것은 아니다. 오히려 같은 목표를 위해 전략적으로 제휴하는 win-win전략이 늘고 있다. 그 대표적인 예가 경쟁과열로 인한 저수익성의 문제를 겪고 있던 홈쇼핑과 인터넷 쇼핑몰과 연계 서비스 이다. 홈쇼핑 방송을 놓친 소비자들을 위해 인터넷 쇼핑몰에 홈쇼핑에 방영한 동영상 서비스를 제공하거나 홈쇼핑에서 방송하기에 적합하지 못했던 명품 브랜드나 생활 필수품 등 다양한 상품군을 인터넷 쇼핑몰에서 취급함으로써 TV와 인터넷이라는 서로 다른 두 채널을 통해서 서로의 매출 시너지는 물론 브랜드 노출도를 높일 수 있는 윈윈(Win-Win) 상황이 된 것이다.

이처럼, 시대가 변화함에 따라 급속도로 달라지는 경쟁구조에서 살아남기 위하여 기업은 항상 소비자를 그 중심에 두고 거시적인 상황들을 항상 주시할 필요가 있다. 위에서 언급했던 예측하지 못했던 새로운 경쟁자의 등장 속에서도 서로의 목표에 도달할 수 있는 동시에 소비자에게 더 큰 가치를 제공하는 전략적 제휴의 기회 역시 발견할 수 있기 때문이다. 자, 눈을 크게 뜨고 경쟁자를 찾아보자. 그 속에 기업의 미래가 있다.

읽을거리 4

세계 최고의 기술을 가진 소니가 망한 이유

한때 세계 최고 전자(電子)기업으로 명성을 날리던 소니의 추락을 보면 놀라울 정도다. 2002년 삼성전자에 시가총액 1위 자리를 물려주면서 주저앉기 시작하더니 이제는 밑이 보이지 않는 구렁텅이로 빠져들고 있는 느낌이다. 10년 전과 비교할 때 소니의 시가총액은 당시의 30% 수준으로 쪼그라들었고 지난해에는 5200억엔(약 6조 8000억원)의 적자를 기록했다. 최근에는 투기등급(정크본드)으로 신용등급까지 강등됐다. 적자를 견디다 못한 소니가 파산한다면 일본 경제 전체에 엄청난 충격을 가져다줄 것이다.

소니가 왜 몰락했을까. 소니는 지금도 세계 최고 기술력을 갖고 있다. 그렇지만 소비자들은 더 이상 소니의 제품을 찾지 않는다. 이유는 소니가 기술만을 중시하고 소비자의 취향이 무엇인지를 무시했기 때문이다.

지금은 사라진 VCR의 경우를 회상해 보자. VCR이 처음 개발됐던 당시, 소니는 베타 방식을, JVC 같은 다른 기업들은 VHS 방식의 표준을 사용했다. 기술적으로는 베타방식이 훨씬 우위였기에 소니는 독자적으로 베타방식을 밀었다. 그러나 VHS 방식을 택한 다른 기업들은 기술적 열세를 극복하기 위해 기술을 개방하며 많은 연합군을 만들었다.

VCR 제작기술이 없는 미국・유럽・한국 등의 전자업체에 기술을 제공해 VHS 방식의 VTR을 생산토록 했다. 그리고 가정에서 VCR을 직접 볼 콘텐츠를 제공하는 메이저 영화사들에도 인센티브를 제공해 자기편으로 끌어들였다. 그 결과 유명 영화들이 속속 VHS 방식의 비디오로 제작・발매됐다.

일이 이렇게 되자 소비자들은 값이 비싼 소니 VCR을 구입할 이유가 없어졌다. 소니가 아무리 자기들의 기술이 월등히 우수하다고 광고를 해도 VCR을 통해 볼 수 있는 소프트웨어가 대부분 VHS 방식이었던 탓이다. 소니는 결국 몇 년 만에 백기를 들고 VHS 방식으로 따라갔고, VCR 시장에서 후발주자로 밀려났다.

소니가 여기서 큰 교훈을 얻었다면 오늘날 소니의 몰락은 일어나지 않았을 수 있다. 그러나 소니는 같은 실패를 되풀이했다. 음반 시장에서의 소니가 개발한 미니 디스크 대(對) MP3의 경쟁, 영화 시장에서의 소니가 개발한 블루레이 대 인터넷 다운로드의 경쟁, 전자책(e북) 시장에서의 소니가 개발한 리브리에 대 아마존의 킨들 사이의 경쟁 등에서 소니는 모두 자기 기술이 더 우수하다는 자존심을 가지고 기술을 독점하며 연합군을 만들려고 하지 않았다. 시장을 독식하겠다는 계산에서였다. 이런 과정을 몇 번 반복하다 보니 소니는 엄청난 자금을 투자해 오랜 기간 첨단기술들을 개발했지만 계속 시장에서 외면당했고 몰락을 자초했다.

이런 사례들은 비즈니스 성공을 위해서는 최고 기술 보유보다 소비자 기호에 맞는 제품을 만들어내는 능력이 더 중요하다는 점을 일깨워 준다. 또 하드웨어가 성공하려면 관련 소프트웨어나 콘텐츠가 다양해야 한다는 점도 보여준다. 아무리 하드웨어가 우수해도 관련 소프트웨어가 없다면 소비자들이 그 하드웨어를 구입할 필요가 없다.

기술적으로 뒤진 후발주자들이 종종 선발주자를 제치고 성공하는 이유는, 자신들의 단점을 꿰뚫고 다른 하드웨어 업체나 소프트웨어(SW) 기업들을 자기편, 즉 연합군으로 끌어들인 덕분이다. 물론 그런 과정에서 기술이나 금전적 인센티브 제공 같은 양보가 있었을 것이다. 애플이 앱스토어를 SW 개발업체들에 개방한 것도 이런 이유에서다.

그러나 소니는 기술만 믿고 아무에게도 양보를 하려고 하지 않았다. 폐쇄적으로 담을 쌓고 자기 기술을 밀고 나갔다. '내 기술이 최고'이니 '소비자들은 우리가 가만히 있어도 우리를 알아줄 것'이라는 착각이 소니의 패퇴를 가져온 것이다. 사실 이런 착각은 우리나라의 많은 벤처기업도 종종 범하고 있다.

이처럼 경쟁에서 성공하기 위해서는 "나 혼자 모든 것을 다 하겠다"라는 생각을 버려야 한다. 평생을 함께할 수 있는 좋은 반려자나 친구가 있는 사람은 그렇지 않은 사람보다 삶이 훨씬 더 윤택하다. 사회생활에서도 좋은 친구가 많은 사람이 더 성공할 가능성이 크다. 마찬가지로 기업도 좋은 친구를 만들 수 있도록 노력해야 한다. 싸이의 '강남 스타일'이 성공한 배경에도, 싸이 혼자가 아니라 작사·작곡·안무·홍보 등의 분야에서 수많은 사람의 협업이 있었음을 기억하자. (최종학 서울대 경영학과 교수)

세계 휴대폰 시장의 1위였던 노키아가 스마트폰 대응전략의 실패로 몰락하였다. 스마트폰 시장은 애플 아이폰과 구글 안드로이드 계열로 양분되고 있는데도 노키아는 독자개발 제품인 심비안을 고집한 결과이다. 창업 전략의 수립의 출발점은 기술이 아니라 고객이 되어야 함을 보여주는 사례이다.

제3장 기업가정신

학습목표

- ❑ 기업가와 경영자
- ❑ 기업가정신
- ❑ 벤처기업가

제3장 기업가정신

제1절 기업가

1. 기업가의 개념

기업가(entrepreneur)는 원래 '수행하다, 시도하다 또는 모험하다' 등을 의미하는 불어 동사 'entreprendre'에서 유래되었다. 말 그대로 번역을 하면 '중개상'(between-taker, go-between)을 의미한다. 사전적 의미는, 기업가란 "사업을 조직하고 운영하며 이익을 위해서 위험을 감수하는 사람"으로 정의되어 있다. 일반적 의미로는 위험을 예상하고 기업의 관리를 담당하는 합리적인 의사결정자로 묘사된다.

밀(Mill)은 기업가와 경영자를 구분하는 핵심적인 요소를 '위험감수성향'으로 정의함으로써, 이를 계기로 경제학자들 사이에 위험감수성을 일반적으로 받아들이기 시작하였다.

슘페터(Schumpeter)는 기업가를 소유주 또는 경영자와 구별되는 연구가치가 있는, 실체로서 파악한 최초의 연구자이다. 그는 기업가를 "생산수단의 새로운 결합을 수행하는 역할을 하는 사람"으로 보았다. 여기서 새로운 결합이란, ① 신제품의 소개, ② 새로운 생산수단의 소개, ③ 새로운 시장의 개척, ④ 새로운 공급원의 개척, ⑤ 산업에서 새로운 조직의 창출 등으로 이들을 통해서 혁신이 이루어진다고 보았다.

드럭커(Drucker)는 기업가가 자신이 소유하고 새로운 소규모의 사업을 시작하는 사람으로 잘못 정의되고 있음을 지적하면서, 기업가란 "변화를 탐구하고, 변화에 대응하며 또한 변화를 기회로써 이용하는 사람"으로 정의하였다. 그리고 기업가정신을 발휘하는 특유의 수단을 '혁신'으로 보고 있다.

이처럼 용어가 오래되었음에도 불구하고, 기업가의 정의는 학자들마다 불일치가 여전히 존재하며 통일된 정의를 내리기가 매우 어려운 실정이다. 한편, '기업가' 또는 '기업가정신'에 대한 대부분의 과거문헌들은 슘페터가 기업가정신을 창업자에 한정하여 정의를 내린 이후, 그 전통에 따라 대다수가 창업경영자에 관한 고유한 것으로 인정하고 있다.

그러나 '기업가정신'은 '창업가'에게만 요구되는 것은 아니다. 왜냐하면 이미 설립된 중소기업, 더 나아가 대기업의 경영자도 갈수록 환경의 불확실성이 높아지고, 과거와는 비교를 할 수 없을 정도로 치열해지는 생존경쟁 속에서 장기적인 생존이 어렵기 때문이다.

특히, 우리나라의 경우는 외국과는 달리 소유와 경영이 아직까지 분리되지 않아 기업의 설립에서부터 시작해서 기업의 제반활동에 책임을 지는 사람에 국한시키는 전통적인 정의에 따르더라도 대기업까지 포함시킨 소유경영자로 인식해야 할 것이다(대한상공회의소, 1996).

2. 기업가(entrepreneur)와 경영자(manager)

지금까지의 문헌을 살펴보면, 기업가와 경영자의 차이점에 대한 비교는 심리적인 특성, 배경, 역할 등 3가지 측면에서 고려되어 왔다.

① 심리적인 특성 면에서 기업가는 경영자와 여러 가지 차이를 보이고 있다. 예컨대 성취동기, 모호성 인내도, 내적 통제소재, 열정, 위험감수, 사회적 재능, 자율성, 변화 항목은 기업가가 높은 반면 순응, 대인적 정서, 손실 회피, 의존성 측면은 경영자가 높은 경향이 있다.

② 기업가들은 그들의 배경 면에서 경영자와 차이를 보이는 데, 예를 들어 기업가들이 일반인들보다 교육수준이 높으나 경영자보다는 교육수준이 비교적 낮고, 아버지가 기업가인 경우가 더 많다. 그 외에도 연령이나 과거의 경험 면에서 차이가 나는 것으로 확인되고 있다.

③ 기업가와 경영자의 심리적 특성이나 배경보다는 그들이 조직 내에서 행하는 역할에 초점을 맞추어 이들을 구분하는 것이다. 예컨대, Penrose(1959)는 기업가를 "새로운 시장기회의 발견과 이를 기업화하는 사람"으로, 경영자는 "기업가의 사고와 계획을 실행하고 관리하는 사람"으로 구분하고 있다.

吉森 賢은 기업가와 경영자를 여러 가지 측면에서 비교하였는데, 〈표 3-1〉과 같다. 기업가는 환경과의 상호작용을 중시하고 사전 대응적이며, 성장과 혁신이 목표의 초점이고, 주 업무가 전략이며, 효과성이 성과의 척도가 된다고 하였다. 반면, 경영자는 조직과의 상호작용을 중시하고, 사후 반응적이며, 안정성과 수익성이 목표의 초점이고, 주 업무가 관리이며, 효율성이 성과의 척도가 된다고 하였다.

표 3-1. 기업가와 경영자의 비교

구 분	기업가	경영(관리)자
적응대상	환경에의 적응	조직에의 적응
적응방식	사전 대응적(pro-active)	사후반응(re-active)
환경변화	비연속적	연속적
역할	전략중시	관리중시
결정대상	목적	수단
성과척도	효과성	효율성
목표의 중점	성장, 혁신	안정성, 수익성
결정영역	신사업에의 진입, 기존사업에서의 철수, 대규모적 기술혁신	생산성 향상, 생산기술개선, 원가절감
위험부담	개인적	조직적
필요분야	성장산업, 쇠퇴산업	성숙산업, 안정산업
사업환경	불안정	안정

자료 : 吉森 賢, 企業家精神 衰退の 研究, 日本東洋經濟新聞社, 1990.

기업가와 경영자를 구분하는 또 다른 기준은 비교의 기준, 전략의 출발점, 기회포착, 자원의 확보, 자원의 관리, 기업의 경영구조, 가치창출의 특징, 결과에 대한 책임소재로 비교하기도 한다.

기업가는 시장에서 기회를 인식하고 무에서 유를 창조하는 주체자로서 외부로부터 다양한 방법을 동원하여 자원을 확보하여 현실적이고 단기간에 목표를 효과적으로 달성함을 성과로 한다. 이들은 성공과 실패에 대한 책임의 범위에서 다르다.

이를 정리하면 〈표 3-2〉와 같다.

표 3-2. 기업가와 경영자의 특성 비교

비교의 준거	기업가	경영(관리)자
전략의 출발점	기회를 인식함 (외부시장지향)	통제하의 자원 (내부자원지향)
기회포착	현실적이고 단기간	점진적이고 장기간
자원확보	많은 단계를 밟지만 각 단계가 잘 드러나지 않음	위임된 권한구조 하에 체계적 의사결정으로 이루어짐
자원관리	획일적 활용 / 기존자원을 최적 활용	한정된 기존자원을 활용
경영구조	다양한 비공식 네트워크를 가진 평면조직	계층조직(관료조직)
특징(가치창출)	無에서 有를 창출	작은 有에서 큰 有를 창출
책임	최종 책임 (재산권에 대한 책임)	경영 책임 (경영권에 대한 책임)

한편, 기업가와 경영자를 구분하기보다는 기업가가 경영자에 포함된다는 입장도 있다. 모든 기업가들은 조직의 목적을 설정하고 창업 당시부터 그 조직을 운영하므로, 모두 경영자라 할 수 있다는 것이다. 예컨대, 민쯔버그(Mintzberg)는 '경영자의 역할'을 설명하면서 그 안에 기업가로서의 역할을 포함시키고 있다. 그에 의하면, 경영자는 상호 관련된 역할을 수행하며, 이를 크게 나누어 대인적 역할, 정보자 역할, 의사결정자 역할로 구분이 가능하다고 하였다. 이 중 의사결정자 역할 내에 조직의 발전을 위한 변화의 주도자로서의 기업가적 역할이 포함됨을 설명하고 있다. 〈표 3-3〉은 이를 정리한 것이다.

표 3-3. 민쯔버그에 따른 경영자의 역할

대인관계역할 (interpersonal roles)	정보역할 (informational roles)	의사결정역할 (decisional roles)
대표자(figurehead) 리더(leader) 연결자(liaison)	감시자(monitor) 전달자(disseminator) 대변인(spokesperson)	기업가(entrepreneur, 창업자) 갈등해결사(disturbance handler) 자원분배자(resource allocator) 협상자(negotiator)

그러나 대다수의 연구자들이 정도의 차이는 있을지라도 기업가와 경영자는 엄연한 차이가 있다는 것을 인정하고 있다.

제2절 기업가정신

1. 기업가정신의 개념

기업가정신은 여러 학문분야에서 다루어지는 복합적인 개념이라, 이 분야에 관한 연구는 다양한 목적에서 이루어져 왔고, 서로 상이한 분석단위, 이론적 관점 그리고 방법론을 채택하여 왔다. 이러한 다양성으로 인해 기업가정신에 대한 정의 역시 매우 다양한 형태를 보이고 있다. 〈표 3-4〉는 여러 학자들의 정의 중 대표적인 것의 일부를 예시하고 있다.

표 3-4. 기업가정신의 다양한 정의

연 구 자	정 의
Knight(1921)	미래를 성공적으로 예측할 수 있는 능력
Schumpeter(1934)	새로운 결합을 수행하는 것
Hoselitz(1952)	불확실성에 대한 감수, 생산적 자원의 조합, 혁신의 소개와 자원의 준비
Cole(1959)	이윤지향적 사업 시작, 유지, 개발하기 위한 목적을 가진 활동
Maclelland(1961)	위험의 감수
Leibenstein(1978)	자신의 경쟁자보다 현명하게 그리고 열심히 일할 수 있는 능력
Gartner(1985)	새로운 조직의 창조
Low & Macmillan(1988)	새로운 기업의 창조
Stevenson, Robert & Grousbeck(1989)	현재 통제 가능한 자원보다는 기회의 지각에 의해 움직이는 것

어떤 학자들은 '기업가정신'을 '기업가'의 개념에 포함시켜 정의내리기도 하고, 또 어떤 학자는 '기업가가 행하는 행동' 또는 '창업과정'으로 정의를 내리기도 한다.

Gartner(1990)는 기업가정신에 대한 의미를 파악하고 정의상의 혼란을 정리하기 위해 델파이기법을 이용하여 조사를 한 결과, 8개의 차원, 즉 기업가의 특질, 혁신, 가치창조, 이익, 성장, 독특함, 소유경영자 등이 사용됨을 밝혀냈다. 이러한 결과는 아직까지 기업가정신의 정의에 통일된 견해가 없음을 증명하는 결과라 할 수 있다.

Cunningham과 Lischeron(1991)은 개인적 특질, 기회추구 행위 또는 기존 기업의 적응 등 연구목적에 따라 지금까지 나온 기업가정신의 정의에 대한 분류를 시도하였고, 그 결과 6개의 서로 다른 관점이 있음을 밝혀냈는데, 그것들은 위인 관점, 심리적 특성 관점, 고전적 관점, 관리 관점, 리더십 관점, 사내창업 관점이며, 이들의 연구관점 각각의 목적, 가정, 기업가정신의 정의는 <표 3-5>와 같이 정리할 수 있다.

표 3-5. 기업가정신에 대한 다양한 관점

관점	핵심 초점 또는 목적	가정	정의
위인 관점 (great person school)	기업가는 태어날 때부터 기업가적 능력을 가진다.	기업가적 기질은 선천적인 것이다.	특출한 성취자
심리적 특성 관점 (psychological school)	기업가들은 독특한 가치관, 태도, 욕구를 가진다.	사람은 자신의 가치관에 따라 행동한다.	설립자 생산수단의 통제
고전적 관점 (classical school)	기업가적 행동의 핵심 특징은 혁신이다.	기업가정신의 중요성은 소유보다는 행동에 있다.	위험과 불확실성하에서 혁신, 창조적 파괴
관리 관점 (management school)	기업가는 기업을 조직하고 소유하고 관리하며 위험을 감수하는 사람이다.	기업가정신은 개발되고 훈련에 의해 강화된다.	의사소통과 관리기법을 통해, 위험관리, 기회인식을 통해 가치를 창출
리더십 관점 (leadership school)	기업가는 조직원의 리더이며, 그들의 욕구에 자신의 스타일을 적응한다.	기업가는 목적을 혼자 달성하지 못하고 다른 사람에 의존적이다.	사회적 건축가 가치의 촉진과 방어
사내창업 관점 (intrapreneurship school)	기업가적 기질은 복잡한 조직에 유용하며, 시장창조를 위해 독립적 단위를 개발한다.	조직은 생존하기 위해 적응이 필요하다. 기업가적 행동은 조직적 수준의 행동이다.	혁신을 촉진하기 위한 협력의 도모

다양한 관점에서의 기업가정신에 대한 정의에도 불구하고 최근의 기업가정신에 대한 개념은 창업과정을 중시하는 경향을 보이고 있다. 즉 자원이나 인력의 제약을 기꺼이 감수하고 기회를 포착하여 사업화하려는 행위 또는 과정이라는 의미이다.

이는 기업가정신의 의미가 곧 기업가론이라는 학문적 접근을 의미한다. 정신이라는 단어에서 의미하는 기업가의 심리적인 상태가 아니라 심리적 특성을 포함한 기업가에게 필요한 능력 자체를 의미하고 있다. 따라서 기업가정신에서 다루고 있는 내용을 보면 벤처창업과 기업설립, 재무, 생산 및 마케팅 등 전반적인 경영실무가 주 내용을 이루고 있다.

이상의 논의들을 종합하면 기업가정신이란 기업가가 보유해야 하는 주도적 역할수행 능력(기술, 투자, 경영능력), 자원활용의 효율화, 최적화에 대한 의사결정 능력 및 위험과 실패의 수용 자세라 할 수 있다.

2. 기업가정신 연구의 접근방법

1) 경제학적인 접근방법(economic approach)

'기업가정신'에 대한 관심은 경제학에서부터 시작되었다. 경제학자들은 '기업가적 행동의 결과', 즉 기업가의 행동이 전반적인 경제시스템에 미치는 영향에 관심을 가지고 있었다.

경제학적인 접근은 대개 기업가는 '합리적인 행위자'라는 가정 하에 균형분석에 초점을 맞추고 있다. 반면, 일부 경제학자는 기업가정신의 결과를 다른 시각으로 해석하기도 하였다.

즉, 기업가정신의 발휘가 시장균형의 파괴를 통한 경제수준의 향상이 아니라, 기업가의 업무가 균형을 유지시킨다는 것이다. 이와 같이 새로운 기회를 창출하는 환경의 변화에 의해 시장이 균형으로부터 멀어짐에 따라 기업가는 렌트(rent)를 얻기 위해 자원을 재할당함으로써 시장을 균형으로 돌아가게 하는 사람으로 보는 것이다.

앞선 관점은 슘페터의 주장으로 기업가정신을 경제활동 과정에서 시장균형을 파괴하는 요소로 인식하고, 그 수단은 혁신이라고 주장한다. 즉 창조적 파괴활동이 기업가정신의 발현이고 이러한 파괴를 통해 새로운 부의 창조를 이룬다고 하였다.

반면 Kirzner는 균형의 유지 관점에서 기업가정신의 발휘가 시장균형의 파괴를 통한 경제수준의 향상이 아니라, 기업가가 균형을 유지하는 역할을 수행한다고 하였다.

새로운 기회를 창출하는 환경의 변화에 의해 시장이 균형으로부터 멀어짐에 따라 기업가는 렌트(rent)를 얻기 위해 자원을 재할당하여 시장을 균형으로 재편하는 역할을 수행하고 이러한 과정이 기업가정신이라는 것이다.

2) 사회문화적 접근방법(socio/cultural approach)

사회문화적 접근은 기업가정신을 사회문화적 상황과 연결시키고자 하는 방법이다. 이 접근방법은 기업가를 배출해 내는 문화적 특질을 파악하고자 하므로, 문화를 '기업가적 행동'의 결정요소로 본다.

이 분야에서는 불이익을 받는 소수가 현상을 벗어나기 위한 수단으로서의 기업가적 행동에 대한 모델에서부터 기업가를 특정한 사회문화적 환경 하에서의 의사결정자로 보는 모델까지 벤처창업에 대한 몇 가지 모델들이 제시되고 있다.

그 예로, 기업가정신에 영향을 미치는 사회적 요소를 개인적 요소와 상황적 요소로 나누어 정리하면 [그림 3-1]과 같다. 기업가정신은 발현은 개인적인 경험, 문화적 유인 등 개인의 인간적 특성과 개인을 둘러싸고 있는 환경요소에 영향을 받고 있음을 보여주고 있다.

사회 및 문화적 영향에 관한 여러 모델들은 많은 상황적, 문화적 요소들의 상호작용을 고려하고 인과관계 파악에 유용한 동적(動的)인 기업가정신의 틀을 제공해 주고 있다.

그림 3-1. 기업가적 행동의 사회적 영향요소

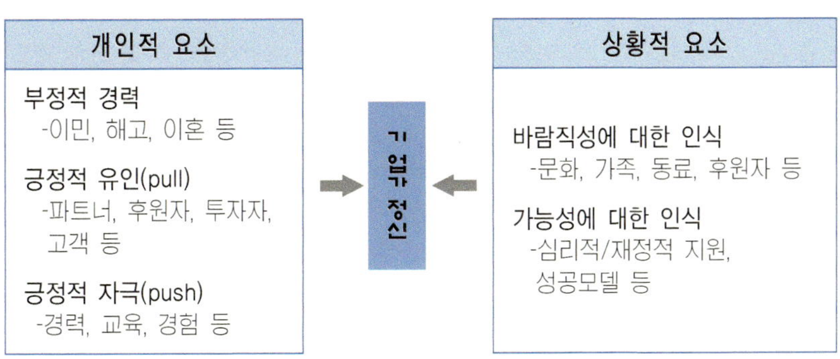

자료 : Shapero & Sokol, 'The Social Dimensions of Entrepreneurship' in C. Kent, D. Sexton and K. Vesper, eds., Encyclopedia of Entrepreneurship, 1982, pp. 72~90 재정리.

3) 네트워크 접근방법(network approach)

네트워크 접근은 '기업가적 과정'이 '연속적인 사회관계'라는 네트워크 속에 포함되어, 이것이 기업가, 자원 그리고 기회 사이의 연계를 활성화시키기도 하고 제약시키기도 하는 것으로 보는 관점이다.

창업과정에서 네트워크의 역할은 주로 5가지로 요약되고 있는데, ① 아이디어를 현실적인 계획으로 전환시키고, ② 열망을 북돋우고, ③ 아이디어를 자극하며, ④ 실질적 도움을 주고, ⑤ 원조를 해주고 있다(Dubini & Aldrich, 1991).

기업가들은 공식적 네트워크로 은행, 공인회계사, 법률가, 중소기업청 등과 비공식적 네트워크로 가족, 친구, 친지, 기업 등을 가지고 있으며, 창업 당시에는 비공식 네트워크에 크게 의존하는 반면, 공식 네트워크는 거의 의존하지 않는 경향이 있다. 이들은 성장과정에서 공식 네트워크를 확장해 나가고 또한 활용의 폭과 깊이를 더해간다.

네트워크의 중요성은 배태조직(incubators)에 대한 관심 증대를 통해서 나타나는데, 배태조직은 실험실과 사무실, 보조 서비스, 기술이나 사업에 관한 컨설팅 서비스 그리고 다른 기업가와의 연결을 제공하기 위해 공식적으로 조직된 기관이거나, 단순히 창업 이전에 기업가가 근무하던 조직을 의미한다.

기업가적 파생(spin-off)창업에서 배태조직의 역할을 한 대표적인 기업이 페어차일드사(Fairchild Co.)이며, 적어도 35개의 기업을 배출시켰다.

4) 개인특성적 접근방법(trait approach)

기업가의 개인적 특성은 '인구통계학적 요소'와 '심리적 요소'를 의미한다. 이 접근방법은 기업가는 누구인가에 대한 답을 찾는 것으로, 여기서 기업가는 특정한 개성적 유형, 고정된 존재의 상태 또는 그 형상이 표현 가능한 사람으로 가정하고 있다. 따라서 기업가정신 연구의 중심은 기업가로 알려진 이 실체를 나타내는 일련의 특징들을 찾아내는 것이다.

이처럼 개인특성적 접근방법은 개인에게 초점이 맞추어지므로, 조직은 개인 목표가 투사(projection)되고, 그 목표를 달성함에 있어서 자원에 의존하는 것으로 간주되고 있다. 지금까지의 많은 연구가 이 접근방법을 따랐는데, 성취욕구, 통제소재(locus of control), 위험감수, 가치관, 연령 등에 관한 특성연구들이 그 예라 할 수 있다.

이 접근방법은 기업가의 특성에 대한 측정 및 모든 특성을 찾아내는데 한계가 있어 그 효용성에 제한이 있음에도 불구하고 현재도 계속 주된 연구대상이 되고 있다. 즉 어떤 사람이 혹은 어떤 인적 특징을 보유한 사람이 뛰어난 기업가정신을 발휘할 것인가가 주된 관심이다.

5) 행위적 접근방법(firm-behavioral approach)

기업의 행위적 접근방법은 기업가는 무엇을 하는 사람인가에 대한 답을 찾고자 하는 연구방법으로 이 관점은 조직의 창조를 상황적 사건과 많은 영향요소의 산물로 보고 있다. 즉 기업가는 조직창조과정의 일부분인 것이다.

이 접근방법에 따르는 기업가정신의 연구들은 분석의 수준을 조직으로 보고, 개인은 조직의 존재를 유지하기 위한 행위자로 보고 있다. 기업의 행위적 접근방법은 개인수준의 연구에 초점을 맞춘 다른 연구들에 비해 여러 가지 이점이 있다.

우선, 기업수준에서의 연구는 기업가정신의 효과성을 성과측면에서 평가가 가능하도록 해주고 있다. 과거, 개인의 기업가정신과 성과를 연결시킨 연구들은 개인과 조직의 기업가정신 성향이 동일함을 가정하였다. 그러나 개인이 가지고 있는 기업가정신이 반드시 조직의 그것과 일치하는 것은 아니다. 또한 개인의 행위는 조직을 통해 성과로 나타나므로 조직수준에서 평가될 때 기업가정신과 성과 간의 관계가 보다 명확해진다고 할 수 있다.

조직수준에서의 기업가정신을 연구하면 새로운 기업은 물론 기존기업까지 폭넓은 적용이 가능하다. 예로서, 최근 기존 기업들에게 활력을 불어넣어 주는 주요 수단이 사내 기업가정신에 대한 연구가 그것이다. 또한 속성보다는 행위를 측정함으로써 기업가적 과정을 보다 의미 있게 해 준다. 개인의 심리적 특성이 반드시 기업가로 연결되는 것은 아니며, 그들의 행위를 통해서 기업가임을 알 수 있는 것이다.

3. 경제발전에서 기업가정신의 역할

경제발전에 있어 기업가정신의 역할은 국민소득의 향상뿐만 아니라 기업과 사회구조의 변화를 주도한다. 기업과 사회에서 이러한 변화는 성장과 산출물의 증가에 의해 이루어지며, 다양한 구성원들에게 분배된다.

한 분야에서 필요한 변화와 발전을 촉진시키는 것은 무엇인가? '경제성장이론'에 의하면, 혁신이 새로운 제품이나 서비스의 개발뿐만 아니라 새로운 벤처에 대한 투자의욕을 부추기는 데 결정적인 역할을 한다는 것이다. 이러한 새로운 투자는 수요와 공급 양쪽 모두에 영향을 미친다. 즉 새로 유입된 자본은 성장능력을 확충시키고, 그 결과 나타나는 새로운 소비는 새로 증가된 산출물로 충당되는 것이다.

그러나 경제발전에 있어 투자와 혁신의 중요성에도 불구하고 제품진화과정(product-evolution)에 대한 정확한 이해가 부족한 실정이다. 이 과정은 혁신이 경제성장을 촉진시키는 기업가적 활동을 통해서 개발되고 상업화되는 과정이다. 바꿔 말하면 경제발전의 중요한 요소인 투자와 혁신이 '기업가정신'에 의해서 촉진된다는 것이다.

기업가정신이 경제발전에 중요한 역할을 해왔다는 것은 대다수의 학자들 간에 동의가 이루어져 왔다. 특히 중소기업의 중요성과 직업창출 측면에서 기업가정신의 역할이 강조되고 있다. 즉 갈수록 규모의 경제는 그 중요성이 반감되어 기업의 규모가 줄어들고 있고, 새로 생겨나는 대다수의 제조업들은 소규모이며, 중소기업도 대기업 못지 않게 혁신적이다. 결국 기업가정신이 충만한 이들 중소기업들이 생겨나면서 그 비율만큼 새로운 직업이 창출되는 것이다. 슘페터는 기업가정신이야말로 경제발전의 기본현상이라고 주장하였다.

우리나라의 경우도 1960년대 이후 급속한 경제성장을 이룩하는 데는 정부, 근로자 등 많은 요소들이 영향을 미쳐왔지만, 특히 기업가 및 기업가정신의 역할을 빼놓을 수 없다.

이러한 중요한 역할을 하는 기업가정신의 바람직한 방향을 보면 전략적 사고의 함양, 상생(win-win)전략의 중시, 인간중심 전략 및 정보화 전략을 들 수 있다.

전략적 사고의 함양은 기업과 관련된 이해관계자의 역할을 파악하여 자신의 부가가치를 정확하게 인식하고, 기업활동에 관련된 거래관행, 계약, 관습, 법률 등의 파악이 요구된다. 또한 경쟁자의 인식을 파악하여 조정하는 전술적 능력 필요하며 부분과 전체를 고려한 전략적 사고 필요하다.

상생(win-win)전략의 중시는 경쟁자들은 상생을 통해 각자의 이익을 극대화할 수 있으며 이러한 상생전략은 공급자뿐만 아니라 경쟁자에게 적용되어야 한다. 이를 위해 경쟁조건을 바꾸는 노력을 통한 상생효과 향상을 추구할 필요도 있다.

인간중심 전략은 기술과 조직의 혁신은 결국 인간의 혁신 여부에 좌우된다. 따라서 혁신 관련 당사자 간의 신뢰관계 구축이 매우 중요하다. 신뢰형성의 대상에는 내부고객, 외부고객, 계층 간 또는 계층 내의 신뢰가 있으며 특히 가족의 신뢰는 모든 활동의 기본이라 할 것이다.

정보화 전략은 정보화 수준을 향상시키기 위한 정보화 설비에의 투자 및 정보를 효과적으로 처리하고 실질적인 노하우와 경쟁무기로 실현할 정보시스템의 구축을 포함한다. 정보를 획득하고 이를 가공, 활용하는 능력이 지식사회에서는 중요한 자산이라 할 것이다. 또한 입수된 정보에 입각하여 신속하게 판단하고 실행하는 능력을 보유하는 모든 것이 바람직한 정보화 전략이라 하겠다.

제3절 벤처기업가에 대한 이해

벤처기업가는 사업기회를 인지하여 계획을 세우고, 사업에 필요한 자원을 동원하고 사업과정에 직면하는 위험을 극복하면서 조직을 만들고 운영하는 사람으로 일반적으로 인식되고 있다. 이러한 벤처창업 기업가는 기회의 인지와 창업의 추진을 넘어 기업이 성장함에 따라 창업가인 동시에 경영자가 되어야 한다. 장기적으로 기업의 성장을 유지하고 궁극적인 목표를 달성하는 데 핵심적인 것은 창업경영자로서의 능력 보유와 이를 개발하는 역량이다.

창업가에게는 필요한 경영 기술과 경험이 부족하기 때문에 좋은 창업가가 일반적으로 좋은 경영자는 아니다. 반대로 경영자는 무에서 회사를 시작하는 데 필요한 개인적인 특성이나 적응력이 부족하기 때문에 창업가가 아니라고 인식되어 진다.

좋은 벤처기업가는 창업가인 동시에 기업의 성장단계에 따른 경영자로서의 능력을 개발, 보유할 필요가 있다. 이들 벤처기업가에게 필요한 역량은 [그림 3-2]와 같다.

그림 3-2. 벤처기업가의 필요 역량

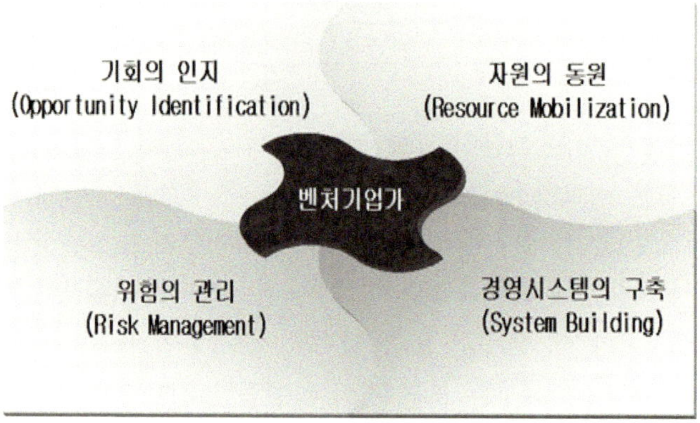

1. 벤처의 활동유형과 주요 추진력

기업이 탄생, 성장, 성숙 단계에 따라서 또는 조직의 의사결정과정의 특징에 따라 벤처활동의 주요 영향요인이 달라진다. [그림 3-3]은 창업가 영역과 관료 범주, 각 범주에서 주요 지배논리와 역동성 그리고 그 결과인 활동유형을 보여 준다. 이는 벤처의 단계(상단), 벤처에 수반되는 변화와 불확실성의 정도(우측 세로), 벤처의 관료적인 정도(하단)와 창업가적인 정도(좌측 세로)에 의해 정의된다. 창업가적 범주는 그림의 위쪽 두칸이며, 각 영역들은 벤처가 직면한 변화와 불확실성 그리고 벤처의 성장단계의 함수이다.

각 범주들은 주요한 특징에 따라 활동방식이 다를 것이다. 예를 들면 창업단계의 벤처가 높은 불확실성과 변화의 특징을 가지므로 새롭고 혁신적일 것이다. 팀에 의해 운영될 것이고, 창업가의 목표, 가치, 몰입, 그리고 기회에 대한 지각에 의해 추진될 것이며, 자원의 사용은 최소화할 것이다. 대각선 아래 쪽에 있는 범주의 기업은 성숙한 기업으로 성숙단계에 있다. 적은 변화와 낮은 불확실성에 의해 특징지워지며, 안정적으로 전문경영인에 의해 자원의 보유 및 효율적 운영이 이루어질 것이다. 또는 상황 주도적이 아닌 환경의 변화에 대한 반응적(reactive) 형태로 운영된다.

각 범주별 요구되는 역량에도 차별화되는 바 창의성이나 포괄적 경영기술들은 창업가적 범주인 상단 두 영역의 기업을 운영할 때 요구된다. 기업이 고속성장단계로 이동하면 요구되는 경영역량에도 변화가 온다.

그림 3-3. 벤처 활동 유형과 주요 추진력

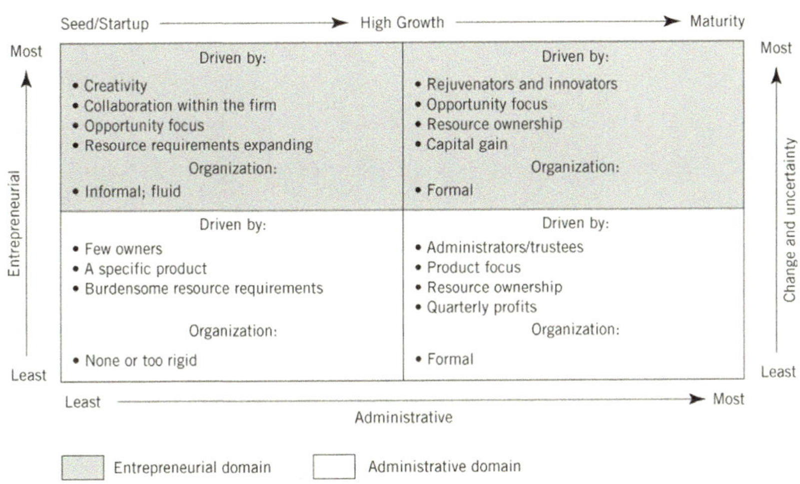

출처 : "New Venture Creation", 2007, Jeffry A. Timmons, Stephen Spinelli.

2. 벤처기업가의 특성

벤처기업가들이 가진 특성은 새로운 기회를 추구하는데 반응이 빠르고 유연하며 적응성이 높은 사람이다. 본인이 세운 비전을 실현하는 능력과 새로운 기술을 배우고 투자하는데 적극적 태도를 가지고 있다. 또한 우수한 사람들을 끌어 모으고 이들에게 동기를 부여하며 유지하는 능력을 보유하고 있다.

John Kao는 이러한 벤처기업가의 11가지 공통적 특성을 정리하였는데 ① 전적인 몰입, 결단력, 인내 ② 성취와 성장에 대한 열망 ③ 기회 및 목표지향성 ④ 주도성의 발휘와 개인적 책임감 ⑤ 끈질긴 문제해결 ⑥ 현실주의와 유머 감각 ⑦ 피드백의 추구와 활용 ⑧ 내적 통제소재 ⑨ 계산된 위험부담과 추구 ⑩

성실성과 신뢰성 ⑪ 지위와 권력에 대한 낮은 욕구를 들고 있다.

이들 벤처기업가가 보유하는 특성은 창업벤처가 가지는 특징들을 파악함으로서 요구되는 역량들을 파악할 수 있다.

1) 창업벤처의 특징

[그림3-3]의 상단에 있는 두 기업가적 범주의 창업벤처기업들은 기업의 성장과정에서 기존 기업과는 다른 특성을 보이고 있으며 기업가의 새로운 경영자세를 요구하고 있다. 이들에게는 기존 기업과 달리 권력과 통제의 위임이 요구된다. 이들은 사업을 성장시키는데 주력하며, 권력과 영향력은 자신의 목표를 성취함으로서뿐 아니라 다름 사람의 성취에 기여함으로서도 획득된다고 생각한다. 영향력은 전반적인 목표를 인지함으로서, 차이점들을 해결함으로서, 그리고 결과를 성취하는 사람, 다른 사람을 관리할 줄 아는 사람, 경영적 재능을 성장시키는 사람이라는 명성을 쌓음으로서도 획득된다.

이들이 직면하는 상황들은 첫째, 시간과 변화의 영향, 둘째, 비선형적이고 불연속적인 사건들, 셋째, 비교적 낮은 경험, 넷째, 직관과 통념에 반대되는 의사결정, 다섯째, 유동적인 조직과 절차, 여섯째, 창업문화이다.

창업기업의 창업단계에서 성장과정에 걸쳐 유일하게 변하지 않고 일정한 것은 변화, 애매성, 불확실성이다. 계속된 변화는 높은 수준의 불확실성, 모호성, 그리고 위험부담을 만들어내며, 이것들이 혼합되어 벤처기업의 가장 소중한 자원인 시간을 축소시킨다. 변화의 결과는 새로운 소비자, 기술, 경쟁자, 시장을 통해 벤처기업에게 충격을 주고 있다. 급진적인 기술의 변화나 급격하게 유행이 변하는 산업에서는 변화와 시간의 효과는 극단적이다. 이와 같은 시간의 압박은 60년대의 전자와 항공산업, 70년대에서의 소형 컴퓨터, 집적회로, 반도체칩, 80년대에서는 PC, 90년대에는 통신과 생명기술 분야에서 변화과정을 볼 수 있다.

창업벤처기업의 경영에서는 의사결정 문제들이 비선형적이고 불연속적인 사건들로 이루어진다. 기업에서 일어나는 각종 문제들은 일정한 선을 따라 또는 점진적인 발전의 과정으로 발생하지 않는다. 이들은 단계적으로 도약하며 동시다발적으로 발생한다. 또한 이들은 이러한 문제를 해결하기에 벤처경영 팀들은 비교적 경험이 부족하다. 벤처창업기업들의 성장과정은 다시 반복될 수 없는 특이한 상황들로 이들을 구성하고 있는 요소들인 기술, 제품, 소비자, 기업 구성원 그리고 회사 자체도 일반적으로 새로운 것이다.

창업벤처기업의 또 하나의 특징은 직관이나 일반 통념과는 상반되는 의사결정 패턴이다. 이들은 시장의 기회에 대하여 가장 효율적인 대안을 선택하는 일반적인 의사결정보다는 시장의 기회에 대하여 가능성에만 초점을 두어 모든 기회에 자원을 투입하는 경향을 보인다. 즉 동시적으로 여러 사업부문으로 발전시켜가는 직관적이고 비통념적인 의사결정을 보인다. 이러한 의사결정 형식은 전통적인 조직구조가 아닌 벤처기업 특유의 유동적이고 평면구조의 빠른 변화의 흡수와 반응적 의사결정 조직의 결과일 것이다.

마지막으로 벤처창업기업에는 명확하게 정의하기 어렵고 측정하기에는 더욱 어렵지만 이들의 행동과 태도에 나타나는 공통적인 가치체계가 있다. 성장, 성취, 진보, 성공을 믿고 이를 위해 몰입하며, 팀원들은 '함께 일한다.'라는 느낌을 가지고 있다. 목표나 시장이 우선순위를 결정하는 것이지, 누구의 영역이나 특권이 도전받는다는 것이 우선순위를 결정하지 않는다. 경영자는 지휘, 권력, 통제에 무관심한 것처럼 보인다. 이들은 의사결정 시 판단에 영향을 미치는 주장을 하는 개인의 직함이나 형식적인 위치에 의해 주어지는 지위에 관심이 있기보다는 주장의 논리, 증거, 능력, 지식에 더욱 관심이 있다.

2) 창업벤처기업가의 필요 역량

벤처기업의 독특한 특성으로 인해 벤처기업가에 요구되는 역량은 기존의 경영교육에서의 준비와는 차이가 필요하다. 즉 기존의 관리 효율성, 유지, 자원의 소유권 등 보다는 갈등해소, 차이의 해결, 다양한 입장과 요구의 균형 맞추기, 팀워크와 합의를 유도하는 기술이 필요하다. 벤처기업의 성장과정과 단계의 특성은 [그림 3-4]와 같다. 각 단계에서의 기회와 자원의 균형화, 지속적인 몰입, 창조된 부의 균등 분배와 회수 문제 등 전통적인 기업과는 다른 경영의 기술(skill)이 요구된다.

성공적인 벤처기업가에게 요구되는 역량으로는 창업문화를 만드는 기술과 경영적 능력 및 전문기술 능력이 있다. 100억 이상의 매출과 100명 정도의 직원을 가진 규모로 성장시킨 창업가들은 좋은 창업기업가인 동시에 경영자이다. 하지만 이들은 기업경영의 다양한 영역들(마케팅, 생산, 재무 등)에서 오랫동안 경험을 축적해 왔을 것이다. 일반적으로 한 창업가가 모든 영역에서 탁월한 경우는 드문 일이다. 따라서 다양하고 상호 보완적인 능력의 결합으로 이루어지는 경영 팀의 구성이 성공적인 벤처기업으로 성장시키는 길이다. 벤처기업가에게 요구되는 역량을 확인함으로서 필요한 경영 팀의 구성에 도움을 줄 수 있을 것이다.

그림 3-4. 벤처기업의 성장단계와 이슈

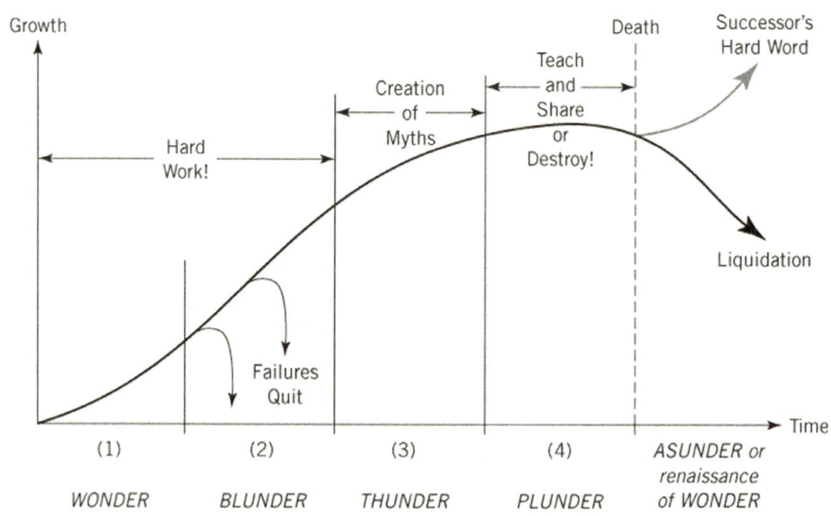

출처 : "New Venture Creation", 2007, Jeffry A. Timmons, Stepben Spinelli.

(1) 창업문화형성 능력

벤처창업기업가들은 주요 실패요인들을 완화시켜야 하며 혁신, 위험감수, 신속한 반응과 대처의 필요가 있다. 유능한 창업기업가는 열광적이거나 무질서한 시기를 좌절이나 혼돈으로 받아들이기 보다는 도전이나 자극으로 받아들인다. 그들은 동기화되고 몰입하는 팀을 만들기 위하여 합의적인 접근방법(consent approach)을 사용하며, 갈등적인 요구와 우선순위의 균형을 맞추고, 갈등을 특히 능숙하게 해결한다.

이러한 대인관계와 팀워크의 기술은 경영을 통하여 높은 수행을 이끌어내는 분위기를 만드는 능력으로, 이에는 잘한 일에는 보상을 하는 반면 수행에 대한 압박을 가하며 혁신, 주도성, 그리고 계산된 위험부담을 권장하는 것들을 포함한다. 또한 과제 그리고 리더와 구성원 간의 관계를 이해하는 능력과 적절한 상황에서 리드하는 능력으로 이는 적극적으로 관리하고 지시나 제안 등을 통해 다른 사람의 행동을 통제하거나 지휘 감독하려는 의지를 포함한다. 이러한 능력들은 경영자들이 다른 사람에게 영향력을 행사하는 방식과 많은 관련이 있기 때문에 창업가의 영향력 능력이라 할 수 있다.

구체적으로 이들 능력은 리더십, 갈등관리, 팀워크 창조능력이라 할 수 있다. 창업기업가들은 혼란, 모호함, 그리고 불확실성으로부터 명확함을 만들어내는 능력이 있다. 누가 무슨 책임과 권위를 갖고 있는지를 잘 판단하고 이에 대하여 동의를 얻는 특출한 능력이 있다. 특히 단지 편협하거나 일부의 이익이 아니라 여러 부서나 기업의 목표에 대한 동기나 몰입을 만들어내는 방식으로 리더십을 발휘한다. 높은 질적 수준의 의사결정은 모든 방향으로부터 빠르게 흐르는 정보가 필요하다는 점에 대한 인식을 보유하고 있으며, 지식, 능력, 논리, 증거가 조직의 공식적 지위나 형식적 직위에 우선함을 수용한다.

유능한 기업가는 갈등을 다루거나 합의를 통한 결정을 이끌어 내거나 그들의 권력과 정보를 공유하는 데 매우 창의적이고 능숙하다. 모든 문제에 있어 최상위 목표인 기업의 목표에 대한 합의를 이끌어 내고 이에 바탕을 둔 동기, 몰입 그리고 팀워크로부터 얻을 수 있는 성과는 매우 놀라운 결과를 창출한다.

창업가의 영향력의 다른 형태는 완벽하지 못함을 처벌하고 비난하기보다는 혁신성과 예측된 모험을 권장함으로서 신뢰를 형성한다. 또한 자신을 영웅이라고 생각하기보다는 다른 팀원이나 공헌자 중에서 영웅을 만드는 능력이나 다른 사람이 주목의 대상이 됨을 인정하는 능력을 가지고 있다. 이들은 솔직함으로 신뢰를 주며 약속한 일을 꼭 지킨다.

이러한 신뢰를 바탕으로 한 동일한 동기와 목적에의 몰입을 이끌어내어 창업기업의 위험과 부족한 자원환경을 극복하는 창업문화 창조의 능력은 창업기업가에 가장 중요한 능력이라 할 수 있다.

(2) 경영능력

창업기업가가 가져야 하는 또 다른 능력은 전통적 경영능력이라 표현되는 것으로 여겨지는 것들로 관리능력, 세무를 포함한 법률지식, 마케팅, 재무, 생산과 운영지식 및 컴퓨터 능력이다.

관리지식은 다음과 같다.

- 문제해결 : 잠재적 문제를 예측하는 능력, 문제에 관한 사실들을 수집하고 실질적 원인을 찾기 위해 정보를 분석하고 해결을 위한 효과적 행동을 계획하는 능력, 특정한 문제의 세부사항을 다루는 데 철저하며 후속조치를 취하는 능력 등이다.
- 의사소통 : 언론, 일반 소비자, 대중, 동료 및 부하 직원에게 말이나 글을 사용하여 효과적이고 효율적으로 의사소통하는 능력이다.
- 계획능력 : 현실적이고 달성 가능한 목표를 설정하며, 목표달성에 대한 장애물을 확인하고, 극복하기 위한 상세한 행동계획을 개발하는 능력이며 개인적 시간관리를 체계적으로 수립하는 능력이다.
- 의사결정 : 의사결정이 필요할 때 불완전한 자료에 대한 최선의 분석을 바탕으로 의사결정을 하는 능력이다.
- 프로젝트 운영 : 프로젝트 팀을 조직하고, 프로젝트의 목표를 설정하며, 과제를 정의하고 문제점과 비용 대비 예상 품질에 제약이 발생되었을 때 이를 조정하는 능력이다.
- 협상능력 : 협상에 효과적으로 대응하는 능력과 지불한 가치와 제공받을 가치의 균형을 빨리 맞추는 능력이다. 일회성 관계와 지속적 관계성을 구별하여 인식하는 능력을 포함한다.
- 외부 전문가 관리 : 법률, 재정, 금융, 회계, 컨설팅 그리고 다른 필요한 분야의 적절한 외부 자문가를 확인하고 관리하는 능력이다.
- 인력자원 : 모집, 선발, 교육훈련, 급여, 승진, 전환 등 인적 자원의 효율적 관리능력이다.

법률과 세무지식의 세부 능력은 다음과 같다.

- 상법 및 유가증권 관련 법 : 조직의 형태, 임원, 주식 보유자 및 이사의 권리와 의무 등을 포함한 상법, 비상장 유가증권 규정 등에 대한 지식이다.
- 계약법 : 상거래 계약, 면허, 임대차 계약, 고용 계약 등 주주와 창업기업가에 영향을 미치는 계약에 관련된 지식이다. 부동산 관련 법을 포함한다.
- 특허권 등 산업재산권 : 기업의 주요 자산인 기술 및 제품과 관련된 지적재산권의 출원 및 보호 등에 관한 지식이다.
- 세법 : 기업운영과 관련되는 세무 및 주주, 이사의 권리 및 의무와 관련되는 국세 및 지방세, 관세 등에 대한 지식이다.

- 파산법 : 파산 및 구조조정과 관련되는 절차 및 창업기업가, 임원에게 허용되는 면책의 범위 및 허용되지 않는 채무 등에 관한 지식이다.

마케팅 관련 세부능력은 다음과 같다.

- 시장조사와 평가 : 경쟁자의 위협이 어느 곳에 있고, 어느 곳에 기회가 있는지를 아는 것과 소비자의 니즈를 인지하는 능력이 창업기업가에 가장 중요한 능력이다. 이를 위한 시장조사 설계 및 수행 방법, 산업과 경쟁자 정보를 찾고 해석하는 능력, 설문조사 방법과 분석 그리고 해석하는 능력이다.
- 마케팅 계획 : 매출 추정, 홍보, 광고 프로그램의 기획과 효과적이고 효율적인 유통체계를 구축하고 관리하는 능력이다.
- 가격정책 : 경쟁력 있는 가격과 이익구조를 결정하고, 가격에 있어서 상품의 위치 결정과 이익을 극대화하는 가격정책 개발 능력이다.
- 판매활동 : 판매팀의 구성 및 지도, 동기화를 포함한 시장 점유율을 최대화하기 위한 관리 능력과 새로운 소비자를 발굴하고 확인하는 기술을 포함한다. 또한 유통경로 상의 비용 및 경로관리 기법 등 상품이 소비자에게 도달하는 흐름을 관리하는 능력이다.
- 기타 : 서비스와 부가적인 니즈를 확인하고 공급여부를 결정하며 소비자의 불만을 해결하는 최선의 방법을 계획하고 실행하는 능력인 서비스 경영능력이 요구된다. 또한 신상품의 마케팅 계획과 유통계획 등의 능력이 요구된다.

생산과 운영관리 능력은 다음과 같다.

- 제조관리 : 상품의 생산에 필요한 제조공정, 설비, 인력 및 생산공간에 관한 지식과 시간, 가격, 품질의 제약에 부합하는 상품생산에 적합한 생산관리 기술이다. 이에는 작업공정의 분석과 매출 수준에 따른 작업계획을 포함한다.
- 재고관리 : 현재 생산 중인 상품 및 이미 중단된 상품의 원자재 및 상품의 적정 재고유지 및 발주관리 기술이다.
- 구매관리 : 적절한 공급원의 개발과 적절한 품질의 원자재를 적기에, 적

정한 공급가에, 충분한 양을 받을 수 있도록 관리하는 능력이다.

- 비용관리 : 노동과 원자재 비용을 계산하고, 표준비용을 개발하며, 직무 평가를 통한 노동수요와 비용을 계산하는 능력이다. 이에는 외부 가공비용과 초과 근로비용과의 비교 검토를 포함한다.
- 품질관리 : 원자재 및 상품의 효과적인 품질관리를 위한 기준의 설정 및 품질검사 체계를 수립하는 능력이다.

재무 및 기타 능력으로는 재무관련 지식과 컴퓨터 활용능력 및 전문적인 기술능력이다. 기업의 자본금 확보의 방법 및 현금 유동성 관리, 채권의 회수와 관리 능력, 각종 채무 관련 계약에 대한 이해, 사모 및 공모 증자, 회계에 대한 기본적 이해의 능력이다. 아울러 컴퓨터를 이용한 정보의 취득 및 가공능력, 계산과 분석 및 네트워크 기법의 활용능력이 필요하다. 그 외 기업에 필요한 전문적인 기술이 있다.

모든 창업기업가들은 위의 내용에 있는 모든 영역들에 정통할 수 없을 것이다. 따라서 이들은 창업 전 기업에서 경험하거나 전문가의 도움을 필요로 한다. 다만 전문가 중 변호사나 회계사 같은 뛰어난 전문가들이 기업에 막대한 이익을 주긴 하지만, 이들이 사업가적인 생각을 항상 갖고 있는 것이 아니라는 점과 이들이 자문을 받는 사람들을 위해 최선의 판단을 할 수 없는 경우도 종종 있음을 염두에 둘 필요가 있다.

3) 벤처기업가의 심리적 특성

벤처기업의 성공과 실패에 대한 사례에서 창업기업가의 개인적 역량이 차지하는 비중이 높다는 결과를 얻고 있다. 실제로 창업단계의 벤처기업 성과는 대부분 창업자의 능력과 자질에 의해서 결정된다고 볼 수 있다. 이는 창업기업의 경우 규모가 소규모로 기업가 개인이 미치는 영향이 크기 때문이다. 특히 초기의 창업자 경영철학 또는 이념이 조직 내에 체화되어 나타나는 것이 기업문화 또는 조직분위기이다. 창업자는 사내 분위기를 고취시키고 종업원들을 동기화시키는 중요한 역할을 수행하는 것이다.

창업기업가에 대한 많은 연구에서 창업기업가의 심리적 특성, 행동방식 및 사회적 배경 등의 요소가 창업기업의 성과에 미치는 영향이 매우 크다고 밝히고 있다. 미국의 벤처캐피탈리스트들이 투자 시 가장 중시하는 요소가 창업기업가에 대한 평가인 것도 이러한 이유에서이다.

벤처기업가의 특성에서 언급한 능력 외에 벤처기업가의 심리적 특성에 대한 연구에서 벤처기업가들이 가진 가장 공통적인 요소가 성취욕, 위험감수성향, 내적 통제소재 그리고 모호함에 대한 관용으로 확인되고 있다.

성취욕(Need for Achievement)은 맥클랜드(McClelland) 등에 의해 오랫동안 연구되어 온 인간의 핵심 욕구 중 하나다. 성취욕구는 안정된 직장을 떠나 위험부담을 안고 창업을 결심하게 되는 가장 핵심적인 요인이다. 창업자 등은 목표 지향적이고 이익과 부의 획득, 기업성장의 실현, 신제품의 제공 등과 같은 도전적인 목표를 달성하기 위한 성취욕구에 의해 동기부여 된다.

위험감수성향(Risk-taking Tendency)은 성취욕구와 관련성이 있다. 기업가는 불확실성과 위험에 도전함으로써 새로운 기회와 가능성을 추구한다. 하지만 무모한 도전과 위험을 감수하는 것이 아니라 신중한 계산을 통해 수익과 위험의 교환정도인 위험 수준을 결정하고 이 범위 내에서 계산된 위험을 감수(Calculated Risk-taking)한다. 즉 이들은 위험이 높은 벤처를 불필요하게 추구하는 사람(risk seeker)이 아니라 어느 정도의 위험은 감수할 각오가 되어있는 사람(risk assumer)이다.

내적 통제소재(Internal Locus of Control)는 창업기업가가 자기 자신을 믿는 성향을 의미한다. 사업의 성패가 운이나 타인이 아닌 자신의 노력과 통제에 달려있다고 믿기 때문에 높은 성취욕을 발휘한다. 따라서 '스스로 잘 할 수 있다.', '하면 된다.' 라는 신념이 강하고, 가급적이면 주변의 성황을 통제하고 싶어 한다.

모호함에 대한 관용(Tolerance for Ambiguity)은 창업기업가가 사업을 수행하는 중 환경변화, 돌발적 사건 등에 의해 야기되는 불확실성에 대한 수용경향을 의미한다. 즉 불확실성을 생활의 한 부분으로 인정하는 것을 말한다. 이들은 때로는 완벽하고 정확한 정보를 갖자 못한 불확실성 하에서도 의사결정을 할 의사를 가지고 있다.

이외에도 장기적인 안목과 비전 제시, 위험평가 및 대응능력, 몰입과 집중성(일에 대한 열정), 의사소통능력, 고객욕구에 대한 민감성 및 벤처팀의 구성, 결단력과 끈기(책임감), 도전의식과 탁월성의 추구(자신감과 긍정적 태도) 등이 성공 벤처기업가의 행동특성으로 언급되고 있다.

3. 기업가가 직면하는 어려움

1) 창업기업가의 위험

창업과정에서 기업가는 개인적으로 다양한 위험에 직면하게 된다.

첫째는 재무적 위험(Financial Risk)이다. 미국의 경우 벤처기업 성공확률은 5% 내외로 조사되고 있다. 창업 기업에 본인이 가진 투자자산의 손실 위험은 물론 외부 조달자금에 대한 보증 및 상환책임을 지는 경우도 있다. 또한 일정 기간 동안의 무수익 상태를 견디는 과정을 겪기도 한다.

두 번째는 경력에 대한 위험(Career Risk)으로 창업에 실패한 후 직장의 확보가 가능한지 여부이다. 특히 우리나라와 같이 실패에 대한 관용정도가 낮은 사회적 분위기가 있는 경우 문제가 매우 심각하다. 즉 안정된 직장을 두고 위험을 수반한 창업의 길에 들어서는 것이 매우 어렵다.

세 번째는 가족과 사회적 위험(Family and Social Risk)이다. 창업은 개인의 시간과 에너지를 엄청나게 소모시킨다. 따라서 사업관련 외의 생활에는 소홀해지기 쉽다. 가정생활에 문제발생 위험 및 자녀와의 관계 소원, 친구 등 교우관계가 멀어지는 어려움을 겪게 될 위험이 많다.

네 번째로 심리적 위험(Psychic Risk)이다. 창업가의 개인적 행복에 영향을 미친다. 사업에 성공할 경우 경제적 풍요가 지나치게 돈 중심의 사고를 형성하게 할 수 있다. 자만심이나 절제부족에 빠질 위험이 있다. 반면에 사업에 실패하여 재정적 파탄에 이르는 경우 심리적 좌절감 등으로 인해 회복하기 힘든 상태에 빠질 수도 있다.

2) 창업기업가의 성격적 단점

창업기업가를 성공으로 이끈 성격적 특성이 극단으로 치우치면 부정적인 결과를 초래할 수 있다. 이에는 통제에 대한 과도한 욕구, 불신감, 성공에 대한 지나친 욕구, 비현실적 낙관주의의 경향 등이 있다.

통제에 대한 과도한 욕구는 자신의 회사와 운명을 스스로 통제하려는 강한 욕구를 의미한다. 내적 통제소재가 과도한 지나친 내재론자가 되면 모든 것을 통제하려는 경향을 보인다. 자율과 통제에 대한 강박관념은 자신이 원하는 방식으로 만든 구조에서만 일하려고 한다. 타인을 자신의 의지대로 복종시키려

하다보면 네트워킹 관계에 심각한 문제를 발생한다.

창업기업가는 경쟁자, 고객, 정부의 규제나 법령의 개정 등에 민감하게 대처하기 위해 끊임없이 환경변화를 탐지하여 다름 사람보다 먼저 예견하고 대처하고자 한다. 대응에 대한 불안감이 지나치면 사소한 것에도 과도한 관심을 갖거나 모든 것을 믿지 않게 되고 논리나 합리성을 잃게 된다. 즉 과도한 자기신뢰와 함께 타인과 종업원에 대한 불신, 권한위양 회피로 본인에게는 과도한 업무부하가 타인에게는 신뢰 상실 및 기피의 대상이 된다.

또한 창업기업가는 성공에 대한 높은 욕구와 열망을 가진 사람들이다. 난관을 극복하면서 성취를 하고, 무의미한 존재가 되는 것을 강력히 거부한다. 성공을 회사의 외형적인 모습, 즉 건물의 크기나 외양, 사무실의 크기나 인테리어, 승용차의 종류 등을 통해 보이고자하는 개인적 과시욕에 사로잡히면 기업에 파괴적인 결과를 가져올 수 있다.

창업기업가의 지칠 줄 모르는 낙관적 태도는 사업성공의 중요한 요소이다. 이러한 태도는 어려운 시기에도 타인이 자신을 신뢰하고 열정을 가지고 일하도록 하는데 도움이 된다. 그러나 이도 지나치면 사업에 대한 현실감각이 떨어지게 된다. 자신이 추진하는 사업마다 성공적인 결과를 가져올 것이라는 생각 또는 모든 사업환경이 본인이 계획한 대로 움직일 것이라는 비현실적 낙관주의에 빠지게 된다.

3) 창업기업가의 스트레스와 갈등

(1) 창업기업가의 스트레스

스트레스(stress)의 개념은 "유기체에 해를 가하는 감정상태" 또는 "유기체의 스트레서(stressor)에 대한 반응"이라고 정의된다. 즉 기업가의 스트레스란 기대(목표)와 능력 또는 인성(personality) 사이의 모순에서 발생한다.

따라서 직무 스트레스는 어떤 개인의 기능이나 능력과 직무요구 간의 부적합 또는 욕구만족의 불일치에서 발생한다. 즉 개인의 육체적 · 심리적 · 행동적 반응을 유발하는 외부상황에 대한 적응적 반응이라고 할 수 있다.

이러한 스트레스는 부정적 측면으로 인식되어 있다. 스트레스는 질병의 유발, 직무에 대한 불만족, 이직, 결근, 조직몰입 저하 및 생산성 감소 등의 원인으로 알려져 있다. 하지만 스트레스의 긍정적 측면은 목표달성을 이룰 수 있도록 자극이 된다는 점이다.

스트레스의 원천은 쓸쓸함과 고독감(Loneliness), 성취욕(Need to Achieve), 일에의 함몰(Immersion in Business), 인간관계 문제(People Problem) 등이 있다. 기업가는 혼자서 생각하고 계획하며 행동방안에 대하여 골몰하기 때문에 언제나 고독함을 느끼게 된다. 또한 자기가 없으면 안 된다고 생각하며, 사업과 결혼하는 경향으로 휴가나 휴식을 취할 수 없다. 기업가는 다양한 사람과의 의존 및 관계를 형성하면서 사업을 진행하는 데 실망, 분노, 좌절을 느낀 기업가는 이들 인간문제에서 스트레스를 받기도 한다. 지나친 성취욕구는 역효과적인 측면이 크기 때문에 기업가에게 스트레스를 유발시킬 수 있게 된다.

이러한 스트레스의 관리방안으로는 또 다른 사업을 해서 사업장 간에 네트워킹을 하는 것이다. 그들 사업의 성공과 실패가 치료법이 되는 것이다. 또 다른 방법으로 현실 탈출이 있다. 일정 기간 사업으로부터 벗어나는 것이다. 또한 친구, 직원 등과의 커뮤니케이션 확대 및 회사 밖에서 만족을 찾을 수 있는 취미활동이나 사회활동 등을 하면서 안정감을 회복하여 스트레스를 벗어날 수 있다. 아울러 이를 위한 대리인 양성 또는 업무 대행자의 육성과 권한 위양을 통한 시스템에 의한 기업의 운영 등이 필요하다.

(2) 창업기업가의 갈등

갈등(conflict)는 "둘 이상의 실체가 적어도 적대적인 심리관계의 한 형태에 의해서 또는 적대적인 상호작용의 한 형태에 의해서 연결된 어떤 사회적 상황 또는 과정"이라고 정의된다. 마일스(Miles)는 "조직의 한 단위나 단위 전체 구성원들의 목표지향적인 행동이 다른 조직단위의 구성원들의 목표지향적인 행동과 기대로부터 방해를 받을 때 표현된 조건이다."라고 설명하고 있다.

이러한 갈등에 대한 전통적 견해는 인간관계 과정에서 불일치감, 반항감, 저항심이 존재하며, 역기능적이므로 이를 제거하거나 억제 또는 회피의 대상으로 보고 있다. 반면 근대적 견해는 인간관계에서 필연적이고 바람직한 요인으로 일정한 범위 내에서는 고무 또는 격려할 필요가 있다고 본다. 따라서 갈등은 적극적으로 관리되어 건성적인 아이디어의 개발, 환경변화에 적극적인 적응, 새로운 도전과 다양성 개발, 혁신적 문제 해결에 필연적이고 유익하게 활용될 수 있는 순기능적 역할을 인식할 필요가 있다.

갈등의 원인으로는 집단 또는 개인 간 상호 의존성, 목표의 상이성, 지각(知覺)의 차이, 지나친 성취 욕구 등이 있다.

갈등관리의 해소방법으로는 당사자 간 대면을 통한 문제해결, 상위목표의 도입, 자원의 확충, 단기적 해결이 불가능할 경우 의사결정을 유보하는 회피, 당사자 간 의견차이가 없다고 하는 무마, 각각의 일부 양보에 의한 타협, 공식적 권한을 이용한 명령, 갈등유발 중심자들의 태도나 행동을 변화시키는 인적 변수의 변화, 조직 단위의 변화 또는 인사교류, 보상체계의 개편 등을 통한 구조적 요인의 변화 등이 있다.

갈등이 없는 상태에서는 동기부여나 혁신의 의지가 미약하게 나타날 것이고, 갈등이 있는 상태에서는 조직성과가 높게 나타난다. 따라서 갈등의 순기능을 확대하기 위해 갈등을 조장할 필요도 있다. 갈등의 조장방법으로는 커뮤니케이션의 경로 이탈, 억제, 정보의 과다 및 모호하고 위협적인 정보 등을 유통시키는 커뮤니케이션 요인과 구조 변수 및 개인행돈 요인이 있다. 구조는 계층의 수, 리더십 유형, 상호 의존도 등이 포함되며, 개인 행동요인은 성격, 역할 부조화 및 지위불일치 등이 포함된다.

갈등과 경쟁을 조장함으로서 조직 전체에 득이 되도록 하는 것으로 메기이론이 있다. 양식장의 미꾸라지가 약해지고 죽어가는 것을 보고 메기 몇 마리를 넣으니 미꾸라지가 튼튼하게 자랐다는 것이다. 메기로 인해 잡혀 먹히지 않기 위해 열심히 움직임으로 해서 활동력이 많아지고 식욕이 왕성해서 튼튼해지게 된다는 것으로 갈등조장의 예로 활용되고 있다.

(기업가의 자질테스트)

1. 개인적 특성 검사에 의한 방법

번호	질 문 내 용	예	아니오
1	내 생활방식을 구체적으로 설명할 수 있다.		
2	일을 계획적으로 한다.		
3	일단 일을 맡으면 적극적으로 한다.		
4	실패를 하더라도 크게 실망하지 않는다.		
5	약속을 잘 지키는 편이다.		
6	창업 정보를 수집 중이다.		
7	친구가 많다.		
8	나와 다른 의견에도 귀를 기울인다.		
9	함께 고민해 줄 친지가 세 명 이상 있다.		
10	도전 정신이 왕성하다.		

번호	질 문 내 용	예	아니오
11	의사표현이 분명한 편이다.		
12	건강에 자신이 있다.		
13	기초적인 재무지식이 있다.		
14	좋아하는 일이라면 먹고 자는 일도 잊어버린다.		
15	창업을 하기 위해 가족을 설득할 자신이 있다.		
16	일이 생각대로 잘 안 풀려도 곧 잊어버린다.		
17	즐겁지 않은 모임에 가서도 참고 즐길 수 있다.		
18	누군가에게 맞으면 반드시 반격을 한다.		
19	모르는 사람이 말을 걸어와도 일단 들어준다.		
20	친한 친구의 출세가 마음에 걸린다.		

※ **창업가적 자질 검사 및 해석**

- 20개 문항을 각각 '예/아니오'로 체크하고, '예'는 5점, '아니오'는 0점으로 계산
  - * 60점 이상 : 창업환경이 성숙되어 있고 창업자로서의 자질이 충분하다. 업종선택과 필요한 정보수집이 끝났다면 언제 창업해도 좋다.
  - * 35 ~ 60점 : 그런대로 창업할 환경이 조성돼 있으나 업종선택에 유의하고 좀 더 폭넓은 정보를 수집해야 한다.
  - * 35점 이하 : 창업동기가 명확하지 않다. 월수 1천만원 보장 광고에 현혹될 위험이 높다.

2. 적합도 검사에 의한 방법

〈기업가의 특성에 관한 질문〉

1. 추진력은 풍부한가?
2. 자신이 세운 목표를 달성할 수 있는 자신감이 충만되어 있는가?
3. 일시적이 아니라 장기적으로 특정 사업에 참여하는가?
4. 금전을 평가의 척도로서 사용하는가?
5. 문제해결에 끈기를 가지고 임하는가?
6. 명확한 목표를 설정할 수 있는 능력과 결단력이 있는가?
7. 자신의 노력으로 성공 가능성을 높일 수 있는 일에 모험심을 가지고 있는가?
8. 실패한 경우 실망하지 않고 문제점을 밝혀내는 능력이 있는가?
9. 피드백을 활용하여 개선하여야 할 문제를 파악하고 시정조치를 하는가?

10. 독립심이 강하고 책임감을 갖는가?
11. 주변자원의 활용을 위해 사내 외의 상황을 잘 이용하는가?
12. 자신이 세운 목표와 경쟁을 하는가?
13. 운명을 외적 요인으로 보지 않고 스스로 개척할 수 있는 자신감이 있는가?
14. 불확실성을 불안감 없이 극복할 수 있는가?

〈기업가로서 업무수행에 필요한 요건에 관한 질문〉

1. 사업과 가정을 잘 조화시킬 수 있는가?
2. 창업을 자기 인생의 모든 것으로 보는가?
3. 기업가로서의 창의성과 기술혁신능력이 있는가?
4. 업종에 대한 전문적인 지식은 갖추어져 있는가?
5. 경영 팀을 구성할 수 있는 능력이 있는가?
6. 자유경제체제에 대한 경제관이 확실한가?
7. 기업윤리관이 있는가?
8. 종합력을 갖추고 있으며, 타인으로부터 신뢰감을 받는가?

(측정방법)

각 항목에 대하여 긍정적이면 1점, 부정적이면 0점. 특성과 요건의 각 총점을 산출하여 예시와 같이 2차원으로 표시하여 적합도 판단.

(측정 예시)

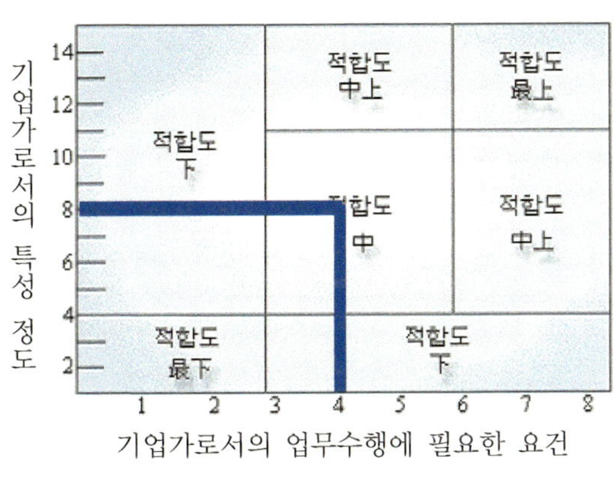

읽을거리 1

벤처기업가의 마음 자세

- 박수칠 때 떠나라 -

"농사로 치자면 개간도 끝내고, 씨도 다 뿌렸어요. 이제 물과 거름만 주면 됩니다. 땅주인이 버티고 서 있다고 해서 곡식이 잘 자라는 게 아니잖아요."

2006년 5월 26일 서울시 구로구 구로동 CJ인터넷 본사에서 퇴임식을 치른 방준혁 사장은 한사코 "떠나는 마당에 남아 있는 사람들을 위해서라도 인터뷰는 사양하겠다"며 손사래를 쳤다.

게임포털 '넷마블' 창업자인 그는 2004년 CJ에 자신의 지분을 넘기고 3년간 CJ인터넷의 경영권을 보장받았으나 2년 만인 지난 19일 전격 사임을 발표해 주변을 깜짝 놀래켰다. "'박수칠 때 떠나라'는 영화도 있잖아요. 그동안 경영체제도 잘 구축됐고 미래 성장동력도 마련됐기 때문에 '이젠 내가 없어도 되겠다'고 판단한 것 뿐 입니다. 직접 만든 회사를 떠나려 하니 서운한 마음도 있지만, 목표했던 것을 다 이뤄 시원섭섭해요."

방 사장은 2000년 8명으로 출발한 넷마블을 이듬해 플레너스에 합병시키고, 그 플레너스를 다시 CJ그룹에 넘겨 800억원의 막대한 자금을 얻었다. CJ인터넷은 이후 2년간 직원 520명을 거느린 메이저 게임업체로 급성장했다. 지난 1분기 영업이익은 무려 40%나 늘었고, 넷마블이 게임포털 순방문자수 1위에 오르는 등 놀라운 경영수완을 보였다.

회사를 성장세에 올려놓고 그룹과 원만한 관계 속에 물러남에 따라 방 사장은 벤처기업 창업자로서 '실리'와 '명분'을 모두 챙긴 대표적 성공사례로 남게 됐다. 특히 짜릿한 정상의 자리에서 내려올 줄 아는 그의 아름다운 뒷모습을 두고 주변에선 '제2의 안철수'란 찬사까지 보내고 있다.

"그 분(안철수)과 제가 비교가 되나요. 안 의장은 기업경영에 남다른 철학을 가진 분입니다. 저는 그냥 회사를 자식처럼 잘 키워서 장성한 자식 내보낸 것 뿐인데요."

방 사장의 퇴장 이전이 화려했던 것만은 아니다. 그는 이력에는 '인터넷 영화관'과 '위성인터넷 콘텐츠' 사업 실패라는 쓰라린 전적이 담겨 있다. (홍수완의 4전 5기, 쓰러졌을 때 못 일어나는 것이 아니라 일어나지 않는 것- 포기하는 것이 잘못된 것이다. 끝까지 마지막이라는 마음으로 최선을 다하니 성공하더라)

넷마블을 통해 '2전3기'에 성공한 방 사장이 2003년 설날 때 자신이 받은 성과금 31억원을 넷마블 직원들에게 모두 나눠준 것은 유명한 일화. 당시 방 사장은 다세대 전셋집 신세를 면치 못하고 있던 탓에 '유능한 사장, 무능한 가장'이란 별명을 얻기도 했다.

읽을거리 2

기업이 망하는 확실한 이유

기업이 망하는 이유는 무엇일까. 사람이 병에 걸려 쇠약해지는 원인이 하나만이 아닌 것처럼 기업의 부실원인도 다양하다. 매출 부진·투자 실패·핵심인력 유출·리더십 부재 등 여러 가지 이유가 있다. 이 중에서 가장 큰 원인을 한 가지만 든다면 어떤 것일까.

기업부실 원인에 대해 일본과 미국의 경영자들을 대상으로 조사한 적이 있다. 일본의 경영자들은 '매출 부진'을 가장 큰 이유로 들었다. 반면 미국의 경영자들은 '리더십 부족'을 지목했다. 나는 미국 경영자의 대답이 문제의 본질을 꿰뚫었다고 생각한다. 왜냐하면 매출 부진은 원인이라기보다는 결과의 측면이 강하기 때문이다.

기업이 가진 모든 문제는 결국 소비자가 제품을 사 주지 않는 것으로 나타나는 것이다. 반면 기업이 가진 대부분의 문제는 경영진의 리더십 부족에서 출발한다. 능력이 부족하거나, 합리성이 결여됐거나, 반목이 심해 팀워크를 이루지 못하는 경영진은 만병의 근원이다. 따라서 기업이 가진 핵심적 경쟁력은 리더십에서 출발한다.

최근 우리나라에서도 경영진의 리더십이 화두가 되고 있다. 경영자들이 자신의 리더십에 대해 고민을 하고 돈을 들여 컨설팅까지 받는다. 왜 갑자기 리더십이 문제가 된 걸까?

과거에는 직책과 자리가 리더십을 확보해 줬다. 사장이 되고 임원이 되면 자리가 주는 권한에 따라 리더십은 자연히 생겨났다. 소위 '까라면 까는' 분위기에서 상사의 말은 거역하기 어려운 법률과 다름이 없었다. 그러나 1997년 이후 국내기업의 조직 형태가 분권화되고, 수평화되면서 자리가 권위를 만드는 시대는 지나갔다.

분권화·수평화된다는 것은 자리보다 업무나 능력 중심으로 조직이 짜여진다는 것이다. 실력에 따른 권위를 가지고, 의사소통 능력이 있는 사람을 중심으로 조직이 구성되고 리더십이 형성된다는 것이다.

권한이 있는 자리에 있더라도 의사소통 능력이 부족하고, 고집불통에 막무가내인 사람은 형식적 리더십은 있으되 실질적 리더십을 가질 수 없는 상황이다.

실질적 리더십을 확보하지 못한 사람은 필연적으로 독재적 리더십으로 발전한다. 리더십의 원천이 과거에는 자리나 힘이었으나, 앞으로는 합리성이다. 합리적 리더십은 힘·신뢰·지식의 세 가지로 구성된다. 이 세 가지 힘이 균형을 이룰 때 합리적 리더십이 생겨난다.

세 가지 중 힘이 없다면 리더십은 존재조차 할 수 없다. 힘 없이 신뢰와 지식만 있는 사람은 훌륭한 참모나 학자가 적격이다. 만약 힘과 지식은 있으되 신뢰가 없다면, 막무가내 독재자가 된다. 믿지 않는 사람을 따르게 하는 것은 폭력이나 강제밖에 없기 때문이다.

그리고 힘과 신뢰는 있는데 지식이 떨어진다면 무식한 지도자가 된다. 무식한 지도자는 정확한 판단을 할 수 없어 주변 참모에 휘둘리게 마련이다. 세부적이고 전문적인 지식은 참모에게 맡길 수 있지만, 사안에 대한 기본적인 이해도 못하는 리더는 한계가 있다.

시대에 따라 요구하는 인재상이 달라지듯이 리더십도 마찬가지다. 과거 고도성장 시대에는 추진력 강한 권위적 리더십의 가치가 분명히 있었다. 그러나 앞으로는 합리성에 근거한 리더십의 시대다. 조직의 주류가 전화기 쓰던 세대에서 인터넷 세대로 변한 것처럼 리더십의 모습도 변할 수밖에 없는 것이다.

(출처: 김경준 딜로이트투쉬 상무)

읽을거리 3

실패 예방을 위한 질문

1. B2B 기업과 B2C 기업의 사업 환경을 이해하고 있는가?
2. 기술 중심의 사업과 비즈니스, 마케팅 중심의 사업을 명확하게 인식하고 있는가?
3. 고객의 핵심가치를 이해하고 있는가?
4. 경쟁자를 정확하게 분석하고 있는가?
5. 자사의 정체성을 명확하게 이해하고 있는가?
6. 경쟁자가 쉽게 따라할 수 없는 강점을 갖추고 있는가?
7. 도전기업의 차별화 요소가 명확한가?
8. 목표시장에 따른 포지셔닝 전략을 활용하고 있는가?
9. 차별화 개념을 통합적으로 마케팅에 활용하고 있는가?
10. 자신의 시장과 고객을 상시적으로 관리하는 체계가 있는가?
11. 중소벤처기업의 약점을 극복하기 위한 제휴 마케팅 체계가 있는가?
12. 시장조사 고객의 긍정적인 반응에 대한 오류 가능성을 검토했는가?
13. 자사에게 적합한 비즈니스 모델인가?
14. 사업계획이 제품 또는 기술 중심으로 작성되지 않았는가?
15. 경영자 자신을 영업사원이라고 생각하고 있는가?
16. 경영자다운 생각과 태도를 갖추고 있는가?

제4장 벤처 조직과 경영팀

학습목표

- ❑ 기업 조직의 이해
- ❑ 벤처기업의 조직 특성
- ❑ 경영팀의 구성
- ❑ 벤처 조직의 보상

제4장 벤처 조직과 경영팀

제1절 기업 조직

1. 조직의 개념

조직이란 조직 설립목적을 효과적이며 효율적으로 달성하기 위해 수직적·수평적으로 업무를 구조화하고 담당업무에 대한 권한과 책임관계를 명확히 하는 것을 말한다. 조직을 설계하는 과정을 통해 조직도라는 조직구조가 만들어 진다.

1) 조직설계(organizational design, 조직화) 및 구조

조직설계는 조직의 내부구조를 설계하고 과업, 구성원, 권한, 책임 사이에 적절한 분업과 권력관계가 체계적으로 이루어지도록 하는 것이다. 이는 여러 업무와 관리행위가 효과적으로 실행될 수 있도록 하는 일련의 과정(process)으로 조직을 형성·유지하기 위한 과정이다. 경영자의 주요한 기능이다.

조직구조(structure)는 조직설계의 결과로서 갖추어진 비교적 안정적인 짜임새로 조직에 대한 정태적 표현이다. 조직화의 결과로 형성된 실체이며 경영자를 포함한 전 구성원의 활동배경이 된다.

2) 기업조직 설계 시 유의사항

기업조직의 설계 시 고려해야 되는 영향요인으로는 기업의 연혁과 규모, 사용기술, 시장변화, 경영전략 및 기업이 속해있는 사회문화가 있다.

기업의 연혁에 따라 규모에 따라 조직의 관료적 성향 및 계층 수를 포함한 조직의 분화정도가 결정되며, 사용기술의 특성에 따라 [그림 4-1]과 같이 조직구조가 달라진다.

시장변화는 외부환경(시장)의 특성에 따른 것으로 환경이 단순하고 안정적이며 불확실성이 적은 환경에는 기계적 조직이, 복잡하고 불확실성이 큰 환경에서는 외부의 충격을 흡수하여 융통성 있는 대응이 가능해야 효과적인 유기적 조직으로 조직이 설계되어진다.

그림 4-1. 사용기술과 조직구조

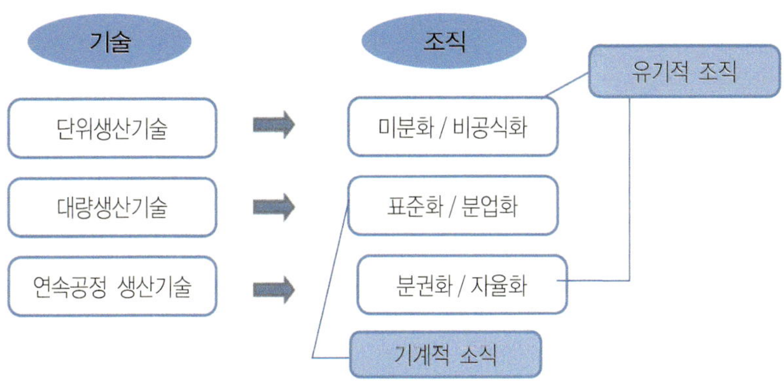

경영전략은 조직이 사용할 기술의 특성이나 일상적인 업무의 내용에 영향 미치는 요소로 원가우위 전략의 경우 낮은 원가를 통한 저가격을 추구하고 있다. 따라서 규정과 공식이 조직의 주요 행동기준이며 집권화를 통한 효율과 생산성을 강조하는 기계식 조직이 유용하다. 차별화 전략은 독특한 제품이나 서비스를 추구하므로 자율권과 비공식화를 통해 융통성과 창의성을 유도하도록 하는 유기적 조직이 더 효율적이다. 집중화 전략은 한정된 시장을 집중 공략하는 전략으로 초점이 원가우위나 차별화 중 어떤 것이냐에 따라 조직설계가 달라질 것이다.

사회문화에 있어 문화는 타 조직과 차별화되며 보존할 가치가 있다고 인정되는 조직의 가치관 및 행동양식으로 조직원의 사고와 행동에 영향을 미친다. 수직문화의 경우 높은 조직계층화가 이루어지며 평등문화는 자율과 권한 위임이 되는 조직이 유용하다.

이러한 배경을 바탕으로 조직설계 의사결정단계에서의 결정해야 하는 내용으로 ① 조직목표 달성을 위해 수행되어야 할 전체 업무의 명확화, ② 전체 업무를 구성원, 집단에 의해 적절히 수행되도록 나눔, ③ 나누어진 업무와 담당자들을 업무성격에 따라 집단화, ④ 맡겨진 일의 수행에 필요한 권한을 구성원, 집단에 배분, ⑤ 구성원들에 의해 수행된 일들이 어우러져 통합되도록 조정, ⑥ 위의 일들이 잘 진행되는지를 평가, 필요한 수정조치를 취하는 일련의 과정이 요구된다.

2. 조직설계의 원칙

조직설계의 원칙은 과업을 나누는 분업화, 나누어진 과업을 연결하여 집단화하는 통합화, 통합된 과업에 권한을 배분하는 분권화를 어떻게, 어느 정도로 하느냐가 관심의 대상이다.

1) 조직(과업)구조의 차원

조직구조의 차원은 과업 수행활동(구성원)들의 배열관계를 나타내며 이에는 복잡성, 공식화, 집권화의 방향과 정도를 결정한다.

복잡성(complexity)은 과업의 분화가 이루어지는 정도로 전문화된 하위 단위, 직무 전문화 또는 부문화와 밀접한 관련이 있는 수평적 분화, 조직계층의 깊이, 상하관계, 위계를 결정하는 수직적 분화, 물리적 시설, 인력의 지역(지리)적 분산 정도를 결정하는 지역적 분산 차원이 있다.

공식화(formalization)는 직무의 표준화 정도인 재량권 문제로 직무의 성격에 따라 단순·반복적인 직무가 고도로 전문화된 직무보다 공식화 정도가 높다. 조직 내 계층 측면에서는 상위 계층일수록 공식화가 낮다. 기능적 측면에서는 생산부문이 판매, 연구부문에 비해 공식화 정도 높다.

집권화(centralization)는 의사결정권의 집중 정도로 조직의 규모, 제품의 조합, 시장 분포, 업무 기능의 성질, 직무의 성질, 구성원의 특성, 외부환경 등이 영향요인이다.

2) 분업화 및 부문화

구성원이 처리해야 할 과업들을 구체화하여 할당하는 과정인 직무설계(job design)의 기본 단위는 조직에서 수행되는 일들 하나하나를 의미하는 과업(task)과 과업들의 묶음인 직무(job)가 있다. 직무의 기본적 특성은 직무에 서로 다른 종류의 과업들이 포함되어 있는 정도인 다양성과 의사결정권으로 담당자가 스스로 결정할 수 있는 영역인 재량권을 포함하고 있다.

분업은 복잡성(complexity)의 문제와 관련되는 것으로 수평적 분업은 과업의 분화이며, 수직적 분업은 관리의 분화, 지역적 분업은 물리적 시설, 인력의 지역(지리)적 분화를 의미한다.

분업화의 정도는 경제적 비용, 연결의 지연, 연결의 혼돈, 부서 간 갈등, 소극적 태도 등을 고려하여 결정해야 한다. 적용되는 직무설계의 원칙으로는 직무를 작고 간단한 과업들로 구성하는 직무단순화(job simplification), 전문적 지식, 능력이 요구되는 한두 개의 업무를 각 구성원에게 전담시켜 생산성 향상을 기하는 직무전문화(job specialization) 원칙이 있으며, 다른 종류의 과업을 추가하여 다양한 과업들로 구성하여 흥미와 근로의욕을 제고하고자 하는 목표를 가진 직무확대(job enlargement), 업무수행과 관련된 재량권 부여, 직무에 관한 권한을 허용하여 자율성과 책임감을 제고하는 직무충실화(job enrichment)가 있다.

부문화인 과업의 연결은 규칙 및 법과 약속의 문제이며, 공식화(formalization)와 관련된 사항이다. 부서화는 서로 관련 있는 업무활동이 함께 이루어지도록 직무 담당자를 한데 모아 동일한 경영자의 감독을 받게 하는 것으로 특정 부서의 명칭으로 표현된다.

예를 들어 기능별 부서화인 기능조직의 경우 기능적으로 관련 또는 동일한 직무를 한 부서에 집합한 조직구조로 초기 성장단계에 적합한 조직구조라 할 수 있다.

분업화 및 부문화는 조정과 통합의 필요성을 가져온다. 조직의 업무는 상호의존성을 가지고 있으므로 갈등을 유발한다. 조정(coordination)은 개별, 집단 구성원의 노력이 조직목표 달성을 위해 적절히 통합될 수 있도록 유도하는 과정이며, 통합(integration)은 부서별 관심이나 업무 우선순위 등을 잘 조정하여 조직 전체의 목표달성에 기여할 수 있도록 부서별 활동을 통합하는 것을 말한다.

조정방법으로는 전통적 관리기법으로 지휘명령체계, 규칙과 절차, 계획과 목표의 활용과 경영정보시스템(MIS)을 활용한 업무추진과 목표달성 정보의 공유, 또한 위원회 등을 통한 직접적 대면으로 연결함으로서 업무수행관계의 향상을 기하는 방법이 있다.

3) 분권화

권한은 어느 정도 위임할 것인가?와 관련되는 문제로 분권화의 필요성은 ① 권한자의 한계, ② 변화상황에 적절하고 신속한 대응, ③ 구성원의 동기부여에 의한다. 분권화(decentralization)는 일상적 의사결정은 일선 근로자가 비일상적 의사결정은 경영자 담당함에 따라 경영자의 업무 하중이 경감된다. 분권조직은 집권화보다 적은 수의 경영자를 필요로 하며, 경영자 계층의 수를 감소시키며, 평평한 조직을 구축하여 관리의 폭이 넓어지는 효과가 있다. 이러한 분권화의 영향변수는 담당자 능력, 최고책임자의 독재성, 환경의 가변성, 기술의 복잡성에 영향을 받는다.

권한의 원천은 권력(power)으로 특정인(집단)에게, 그(집단)의 저항에도 불구하고, 자신(집단)의 이해관계목표를 달성하게 하는 행위를 강제할 수 있는 능력(관계)이다. 이러한 권력의 본질적 성격은 의존적인 두 사람(집단) 사이에 존재하며, 한 사람(집단)의 권력이 크면 상대는 작다. 또한 권력은 이해관계목표 달성에 있어 근원적 수단이다. 반면에 권한(authority)은 상위 직위로부터 위임을 통해 주어진 권력으로 결정권, 명령권, 승인권, 심사권, 발안권, 대리권, 대표권과 같다.

권력의 종류를 권력 기반에 근거하여 구분하면 [그림 4-2]와 같이 표시할 수

그림 4-2. 권력의 기반 및 원천

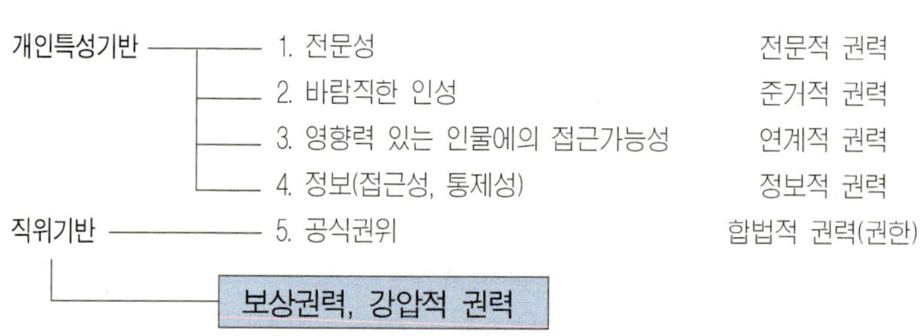

있다. 전통적인 견해는 보상의 제공으로 가지는 보상권력, 상대의 의사와 무관하게 강제할 수 있는 강압적 권력과 전문적 권력, 준거적 권력, 합법적 권력으로 구분하고 있다. 최근에는 네트워크와 정보의 중요성이 대두됨에 따라 보상과 강압적 권력보다 연계적 권력과 정보적 권력으로 구분하고 있다.

책임과 권한 배분 시 유의사항으로는 책임에 상응하는 권한(의사결정권)이 주어져야 한다는 책임-권한 균형 원칙(parity principle), 각 구성원은 한 상급자에게서 지시를 받고 자신의 업무처리 결과를 보고하도록 권한배분이 이루어져야 하는 명령통일 원칙(unity of command principle), 권한을 배분할 때 최고경영자에서 일반종업원에 이르는 각 계층이 명령체계에 의해 연쇄적으로 연결되어야 한다는 명령계층화 원칙(scalar principle) 및 한 사람이 통제할 수 있는 부하직원의 수에 제한을 두는 통제범위의 원칙(span of control)이 있다.

3. 조직의 유형

조직설계의 결과인 조직구조는 전통적이고 보편적인 구조인 기능별 조직과 사업부제 조직, 프로젝트 조직 및 최근에 조직유형인 팀조직, 네트워크 조직 및 가상조직 등 기업의 특성 및 환경에 따라 다양한 형태를 보이고 있다.

1) 기능별 조직

조직의 부문화 결과 분류된 기능에 따라 조직을 구분한 형태로 라인조직, 라인스탭조직이 대표적이다. 기능별 조직의 장점으로는 커뮤니케이션과 정보흐름이 좋으며, 의사결정속도가 빠르다. 또한 관리가 쉽고 인사평가도 정확히 할 수 있으며, 자율관리조직을 만들어가기 쉽다. 반면 단점으로는 one stop service 식의 고객만족은 어렵다.

(1) 라인조직

라인조직은 비용절감 등 효율성과 생산성 제고가 목표로 창업초기기업, 중소기업에 적합하다. 위계질서 및 분업의 원리에 의거 부서가 분화되며 동시에 부문화가 진행된다. 직접 접촉관계 속에서 작업이 수행되며, 명령통일, 전문화, 통제 폭, 권한 위양, 권한과 책임 대응의 전통적 조직원칙이 적용되고 있다. 장점은 신속한 기동성을 보유하며, 강력한 추진력도 보유하고 있다. 경영자의 개인능력 발휘 기회가 제공되며, 일사불란한 지휘가 가능하고, 개별부서의 조정이 용이하다. 단점으로는 경영환경 변화 탐지능력이 부족하고, 혁신적 태도 촉진에 한계가 있으며, 대규모 조직의 시너지 효과의 기대가 어렵다. 불확실성이 높거나, 규모가 큰 경우에는 상대적으로 그렇지 않은 경우보다 덜 효과적인 조직구조이다.

(2) 라인스탭조직

라인스탭조직은 중견기업의 효율성과 생산성 제고에 목표가 있으며, 명령통일, 전문화의 원칙과 조화하며, 경영관리기능의 복잡화에 대응하기 위한 조직구조이다. 라인조직에 전문가인 스탭의 전문적 지식이 제공되어 의사결정의 효율성과 효과성을 높이고자 한다. 장점은 종합적인 의사결정을 위한 정보의 축적과 활용 가능하며, 라인은 스탭으로부터 유익한 조언과 권고 취득 가능하다. 단점으로는 라인과 스탭 간의 대립이나 갈등이 발생할 위험이 있으며, 부문과 계층의 분화로 조직의 비대화로 인한 관료제화가 촉진될 가능성이 있다. 조직이 대규모화되는 초기 기업이거나, 경영환경이 안정적이며 확실성이 높은 상황에서 효과적인 조직구조이다.

2) 사업부제 조직

기업 규모의 증대와 제품, 시장의 복잡화에 대응한 조직구조로 제품, 시장, 고객, 지역별로 부문화한 조직이다. 주요 특징으로 사업부문은 부문 책임자가 완전한 권한을 보유하여 자주적이며, 독립적이다. 장점으로는 효과적인 경영통제가 용이하여 성과와 기여도를 명확히 파악할 수 있다. 전문화되기 때문에 품질 향상과 고객서비스가 잘 된다. 단점으로 사업부는 독자적 이익중심점이 되어야 하나 현실적인 분할의 어려움이 있으며, 장기적 관점의 전체와 단위 사업부 목표간 상충되며, R&D와 같은 특정 지출이 제한되기도 한다. 동일 업무를 담당하는 부서의 중복으로 비효율이 발생하며, 관리자 수가 증대된다. 부서별 커뮤니케이션이 낮아지며, 한정된 자원을 놓고 부문 간의 갈등이 발생할 위험이 있다.

3) 매트릭스 조직

효율성과 유연성의 목적을 동시에 달성하고자 하는 목표를 가지고 있다. 기능부분은 종적, PM(Project Manager)은 기능부문을 넘어 횡적인 권한을 행사하는 격자조직이다. 조직의 장점은 기술과 시간에 좌우되며, 고도로 전문화된 재화나 용역을 소량주문 생산하는 조직이나, 고도 정보처리가 요구되는 불확실성에 직면하는 조직, 또는 인적, 물적 자원의 제약이 있는 조직에 유용하다. 단점으로는 구성원의 역할갈등과 역할모호성에 따라 스트레스가 발생되며, 이해관계자의 복합적 연결로 의사결정 자체가 복잡하다. 기능부서와 프로젝트 구성원 간 권력투쟁이 발생할 위험도 있다.

4) 프로젝트 조직

특수한 과업의 수행을 목적으로 한 일시적 조직(task force team)으로 전문인력으로 구성되며, 지위가 독립적이고, 과업이 매우 구체적인 조직이다. Project는 목적지향적이고, 상호관련 활동의 조정과업이 포함되어 있으며, 일시적이며 시작과 끝이 있는, 독특하고 비반복적인 업무이다. 조직의 장점은 상황과 필요에 의거 설치와 해산, 확충, 긴축이 용이한 신축성을 가지고 있으며, 구성원의 과업 집중도가 높다. 또한 필요한 인재의 획득이 가능하며, 과업의 명확화로 구성원의 성취감과 만족감이 제공된다. 단점으로는 공식적인 조직과의 충돌이 우려(특히 파견의 경우)되며, 팀 구성원의 과업에 대한 객관성 상실이 우려되며, 경영진의 과도한 관심이 오히려 간섭화로 변하여 신축성과 창의성의 저하를 초래할 위험이 있다. 팀의 성과가 팀의 해체로 지속적인 지지를 획득 곤란하여 성과가 활용되지 못하는 결과를 초래하기도 한다.

5) 최근의 조직경향

(1) 팀조직

기능적으로 분리된 조직의 한계를 극복하고 지휘, 명령의 위계조직을 초월하여 팀의 책임자에만 명령 받는 조직이다. 자율적으로 의사결정을 하며, 조직전체의 flat화와 slim화를 가져온다. 계속 유지되는 항구적 성격의 조직이다.

(2) 네크워크 조직

지식과 정보의 소통, 공유, 창조가 중요한 목표이며, 정보통신기술을 이용하여 서로 간의 유기적 연계를 극대화하는 조직이다. 수평적으로 연결과 왕래가 가능하며 구성원들의 참여와 토론이 개방적이다. 조직의 핵심역량은 가지고 있으면서 외주를 통해 전체 서비스나 제품을 생산하는 조직이다. 최근에 나타나는 1인기업도 네트워크조직의 한 형태로 볼 수 있다.

(3) 가상 조직

급변하는 환경이 원인으로 고정된 조직형태로는 역부족을 느껴 발생한 형태이다. 형체가 없음은 수시로 변화가 가능하다는 의미이며, 핵심골격만 갖추고 나머지는 외주로 과업을 처리한다. 업종도 수시로 변경이 가능하다. 예를 들면 가상기업(virtual corporation)은 정보기술로 연결된 독립적인 회사들의 네트워크로 정보기술, 기회주의, 우수성, 신뢰, 경계가 없음을 특징으로 하고 있다. 가상 팀(virtual work team)은 지리적 한계를 극복하고 전문화된 직원 재능 활용하기 위함이다. 다만 물리적 접촉이 없는 구성원들의 집중력 유지와 동기부여가 과제이다.

6) 조직유형의 이상형

조직구조의 가장 이상적인 형태로 언급되고 있는 것으로 오케스트라 조직, 모래시계조직, 꽃송이 조직 등이 있다. 오케스트라 조직은 자율적으로 연주하도록 권한이 주어져 있으며, 악보형태의 가이드라인만 나눠주고 지휘를 통해 통제되며, 실무자가 많은 낮은 계층의 조직이다. 또한 이를 뒷받침하는 고도의 네트워크를 가진 조직을 말한다.

모래시계 조직은 정보기술의 발달로 중간층을 제거한 조직으로 의사소통의 직접화(MIS)와 보상제도의 변화를 가져온 조직이다. 다만 소통 불능 시 해소방안이 없다는 단점이 있다.

꽃송이 조직은 교차다기능 조직으로 다기능소유자에 의한 one stop service가 가능한 조직형태이다.

그림 4-3. 팀조직, 오케스트라조직, 모래시계조직, 꽃송이조직)

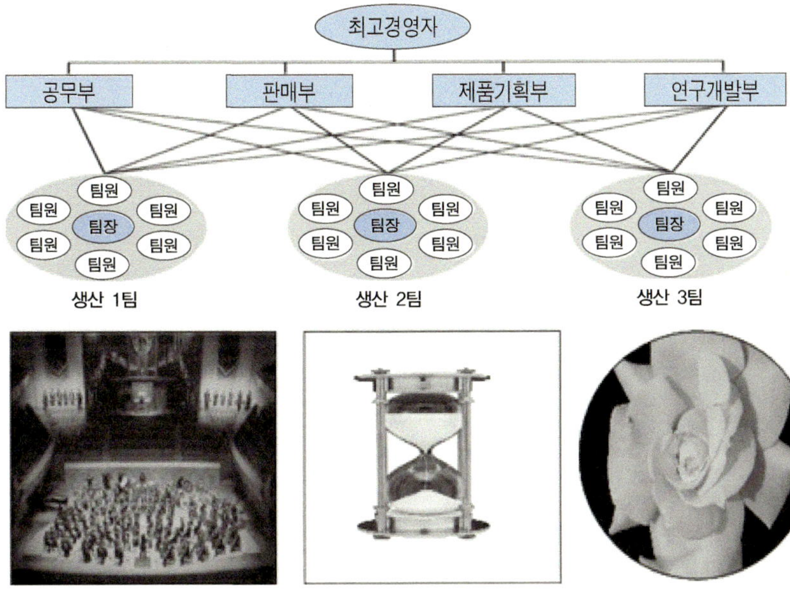

4. 비공식 조직

조직원의 비공식적 관계에 기초한 관계 네트워크와 의사소통 통로로 공식적인 조직과 대비되는 자연발생적인 조직이다. 그레이프바인(Grapevine)으로 표현되며 입소문 출처(rumor mill)이며, 정보네트워크(intelligent network)로서의 기능을 한다.

조직 구성원을 위한 동료애와 사회적 접촉의 근거를 제공하며, 회사에 대한 유대감, 종업원들에게 지위와 인지도 제공, 신입사원의 사회화 및 조직의 모든 곳에 정보를 신속 전달한다. 반면 회사의 기준과 충돌할 우려가 있으며 변화에 대한 저항이 될 수 있다. 공식조직과 비공식조직의 비교는 〈표 4-1〉과 같다.

표 4-1. 공식조직과 비공식 조직

구분	공식(인위적)조직	비공식(자연적)조직
가입동기	지명, 선발	자연발생적, 자의적
조직구조	안정적, 불변	가변
지도자	투표, 공식지명	자연적 지도자 탄생
과업	미리 정해져 있음	다양함, 변함
존속기간	미리 정해짐	구성원들 의도대로
행동기준	능률, 효율	감정, 인간

제2절 벤처기업의 조직

1. 벤처문화(가치관)

조직설계의 영향요인으로 문화가 중요하며 특히 벤처기업은 기존 기업과는 차별화되는 독특한 문화를 가지고 있다. 창의와 도전, 혁신, 다양성의 인정, 수평적 사고, 성과에 대한 적정한 보상, 나눔의 정신 및 진화적 발전으로서의 실패를 수용하는 특성을 지니고 있다. 대기업과 벤처기업의 조직문화를 조직구조, 의사결정 과정, 정보의 공유, 상사의 역할, 교육훈련에 대한 인식, 근무형태를 기준으로 비교하면 〈표 4-2〉와 같다.

표 4-2. 대기업과 벤처기업의 조직문화 비교

구분	전통적 대기업	벤처기업
조직구조	피라미드식 수직적 계층구조 위계질서, 직급중시 내부지향적 정형화된 조직	중간계층이 없는 얇은 조직 위계보다는 전문성과 능력중시 네트워크를 중시하는 개방적 조직
업무처리 의사결정	절차·규정 중시, 수동적 상호합의·협의중시, 하향식	자율적, 자발적 업무 추진 공감·가치 중시, 쌍방향식
정보공유	제한적 공개, 상의하달 집합 회의, 문서·매체활용	공개·투명성·토론 중시 인터넷 게시판·토론방 활용
상사·임원 역할	의사결정 평가자 직무와 권한의 부여자	업무와 아이디어 도출의 지원자·촉진자·업무동료

구분	전통적 대기업	벤처기업
교육훈련	집합 연수교육중시	자발적, 시뮬레이션식 교육
근무형태	같은 시간에 출근해서 근무 (Managed Time) 물리적 공간에서 업무수행 복장, 업무방식의 제한	스스로 일하는 시간 결정 (Creative Time) 가상・열린 공간을 적극 활용 최소한의 제한사항만 규제

2. 벤처기업의 조직특성

1) 강력한 비전 제시와 공유

벤처기업은 구성원에게 강력한 비전을 제시하고 공유하도록 함으로써 불확실성이 높은 환경에서 구성원의 이탈을 막고 높은 성과를 달성하는 수단으로 활용한다. 창업초기 자원의 동원에 제약이 있는 벤처기업에 있어 강력한 비전의 존재는 우수한 인력의 확보 및 창업 팀에게 강력한 동기를 유발시키는 데 효과적이다.

비전은 기업의 미래 사업방향을 결정하는 중요한 나침반 역할을 하며 경영이념을 정립하는 핵심이다. 벤처기업은 경제적 동기만으로는 구성원의 창의성과 능력을 극대화하기 어렵다. 근무환경의 열악함을 목표를 이루겠다는 열정으로 충당해야 한다. 이는 구성원을 하나로 묶을 수 있는 비전과 가치관의 공유를 통해 이룰 수 있다.

"새로운 기술과 아이디어로 최고의 기술기업이 되겠다." 또는 "특정 분야에서 몇 년 이내에 세계 선두 기업이 되겠다."와 같은 목표나 희망을 비전으로 제시하고 이러한 목표가 기업가의 윤리성, 진실성 및 창의성과 결합될 때 모든 구성원에 공유된다.

2) 투명성 유지 및 팀워크 중시

벤처기업에 있어 투명성 유지는 내・외부의 신뢰성 유지를 위한 중요한 요소이다. 벤처기업은 경영정보의 적극적 공개 및 공유로 내부 신뢰문화를 형성하고 투자자와의 신뢰 구축에 활용한다. 특히 Homepage나 Internet을 활용하여 조직 내·외부의 이해관계자들과 실시간으로 회사의 경영상황 및 회사의 정책과 비전에 대한 안내와 설명으로 정보를 공유하여 투명성을 유지한다.

열린 정보접근과 의사소통 경로를 바탕으로 구성원은 공식·비공식적 채널을 이용하여 의사소통을 시도한다. 업무에 관한 개인적인 의견이나 주요한 의사결정에 대한 자신의 의견을 피력할 수 있다. 교세라의 '콤파', 안철수연구소의 '사내 인트라넷' 등이 그 예이다.

팀워크의 대명제는 사람의 가치를 인정하고 상호간에 인격과 전문성을 존중하는 것이다. 선발 시 학력, 성, 연공서열을 무시하고 실력위주 인재를 발굴하며 직급 체제가 없는 완전 연봉제와 상호평가 시스템으로 공정성과 능력주의를 중시한다. 이는 선발된 팀원에 대하여는 전적으로 신뢰하고 외부에 대하여 개방적인 태도를 가짐으로 해서 상호 이해 증진의 폭을 넓혀 나간다.

3) 우수 인적 자원 확보와 개발

선발된 구성원에 대하여 주어진 업무에 관한 재량권을 부여하며, stock option을 포함한 다양한 인센티브의 제공으로 업무에 몰입하도록 동기부여한다. 또한 교육훈련의 기회 제공과 자기개발에 적극적인 지원(예: 도서구입 등)을 하며 해외시찰 및 연수기회를 활용하여(예 : 해외전시회, 포럼 적극 참가) 글로벌 감각을 갖춘 인재로 육성한다.

이는 벤처기업의 경쟁력은 창의성과 지식에 기반을 둔 새로운 사업영역의 개발에서 창출됨으로 우수한 인재의 확보와 유지·개발에 기업의 많은 자원을 투자하는 것이다.

벤처기업의 역량은 지식기반에서 핵심역량이 구축되기에 지식관리시스템을 도입하며, R&D 투자 및 지속적 기술혁신에 노력한다. 또한 실패의 자산화를 통해 원인을 파악하고 이후의 교훈으로 활용한다. 3M의 경우 프로젝트의 내용과 결과를 데이터베이스화하여 보관함으로서 모든 구성원이 열람할 수 있도록 하고 있다. 여기에는 성공사례뿐만 아니라 더 많은 실패사례도 축적하고 있다. 이러한 직간접의 경험과 지식을 바탕으로 창의성 및 자율성 중시하는 조직환경을 구축하여 차별화되는 경쟁력을 창출하고 있다.

3. 벤처기업 조직의 문제점과 해결방안

벤처기업은 높은 성장산업에 존재하며, 높은 기술적 불확실성을 가지고 있다. 또한 새로운 비즈니스 모델을 정립하여야 하며, 높은 외부환경 효과와 높은 인적자원관리의 중요성으로 인해 기존 조직의 전통, 습관, 표준공정 등에 있어 혁신을 요구 받는다.

반면에 벤처기업의 조직은 내・외부적으로 높은 환경 불확실성에 직면하고 있지만 빠르게 성장하는 조직이다. 개방적이며 민주적인 조직문화를 가지고 있으며, 동일한 공유가치와 명확한 전략을 소유하고 있다. 정열적이고, 헌신적이며, 높은 비공식적 의사소통 경로의 활용과 슬림형 조직구조를 가지고 있다. 창의적이고, 혁신적인 아이디어의 적극적 수용과 빠른 의사결정의 특징을 가지고 있다.

이러한 벤처기업 조직의 특성으로 인한 문제점은 조직의 성장이 조직 내부의 비효율성과 비합리성의 문제를 희석시킨다. 또한 리더십의 딜레마에 빠지거나 기업 사명으로부터 이탈, 의사소통의 불확실화 및 인적 자원 관리능력 부재 등의 문제가 발생한다. 이러한 문제를 전체적으로 조정하고 통제할 수 있는 조직관리능력의 부재가 벤처기업을 힘들게 한다.

벤처기업 조직의 문제점을 해결할 수 있는 방안으로는 조직적 차원과 개인적 차원에서 접근할 수 있다. 조직적 차원으로는 ① 기대하지 못한 것을 기대하게 하라. ② 빠른 성장이 끝난 시기를 대비하라. ③ 기업의 사명과 성장의 의미를 명확히 하라. ④ 외부 시각에서 기업의 리더십을 살펴보라. ⑤ 조직 내의 중복요소를 제거하라. ⑥ 기업의 사명을 반복적으로 명확히 하라. ⑧ 조직관리 시스템을 확립하라. ⑨ 조직의 유연성을 유지하라. ⑩ 활동성과 자율성에 기초한 조직문화를 형성하는 방법이 있다.

개인적 차원의 방법으로는 ① 올바른 인재채용 시스템의 수립, ② 채용된 인재가 동화될 수 있는 문화 정립, ③ Cross-functional communication 확립, ④ 정보의 비대칭성을 감소, ⑤ 공정한 보상 시스템의 수립, ⑥ 지속적인 자기개발을 유도, ⑦ 창의성을 통한 지속적인 혁신 유도하는 방법이 있다.

성공적 벤처기업 조직을 위한 7단계 전략을 기술하면 ① 열정적이고 동기 부여된 인원의 채용, ② 공영할 수 있는 문화 정립, ③ 조직의 사명, 방향, 구조, 성과측정도구의 명확화, ④ 개인의 가치관과 조직의 가치관 공유, ⑤ 적절한 보상 시스템의 도입, ⑥ 실험적 학습태도를 존중하는 분위기 창조, ⑦ 성과물에 대한 적극적인 향유와 실패를 통한 학습의 단계를 통해 조직구축을 할 수 있다.

제3절 경영팀의 구성과 보상정책

1. 창업과정과 경영팀

벤처기업의 성공 여부에 경영팀의 주요한 역할을 한다는 것이 밝혀지고 있다. 벤처캐피탈리스트나 투자자들의 의사결정에도 주요한 평가요인으로 간주되고 있다. 조사에 의하면 미국의 경우 루트128의 성공벤처 기업 중 70% 이상이 창업 팀을 보유하고 있는 것으로 확인되었다. 심지어 John Doerr는 "사업 아이디어가 A급이고 사업가와 그 팀이 B급인 경우보다, 사업가와 그 팀이 A급이고 아이디어가 B급인 경우를 더 선호한다."라고 할 정도로 경영팀의 중요성은 부각되고 있다.

그림 4-4. 창업과정과 경영팀

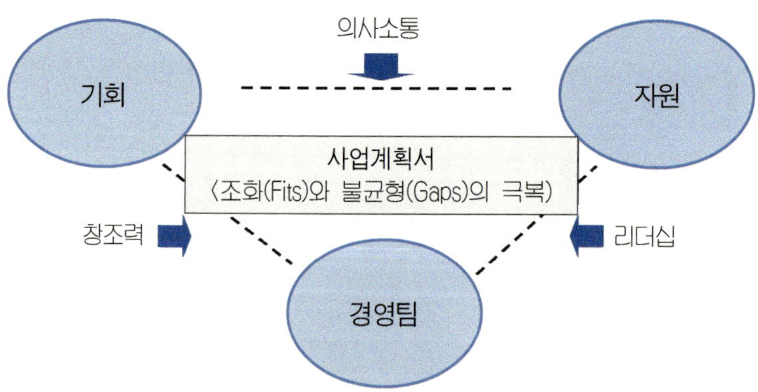

이는 경영팀이 벤처의 성공과 실패에 여향을 미칠 뿐 아니라, 벤처 조직의 형태에도 지대한 영향을 미치기 때문이다. 창업 초기부터 창업기업가의 부족한 부분을 보완하기 위해 우수한 팀원을 찾게 된다. 특히 엔지니어 출신의 창업기업가인 경우 경영부문의 보완을 절실히 필요로 한다.

창업의 과정은 기회와 자원에 대한 창업 팀의 갭(gap) 메우기 과정이다. 기회의 구체화를 위한 자원의 부족을 메우고, 확보된 자원의 효율적이고 효과적인 운영을 위한 기회의 확대 과정이 창업 팀에 의해서 이루어진다. 즉 팀의 역할은 창업과정에 있어 갭을 조화롭게 함으로써 벤처기업을 성공으로 이끈다.

우수한 경영팀을 만드는 것은 결코 쉽지 않는 일이다. 창업경영팀으로 참여하기 위해서는 창업가의 비전과 목표에 공감해야 하며, 창업가를 절대 신뢰하고 주어진 업무에 몰입할 수 있어야 한다. 또한 창업가는 경영팀 참여자에 대한 조직 내의 위치와 역할, 소유권 문제 등 다양한 의사결정이 필요하다.

우수한 경영팀의 특성은 적정한 양과 질적 측면에서 모두 고려되어야 한다. 관련 분야의 경험과 경력을 보유하여야 하며, 성취 지향적인 동기와 위험과 모호함에 대한 인내력을 가져야 한다. 장기적인 헌신과 투지를 가지며 창의성을 중시하고, 의사소통이 원활해야 하며, 팀워크 및 응집력이 강해야 한다. 또한 환경에의 적응력이 뛰어나야 하며, 기회(가치창조)에 대한 몰입 정도가 강해야 한다. 리더십과 용기를 보유하고 있으며, 회수의 태도(성공 시 분배)가 명확해야 한다. 소유권에 있어 동등한 불평등을 인정해야 하며, 공정성과 회수의 공유 의지가 있어야 한다. 주요 조건의 내용은 다음과 같이 설명된다.

- ✦ **응집력** : 팀의 구성원은 자신들이 이 일에 함께 참여하고 있다는 점과 회사가 성공하면 모두 성공한 것으로 믿는다. 구성원 모두가 성공하지 않으면 아무도 성공하지 않은 것으로 생각하며, 한 사람이 실패하면 모두가 실패한 것으로 생각한다. 보상이나 인센티브 구조는 회사의 가치를 키우는 데 달려 있으며, 함께 일한다는 데 최우선의 가치를 두고 만족감을 느낀다.
- ✦ **팀워크** : 혼자 일하면서 개인을 영웅으로 만들어 내는 방식이 아니라 하나의 팀으로 일하는 경영팀이 잠재력이 큰 회사를 만들어내는 것이다. 다른 사람의 일을 쉽게 도와주고 파트너와 핵심 인물이 영웅이 되도록 협조하며 성공을 축하함으로써 사람들에게 서로 동기를 부여하는 행동이다.

✦ **통합성** : 개인적인 욕심이나 부서 이기주의에 의하기 보다는 고객, 회사, 가치창출을 위한 판단을 우선하는 행동이다.

✦ **높은 몰입의 수준** : 몰입의 정도에 따라 벤처의 성공여부가 결정된다. 벤처는 오랜 시간이 걸린다는 것을 알고 있으며, 당장 벼락부자로 만들어 주는 것이 아님을 인식하고 있다. 오히려 벤처는 회수에 오랜 시간이 걸릴 수 있는 만족 지연의 게임으로 간주하고 있다. 주식 스톡옵션 계약의 반환조건이 이 오랜 시간의 몰입과 헌신을 잘 대변하고 있다.

✦ **회수의 정신** : 개인의 성공이 나중의 성공적인 회수의 크기로 측정되는 것이지 월급의 크기나 사무실의 위치나 크기, 자동차의 종류 같은 것으로 평가되지 않는다는 생각을 갖고 있다.

✦ **가치창조에의 헌신** : 팀의 구성원들은 가치창조에 헌신한다. 고객에 대하여는 부가가치를 높이고 공급자와 win-win 관계를 유지하며, 구성원 모두와 주주들 모두 돈을 벌게 해주는 등 모두에게 돌아가는 파이를 키우는 일에 헌신한다.

✦ **동등한 불평등** : 창업 구성원에 대한 보상과 주식의 소유지분은 장기간에 걸친 기여, 업무수행, 성과에 기초한다는 사실을 구성원 모두 인정하는 것이 중요하다. 특히 소유 지분에 대하여는 불평등이 당연하다는 인식을 가져야 한다. 소유 지분의 차별화에 실패하면 기여도에서 차이가 나는 문제가 발생하게 되어 벤처기업의 성장에 심각한 타격을 받게된다. 즉 민주주의와 맹목적인 평등주의는 일반적으로 도움이 되지 않으며, 핵심과제에 누가 어떤 책임을 지는가의 기본적인 기준을 정해두어야 한다.

✦ **공정성** : 핵심 구성원에 대한 보상과 주식 지분은 장기간에 걸친 기여, 업무수행, 성과에 기초한다. 이들은 미리 계산될 수 없으며, 예상과 달리 긍정적이거나 부정적인 결과가 나타나게 되어 있다. 따라서 이러한 불평등을 조정할 필요가 있다. 경영자는 구성원의 동의를 얻어 조정의 재량권을 가져야 한다. 또는 조정에 쓰일 지분이나 보상책을 따로 준비해 두는 것도 방법이다.

✦ **회수의 공유** : 성공적인 기업가는 벤처기업의 성과가 이루어지는 시점에 아무런 법적, 윤리적 의무가 없음에도 공평성과 공정성의 이슈를 회수에까지 적용한다. 자신의 몫의 상당부분을 구성원 전체에게 나누어주기도 한다.

2. 창업자의 경영팀 구성 시 고려사항

경영팀 구성에 대한 간단하고 손쉬운 해결책은 없다. 창업가의 수만큼이나 팀 구성방법도 여러 가지이다. 성공적인 기업가는 파트너를 찾아 나서서 기회가 요구하는 바와 시기에 맞추어 팀을 구축한다. 팀 구성원들은 창업기업가를 그리고 서로를 보완하거나 균형을 맞출 때 벤처는 높은 가치를 창출할 수 있다.

창업팀을 구성할 때 가장 중요한 것은 누가, 언제 필요한가를 판단하고 결정하는 과정으로 역동적이며, 단번에 이루어지는 문제가 아니라는 것이다. 어떤 노하우, 기술 그리고 전문성이 요구되는가? 어떤 핵심 과제와 행동 단계를 밟아야 하는가? 성공을 위한 필수 조건은 무엇인가? 회사가 남과 다르게 가지고 있는 능력은 무엇인가? 어떤 외부 계약이 필요한가? 갭이 얼마나 크며 얼마나 결정적인가? 벤처기업이 얼마를 지불할 수 있는가? 이사나 고문을 영입함으로써 회사가 필요로 하는 전문성을 얻을 수 있는가? 이러한 질문들이 언제 그리고 어떻게 이러한 요구를 충족시켜야 할지를 결정한다. 이러한 질문들은 시간이 경과하면서 변화할 것이다. 새로운 벤처 경영팀을 구성함에 있어 기본적인 지침은 다음과 같다.

창업자가 가져야하는 기본적 자세가 있다. 이는 첫째, 당신이 대접받기를 원하는 방식으로 남을 대접하라. 둘째, 부의 창출에 기여한 모든 계층의 사람들과 부를 나누어라이다.

다음으로 고려해야 할 이슈들로는 ① 어떤 산업, 시장 및 기술적 노하우와 경험이 필요하며, 자신이 이러한 요소들을 동원할 능력이 있는가? ② 필요한 상대방과 네트워크를 가지고 있는가? 아니면 파트너의 도움이 필요한가? ③ 팀을 뛰어난 파트너로 구성할 수 있는가? 이들은 효과적으로 관리할 수 있는가? ④ 왜 이 사업을 시작하려고 하며, 얻고자 하는 바가 무엇인가? (목표와 얻고자 하는 소득의 정도는?) ⑤ 어떤 희생과 헌신이 필요한지를 알고 있으며, 이를 위한 준비가 되어 있는가? ⑥ 위험은 무엇인가? 이 위험을 다루는 데 능숙한가? 이다.

경영팀 구성의 필요성은 창업하기 전 아이디어 단계에서부터 창업기업가가 끊임없이 생각해야 하는 것이다. 팀을 만들기 위해 무엇이 필요한가는 창업기업가와 기회 간의 배합과 기업가가 얼마나 신속하고 공격적으로 일을 진행할 계획인가에 달려있다. 여기서 고려해야 할 질문들은 다음과 같다. ① 나는 사업의 부가가치와 경제성을 명확하게 규정했는가? ② 내가 시작하고자 하는 사업에서 결정적인 성공요인은 무엇이며, 이런 요인들에 긍정적인 영향을 미치려면 무엇이(또는 누가) 필요한가? ③ 나는 투자자, 법률가, 은행가, 고객, 공급자, 규제 당국 등 기회를 추구하는 데 결정적으로 필요한 외부와 관계를 맺고 있거나 이런 외부 요인에 접근할 수 있는가? 이 영역에서 도움이 필요한가? ④ 어떤 경쟁적 우위와 전략을 중심적으로 사용하여야 할 것인가? 이 전략이나 장점을 추구하기 위해 어떤 사람들이 필요한가? 이다.

다음으로 벤처기업은 외부의 이사, 회계사, 법률가, 컨설턴트 등의 외부자원을 활용할 수 있다면 갭을 메울 수 있다. 일시적인 필요가 아닌 지속적인 도움이 필요하거나 그 전문성을 창업기업가가 신속히 배울 수 없는 것이라면 이들을 파트너로 맞아야 할 것이다. 여기서 고려해야 할 것은 다음과 같다. ① 전문성이 특수하고, 한 번 또는 파트타임으로 필요하며 주변적인가? 아니면 결정적인 경로에 있는가? ② 이 전문성을 외부에서 얻는다면 사업 비밀을 누출하게 되는가? 이다.

추가적인 고려사항으로 팀의 가치, 목표를 잘 이해하고 있어야 한다. 또한 기업의 목표에 헌신할 준비가 되어 있어야 할 것이다. 아울러 누가 핵심과제를 잘 해결할 수 있으며, 누가 어떤 책임을 갖는가를 면밀하게 검토하여 능력이나 책임의 중복을 최소화하기 위해 역할규정을 명확히 해야 한다. 마지막으로 가족, 친지, 친구, 동료들의 지지와 성원이 중요하다. 이들 준거집단의 승인은 개인의 직업 선택과 전체적인 자기 이미지와 정체성에 대한 정적 강화에 중요한 원천이다. 이상적으로는 경영팀의 구성원은 준거집단의 지지를 받아야 한다.

창업 팀의 구성에 있어 창업기업가가 창업 초기의 허니문 기간을 활용하지 않는 실수를 하는 경우가 많다. 창업 초기 참여 팀 구성원들은 다음의 이슈들에 대하여 무관심하거나 간과함에 따라 차후에 어려움에 봉착하게 된다. 우리는 이를 빠지기 쉬운 함정이라 하고 다음과 같다. ① 최종 책임의 소재, 최종 의사결정자, 이견의 조정은 누가 어떻게 할 것인가에 대한 답을 가지지 않는다. ② 경영팀이나 리더에 아무런 결함이 없다는 믿음을 가지고 있다. ③ 한 가지 아이디어에 지나치게 매몰된다. ④ 벤처기업의 창업과 성장은 매우 역동적인 과정임을 인식하지 못한다. ⑤ 신뢰를 당연시한다.

3. 보상체계의 정립방향

벤처의 보상체계는 재정적 보상인 주식, 봉급, 부가급여 등과 개인의 성장에 대한 보상인 목표를 실현하고 자율성을 행사하고 특정 역할을 맡아 기술을 발전시킬 기회를 갖는 것 두 가지를 포함한다.

벤처기업의 성과에 대한 보상 시스템은 기여에 따른 차별화에 의하며, 보상은 노력의 정도에 의해서가 아니라 성과에 의존함을 명확히 하고, 팀 구성의 변화와 시간의 경과에 따른 조정을 위해 유연성을 가짐이 공정성에 도움이 됨을 명심해야 한다. 즉 시간(시기)에 대한 고려가 필요하다. 성과는 전 기간에 걸친 수행에 대한 결과로 이에 적절한 보상방안이 필요하다.

또한 성과의 기여에 대한 역할의 중요성에 대한 가중치 부여도 중요하다. 사업 아이디어(Idea)의 창출, 최초 사업계획서(Business plan preparation)의 작성, 헌신과 위험 감수(Commitment and risk), 능력, 경험, 경력 및 네트워크(Skills, experience, track record, or contacts)의 보유, 신뢰(Responsibility)에 대한 기여 정도에 대한 평가가 필요하다.

보상이 이처럼 중요하고, 또한 초기 벤처기업이 제공할 수 있는 보상에 제한이 있기 때문에 벤처 사업화 과정의 전 기간을 통한 전체적인 보상체계는 아주 주의 깊게 충분한 생각을 거쳐 결정해야 하며, 벤처의 기여 수준이 달라질 때 또는 새로운 인원이 투입될 때 벤처의 보상능력이 제한되지 않도록 해야 한다.

벤처기업의 전체적 보상시스템의 예시는 [그림 4-5]와 같다.

벤처기업에 있어 급여 보상정책으로 가장 보편적인 방법이 연봉제이다. 연봉제란 임금총액의 결정에 영향을 주는 요소의 평가를 통해 이것을 기초로 연간 기초임금을 계약에 반영하여 임금을 지급하는 능력중시 형태의 임금지급방식이다.

연봉제는 종업원들이 자발적인 노력과 전문능력을 발전시키도록 하는 성과중심적인 인력관리의 효율성과 연공급여의 문제점 개선 및 경영환경의 변화에 따른 대응의 필요성 때문에 많은 기업이 채용하고 있는 급여 시스템이다.

연봉제의 시행은 우선 도입목적을 명확히 하고, 임금제도 및 인사제도까지 정비하여 단순히 임금제도의 개선이 아닌 능력주의 인사제도가 유지, 발전될 수 있도록 인사평가 제도의 개선을 포함한 인사제도 전반의 개선이 포함되어야 한다.

그림 4-5. 벤처기업의 보상체계

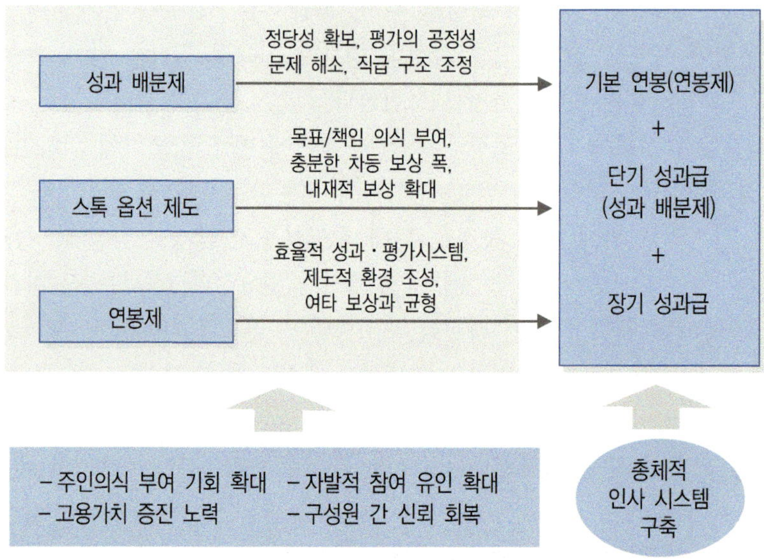

연봉제의 단점으로는 정확한 평가기준의 정립과 평가의 어려움, 실적과 연계한 연봉금액 설정 등의 어려움이 있다. 결국 연봉제는 "열심히 일한 사람이 우대 받는다."라는 기본 원칙과 이를 평가하는 인사고과제도에 종업원이 동의하고, 회사는 '열린사고'의 경영으로 종업원의 신뢰를 받을 때 성공적으로 정착할 수 있다.

4. 스톡옵션 제도

1) 스톡옵션의 개념과 절차

벤처기업 보상제도 중 기업의 소유지분과 관련되는 것으로 가장 많이 활용되는 제도가 스톡옵션(stock option, 주식선택 매수권)이다. 스톡옵션은 회사가 특정 임직원에게 일정한 권리행사 기간 내에 사전에 정한 행사가격으로 자사 주식을 매입할 수 있는 권리를 부여하는 것을 의미한다. 즉 스톡옵션이란 회사의 임직원이나 특수 관계인이 기업의 주식을 미래에 획득할 권리를 가지는 것을 말한다.

창업 초기 자금력의 부족으로 우수인력을 유치하기 힘든 벤처기업에서 우수인력을 유치하기 위한 수단으로 활용하거나, 전문경영인 체제 하에서 경영자와 임직원의 성과향상을 위한 동기부여 수단으로 많이 활용하고 있다.

부여가능 법인은 상장기업, 벤처기업 및 모든 주식회사가 가능하며, 부여대상자는 법인의 설립과 경영 기술혁신 등에 기여하였거나 기여할 능력을 갖춘 당해 법인의 임직원(세법은 옵션행사 후 발행주식총수 10% 초과보유자, 최대주주 및 주요주주와 그 특수 관계인 제외)으로 하고 있다.

총부여 한도는 주권상장법인 및 협회등록법인의 경우 발행주식 총수의 15% 이내(조세감면규제법에서 세제혜택을 받기 위한 1인당 총 부여한도를 발행 주식 총수 10% 범위로 연간 3천만 원이다. 단, 상장법인 및 협회등록법인은 5천만 원이다.), 벤처기업[상장(등록)된 법인 제외]은 발행 주식 총수의 50%, 기타 주식회사는 발행주식 총수의 10%이다.

부여방식 및 행사가격은 〈표 4-3〉과 같다.

표 4-3. 스톡옵션 부여 방식

종류	부여방식	행사가격 설정
신주교부 방식	옵션을 행사할 경우 행사가격으로 신주를 발행하여 교부하는 방식	스톡옵션 부여일을 기준일로 하여 산정한 시가와 당해 주식의 액면가 중 높은 가액 이상으로 설정
자기주식 교부 방식	회사가 자기주식을 취득 보유한 다음 옵션을 행사할 경우 행사가격으로 주식을 양도하는 방식	스톡옵션 부여일을 기준일로 하여 산정한 시가 이상으로 설정[상속세 및 증여세법(63조)에 의한 시가평가방법에 의해 산정](상장, 협회등록 법인 주식은 옵션부여 이전과 이후 각 2개월간 종가평균)
주가차액 보상방식 (SAR)	옵션을 행사할 경우 행사가격과 시가와의 차액을 현금 또는 자기 주식으로 교부하는 방식	신주교부방식과 동일

(※ 기업의 정관에 위의 부여방식을 모두 이용 가능하도록 명시해두는 것이 유리하다)

2) 스톡옵션의 유형 및 기타 인센티브형 제도

스톡옵션은 전 종업원을 대상으로 하여 일괄적으로 주식을 취득하게 하는 종업원지주제와는 달리 옵션에 따라 여러 유형이 있을 수 있는데 부여대상인 주식의 유형, 옵션 행사시의 과세여부, 옵션 제공의 수단 등에 따라 크게 3가지 유형으로 분류할 수 있다.

(1) 투자형(Investment)

가장 일반적으로 사용되는 스톡옵션으로 임・직원에게 일정한 기간 동안 일정한 가격으로 회사의 주식을 살 수 있는 옵션을 제공하는 형태이다. 따라서 이 유형의 옵션을 부여받는 자는 옵션행사 시에 일정한 자기자금을 투자해야 한다. 이러한 투자형 스톡옵션에는 인센티브형과 비적격스톡옵션이 있다.

① 인센티브형(Incentive Stock Option : ISO)은 유리한 세금처리를 조건부로 하여 일정기간에 걸쳐 회사의 주식을 매입할 수 있는 권리를 부여하는 것으로 후술하는 바와 같이 우리나라에 도입된 것이 인센티브형이라고 할 수 있다. 이와 같이 인센티브형은 옵션의 행사시에는 과세하지 않고 취득한 주식을 양도하는 경우에 한하여 시가와 행사가격에 대한 자본이득세(양도세)가 부가된다.

② 비적격스톡옵션(Non-Qualified Stock Option)은 가장 일반적인 스톡옵션의 유형으로 일정기간동안 일정한 가격으로 회사의 주식을 살 수 있는 권리를 부여하는 형태로 운영된다.

(2) 보상형(Appreciation)

보상형 스톡옵션은 옵션을 부여 받은 임・직원이 옵션을 행사할 때의 시장가격이 옵션을 부여할 때의 권리행사가격보다 상회할 경우 그 차액만큼을 회사가 주식, 현금 또는 주식과 현금을 혼합해서 지급하는 형태의 스톡옵션이다. 보상형에는 주가상증보상권형과 가상주식형이 있다

① 주가상승보상형(Stock Appreciation Right : SAR)은 주식평가익권이라고도 하며 옵션의 행사시점에서 권리행사가격과 시장가액과의 차액만큼을 회사로부터 현금, 주식 또는 현금과 주식의 혼합형으로 보상받는 제도이다. 따라서 스톡옵션을 부여받는 종업원은 주식을 실제로 매입하기 위한 자기자금의 조달이 필요 없다는 장점이 있다.

② 가상주식형(Phantom Stock)은 실제로 존재하지 않는 가상의 주식을 임・직원에게 부여하고 일정기간 후에 주가와 가상주식의 기준가격과의 차에 가상주식의 수를 곱한 금액을 현금 또는 주식으로 지급하는 형태이다.

(3) 전체가치형(Full-value)

전체가치형의 경우 회사주식의 전체가치나 특정한 가치를 부여 받은 종업원의 실적에 연계하여 조건부로 제공하는 유형의 스톡옵션이다. 이에는 성과형과 양도제한형으로 구별된다.

① 성과형(Performance Share)은 부여대상자로 하여금 부여시점에서 일정기간동안의 실적을 정하고 그 기간 경과 후에 실적의 달성정도에 따라 처음 받은 주식의 일정배수만큼 수익을 올릴 수 있게 하는 유형이다.

② 양도제한형(Restricted Stock)은 옵션의 수혜자가 일정기간동안 매각이나 양도를 할 수 없는 조건부옵션의 주식을 발행하여 지급하는 것으로 제한된 기간 동안은 회사로부터 배당만 받는 유형이다.

스톡옵션의 유형을 정리하면 [그림 4-6]과 같다.

그림 4-6. 스톡옵션의 유형

구분		특징	제공수단
투자형 스톡옵션	장려형 (적격) 스톡옵션	· 법정자격요건을 갖춘 스톡옵션으로 세금면제 혜택 · 우리나라에서는 적격스톡옵션만 인정	주식
	비적격 스톡옵션	· 적격스톡옵션의 요건을 가지지 못해 세제혜택을 받지 못하는 스톡옵션	주식
평가 보상형 스톡옵션	주식평가 보상권	· 스톡옵션의 행사가격과 옵션행사시의 주가간의 차액만큼 주식이나 현금으로 제공하는 유형 · 수혜자의 자기자금 조달 불필요 · 우리나라에서는 법정 요건을 갖추면 적격스톡옵션으로 세제혜택을 받을 수 있음	현금, 주식 혼합형
	가상주식	· 공기업이나 주식이 상장되지 않은 회사에서 사용 · 주가가 아닌 별도의 대용지표 사용(매출성장율 등)	현금
주식 가치형 스톡옵션	성과연계형 주식	· 기업의 장기목표와 연동하여 사전에 옵션을 정하고 목표달성시 옵션행사 할 수 있게 함 · 목표달성을 하지 못하는 경우 권리의 소멸 · 현금급여와 같이 인건비로 간주 세금부과 대상	현금, 주식
	양도제한부 주식	· 일정기간 양도 불가 주식을 발행하여 임직원에 제공 · 제한기간 만료전에 수혜자가 계약을 해지 시 주식가치 소멸	현금, 주식

기타 유사한 인센티브 유형으로 다음과 같은 형태가 있다.

- 우리사주조합제도

  종업원으로 하여금 자사 주식을 소유하게 하는 제도로 종업원지주제의 실시에 따라 종업원의 주식을 일괄취득하고 관리하는 종업원단체를 우리사주조합이라고 한다. 이러한 종업원지주제로서의 우리사주조합제도는 '74년 자본시장육성방안의 하나로 제도화되어 현재에 이르고 있는 데, 이 제도는 기업측면으로는 종업원의 재산형성을 지원함으로써 근로의욕을 증진시킴은 물론 자사 내에 안정 주주를 확보함으로서 경영권의 안정을 도모할 수 있는 장점이 있고 종업원의 입장에서는 자사주식의 취득 · 보유에 대한 각종 지원혜택을 받을 수 있는 이점이 있다.

  우리사주조합제도는 회사의 종업원에게 자사주를 취득하게 함으로써 종업원의 복리후생을 증진시키고 기업발전을 위한 인센티브를 도모한다는 측면에서는 스톡옵션제와 유사하지만, 우리사주조합제도가 모든 임 · 직원을 대상으로 하여 유상증자나 기업공개 시에 일률적으로 부여되는 제도임에 반해 스톡옵션제는 옵션의 형태에 따라 그 유형이 다양하고 특정 종업원에 한정되어 실시되기 때문에 그 인센티브로의 효과가 크다는 장점이 있다.

- 자사주구매제도(Stock Perchase)

  자사주구매제도란 스톡옵션제의 변형적인 방법의 하나로 임 · 직원이 연봉의 일정 비율에 해당하는 주식을 무상으로 지급하는 일종의 주식보너스제도이다. 스톡옵션의 경우 미래의 일정시점에 권리를 행사함으로써 주식을 취득할 수 있지만, 자사주구매제도의 경우 현 시점에서 바로 주식을 취득할 수 있다는 데 차이점이 있다. 이러한 자사주구매제도는 종업원들이 자사 주식을 매입함으로써 주식의 수요를 증가시켜 단기적으로 주가상승의 요인이 되기도 하며 또한 매입수량에 비례하여 무상으로 주식을 지급받게 되어 종업원들에게 인센티브로의 효과가 있을 뿐 아니라 적대적 M&A에 대한 좋은 방어수단이 되기도 한다.

  우리나라에서는 '96년 (주)삼보컴퓨터에서 실시한 사례가 있으며, 동사의 경우 임 · 직원이 전년 연봉의 5~10% 범위 내에서 자사주를 매입하면 2년 후에 취득 주식의 50%에 해당하는 주식을 무상으로 지급 받을 수 있게 하였다.

3) 도입효과와 역기능

스톡옵션제도는 기본적으로 회사와 근로자간의 이해관계를 일치시킨다는 점이 특색이다. 즉 회사의 입장에서는 미래 일정기간이 경과한 후 주식을 매입할 수 있는 권리만을 부여함으로서 현재 현금의 지출이 없이 고급인력을 확보할 수 있고, 종업원들은 노력에 대한 보상이 주어짐으로서 근로의욕이 살아난다.

이와 같이 기업의 경쟁력 제고라는 목표와 종업원들의 보상이라는 목표를 일치시키는데 본질이 있는 이 제도는 다음과 같은 긍정적 효과가 있다

(1) 고급인력의 확보와 기업경쟁력 증대

기업은 현재의 현금지출이 없이 고급인력을 확보하여 기업경쟁력을 제고시킬 수 있다. 특히 첨단정보통신산업 등 기술집약형 벤처기업의 경우 고급인력을 통한 첨단기술력을 확보하여 잠재적인 성장성을 극대화할 수 있고 대기업의 경우 임·직원들의 주인의식을 고취시켜 경쟁력을 제고시킨다.

(2) 임·직원에 대한 보상과 근로의욕의 동기부여

지금까지는 회사가 급성장하여도 근로자는 정해진 임금 외에 특별히 보상받지 못하여 열심히 노력한 결과 기업주의 부만 늘어나는 부의 불균등 배분에 기인한 갈등이 심했던 것이 사실이다. 따라서 종업원에 대한 적정한 보상을 통해 복지를 증진시키고 또한 조세혜택 등이 주어짐으로서 재산증식의 기회를 잡는 동기를 부여함으로서 근로의욕을 고취시킨다.

(3) 경영의 민주화와 투명성 제고

임·직원을 점진적으로 주주화함으로서 주인의식을 갖게 하는 것은 물론 종업원이 주주가 됨으로서 기업의 소유분산이 촉진되고, 종업원이 경영에 참여함으로서 책임경영 및 경영의 민주화를 이룰 수 있다. 또한 스톡옵션제는 스톡옵션을 부여받은 자가 객관적 가치에 따라 평가된 가격에 의하여 보상을 받게 되므로 회사의 내재가치를 올려 주가에 반영될 수 있도록 경영활동을 함으로서 회사경영의 투명성이 제고 될 수 있다.

스톡옵션제도의 시행이 잘못되면 오히려 역기능을 가져올 수 있다. 스톡옵션을 부여받은 종업원과 부여받지 못한 종업원 간의 갈등으로 조직이 이원화될

가능성이 있고, 주식을 부여받지 못한 직원의 상대적 열등감으로 직원간의 결속력이 약화될 수 있다. 또한 주식을 과다하게 부여받은 종업원이 하루아침에 부자가 되는 경우 근로의욕이 오히려 감소되는 경우가 있을 수 있고, 특정 경영진에게 부여된다면 단기간에 경영성과를 올리기 위해 근시안적인 경영으로 기업의 장기적인 성장가능성을 떨어뜨릴 수 있다.

따라서 스톡옵션제를 시행하려는 기업은 스톡옵션 부여대상자의 선정은 물론이고, 부여한도, 기업의 장기적인 보수체계와의 균형 등 여러 가지 요소들을 고려하여야 한다.

그림 4-7. 스톡옵션의 장단점

구분	수혜자 측면	기업측면
장점	· 회사가 성장하면 상응하는 보상을 받을 수 있음. · 스톡옵션을 통해 얻는 수익에 대해 근로소득세를 면제 혜택	· 기업 주가상승과 임직원의 보상증대 동시에 달성 가능 · 현금의 지출이 미래에 발생하므로 적은 비용으로 임직원 사기진작 가능 · 기업에 우호적인 임직원(주주)을 많이 확보함으로써 협조적 노사관계 구축과 적대적 M&A로부터 경영권 방어 가능
단점	· 주가하락 시 인센티브를 받을 수 있는 기회 상실 · 단기적인 성과에 집착 · 위화감의 조성	· 스톡옵션을 부여하기 위해 복잡한 절차를 밟아야 함 · 소유지배권의 변동을 막기 위해 보완조치 필요 · 단기적인 성과에 집착할 가능성 증대 · 경영진의 과다한 이익 향유로 주주이익의 침해 가능성 · 외부효과와 경영진의 노력을 분리하기 힘든 경우가 발생.

4) 스톡옵션의 회계

스톡옵션의 회계는 현행 기업회계 기준상 당해 연도 말 주식의 시가와 행사가격과의 차이를 권리부여일로부터 권리행사 가능일까지의 기간 동안에 안분하여 손익으로 회계처리하도록 규정되어 있다.

스톡옵션 도입기업의 회계처리 기준을 내재가치법과 공정가액법 중 선택하여 결정한다. 지금까지의 방식은 주가 상승분만큼을 매년 비용으로 회계에 반영토록 하여 회계년도 말의 주가에 따라 회사의 손익이 좌우되는 단점이 있었다. 주가로 인정되는 공정가액법에 따른 회계처리는 스톡옵션을 부여한 시점에서 공정가액을 계산하여 이를 3년간 균등 배분하는 방식으로 회계처리가 가능하며 이럴 경우 기업의 손익이 예측 가능해진다. 3년간 균등 배분 후 실제 스톡옵션이 행사되는 시점에서 차액을 조정하게 된다.

스톡옵션의 행사 시 전기 말 시가와 행사당시의 시가와의 차이를 손익으로 처리 가능하다.

읽을거리 1

빌게이츠의 기업가정신

1) 기업가로서의 자질 : 그의 비전에는 남달리 미래지향적인 특질이 있었으며, 단기적 비전과 장기적 꿈이 잘 조화된 확고하고도 자신있는 힘이 강했다.

2) 최고경영자로서의 능력 : 리더십과 전문적 하이테크 지식이 잘 배합된 전략가로서의 리더십을 고루 갖추고 있었다. S/W에서 인터넷으로 전환해 가는 전략 면에 있어서도 기발하고 효율적인 기업가정신을 발휘하는 등 경쟁업자들을 두렵게 하는 기업을 만들었다.

3) 동업자와의 협동력 : 창업동업자 앨런과의 협동 및 후일 스티브 벨머의 영입 등은 우수한 동업적 협력을 추구한 그의 리더십을 잘 나타내고 있다.

4) 행운의 기회 포착 : MS사의 창업에 발판이 된 것은 IBM의 퍼스널 컴퓨터 시장 진출계획에서 MS-DOS 운영시스템을 제공하는 협력관계로 참여하게 된 행운 덕분이었다.

5) 이노베이션 주도의 조직경영 : 기업가정신이 충만하게 넘쳐흐르는 현대적 조직경영이 우수했다. 시장개척 및 장악을 통한 창의적 전략과 장래 지향성을 효율적으로 활용하는 이노베이션을 구상해낸 전략적 기업가정신이 탁월했다.

읽을거리 2

우리나라의 기업가정신

우리나라가 산업화를 추진하던 지난 1970년대와 1980년대에는 경제부흥에 대한 범국민 적 공감대가 형성되어 '잘 살아보세'라는 국가 목표에 집중하였다. 당시 창업을 하고 제조업과 무역에 뛰어들었던 많은 한국의 기업인들은 전 재산을 사업에 쏟아 넣었고 집과 조상으로부터 물려받은 전답을 담보로 하면서 사업에 모든 것을 걸었다. 뿐만 아니라 워커홀릭이라 불릴 만큼 정신적, 육체적 노력을 투자하였다.

산업화의 초기였기 때문에 사업의 경험은 부족했으나 모험심과 투지로 사업을 성장시켰다. 세계로의 진출 또한 위험을 감수한 모험의 결과였다. 제너럴일렉트릭(GE)의 잭 웰치 회장은 이러한 한국인들을 보고 '21세기의 징기스칸들'이라고 불렀다.

제5장 창의성

학습목표

- ❏ 사회의 변화와 창의성
- ❏ 창의력과 창의력 개발
- ❏ 창의적 사고의 4가지 요소
- ❏ 창의력 개발의 실재

제5장 창의성

제1절 창의적 사회로의 변화

1. 창의력의 요구

1) 21세기 사회의 변화

21세기 사회는 끊임없는 변화를 요구하고 있다. 러시아의 고르바초프 대통령은 "모든 것은 흐르고, 모든 것은 변한다."라고 하면서 변화의 당위성을 강조하였다.

20세기의 우리 사회는 물질적 욕구와 신분상승 욕구가 강한 사회, 위계/계층 중심의 종심사회, 물리적 세계관과 논리와 합리가 존중되며 동질성, 기계적 질서가 사회의 가치관을 형성하였다. Newton time의 개념에 의한 시간의 양적 관리가 중심이었다.

21세기는 사회적 심리적 안정감을 요구하며, 전문성과 능력을 중시하고, 지위의 상대적 개념화가 진행되며, 조직을 깨야 기업이 사는 사회인 평심사회로의 변화가 이루어지고 있다. 화학적 세계관에 의한 비논리/이질성/혼돈을 통한 질서의 창조가 일어나는 창조사회이며, 시간의 관리가 Bergson time 개념에 의거 양에서 질적 관리로 변하고 있다.

뿐만 아니라 노령인구, 여성인력과 해외인력 급증 등 인력의 재편성으로 전문성의 확대와 재교육의 필요성이 증대하고 있다. 또한 공간개념의 변화와 산업구조의 변화로 디지털 경제시대, 재택근무, 전자민주주의로 변천이 가속화되고 있다.

이러한 사회는 정직과 신뢰가 모든 거래의 기본적 요건이 되는 정직과 신뢰 사회가 될 것으로 미래학자들은 말하고 있다.

우리가 살고 있는 세상은 항상 유동적이며 변화한다. 2500년 전 고대 그리스의 철학자 헤라클레이토스도 "이 세상에 변하지 않는 것은 단 하나뿐이다. 그것은 모든 것이 변한다는 사실이다."라고 말했듯이 변화는 시대와 위치에 관계없이 우리와 함께 해왔다. 다만 지금은 과거에 비해 그 변화의 속도가 더욱 가속화됨에 따라 체감하는 정도가 심할 뿐이다.

이러한 급속히 변하는 사회는 아무리 뛰어난 발상이라도 한 순간의 반짝이는 아이디어만으로는 올바른 성공을 보장받을 수 없다. 빠르게 변화하는 환경 속에서 하나의 아이디어로 얻는 효과는 오래 지속되지 않기 때문이다. 누군가에 의한 모방이나 더 나은 아이디어로 시장의 관심을 끌어가는 것은 우리 주위에서 일상화되고 있다.

그렇다면 성공의 정상에 지속적으로 머물러 있기 위해서 우리에게 필요한 것은 무엇인가? 지속적인 성공을 보장해 주는 것, 그것은 단발성 아이디어가 아니라 꼬리를 물고 계속 이어지는 아이디어이다. 연속된 창의적 아이디어로 새롭게 변신해 갈 때 우리는 변화무쌍한 환경과 치열한 경쟁 속에서도 꿋꿋하게 살아남을 수 있다. 우리 사회는 생활습관으로서의, 삶의 항 부분으로서의 창의력을 요구하고 있다.

2) 기업과 창의력

오늘날 기업들 간에 벌어지고 있는 치열한 다툼을 단지 '경쟁'이라는 용어만으로는 충분히 표현할 수 없다. 그래서 혹자는 이를 기업들 간의 '전쟁'이라고 부르기도 한다. 경쟁이든 전쟁이든 간에 승부의 세계에서는 이기는 것이 중요하다. 하지만 경쟁세계에서는 1등만이 아니라 2등, 3등도 함께 살아남을 수 있다. 앞선 자에게 더 많은 지분을 주겠지만 조금 뒤처졌다고 완전히 망하는 것은 아니다. 하지만 전쟁상황에서는 달른 이야기가 된다. 이긴 자만이 독식하는 것이 전쟁이다.

오늘날 세계는 FTA 등 무역장벽의 완화 또는 철폐를 위한 조약과 협정을 맺어가고 있다. 이제는 과거의 보호관세, 애국심 등에 의존해 살아가던 환경이 없어져 가는 것이다. 전 세계 기업을 상대로 전쟁의 상황에서 치열한 생존경쟁을 벌여야 하는 것이다.

미래학자 다니엘 벨은 사회의 변화를 산업화 이전 사회, 산업화 사회, 그리고 탈산업화 사회로 구분하였다. 이는 앨빈 토플러가 주장했던 농경사회, 산업사회, 지식정보사화와 맥을 같이한다. 오늘날 우리가 속해 있는 사회는 탈산업사회이자 지식정보사회이다. 이런 사회에서는 컴퓨터와 인터넷을 이용하여 정보를 생산하고 교환함으로써 부를 창출한다.

산업화 이전 사회나 산업화 사회에서는 강인한 체력을 지닌 사람, 많은 지식을 소유한 사람, 성실근면한 사람들이 각광을 받았다. 하지만 지금의 탈산업화 사회에서는 크게 달라졌다. 치열한 경쟁 가운데 다양한 개성이 강조되고 있는 지금의 시대에는 무엇보다도 창의력이 뛰어난 사람들이 요구되고 있다. 변화되어 가는 사회와 그에 따른 특징들을 비교하면 〈표 5-1〉과 같다.

표 5-1. 사회의 변화와 특징

다니엘 벨	산업화 이전 사회	산업화 사회	탈산업화 사회
앨빈 토플러	농경사회(제1물결)	산업사회(제2물결)	지식정보사회(제3물결)
생산수단 및 대상	토지와 노동력을 이용 농산물 생산 및 교환	에너지와 기계공장을 이용 상품의 생산 및 교환	인터넷과 컴퓨터를 이용 정보의 생산 및 교환
생산방식	소품종 소량	소품종 대량	다품종 소량
요구특성	체력	성실	창의성

1950년대 우리나라의 직업의 종류는 1,000여개에 불과했다. 1995년에는 10배 이상 늘어난 11,537개라고 한다. 직업사전에 의하며 현재 20,000개가 넘는다고 한다. 이처럼 직종이 다양해지고 경쟁이 심화됨에 따라 기업은 차별화된 품질과 서비스로 경쟁력을 높이고자 한다. 이는 창의성에 대한 요구로 이어져 최근에는 창의력이 뛰어난 인재를 선호하는 기업의 두드러지고 있다. 또한 자동화와 정보화 기술의 발달로 조직 구성원의 업무가 지시내용을 반복적으로 수행하는 단순업무에서 새로운 아이디어를 창출해내는 창의적 업무로의 이전에 다른 것이다.

기업에서 원하는 인재상이 첫째, 자기 분야에 대한 전문지식이 있는 사람, 둘째, 진취적이고 열정이 있는 사람, 셋째, 창의력을 가지고 변화에 유연하게 적응할 수 있는 사람, 그리고 대인관계가 원만한 사람이다. 이러한 특징들은 창업기업가의 자질과 일맥상통한다.

2002년 월드컵 4강 신화를 만들어 낸 히딩크 감독은 한국 축구팀의 고질적인 문제점으로 창의력 부재를 지적했다. 그는 "한국선수들은 골 결정력이 약하다. 그 이유는 골문 앞에서 창의적인 플레이를 하지 못하기 때문이다."라고 했다. 이는 우리나라 운동부의 규율과 위계에 엄격한 교육방식에 의한 결과일 것이다.

즉 미래는 기업가가 되던 직장인이 되던 간에 창의적인 인간이 되질 못하면 생존에 어려움을 겪게 될 것으로 예상된다.

2. 창의력의 본질

1) 창의력의 정의

창의력이란 무엇인가? Fox는 문제를 독창적 그리고 유용한 방법으로 해결하는 사고과정으로 보았고, Fromm은 어떤 것을 보고 거기에 대한 반응을 나타내는 능력으로 정의하고 있다. E. Torrance는 창의력을 "당면한 문제를 해결하기 위하여 새롭고 독특한 관점으로 문제를 보는 것"으로 정의하였다. 이들을 종합하면 창의력이란 "당면한 문제를 독특한 방법으로 해결하는 능력"으로 정리할 수 있다.

단지 남들과 다르게 생각한다는 것만으로 창의력이 있다고 말할 수 없다. 다르게 생각한다는 것만으로 보면 아이들의 엉뚱한 생각은 대부분 창의적이라 할 수 있을 것이다. 아이들의 엉뚱한 생각은 논리적으로 타당하지 않으며 비현실적이기 때문이다.

창의적인 아이디어는 현실적인 타당성을 가지고 주어진 문제해결에 도움을 줄 수 있어야 한다. 독특한 발상은 그 유용성이 입증될 때 사람들에게 창의적인 아이디어로 인정받을 수 있다.

창의력에는 두 가지 조건이 필요하다. 하나는 남들이 생각하지 못한 독특한 방법으로 문제에 접근하는 차별성이고, 다른 하나는 문제해결에 직간접적으로 도움을 주는 유용성이다. 만일 제안된 아이디어가 문제해결에는 도움을 주지만 차별성이 결여되어 있다면 모방의 수준에 머무르고 만다. 반대로 새롭고 독특하지만 문제해결에 전혀 도움을 주지 못한다면 문제를 복잡하게 만들어 해결을 어렵게 할 뿐이다.

이러한 창의력은 상당수준의 전문지식을 필요로 한다. 당면한 문제에 대한 충분한 지식이 없는 사람은 엉뚱한 이야기를 하기 마련이고 그로부터 유용한 결과를 기대하는 것은 거의 불가능하다. 창의적 아이디어는 우연히 운 좋게 얻어지는 것이 아니라 전문적인 지식을 기반으로 하여 생성되는 것이다.

그림 5-1. 창의력의 조건

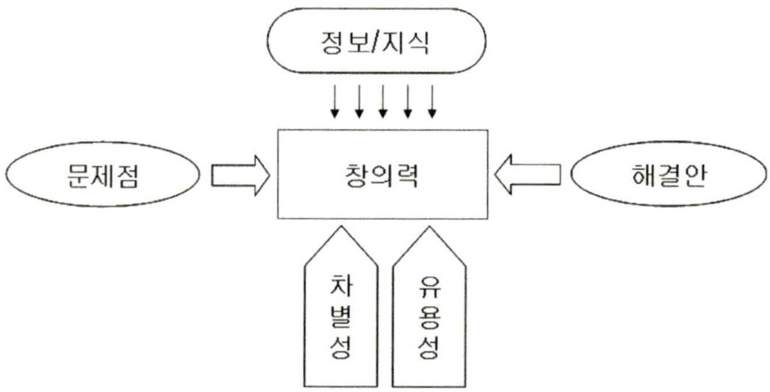

창의력은 아무것도 없는 무의 상태에서 무언가를 만들어내는 능력이 아니다. 기존의 사실이나 개념을 재료로 하여 사물의 관련성을 발견해 내고, 기존 요소들을 새롭게 조합하여 새로운 사실이나 개념을 만들어 내는 작용으로 여러 능력의 복합체이며, 새로운 연상창출 능력이다. 이러한 사례로 대우 공기방울 세탁기의 아이디어는 연구원들이 수족관의 원리를 세탁기의 세척력 증가에 활용하여 히트상품이 된 경우이다.

창의성은 사물을 특이하게 보거나 새로운 해결양식을 도출함에 있어 후천적 노력을 중시한다. 창의성과 지능과의 관련성은 거의 없는 것으로 확인되고 있다.

창의적인 아이디어로 가치를 증가시키는 예를 R. Ripley는 5$의 쇠막대로 말의 편자를 만들면 10.50$이 되고, 바늘은 3,285$, 시계의 용수철은 25,000$ 가치로 변환된다고 하였다. 차별성과 유용성이 결합된 아이디어가 부를 창출하는 사례이다.

2) 창조적 발상을 위한 자세

창조적인 발상을 위해서 평소 훈련하고 가져야 할 생활자세는 다음과 같다.

① 우선 의문을 가져라. 창조의 출발은 'Why'부터 출발한다.
② 기록하는 습관을 키워라. 아이디어의 90%는 망각의 쓰레기통에 버려진다.
③ '온고이지신', 옛 자료를 수시로 참고하라. 새로운 창조의 발판이 된다.
④ 표현력을 키워라. 타인을 설득하지 못하는 아이디어는 소용없다.
⑤ 항상 How를 생각하라. 목표에 이르는 길은 한 가지만 있는 것이 아니다.
⑥ 현실에 안주하지 마라. 창조력의 보약은 낙관적인 투기다.
⑦ 자포자기하지 마라. 정도의 차이가 있을지라도 누구나 창조력을 갖고 있다.
⑧ 창조력은 훈련으로 키울 수 있다. 에디슨의 1% 영감과 99% 땀은 과장이 아니다.
⑨ 당신 주변의 창조적 괴짜를 포용하라. 우리 행동의 95%는 습관이라고 한다. 새로운 아이디어를 내고, 창조적인 발상과 생각을 하는 것도 하나의 습관이다.

최근에는 기업을 설계하는 Chief Design Officer의 필요성이 강조되고 있어 C.E.O. to C.D.O.라는 신조어가 생겨나고 있다.

3) 지능과 창의력

H. Gardner는 "아무리 지능지수가 높아도 창의력이 없으면 진정한 천재라고 할 수 없다."라고 하였다. 우리가 알고 있는 천재들인 아인슈타인, 프로이트, 피카소, 스트라빈스키, 엘리어트, 마하트마 간디, 마샤 그레이엄 등은 기존 개념을 무너뜨리고 새로운 세계를 구축하는 탁월한 창의력 보유자이다.

지능과 성공간의 상관관계를 확인한 결과 연관성이 없는 것으로 확인되고 있다. 1985년 문교부(지금의 교육부)는 취학 전 영재 144명을 선발(3~6세)하였고, 2001년 추적 결과 이들 중 특출한 모습으로 성장한 사람이 전혀 없음을 확인했다. 이들 중에는 고교 졸업 또는 전문대학 진학자도 있으며 심지어 학교 부적응 사례까지 있는 것으로 파악되었다.

D. Feldman(미, 심리학자)도 4~6세까지 IQ 160 이상의 영재 수백명에 대한 추적조사 결과 30~40년 후 이들의 생활은 평범한 삶을 영위하고 있음을 확인하였다. 그들 중 뛰어난 성공자는 없었다. 즉 성공은 IQ만으로 이루어지는 것이 아니다.

지능과 창의력과의 상관관계도 그다지 높지 않는 것으로 보인다. J. Still은 인간의 정신적 능력과 연령과의 관계를 조사한 결과 창의력의 경우 노년기에도 감소하지 않는 것으로 밝혔다. 20대에는 기억력이 피크에 이르고, 40대까지는 이해력과 상상력이 절정에 이르는 것으로 확인되었다. 60대 후반까지는 창의력이 피크를 이루며, 80대에 판단력이 절정에 이른다고 하였다. 30대에 이해력과 상상력의 감소를 가져와 40대에 창의력이 떨어지는 사람은 성공하지 못할 가능성이 높은 것으로 확인되고 있다.

그림 5-2. 연령과 정신적 능력의 변화

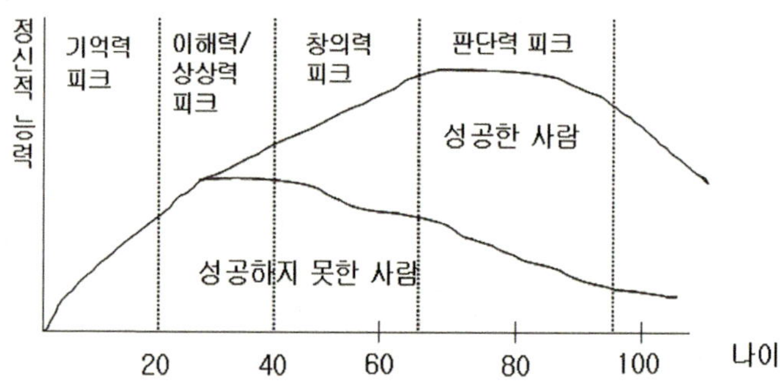

연령에 따른 정신적 능력의 변화

4) 창의적인 사람의 특징 - 성격 특성

창의적인 사람의 성격 특성을 비교한 연구(이화자, 2002)에 의하면 일반인에 비해 다음과 같은 특성을 보유하고 있다. 기업가의 특성에 확인된 특성과 공통성이 많을 것을 확인할 수 있다.

- 모험심 : 쉬운 일보다 어려운 일을 더 좋아한다.
- 인내심 : 일단 일을 시작하면 해결할 때까지 붙잡고 늘어진다.
- 독립심 : 간섭받는 것을 싫어하며 자신의 방법을 고집한다.
- 자신감 : 자신의 판단을 옳다고 생각하며 실패를 두려워하지 않는다.
- 호기심 : 새로운 일에 관심이 많고 주의 깊게 관찰한다.
- 유머 : 재치와 유머로 사람들을 잘 웃기며 이를 즐긴다.

- 융통성 : 정해진 틀에 매이는 것을 싫어하며 다른 방식을 시도한다.
- 상상력 : 기발한 생각을 하거나 엉뚱한 행동을 자주 벌이곤 한다.

매키논(D. MacKinnon) 등은 창의적인 사람들에게서 발견할 수 있는 특성들을 다음과 같이 정리하였다.

- 틀에 박힌 양식을 싫어한다.
- 보통 이상의 지능을 가진다.
- 언어지각력이나 공간지각력이 높다. 혹은 두 가지 다 높을 수고 있다.
- 기억력과 이해력이 뛰어나고 삶의 경험을 잘 활용한다.
- 예리한 관찰력과 분별력을 가지고 있다.
- 통제를 거부하고 자기표출의 의욕이 강하다.
- 새로운 경험에 대하여 개방적이다.
- 스스럼없이 자신의 감정과 느낌을 잘 표현한다.
- 어떤 일에 대하여 판단하는 것보다는 감지하는 것을 더 선호한다.
- 지성과 감성을 함께 지니고 있다.
- 독립적으로 판단하고 사고하는 경향이 있다.
- 하찮은 일에 무관심하고 의미에 관심을 둔다.
- 도전적이며, 애매하고, 복잡한 일을 좋아한다.
- 유머감각이 뛰어나다.

제2절 창의력의 개발

1. 창의성에 대한 몇 가지 오해

일반적으로 창의성에 대한 몇 가지 오해를 하고 있다. 이러한 오해는 창의적 사고의 개발 및 활동에 잠재적 제약으로 작용하고 있다. 내용을 다음과 같다.

① 창의성이란 기발하고 지금까지 없었던 새로운 것을 만들어 내는 것이므로 보통사람은 전혀 가질 수 없는 능력으로 간주한다. 비록 다른 사람에게는

익숙한 것이라도 자신이 지금까지 경험하지 못한 새롭고 유용한 것이라면 창의적인 것이다.

② 창의성은 어려운 것이라는 잘못된 생각을 하고 있다. 일상생활에 있어 생각하는 방법을 바꾸어 봄으로써 아이디어를 도출할 수 있다. 누구나 갖고 있고, 자기 발전과 행복을 위해 활용가능하다..

③ 창의성은 모두가 즉각적이고 직감적인 것이라는 오해가 있다. 아이디어는 발전, 실증, 검토가 필요하다. 따라서 의식적인 노력이 필요하다.

④ 전통적으로 예술에서만 나타나는 것으로 인식하려는 오류가 있다.

2. 창의력의 생성과 활용

1) 창의적 아이디어의 생성단계

창의적 아이디어는 문제의 정의, 정보의 수집, 아이디어의 생성, 아이디어의 검증, 아이디어의 수용이라는 다섯 단계의 과정으로 얻어진다.

창의적 아이디어를 얻는 첫 번째 단계는 문제를 정의하는 것으로부터 시작된다. 문제를 발견하고 질문을 던지는 것은 호기심에서부터 시작된다. 아이디어는 문제를 보는 눈, 즉 문제의식이 있어야 생겨난다.

창의적 사고의 두 번째 단계는 정보를 수집하는 일이다. 정보수집이란 문제해결을 위한 아이디어를 얻기 위하여 관련된 모든 정보를 수집하여 활용 가능한 상태로 만드는 것이다. 문제해결을 위한 정보는 사람들과의 대화, 관련 도서의 참조, 혹은 주위 상황이나 환경으로부터 얻을 수 있다. 이 경우 문제해결과 직접적인 관련이 있는 정보는 물론이거니와 때로 관련이 없는 것으로 생각된 정보들까지도 아이디어를 얻는 데 있어 중요한 단서가 될 수 있음을 기억해야 한다.

세 번째 단계는 수집한 정보들을 이용하여 문제해결을 위한 아이디어를 얻어내는 일이다. 창의적 아이디어는 보유한 정보들로부터 새로운 연관관계를 이끌어내는 무의식적 활동에 의해 얻어진다. 수집한 정보들을 조합하면서 통찰의 아이디어를 얻을 때까지는 상당한 시간이 소요될 수 있다. 아이디어를 얻기 위해서는 인내심을 가지고 문제를 끈질기게 붙잡고 있어야 한다. 오스트리아 작곡가 요한 스트라우스는 야외에서 혼자 조용히 산책하던 도중 갑자기 머릿속에

악상이 떠올랐다. 마침 기록할 종이를 갖고 있지 못했던 그는 급히 상의를 벗어 악보를 적어놓았다. 그의 불후의 작품인 '아름답고 푸른 도나우'는 그렇게 탄생되었다.

창의적 사고를 위한 네 번째 단계는 얻어진 아이디어를 검증하는 일이다. 초기 아이디어는 구체적으로 정리되고 또한 논리적으로 체계를 갖추어야 한다. 이 과정에서 아이디어를 평가하고 확인하는 검증과정이 이루어진다. 검증을 실시하여 적합하다고 판단될 때 아이디어는 수용된다.

아이디어가 수용되는 것은 창의적 사고과정의 마지막 단계이다. 이는 아이디어를 제안한 당사자는 물론 관련된 다른 사람들로부터 인정받는 것이며 문제의 해결을 위하여 실제로 적용되는 과정이다. 이 단계에서 제안자는 확신과 열정을 가지고 자신의 아이디어를 다른 사람들에게 이해시켜 공감하도록 이끌어야 한다.

2) 창의적 사고와 실용화

지금부터 약 3,000년 전 솔로몬은 "해 아래 새 것은 없다."고 말했다고 한다. 오늘날 내가 독창적으로 생각했다고 주장하는 새로운 아이디어는 어쩌면 예전에 다른 누군가에 의해서 이미 생각되었던 내용일지도 모른다. 창의적 아이디어에서 정말로 중요한 것은 누가 그 아이디어를 적절한 시기에 제안하였으며, 누가 더 빨리 그 생각을 현실 세계에 실용화시켰느냐 하는 것이다.

아이디어를 생성하고 활용하는 과정은 분야에 상관없이 모든 곳에서 요구되어지나 창업을 위한 제품개발에 한정하여 적용해 본다면 다음과 같다.

이때 가장 먼저 해야 할 일은 기존 제품에 대한 소비자의 반응을 분석하는 것이다. 소비자의 변화하는 요구를 정확하게 파악하는 것은 제품 설계에 있어 매우 중요하다. 소비자의 요구를 파악하였다면 그들의 니즈를 최대한 만족시키는 아이디어를 찾아야 할 것이다. 제품의 개발 및 개선을 위하여 제안된 아이디어를 검증하는 과정에서 반드시 요구되는 것은 실용성과 경제성에 대한 분석이다. 물론 이때 사전에 특허 등에 대한 선행기술조사가 이루어져야 할 것이다. 아이디어의 구체화 과정은 [그림 5-3]과 같다.

그림 5-3. 아이디어의 구체화 과정

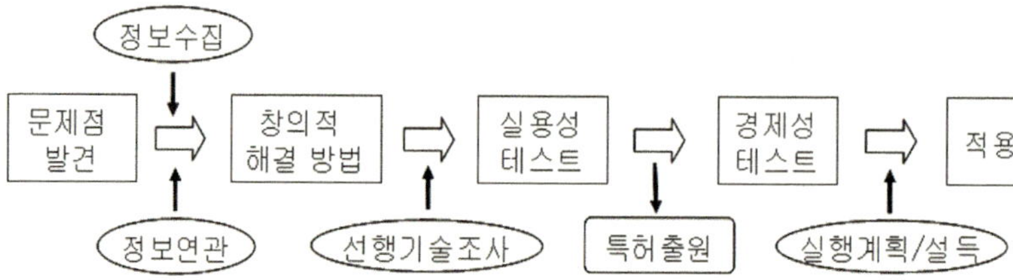

3) 창의적 사고의 4가지 요소

Torrance는 창의적 사고의 요소를 유창성, 유연성, 독창성, 정교성으로 정리하고 창의적이기 위한 사고의 기준을 제시했다. 아이디어는 차별화된 독특성과 실용적인 유용성을 함께 가지고 있을 때 주어진 문제를 창의적으로 해결할 수 있다. 논리와 제약에서 벗어나 다양한 경험과 지식을 바탕으로 촉넓게 사고할 때 기발한 착상들이 자유롭게 머릿속에 떠오르게 된다. 하지만 상상력으로 얻어진 다양한 아이디어는 현실적인 여건을 고려한 철저한 검증을 거쳐야 아이디어로서 가치가 있을 것이다.

유창성(fluency)은 사고의 속도로 어떤 문제에 대한 해결방안을 계속해서 많이 낼 수 있는 능력을 의미한다. 예를 들면 하나의 어휘를 주고 가능한 많은 글을 지으라고 하면 유창성이 높은 사람이 많은 글을 짓는다.

유연성(flexibility)은 사고의 너비로 여러 각도에서 폭넓게 아이디어를 내는 능력을 의미한다. 하나의 자극에 대하여 다양한 반응을 나타낼 때 높다고 한다. T형 인간의 경우 유연성이 높다고 한다.

독창성(originality)은 사고의 독자성으로 새롭고 기발한 착상을 하는 능력이다. 예를 들면 어떤 이야기를 들려주고 제목을 개성있게 붙이거나, 이야기를 패러디해서 활용하는 능력이 뛰어난 사람들이다.

정교성(elaboration)은 현재의 도출 안을 가공하고 변형하는 능력이다. 창의적 思考의 사례로 미완성 교향곡은 슈베르트 교향곡 8번 3악장으로 첫머리까지만 작곡된 곡이다. 이를 팔기 위한 어떤 상인의 광고 아이디어가 “내 사랑이 영원한 것처럼 이 곡도 또한 영원히 끝나지 않으리”라는 것이었다. 물론 크게 성공하였다고 한다.

아인슈타인은 "상상은 지식보다 중요하다."고 하였다. 지도를 뒤집어 만들어 한국의 물류이동 중심국가 개념을 수립한 해운산업연구원 길광수 박사는 거꾸로 된 세계지도를 통해 대양으로 나가는 우리나라를 상상한 것이다. 싱가포르가 자국을 중심국가로 생각하듯이 우리도 생각하기에 따라 중심국가로 도약 가능하다는 것이다.

4) 창의성의 촉진요인과 방해요인

창의적 사고의 활성화를 위한 촉진요인으로 개인적 차원과 조직적 차원으로 구분하여 보면 다음과 같다.

개인적 차원으로는 예민한 감수성, 다양한 호기심, 직접 체험, 허용적 분위기, 개방적 사고, 무의식적 사고, 유연한 사고, 확산적 사고, 집중력, 상상력, 순수한 마음, 환상, 꿈, 열정, 고독, 열린 마음, 직관, 집념, 끈기, 추진력, 개성, 왜라는 의문, 엉뚱한 생각, 생활의 불편을 개선하려는 노력, 이타심, 문제인지, 핵심포착과 같은 요인들이 있다.

조직적 차원에서 창의적 사고의 활성화를 위한 노력은 개방적, 분권화된 조직구조, 실험정신의 강조, 성공사례 전파, 챔피언의 역할 강조, 원활한 의사소통, 실패에 대한 관용, 성공에 대한 적절한 보상 등이 있다.

창의적 사고의 방해요인으로 개인적 차원의 요인은 고정관념, 상식에의 안주, 굳어버린 습관, 전문가 맹신, 질서와 규칙 강조, 원리 원칙 강조, 논리·합리성 강조, 비판, 핀잔, 빈정거림, 심리적 갈등, 불안 등이 있다. 또한 지나친 몸 사림, 나에게 창의력이 없다는 생각, 너무 나이가 들었다는 생각, 실패를 두려워 함, 전문교육을 받지 못한 것에 대한 열등감, 획일화된 지식위주의 교육, 조급함, 지나치게 심각함 등이 방해요인을 작용한다..

조직적 차원의 방해요인으로는 관료적 조직구조 및 태도, 전통과 기존질서의 강요, 업무표준의 강조, 필요자원의 제약, 의사소통의 제약, 실패에 대한 처벌, 성공에 대한 무보상 등이 있다.

제3절 창의력 개발의 실제

1. 창의력을 위한 사고와 생활습관

창의적 아이디어는 좌뇌와 우뇌의 유기적 협력으로 얻어진다. 뇌와 사람의 생활은 상호 영향을 주고받는다. 즉 뇌의 활동은 우리의 사고와 생활에 영향을 미치고 우리의 사고와 생활은 뇌에 영향을 미치게 된다. 따라서 창의력을 높이려 한다면 창의적인 방법으로 생각하고 생활하는 태도가 중요하다.

① 문제를 분명히 정의하라. 문제는 해답의 다른 모습이다. 문제해결을 위해서는 한 방향으로만 생각하지 말라. 아르키메데스는 무게와 부피에 대한 개념을 정의한 후 부피측정 문제를 기존과 다른 방법으로 모색하여 문제를 해결하였다. 또 다른 예로 밀림에서 치타를 마주친 두 남자가 있었다. 열심히 뛰어 도망가는 사람을 보고 치타를 벗어날 수 없는데 왜 그렇게 열심히 뛰느냐고 물으니 앞서 도망가던 사람이 치타는 한 사람이면 배가 불러 더 이상 사람을 해치지 않는다. 나의 경쟁상대는 치타가 아니라 당신이다라고 하고 더 빨리 도망가 버렸다. 경쟁의 대상에 대한 정의를 명확히 하여 문제를 해결한 예화이다.

② 자신감을 가지고 문제와 씨름하라. 창의력 있는 직원과 없는 직원의 차이는 자신이 창의력이 있다는 생각의 유무일 뿐이다. 학력, 관심사, 좋아하는 색 등과는 무관하다고 정주영 회장은 불도저라는 별명이 있었다. 이는 그의 추진력 때문에 붙여진 별명이다. 사람은 해보지 않고 포기하는 경우가 많다. 창의적 사고도 마찬가지다. 정회장의 "해봤냐?" "빈대만도 못한 사람이라는 질책"의 일화를 새겨둘 필요가 있다.

③ 긍정적으로 생각하라. 비관적이고 부정적인 감정은 사고를 편협하게 만들고, 문제해결 의욕을 저하시킨다. 낙관적이고 긍정적인 생각은 도전과 열정 및 문제해결의 의지를 강화한다. 에디슨은 구천 번 이상 실패 후 전구를 발명한 후 인터뷰에서 나는 한 번도 실패한 적이 없다. 단지 성공에 이르지 못하는 잘못된 길들을 찾아냈을 뿐이라고 하였다. 3M의 포스트잇은 S. Silver의 접착제 개발에서의 실패작이었다. 회사는 특허출원을 해

두었고, 용도는 A. Fly의 긍정적이고 적극적 사고에 의해 개발되어 3M 최고의 상품이 되었다. Fly는 찬송가 속에 끼워둔 종이를 쏟은 후 5년 전의 실패 제품을 떠올리고는 제품의 활용방안을 발견하였다.

④ 다르게 생각하라. K. Gauss는 8세 때 선생님이 1~100까지 더하라는 숙제를 남들과 다른 방법을 사용하여 금방 풀었다. 문제해결에는 기존과는 다른 방법으로 해결책을 찾으려 하라. 이러한 개방된 사고가 발상의 전환을 자극하여 창의적 아이디어를 이끌어 낸다. 다르게 생각한다는 것은 일종의 생활습관이다. 남과 다르게 생각하는데 도움을 주는 접근방법은 다음과 같다.

첫째, 고정관념에서 벗어나라.
- 습관이나 관습에서 자유로워라.
- 당연하다고 생각한 것을 의심하고 '왜?'하라
- 다른 방법을 찾아 적극적으로 시도해 보라.

둘째, 숨겨진 가정과 제약에 초점을 맞추어라.
- 문제의 숨겨진 가정을 확인하고 제거하라
- 문제해결 과정에서 무시된 변인을 찾아 활용
- 문제의 제약을 찾아내 제거하라.

셋째, 문제 자체를 변화시킨다.
- 문제를 아예 제거 또는 상황을 바꾼다.
- 문제를 다른 문제로 바꾸거나 재구성해보라.

넷째, 다른 방법을 찾아 시도한다.
- 사소한 것에도 의문을 품어라.
- 끊임없이 '왜'라고 질문하라.

다섯째, 불필요한 가정이나 허구적 제약을 찾아 제거하라. 콜럼버스의 달걀 예화는 스페인 귀족은 달걀을 깨서 세우면 안 된다는 불필요한 가정을 가지고 있었다.

여섯째, 문제 내의 제약을 찾아내어 도전하라. 아기 코끼리의 다리를 묶어 키우면 어른이 되어서도 밧줄에 다리를 묶으면 꼼짝 못한다고 한다. 어릴 때 기억이 코끼리에게 불가능한 제약으로 각인되어 있기 때문이다.

일본의 신간센은 당시의 열차 설계 시의 기본 가정은 기관차가 객차를 끌어야 하고, 험한 지형은 우회 부설해야 한다는 가정을 파괴하고 전 객차에 전기가동 엔진 부착하였으며, 터널 또는 매립을 통해 철로를 부설한 결과 오사카-도쿄간 62시간의 소요시간에서 3시간 10분으로 단축하였다.

일곱째, 역발상을 시도하라. 문제를 역으로 생각하거나 문제의 상황을 역이용한다. 즉 거꾸로 혹은 반대로 뒤집어서 생각하는 것이다. 주어진 문제를 반대로 생각할 때 의외로 좋은 아이디어를 얻게 될 수 있다. 코페르니쿠스의 지동설은 천문학 뿐만 아니라 그때까지의 다른 학문은 물론 사람들의 일상생활에 이르기까지 큰 변화를 끼쳤다. 우리의 일상에서 찾아보면 누드 김밥 역시 뒤집어서 생각한 제품이며, 뷔페식당은 종업원이 음식 서빙하는 것이 아니라 손님이 직접 서빙함으서 비용 절감을 얻은 식당 운영방법이다.

미국의 메사추세츠 딘 주니어 칼리지는 직장인을 위한 교과과정을 개설하였으나 대부분이 기차통근인 직장인에게 수강은 무리였다. 저조한 지원자 수를 고민한 끝에 통근기차 강의실의 개설로 대 히트를 치는 성과를 올렸다.

여덟째, 문제의 제거를 시도하라. 문제를 해결하려고 노력하는 대신에 문제 자체를 제거하는 방법을 찾아 시도할 때 기상천외한 아이디어를 얻기도 한다. 문제 자체를 제거하는 것은 최상의 아이디어라고 할 수 있다. 그 문제와 관련해서는 더이상 개선을 추구할 필요가 없기 때문이다. 예로 전화 송수화기의 연결선이 짧거나 긴 상태의 불편에 대하여 코일을 제거한 무선전화기를 개발하였다. 가성소다 제조 회사의 원료 저장탱크 지붕의 잦은 부식에 대한 개선 방안으로 부식이 덜한 재료의 지붕 설치 또는 부식 방지 페인트 도색 등이 제시되었으나 꼭 지붕이 있어야 하나? 라는 의문의 제기로 지붕이 없는 저장방법을 활용하였다. 원료의 이물질은 기존 공정에 있는 희석 후 정제과정으로 해결함으로써 문제를 해결하였다.

미국의 높이뛰기 선수 D. Fosbury는 1968년 멕시코 올림픽에서 배면도약법으로 우승한 후 현재 전 세계 높이뛰기 선수들이 사용하는 방법이 되었다. 캐나다 건축설계사 F. Gehry가 설계한 체코 프라하의 네덜란드 국립보험회사 건물은 기존의 쌍둥이 빌딩 개념을 파괴한 설계로 1996년 Time 선정 최고 디자인 건물로 선정되었다. 기존의 쌍둥이 빌딩의 통상적 개념인 균형과 대칭을 파괴한 파격적인 것이었다.

그림 5-4. 다른 방법을 활용한 창의적 사례

프라하 네덜란드 국립보험회사 건물

Fosbury 배면도약법

⑤ 많은 정보를 수집하라. 새로운 것에 늘 호기심을 가지고 관찰하라. 다양한 사람들과 자주 대화하고 특히 경청하라. 여러 분야의 책을 많이 읽고 곰곰이 생각하라. 낯선 곳으로 여행을 떠나라. 필기구를 늘 지참하고 생각이 떠오를 때마다 기록하라.

⑥ 열정적인 집념을 지녀라. 창의적 아이디어를 위한 우뇌 작동은 좌뇌의 충분한 활동이 전제되어 있다. 에디슨이 "천재는 1%의 영감과 99%의 노력으로 이루어진다."고 하였다. 열정적 집념은 시간적 제약을 받을 때 더욱 강화된다. 마감일이 있는 이유를 생각해 보라. 1840년 미 발명가 W. Hunt는 사랑하는 연인 헤스트에 청혼하나 가난하다는 이유로 그녀의 아버지로부터 거절당했다, 집요한 간청에 10일 내 일천불(당시 집 한채 값)을 벌어오라는 조건을 제시받고 암담해 하던 중 영감을 얻었다. 당시 각종 행사에 바늘모양의 핀으로 리본 부착하였는데 비고정의 불편함과 포옹 시 찔리는 위험이 있었다. Hunt는 안전한 핀을 구상하기 시작하여 9일째 안전핀을 완성하고, 특허 출원 후 근처 리본 가게에 특허권을 일천불에 매각한 후 결혼 승낙을 받았다. 물론 리본 가게는 백만장자가 되었다.

⑦ 몸과 마음을 편안하게 하라. 좌뇌의 노력이 무의식 중 우뇌에서 발현되어

아이디어가 창출된다. 참신한 아이디어가 필요할 때에는 우뇌가 활동할 수 있도록 몸과 마음을 편안하게 환경을 조성할 필요가 있다. 산책하거나, 묵상하거나, 목욕하는 일들은 우뇌를 활성화시키는 대표적인 방법이다.

⑧ 우연한 일에 관심을 가져라. 창의적인 사람은 일반인 보다 호기심이 많다. 남들이 당연시 하고 무심코 지나치는 일에 의문을 품고 해답을 찾아내곤 한다. 그들은 문제를 해결하는 능력 이전에 문제를 발견해내는 능력이 탁월한 사람이다. 뢴트겐이 X선을 발견, 플레밍의 페니실린 발견이 예이다.

2. 창의력 훈련방법

1) 관련이 없는 것들 간에 공통점을 찾는다.

창의력이 탁월한 사람은 대부분 유머감각이 뛰어난 것이 특징이다. 유머와 창의력에는 공통점이 있기 때문이다. 대부분의 유머는 관련이 없는 두 가지 이상의 내용들을 상대방이 예상하지 못한 방식으로 절묘하게 연관시키고 있다. 창의력도 마찬가지다. 창의적인 사람은 다양한 지식들을 조합하여 보통 사람들이 생각하지 못하는 새로운 연결을 찾는 능력이 뛰어난 사람들이다. 개그콘서트의 '우격다짐' 코너의 예를 들어보자.

(개그맨) "내 개그는 정화조야." (관객) "왜?"
(개그맨) "터지면 큰 일 나지!" (관객) "폭소"

개그와 정화조는 "터지면 큰일난다."는 공통점으로 연관되어 관객을 웃게 만들고 있다. 이는 관련 없는 두 대상을 의외의 방법으로 연결시킨 창의적 아이디어이다.

2) 사물의 일부로 전체를 파악한다.

그림의 일부를 보여주고 전체가 어떤 그림인지 상상하게 하는 것 또한 창의력 발달에 도움을 준다. 이처럼 사물의 일부만 보고 전체의 모습을 파악하는 능력을 '패턴 인식력'이라고 한다. 많은 사람들 중에 가족의 얼굴을 쉽게 찾을 수 있는 것도 눈매, 코 모양 등 얼굴 부분의 특징을 패턴으로 파악하여 얼굴을 기억하기 때문이다.

패턴 인식력은 그림에만 적용되는 것이 아니다. 주변에서 일어나는 현상들도 패턴화하면 그 속에 숨어있는 일관된 흐름이나 다른 사람들이 미처 발견하지 못한 새로운 내용을 발견할 수 있게 된다. 이는 사건이나 상황이 매우 혼잡하더라도 다양한 관점으로 그 속에 숨어있는 원리나 규칙을 찾아내는 능력이다.

패턴 인식 예 : 1+4=5, 1+3=6, 3+5=2 일 때 2+5는 얼마가 되겠는가?

3) 문제의 해결을 다른 관점에서 접근한다.

주어진 문제를 어떤 관점에서 보느냐에 따라 전혀 다른 내용으로 보이기도 한다. 루빈의 그림이나, 2001년 개봉된 「달마야 놀자」라는 영화에서 깨진 독에 물을 채우는 시합장면이 나온다. 온갖 방법을 동원한 후 포기하고 연못에 깨진 독을 던지니 물이 독에 가득 채워진다. 읽을 거리의 사마광 사례 등이 이러한 경우이다.

4) 사물의 다른 용도를 찾는다.

이 세상에 존재하는 모든 사물은 그 나름의 고유한 용도가 있다. 하지만 다른 용도를 생각해보면 얼마든지 추가할 수 있다. 망치의 용도는 못을 박거나 뺄 때 사용한다. 하지만 달리 생각하면 극단의 「난타」 공연 도구로 사용할 수도 있다. 등이 가려울 때 긁는데 사용할 수도 있으며, 옷걸이 대용으로, 서류가 바람에 날리지 않도록 하는 용도로도 가능하다. 한약재 달일 때도 쓰임새가 있고, 절벽 오를 때 도구로, 흙을 팔 때 삽 대용으로, 호신용 무기 또는 골프 퍼터 대용으로도 가능하다.

5) 새로운 일에 호기심을 가지고 시도해본다.

지금까지 경험하지 못했던 일을 시도하는 것은 우리의 사고를 보다 다양하고 유연하게 만들어 준다. 반복적이고 틀에 박힌 생활에서 벗어나 새로운 일을 해보기로 작정해 보라. 예를 들어 한 번도 가본 적이 없는 식당에 들러본다. 먹어본 적이 없는 새로운 음식을 먹어본다. 집에서 직접 요리를 만들어 본다. 아이들과 함께 장난감 놀이를 해본다. 매일 다니던 길을 바꾸어 본다. 처음 만나는 사람과 오랫동안 대화를 나누어 본다. 과감한 헤어스타일의 변화, 색다른 옷을 입고서 사람의 반응을 본다.

우리는 늘 생활하던 습관대로 살아가려고 한다. 익숙한 일은 더 이상 생각할 필요가 없으므로 편하기 때문이다. 하지만 그로 인하여 우리의 뇌는 고정관념에 사로잡히게 되고 우리의 사고는 제한된 지식의 범주 내에서 맴돌게 된다. 따라서 익숙해진 습관의 틀을 의도적으로 파괴하는 것은 다양한 경험을 통한 폭넓은 사고로 말미암아 창의력 개발에 큰 도움을 준다.

6) 만약의 상황에 대하여 상상해 본다.

만약 ....한다면 어떻게 될까? 이런 가상적 사고 자체가 실용적인 아이디어를 제공하는 것은 아니지만 다른 아이디어를 얻고 사고를 유연하게 하는데 디딤돌이 된다. 어떤 문제의 해결책을 실질적이고 논리적인 접근으로 찾으려 하면 오히려 해결책을 찾지 못하는 경우가 있다. 이럴 경우 한 발짝 물러나서 "만약...라면 어떻게 될까?"라는 엉뚱한 질문을 던져보라. 전혀 생각하지 못한 관점에서 해결방안을 얻을 수 있다. 예를 들면 오존층의 파괴로 유해 광선이 지구에 도달한다면 어떤 생활의 변화가 올지?/ 집의 구조는?/ 바캉스족 모습은?을 상상해보라. 아인슈타인은 내가 빛의 속도로 우주를 날아간다면 어떤 일이 일어날까?라는 물음에서 상대성이론의 초기개념을 도출하였다고 한다.

3. 창의성 제품

창의성을 발휘하여 상업화한 사례 몇 가지만 보겠다.

첫째, 스코틀랜드의 '스페셜리스트 포테이토'가 개발한 '파란감자'이다. 천연 그대로이며, 어떠한 색소도 사용하지 않은 '건강식품'으로 가격은 1kg에 2유로40센트(약 3천4백원) 정도이다.

둘째, 굽높이 조정 구두로 애인을 만날 땐 쭈욱 높여 멋을 낼 수 있다. 일하는 낮 동안에는 낮은 굽이지만, 퇴근 후에는 높은 굽으로 변신한다. 0°~38°까지 여섯 단계로 높이를 바꿀 수 있다.

셋째, 아스피린 커프스링으로 단추 속에 알약을 저장할 수 있다. 남성 액세서리 중 한 종류인 커프스링을 단지 멋지게 보이기 위한 목적 외에도 실용적인 용도로 사용할 수 있도록 활용한 제품이다. 커프스링 안에 알약을 넣을 수 있도록 되어 있다. 고객이 갑자기 두통을 호소할 때 커프스링에서 아스피린을 꺼내준다면 비즈니스에 도움이 되지 않을까. 가격은 50달러(약 6만원)이다.

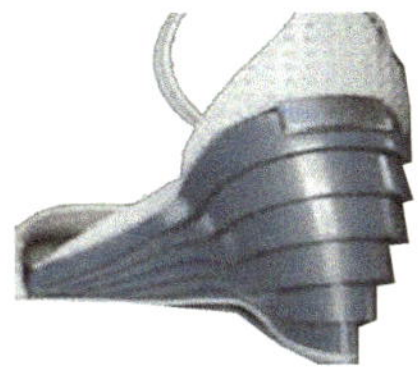

읽을거리 1

모익빈(模益貧) 창익부(創益富)

21세기는 모방하면 삼류 기업으로, 창조적이면 일류기업이 된다.

✓ 일화 1

카네기는 직원 채용시험에서 포장된 물건의 끈을 푸는 문제를 냈다.
시험이 끝난 뒤 포장된 끈을 손으로 차근차근 꼼꼼하게 푼 사람은 불합격시키고, 고정 관념을 깨고 생각을 바꿔 칼로 단번에 잘라 낸 사람들을 합격시켰다.
카네기는 채용 시험에 응시한 사람들의 지식보다는 지혜, 즉 사고의 유연성을 테스트해 본 것이다.

✓ 일화 2

중국 송나라 때 있었던 일이다. 어른들이 모두 일터에 나간 사이 동네 아이들이 물이 가득 찬 큰 독에 올라 놀고 있었다. 그러던 중 한 아이가 실수로 그만 독 속으로 빠지고 말았다. 같이 놀던 아이들은 어쩔 줄 몰라 하며 "사람 살려요. 사람이 빠졌어요"라고 소리쳤다.
그러나 어른들이 모두 일터에 나간 터라 도움을 받을 길이 없었다.
아이들은 구할 방법이 없어 발만 동동 구르며 안타까워했다.
그런데 멀리서 지켜보던 한 아이가 앞으로 나오더니 큰 돌을 집어 독을 힘차게 내리쳤다. 그러자 독이 깨지면서 콸콸 쏟아지는 물과 함께 아이도 함께 밖으로 빠져나왔다. 물에 빠진 아이를 구하려면 독 위에 올라야 한다는 고정관념에서 벗어나 '독을 깬다'는 남다른(?) 생각을 했던 것이다.
이 소년이 송나라의 대학자 사마광이다.

✓ 일화 3

그리스에 유명한 애꾸눈 장군이 있었다. 장군은 죽기 전에 자기 초상화 하나쯤 남기고자 이름난 화가들을 모았다.
그러나 화가들이 그린 초상화가 장군의 맘에 영 들지 않았다.
어떤 화가는 애꾸눈 그대로의 장군 얼굴을 그렸고,
또 어떤 화가는 장군을 배려해서 양쪽 눈이 성한 그림을 그렸던 것이다.
장군은 애꾸눈이 있는 자기의 초상화도 못마땅했지만
사실 있는 그대로의 자신을 그리지 않은 초상화를 보고 더욱 화를 냈다.
이때 이름 없는 한 젊은 화가가 자신이 초상화를 그려보겠다고 했다.
장군은 다소 미심쩍은 구석도 있었지만 한편으론 초상화를 남기고 싶은 마음에 허락했다. 그런데 장군은 이름 없는 젊은 화가가 그린 초상화에 매우 흡족해 했다. 그 화가는 다른 화가와는 달리 장군의 성한 눈이 있는 옆모습을 그렸기 때문이다.

✓ 일화 4

1980년대 NASA는우주왕복선의 핵심을 이루고 있는 몇 천 파운드에 달하는 연료 탱크의 무게를 줄이는 고심하고 있었다.
이 무게를 줄이는 시도는 마지막 8백 파운드를 어떻게 줄일 것인가에 봉착하고 말았다. 당시 많은 연구원들이 색다른 경량물질에 관심을 쏟고 있었다.
그런데 어느 날 그 라인에서 일하는 한 근로자가 연료탱크에 페인트칠을 하지 말자고 제안했다. 기껏해야 우주선이 이륙 후 8분 정도 비행하다가 인도양에 떨어지는 연료탱크에 2백 갤런의 흰색 페인트를 칠하는 것은 낭비인데다 8백 파운드의 무게를 추가시키기 때문이었다.

✓ 일화 5

어느 마을 한 스승이 제자들을 불러모아 놓고 한쪽 벽에 선을 긋고 나서 이야기를 했다. "이 선을 건드리지 말고 조금 더 짧게 만들어 보아라" 제자들은 벽에 그려진 선을 보면서 궁리를 했으나 어떻게 할 줄 몰랐다.
그 때 한 제자가 일어나 벽에 그려진 선 밑에 또 다른 선 하나를 더 길게 그렸다.

읽을거리 2

지각의 오류

아래 좌측의 그림은 정육면체로 보이지만, 아래의 그림은 평평한 모양으로 보인다. 위의 그림은 어떤 대상에 가려진 것으로 보기 때문에 정신적으로 채워넣는(mentally fill-in) 과정이 지각적으로 일어나기 때문이다.

지각체계는 가려진 대상의 부분도 지각적으로 완성시키려 한다. 동일한 량의 형태적 정보를 가진 두 도형이 서로 다르게 지각될 수 있음을 보여준다.

아래의 우측 그림은 보는 관점에 따라 인디언 추장의 머리 또는 에스키모인의 뒷모습으로 보일 수 있다.

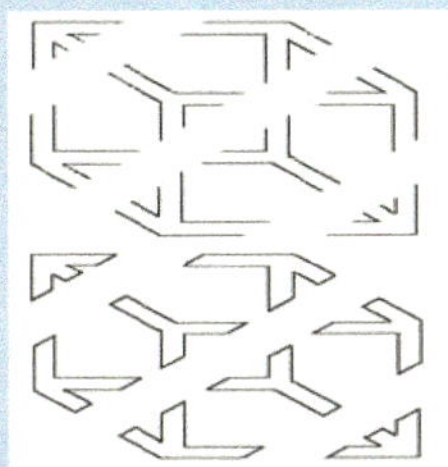

아래 좌측의 루빈의 그림은 보기에 따라 화병 또는 두 얼굴이 마주보고 있는 것처럼 보인다. 역전성 전경-배경 그림의 대표적인 예로서, 우리의 지각은 단순히 윤곽을 결정하는데서 끝나지 않고 대상을 지각하기 위한 전경배경체제화의 과정을 포함한다.

즉 이 그림처럼 윤곽은 동일한데 그 대상의 해석은 달라진다.

아래 우측의 그림에서 가장 오른쪽에 있는 두 그림은 비슷한 그림이지만 왼쪽부터 보아가면 대머리나 쥐로 보인다.

읽을거리 3

인문학과 상상력

-현대 자동차보다, 삼성 반도체보다 더 많은 돈을 번 <해리 포터>-

가난한 미혼모의 상상력이 300조 원이 넘는 거대 브랜드로 성장한 배경은 무엇인가?

“이제 세상은 이야기를 가진 사람의 것이다.”

이 책은 전 세계적인 열풍을 불러일으킨 〈해리 포터〉의 탄생과 성장 배경을 분석함으로써 스토리 산업에서 성공할 수 있는 전략을 제시하고 있다. 해리포터 뿐만 아니라 스파이더맨, 스타트렉, 존 그리샴, 포케몬, 양배추인형, 하이스쿨 뮤지컬, 배트맨과 X-파일 등, 상상력 하나로 엄청난 부를 창출한 다양한 문화상품의 예를 통해 우리는 21세기의 황금알을 낳는 거위인 스토리 산업의 면모를 알 수 있다.

시리즈의 7권이 모두 출간된 현재, 해리 포터 팬들은 앞으로 개봉될 두 편의 영화를 애타게 기다리고 있으며 또 올해 안으로 개장될 예정으로 있는 미국 내 해리포터 테마파크 소식에 들떠 있다. 그리고 아직도 더 많은 해리 포터를 가지고 싶어서 안달이다.

우리나라 문화산업의 발전 및 진흥을 위해 최근 통합 출범한 한국 콘텐츠진흥원에 따르면 〈해리 포터〉가 창출한 경제효과가 우리 돈으로 300조 원에 이르는 것으로 나타났다. 이는 책 판매뿐 아니라 해리 포터와 연계된 영화, DVD, 게임, 머천다이징 등으로 벌어들인 전체 수익금을 합한 금액이다. 이것은 올해로 11살이 된 해리 포터가 10년 동안 벌어들인 금액으로 이는 같은 기간 삼성 반도체와 현대 자동차가 벌어들인 금액보다 더 많다고 한다.

해리 포터 테마공원이 개장을 앞두고 있고, 두 편의 영화가 아직도 개봉을 기다리고 있는 상태임을 감안한다면 해리 포터는 당분간 더 황금알을 낳는 거위로 남아 있을 것 같다.

예로부터 사람들은 이야기꾼을 사랑했다. 이야기를 잘 하는 사람은 어디에서나 인기를 끌었고 대접 받았다. 세헤라자데는 너무나 이야기를 잘 한 나머지 목숨을 구했을 뿐 아니라 왕비까지 되었다. 이런 이야기가 21세기 들어 가장 주목받는 거대 비즈니스로 무섭게 성장하고 있다. 헐리우드는 이야기 소재를 찾아 전 세계 구석구석을 누비고 다니며 돈이 될 만한 이야기는 무엇이든 사들이고 있다. 이야기 하나가 벌어들이는 부가가치가 얼마나 큰지 너무나 잘 알고 있기 때문이다.

조앤 롤링은 바로 현대판 세헤라자데이다. 그녀는 재미난 이야기 하나로 세계를 정복했다. 이야기 하나가 21세기에는 세계적 현상이 될 수 있음을 보여줬다. 이 전형적인 '개천에서 용 난' 조앤 롤링의 신데렐라 스토리는 그 자체가 현대인의 감수성을 자극하는 환타지가 되기에 충분하다. 사람들은 해리 포터가 너무나 재미있는 이야기이기 때문에 그렇게 성공할 수밖에 없었을 것이라고 생각한다. 초기에 출판사를 찾지 못해 조금 고생하긴 했어도 그런 책이 어디 한두 권인가? 해리 포터도 어렵게 나오긴 했어도 워낙 재미있으니까 그렇게 성공한 것이겠지.

과연 그럴까? 그냥 성공한 것과 전 세계적인 현상이 되는 것과는 분명 다르다.

책의 발매일을 전 세계가 손꼽아 기다리고 자정이 가까워오는 시간에 새 책을 손에 넣기 위해 기다란 줄을 서는 진풍경이 연출되고 저자가 개설한 홈페이지에 2억 2천만 명의 전 세계 독자들이 방문하고, 9천 대의 페덱스 트럭이 오직 이 책만을 배달하기 위해 동원되는 그런 전무후무한 일을 만들어낸 책은 오직 〈해리 포터〉뿐이다.

그렇다면 해리 포터는 어떻게 그토록 놀라운 성공을 거둘 수 있었을까?

- 그냥 너무 재미있으니까. 사실 이보다 더 재미있는 책은 얼마든지 있다.
- 저자의 삶이 극적이어서. 이보다 더 극적인 삶을 산 작가들도 많다.
- 마법사가 주인공인 환타지여서. 책이 나올 당시 환타지 책의 인기는 시들했다.
- 어린이 책이어서. 어린이 책으로 나오기에는 분량도 길고 으스스한 부분이 많았다.
- 출판사를 잘 만나서. 블룸스베리는 초판으로 겨우 500부를 찍었다.

그렇다면 해리 포터 대박의 비밀은 무엇인가? 전 세계를 뒤흔든 초대형 블록버스터의 성공 이면을 면밀하게 분석하면 다음 다섯 가지 요소가 성공의 핵심으로 분석된다.

1. 우수한 제품 : 뭐니 뭐니 해도 제품(작품) 자체가 탁월하다.
2. 감정적 개입 : 소비자(독자)의 감정적 개입이 없으면 사회적 현상으로까지 되기 힘들다.
3. 입소문 마케팅과 온라인 버즈 : 확산 일로에 있던 인터넷의 소셜 미디어 기능은 엄청난 입소문을 만들어 내 해리 포터 성공의 일등 공신이 되었다.
4. 티저 마케팅과 지속적 마케팅 : 팬들은 언제나 해리 포터에 약간 굶주린 상태로 남아 있 었다. 그리고 7편까지 이어지는 시리즈물의 출간은 지속적으로 팬들의 애간장을 태웠다.
5. 브랜드 일관성과 확산의 자제 : 탁월한 브랜드 가디언인 조앤 롤링은 해리 포터라는 브랜드의 일관성을 확고히 지켰으며 지나친 머천다이징으로 브랜드가 희석되는 것을 철저하게 막았다.

하지만 Harry Potter는 전통문화를 바탕으로 상상력을 꽃피움에 따라 대중들로 하여금 친근감을 느끼도록 한 점도 또다른 성공요인이다. 소설 속의 퀴디치는 크리켓, 럭비, 폴로 경기의 조합이며, 포터가 살던 계단 및 방은 영국의 문화가 배경이다. 켄타우로스, 유니콘, 머리 셋 달린 개 등은 그리스 신화를 배경으로 하며, 불을 뿜는 용, 마법의 약, 라틴어 주문은 중세 유럽문화를 배경으로 하고 있다.

상상력과 창조력의 바탕은 인문학이 기반이다. 인문학에 대한 새로운 시각과 CEO를 중심으로 인문학 강좌 수강 붐이 부는 것은 우연이 아니다.

읽을거리 4

고객의 숨겨진 욕구를 찾아내는 방법

사막의 모랫바람 못지 않게 일본 전자제품의 바람이 거세던 중동 수출 초기, 사우디에 지점을 개설한 지 1년쯤 지난 때였다. 그렇게도 팔리지 않던 12인치 포터블(휴대용) TV제품이 어느 날부턴가 날개 돋친 듯 팔리기 시작했다. 거래선들은 얼마나 빨리 추가 물량을 받을 수 있는지 물으며 빨리 생산해 달라고 독촉했다. 갑작스런 매출 증대의 이유가 궁금했던 필자는 거래선들을 찾았다.

그들은 "지난 1년 동안 시장을 열심히 개척했더니 드디어 유통채널도 자리가 잡히고 브랜드 인지도도 올라가서 판매가 잘되는 것 같다"고 자화자찬했다. 그러나 매출이 갑자기 열 배 정도 뛰는 것을 유통의 힘이나 브랜드 인지도 향상의 결과로만 설명하기에는 왠지 부족해 보였다.

무엇이 우리 제품을 이렇게 만드는 것인가? 왜? 필자는 이 의문을 풀기 위해 시장에 나가서 TV가 직접 팔리는 현장을 지켜보았다. 그러던 중 일선 판매원들이 "삼성 TV에는 클립타입 전원 케이블(TV전원을 자동차 배터리와 바로 연결하여 사용할 수 있는 연결 코드)이 있어서 매우 편리합니다"라고 말하면서 제품을 파는 모습을 목격하게 됐다.

소비자들은 판매원들의 이야기를 듣고 나서는 그 많은 일본 TV제품은 쳐다보지도 않고, 우리 제품만을 선택하고 있었다. 중동 사람들은 현대식 주택이 많이 보급되어 있지만, 유목민 시절의 향수 때문인지 해가 지면 차를 몰고 야외로 나가서 가족 친구들과 시간을 보내곤 한다. 음악이나 TV를 틀어 놓고 고기도 굽고 차도 마시고 더위도 식히면서 대자연을 즐기는 것이다.

이런 수요 때문에 중동향(向) TV 제품은 전기뿐만 아니라 자동차 배터리에 연결하여 외부에서도 TV를 볼 수 있도록 하는 시거잭 전원케이블을 기본 액세서리로 지원하고 있었다. 그러나 이 케이블은 자동차 실내의 시거잭으로부터 연결하게 되어 있어 시동을 걸어 놓아야 하고, 케이블로 인해 차문을 제대로 닫기도 힘들어서 불편하다. 그럼에도 불구하고 당시 시장의 리더였던 일본산 제품이 이를 채택하고 있었기에 자연스럽게 표준 액세서리로 자리잡고 있었다.

그런데 우리 제품에 들어있는 클립타입 전원 케이블은 시거잭 전원케이블에 비해 편리하다. 자동차 보닛을 열어 바로 자동차 배터리에 연결하면 되므로 자동차 시동을 걸지 않아도 되고 문을 닫아놓아도 괜찮다는 것이다. 이 사실을 파악한 순간 뒷머리를 한 대 얻어맞은 기분이었다. 제품을 직접 주문받아 생산을 의뢰했던 필자의 기억에는 별도로 이런 클립타입 전원케이블을 액세서리로 요청한 적이 없었던 것이다. 본사에 확인해 보니, 생산 현장 담당자의 실수로 인해 최근에 사우디로 선적된 제품에 거래선이 요청했던 표준 액세서리인 시거잭 대신에 클립잭이 우연히 잘못 들어간 것이었다.

큰 실수를 한 셈인데, 오히려 그 실수로 인해 우리 TV가 날개 돋친 듯 판매가 되고 있었던 것이다. 이 얼마나 위대한(?) 실수이던가? 이 사실을 알게 된 공장에서는 그 담당자에게 책임을 물어 징계를 하겠다고 했다. 그러나 영업부서에서는 만류했다. "실수를 한 것은 잘못됐지만 이런 기회를 통해서 시장의 진정한 요구를 알게 되는 중요한 기회를 주었는데, 상은 못 주더라도 징계를 주는 것은 안 된다"는 것이다. 다행히 담당자는 징계를 면하게 되었다.

이 담당자의 실수는 요즘 장려되고 있는 창조적 솔루션을 만들어 보려다 생긴 시행착오는 아니었지만, 이 실패로부터 우리가 모르던 고객의 숨은 욕구를 알아내는 학습의 계기를 제공해 준 것이다. 일이 잘 안 될 때 왜 잘 안 되는지 이유를 정확히 찾아야 더 이상의 실패를 피할 수 있듯이, 일이 잘 될 때도 왜 일이 잘 되는지에 대한 정확한 원인을 찾아야 그 성공을 지속할 수 있다.

창조의 중요한 원천 중 하나는 관찰이다. 고객의 특이한 사용 패턴을 관찰해 고객의 숨은 욕구를 찾아내 성공한 회사도 있다. 미국의 한 바퀴벌레용 살충제 제조업체는 거의 일주일에 한 통씩 살충제를 사러 오는 한 할머니에 대한 이야기를 듣게 됐다. 살충제 한 통을 사면 한 철 내내 쓰는 것이 보통인데, 이 할머니는 왜 일주일에 한 통씩 쓸까 궁금해서 사용 습관을 관찰해 보았더니, 살충제를 뿌리고도 버둥대는 벌레가 징그러워 완전히 움직임을 멈출 때까지 계속 뿌려대는 것이었다. 이 할머니에게 중요한 것은 벌레가 죽을 것인가 아닌가가 아니라 움직이는가 안 움직이는가 였던 것이다.

할머니의 사용 습관을 관찰한 후 다른 고객들에게도 의견을 물어본 결과 이들도 벌레의 움직임이 싫었지만 별 수 없이 참고 있었다는 것을 알게 되었다. 이 살충제 회사는 이러한 고객의 소리를 반영해 벌레를 순간 마비시키는 성분을 보강한 신제품을 개발했다. 벌레가 죽을 때까지의 시간은 기존 제품과 동일하지만, 몇 초 안에 벌레가 움직이지 않도록 한 것이다. 이 신제품의 등장은 이미 포화시장이라고 여겨졌던 살충제 시장을 다시 한 단계 성장하는 시장으로 바꾸어 놓았다.

보스턴 컨설팅의 파트너인 미타치 다카시(御立尙資)는 그의 저서 『BCG 전략인사이트(*The BCG Way, The Art of Strategic Insight*)』에서 "일반적인 상품개발 과정이나 전략수립의 경우에 평균치와는 상관없는 데이터는 예외로 여겨 배제하기 쉽다. 그러나 바로 이 예외에 혁신의 열쇠가 숨어있는 경우가 많다"며 특이점에 주목할 것을 강조했다. 우리가 세상의 변화에 관심을 가지고 무심코 흘려보낼 수도 있는 작은 변화나 문제를 특이한 것으로 이해하는 순간, 세상의 모든 일들은 우리의 스승이 되어 우리에게 많은 지혜를 알려주게 될 것이다.

(출처: 이명우 한양대 특임교수)

제6장 기회의 탐색과 아이디어 개발

학습목표

- ❑ 창업 아이디어
- ❑ 기회의 원천
- ❑ 기회의 선정

제6장 기회의 탐색과 아이디어 개발

제1절 창업 아이디어

1. 창업 아이디어 선정의 중요성

창업의 예비절차는 사업의 핵심요소를 결정하는 사업구상 단계이다. 사업의 핵심요소는 누가, 무엇을, 언제, 어디서, 어떻게, 왜 하는가를 질문함으로써 명확히 알 수 있다.

이 중에서 가장 중요한 무엇(what)을 할 것인가는 사업을 하고자 하는 창업자에게는 향후 방향을 결정하는 것으로 매우 중요하다. 아이템이란 업종이나 판매할 상품 또는 서비스의 총칭이다. 창업 희망자가 자신에 맞는 창업업종을 선택함에 있어 실패율을 낮출 수 있는 요령은 다음과 같다.

첫째, 자신의 성격을 먼저 파악하고 그에 맞는 업종을 고른다.

둘째, 자신의 경력, 특히 전문지식이나 인맥을 활용할 수 있는 업종이면 더욱 좋다.

셋째, 자금 및 기술 등 경영자원의 관점에서 이상적인 기준과 너무 큰 차이가 없는 업종이 좋다. 즉 현실성이 있어야 한다.

넷째, 시대 변화를 반영하되 자신이 따라잡을 수 있는 업종이 좋다.

다섯째, 이상의 성격, 경력 및 자원이 동시에 만족된다면 이상적인 업종선택이 될 것이다.

2. 창업 아이디어의 원천

사업 아이디어는 창업의 출발점으로서 매우 중요하다. 좋은 창업을 위한 창업 아이디어의 개발의 의미는 첫째, 새로운 사업을 시작한 사람들은 어떻게 의도적으로 그러한 아이디어를 찾을 수 있었는가?, 둘째, 이를 위해 필요한 지식은 무엇이었나?, 셋째, 사업 아이디어를 찾기 위한 탐색전략은 무엇인가?, 넷째, 기회를 찾는 횟수를 증가시키는 데 가장 좋은 탐색전략은 무엇이었나?, 다섯째, 이러한 전략이 아직도 발견되지 않은 기회를 찾는데 여전히 유용한가? 라는 의문을 우리에게 제기한다.

창업과정에서 사업 아이디어의 중요성을 고려할 때, 사업 아이디어의 원천(개발)에 대한 체계적인 연구가 별로 없었다.

Koller는 사업 아이디어의 개발이 ① 사업을 의도적으로 찾았다기보다는 우연히 인지하거나, ② 사업동료, 친척, 사회적 접촉 등 자신보다는 외부로부터 인지하는 경우, ③ 자신의 이전 직업분야에서 사업기회를 찾는, 즉 사업을 자신의 경험을 활용할 기회로 인식하여 매력적으로 인지한다고 하였다. 하지만 기업가들이 “사업기회를 발견하는 패턴이 서로 어떻게 다른가”에 대해서는 근거를 제시 못하고 있다.

1) 사업 아이디어의 원천

창업 아이디어의 원천에 대하여 베스퍼(Karl H. Vesper)는 좋은 아이디어를 가지게 된 사람은 아이디어를 얻게 되는 계기가 평범한 삶, 생활 속에서 우연히 발견하게 된다고 하였다. 오히려 열심히 아이디어를 찾는 사람은 대부분 실패로 끝난다고 하였다. 그는 아이디어의 원천을 다음과 같이 일곱 개의 유형으로 나누어 설명하고 있다.

① 외부로부터의 권유(Invitation as an idea source) : 어떤 사업아이디어는 지인이나, 거래처 등 외부로부터 초대성 제안이나 부탁의 형식으로 얻게 된다.

② 이전 직장의 경험(Venture ideas from prior employment) : 직장으로부터의 이직 또는 Spin-off 창업(파생형 창업)의 형태로 이전에 근무하던 직장의 업무와 관련해서 아이디어를 얻는 경우이다. 쿠퍼(Cooper)는 기

술창업의 85%가 이러한 형태라고 확인하고 있다.

많은 사람들은 학업을 마친 후 직장생활을 하게 되며, 독립적인 경제생활을 하기 위해 창업을 하는 경우 직장의 경험을 바탕으로 하게 된다. 직장에서의 경험이 창업의 중요한 배경이 될 수 있는 것은 나름대로 전문적인 지식과 기술을 현장에서 익혀왔고, 경쟁제품이나 경쟁기업에 대한 사전지식을 가지고 있다. 따라서 경쟁력을 확보할 수 있는 방법을 가지고 있는 경우이다. 특히 명성이나 브랜드 등이 중요하지 않는 아이디어일수록 직장경험에 바탕을 둔 창업이 성공적일 수 있다. 다만 전 직장과의 관계에 있어 이전 직장의 직무발명에 해당되거나, 업무상의 기밀, 전 직장의 산업재산권 및 고객에 대한 호객행위는 분쟁의 소지가 있으므로 각별한 주의가 필요하다.

③ 권리의 획득(obtaining rights) : 특허나 실용신안 등 산업재산권을 취득하거나 권리를 확보하는 경우 이를 사업화하는 계기로 삼는다. 이때 권리의 개발자가 타인인 경우 협력을 기반으로 한다. 권리를 취득할 수 있는 원천으로는 전 직장, 타 회사, 개별 발명가, 정부, 대학 등이 있다. 특허의 경우 특허 이전을 지원해주는 조직이 있으며, 라이센싱은 기업, 대학, 비영리 연구기관 등의 연구 결과로부터 확보할 수 있다. 기업은 특정 제품의 아이디어를 직접 개발했더라도 해당 기업의 규모에 비해 잠재시장의 규모가 너무 협소하거나, 특정 분야에 집중해야 할 이유가 있을 경우 라이센싱을 하게 된다.

④ 자기 사업과의 관련(self-employment as idea sources) : 무슨 종류의 사업을 진행하면서 또 다른 사업의 기회를 갖게 되는 경우이다. 이에는 통로원리(corridor-principle)와 옆길효과(side-street effect)라는 사업의 연속적인 기회가 제공되는 효과를 누리게 된다. 옆길효과(Side-street Effect)는 골목길을 걷다 보면 전에 보이지 않던 새로운 길이 보이는 경우와 같다. 사업을 하다 새로운 사업기회를 찾는 경우로서, 사업을 진행하는 과정에서 연관된 사업을 계속적으로 발견하거나 기회를 인지하게 되어 사업을 창업하거나 확장하는 효과를 말한다. 통로원리(Corridor Principle)는 벤처를 창업하는 행동 자체가 창업기업가로 하여금 전에는 '보지 못하고' 활용할 수 없었던 또 다른 사업기회를 인식하게 한다는 원리이다. 실제로 많은 창업자들이 창업 후에 보다 매력적인 사업기회를 발견하게 되는 경우가 많은데 이러한 경우를 통로원리라 한다. Polaroid의 애드 윈

(Edwin Land)는 처음부터 폴라로이드 카메라를 만들려고 한 것이 아니라 맞은 편 차량의 광선을 차단하기 위해 자동차의 폴라로이드된 앞 유리와 전조등을 개발하려고 하다가 오히려 카메라 사업에서 성공한 경우이다.

⑤ 취미(ideas from hobbies) : 자신이 좋아서 하던 취미를 남에게 소개하거나 지도하다가 사업을 발전하는 경우이다. 자신이 좋아하는 특정한 아이템을 다듬고 멋지게 만들어 즐겨 쓰다가 주변으로부터 관심을 받게 되고 똑같은 것을 만들어 달라는 주문을 받게 되면 그러한 사람들이 고객화될 수 있다는 생각을 하게 된다. 마니아를 대상으로 한 전문점이나 자기만의 독특한 디자인, 제조방법을 통한 제품의 경우일 것이다. 미국의 '마사 스튜어트 리빙 옴니미디어(MSLO)'의 창업자인 마사 스튜어트는 자기 집에서 작은 케이터링 사업을 시작하여 10억달러 규모의 초대형 기업으로 만들었다.

⑥ 사회적인 접촉(ideas from social encounter) : 다양한 사회활동으로 만난 사람으로부터 정보의 교류를 통해 아이디어를 확보하는 경우이다. 사업 아이디어 개발에서부터 구체화 과정 및 사업화 과정에 있어 사회적 활동인 네트워크의 활용이 매우 중요해져 가고 있다. 특히 전문가 집단인 교수, 회계사, 변호사, 은행원, 벤처캐피탈리스트 등과의 주기적인 접촉을 통해서 그들이 알고 있는 특허의 라이센싱 기회나 매각기업 등에 대해 정보를 입수할 수 있다. 또한 비공식적 네트워킹을 통해서 최근의 업계 현황과 사업 가망성 등을 타진해 볼 수도 있다.

⑦ 일상생활의 관찰(pedestrian observations) : 주변 상황에 대하여 단순한 관찰만으로도 사업 아이디어를 창출할 수 있다.

⑧ 의도적인 탐색(deliberate search) : 새로운 사업의 기회에 대하여 일하는 방식이나 삶의 방식을 개선할 수 있도록 '왜'라는 의문을 통해 지속적으로 아이디어를 탐색하는 경우이다. 대부분의 사업기회가 체계적인 탐색보다는 자연발생적으로 발견된다고 해서 예비 창업자들도 우연한 발견을 마냥 기다릴 수 없다. 우연적인 발견(serendipity)도 적극적인 탐색(search)을 하는 자에게 발견될 확률이 높기 때문에 무언가 아이디어 탐색의 방안을 모색해야 한다. 예비 창업자들이 가질 수 있는 정보원은 신제품 전시회, 박람회, 아이디어 경진대회, 언론보도, 시장 현황 및 트렌드에 대한 조사나 연구 등 다양하게 있다. 변화의 기회를 포착하고자 하는 지속적인 탐색의 노력 좋은 아이디어를 발견할 수 있도록 한다.

John Case는 500개의 고속성장기업을 대상으로 아이디어의 원천을 조사한 결과 근무활동으로 부터가 47%, 기존제품이나 서비스의 개선 가능성을 확인하여서가 15%, 틈새를 확인 한 경우가 11%, 기타의 경우가 16%로 확인하였다.

미국의 잉크(Inc.)지도 500대 고속성장기업을 대상으로 한 아이디어의 원천에 대한 사례조사 결과 〈표 6-1〉과 같이 직장 또는 하는 업무에서 아이디어를 발견한 경우가 58%, 틈새시장 발견이 11%를 보이고 있다.

표 6-1. 창업 아이디어의 원천 (1)

원 천	비율(%)
① 같은 산업에서 근무하는 동안 얻었다.	**43**
② 다른 사람이 하는 것을 보고 더 잘 할 것 같아서	**15**
③ 소비자시장에서 아직 채워지지 않은 틈새 발견	**11**
④ 사업기회를 의도적으로 탐색	7
⑤ 설명하기 어렵다.	5
⑥ 취미나 직업 이외의 관심으로부터	3
⑦ 기타	16

또한 Cooper가 2,994개 NFIB(national federation of independent business)회원사들을 대상으로 사업 아이디어의 원천을 조사한 결과 〈표 6-2〉와 같이 이전 직업이 가장 높으며, 취미, 우연한 사건, 다른 사람의 제안 등이 주요한 원천으로 확인되었다.

표 6-2. 사업 아이디어의 원천 (2)

원 천	첫해 부도기업	인수된 기업	계속기업	전 체
이전 직업	42	38	43	**43**
취미 또는 개인관심사	18	16	18	**18**
우연한 사건	10	13	10	**10**
다른 사람의 제안	9	12	7	8
교육/과정	6	3	6	6
가업 승계	5	5	6	6
친구/친척으로부터	6	6	5	5
기타	4	7	5	5
합 계	100(%)	100 (%)	100 (%)	100 (%)

2) 사업 아이디어 원천과 성과

좋은 사업 아이디어는 좋은 성과를 창출할 것인가? 좋은 아이디어는 어떤 원천으로부터 나온는가? 이러한 의문에 명확한 답이 있다면 좋은 아이디어를 확보하기에 많은 도움이 될 것이다. Teach, Schwartz & Tarpley는 1989년 '사업 아이디어의 원천'과 '기업성과'와의 관계 연구를 S/W산업을 대상으로 조사하였다. 연구결과 우연히 사업 아이디어를 발견한 기업들이 의도적인 탐색과 계획 하에 설립한 기업보다 손익분기점에 더 빨리 도달함을 알았다. 또한 우연히 시작한 기업들이 타인자본보다 자기자본으로 운영되고 있음을 확인하였다. 하지만 일정기간이 지난 후 총 매출액은 두 집단 간에 차이 없음을 확인하였는데 이는 창업의 성공 여부가 아이디어 원천 그 자체라기보다는 그 과정에서 어떤 노력을 얼마나 기울이느냐가 중요함을 암시하고 있는 결과라 하겠다.

무어(L.C. Moore)는 창업의 성공을 위해서는 창업 아이디어의 유형과 시장과의 적합성이 중요함을 말하고 창업 아이디어의 유형을 [그림 6-1]과 같이 분류하고 있다.

기존시장에 존재하지 않는 새로운 제품과 서비스로 '새로운 시장'을 형성하는 유형은 다른 시장에서는 이미 있는 제품이라도 새로운 시장에서는 신제품으로 인정되는 유형이다. 이와 달리 기존제품을 개선된 방식의 제품이나 서비스의 기능, 유통구조 등의 방식으로 기존시장에 제공하는 유형을 새로운 혜택을 제공하는 유형으로, '새로운 기술'에 의해서 새로운 제품과 서비스를 기존시장에 제공하는 유형으로 구분하고 있다.

그림 6-1. 창업 아이디어의 유형

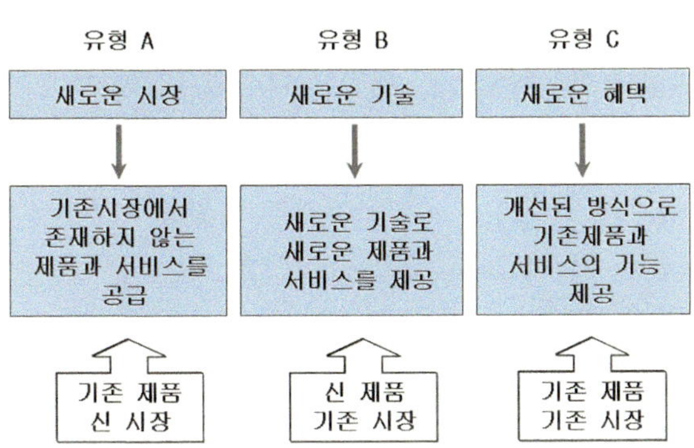

제2절 기 회

사업 아이디어와 기회는 다른 개념이다. 사업 아이디어는 제품이나 서비스에 대한 기능이나 제공하는 가치에 관한 것이며, 기회는 구체성이 부족하거나 없는 정도인 아이디어를 시장에서의 성공 가능성을 확인하고 사업화하는 과정이다.

'좋은 아이디어는 창업가의 한 손에 쥐어 있는 도구에 불과하다'고 한다. 즉 훌륭한 아이디어를 찾아내는 것은 창업가의 창조력을 기회로 연결시키는 첫 번째 단계이다. 아이디어의 중요성이 과장된 나머지 실제 상황에서 고객들에게 상당량의 제품이나 서비스를 팔아야 된다는 점이 간과되는 수가 자주 있다.

성공한 창업 아이디어들도 벤처캐피탈 등으로부터 투자나 자원을 동원하기 위해 수많은 접촉과 실패를 경험한다. 이는 기회를 인지하는 과정이 얼마나 복잡하고 미묘하며, 상황의존적인가 하는 것을 보여준다. 긍정적이고 박식하며, 꼼꼼한 투자자라도 좋은 기회를 놓칠 수 있으며, 당시의 주어진 대안 등으로 인해 의사결정에 우선순위가 밀리는 경우가 많다.

창업의 과정은 마치 생명이 있는 것 같으며 전적으로 상황의존적인 성격을 갖기 때문에 위험과 보상 사이에 균형이 잡히고, 관계되는 것들이 조화를 이루게하는 것에 주의하여야 한다.

1. 아이디어의 역할

반짝이는 아이디어만 가지고 새로운 사업이 성공하는 경우는 드물다. 일련의 시행착오가 반복된 다음에야 소비자들이 돈을 내고 살만한 정도의 제품이나 서비스가 나올 수 있다. 한 창업가가 얘기한 다음의 내용으로 아이디어에서 기회로 만들어가는 과정을 엿볼 수 있다.

> "사업계획서를 작성하고 사업설명회를 개최하는 것이 사업을 키우는 합리적인 과정이 아닐까 하는 잘못된 인식을 가질 수 있다. 그러나 모든 사업가가 확인해 주듯이 사업을 시작한다는 것은 흥분하고, 사업에 착수하여 문득 떠오르는 아이디어를 마구 쏟아 놓고, 진행하다가 장벽을 만나는 과정의 연속이다. 사업을 한다는 것은 한 차례의 우연한 만남이다. 이 만남이 새로운 기회로 이어질 수도 있고, 연결돼 기적을 낳게 하기도 한다."

자주 인용되는 경구로 대박의 신제품 오류(쥐덫의 오류)가 있다. 이는 에머슨(R. W. Emerson)이 말한 "만일 어떤 사람이 남보다 나은 쥐덫을 만들 수만 있다면 그가 숲속에다 집을 짓더라도 세상이 알아서 그의 집 앞까지 탄탄대로를 만들 것이다."라는 것으로 그 만큼 창업가가 되려는 세대에게 해를 끼친 사람은 없을 것이다.

흔히 창업자들은 새로운 아이디어만 있으면 성공할 수 있다고 여긴다. 더구나 오늘날 같이 계속 변화하는 사회에서 아이디어가 기술과 관련되는 것이라면 성공이 확실한 것처럼 여겨진다. 에머슨의 주장에 대하여 윈터스(O. B. Winters)가 "세상에 자기 집 앞까지 알아서 길을 내도록 기다리는 제조업자가 있다면 그는 대단한 낙관주의자일 것이다. 세상에 이 '신제품'을 보여주려면 계속하여 그의 굴뚝에서 연기를 내야한다."라고 반박하고 있다. 이러한 진실을 알고도 신제품 오류(쥐덫의 오류)는 계속되고 있다.

신제품 오류(쥐덫의 오류)의 원인으로는 첫째, 신제품(쥐덫) 근시안에 빠지기 쉽다는 것이다. 발명가들은 거칠고 경쟁적인 비즈니스의 세계의 현실을 경험하지 못한 나머지 비즈니스의 시각으로부터 거의 차단되어 있다. 따라서 사업이 성공하는 데 무엇이 중요한지를 무시하지는 않는다 하더라도 과소평가하기가 쉽다. 사실 발명하는 일과 브레인스토밍을 통한 아이디어를 쏟아내는 일은 제품이나 서비스를 만들어 내는 데 필요한 신중하고 꼼꼼한 관찰과 조사, 그리고 고객에 대한 고려보다는 훨씬 더 재미있을 것이다.

두 번째로는 발명품이나 신제품에 집착하는 심리적으로 강한 소유의식도 한몫을 한다. 이러한 애착은 사업에의 애착과는 다른 것이다. 어떤 발명품이나 신제품에 대한 강한 동일시와 몰입은 사업의 다른 중요한 면인 아주 현실적인 계산을 약화시키거나 배제시키기 쉽다. 사업의 어느 한 측면에 지나지 않는 아이디어만이 아닌 사업 전체를 고려하는 것이 중요하다.

세 번째로 기술이나 과학지향적인 사고이다. 즉 더 좋은 품질의 제품을 만들려는 욕망 때문이다. 최초의 개발 제품이 시장에서 많이 팔리도록 하는데 보다는 계속적인 개량이나 다른 아이디어에 관심을 보임에 따라 사업화의 시기를 놓치고 만다.

최상의 기술이나 아이디어 자체는 대개 성공을 결정짓지 못한다는 많은 예들이 있다. UNIVAC은 컴퓨터 업계에서 기술과 자원의 양에 있어 IBM보다 앞서 있었으나 떠오르는 컴퓨터 산업의 사업 기회를 포착하지 못했다. 더 나아가 최상의 아이디어를 제일 먼저 갖고 있다는 것이 결코 성공을 보장해지는 못한다는 것이다. 우리는 엠피맨닷컴에서 이러한 사실을 확인할 수 있다. 엠피맨닷컴은 2000년 새한정보시스템 오디오 사업부에서 독립하여, 2001년 MP3 관련 원천기술 확보하였다. 한국, 미국, 중국에 특허등록을 하였으며, 80억원의 투자를 유치하고, 최초 개발제품을 다수 보유하는 기술중심기업이었다. 하지만 지나친 기술투자 지향(15억원이 투자된 프로젝트의 제품화 실패)과 MP3플레이어에 대한 소비자의 디자인 중시 및 온라인 마케팅을 무시하는 등 시장변화에 둔감하였을 뿐 아니라 장기간의 특허 분쟁으로 2003년 12월 법정관리를 거쳐 2004년 11월 레인콤에 최종 인수되었다.

제일 먼저, 최상의 아이디어로 시장 내에서 다른 경쟁자보다 압도적인 우위를 선점할 능력이 없다면 또 신규 진출 업체가 감히 넘보지 못할 만큼의 높은 장벽을 구축하지 못한다면 그 시장에서 첫째라는 것은 시장에 덫이 있다는 사실을 경쟁자에게 입증해 보이는 꼴밖에는 되지 못한다.

2. 패턴 인지

1) 경험요인

도구 없이 건물을 세울 수 없듯이 아이디어는 사업을 탄생시키는 도구이므로 성공적인 기업을 창업하는 데에는 반드시 필요하다. 이런 점에서 새로운 아이디어를 발견하는 것에는 경험이 매우 중요하다. 경험을 가진 창업가는 이전에 거기에 있었다는 것이다.

시간이 지날수록 노련한 창업가는 빠르게 패턴-기회-를 인지하는 능력을 가진다. 그것은 꼭 형체를 드러내기 이전에라도 기회를 보는 능력을 말한다. 사이몬(H. Simon)은 패턴 인지는 단순히 논리적인 일차원적 과정이 아닌 창조적 과정으로 설명하고 있다. 그는 이 과정은 종종 직관적이고 연역적이어서 둘 또는 그 이상의 오랜 경험 및 노하우의 덩어리들(chunks)을 교차시켜서 결합하거나 창의적인 연결을 만드는 것이라고 보았다.

창업기회가 될 수 있는 아이디어를 인지한다는 것은, 1 더하기 1은 3이 된다는 것과 같이 다른 사람들이 안 된다고 하는 것, 아니 그 이상의 것을 볼 수 있는 능력에서 나온다. 예를 들어 특정한 분야나 특정 시장에서 얻은 지식을 전혀 다른 기술적, 사업적 마케팅의 노하우와 연결지어서 패턴을 인지하고 새로운 사업을 만들어 내는 능력이다.

2) 아이디어의 기회화

아이디어가 기회가 아니라면 무엇이 기회인가? 기회는 주위의 관심을 끌어당기고, 오래가며, 시기가 맞아야 한다는 성격을 가지고 있다. 또한 기회는 구매자나 최종소비자에게 가치를 창조해 주거나 더해 주는 제품이나 서비스이다. 이러한 특성을 지닌 기회에 대하여 '기회의 창문'(window of opportunity)이 열리고 아주 오랫동안 열린 채로 있게 된다.

가장 성공한 창업가나 벤처캐피탈리스트, 그리고 개인 투자자들은 기회에 초점을 맞추는 사람이다. 즉 고객과 시장이 무엇을 원하는 지에서부터 출발한다.

기회는 아이디어와 창업자의 창조성을 활용하여 창출되거나 육성되어진다. 즉 아이디어는 현실의 조건과 그 시점에서의 창업자의 창조력과 상호작용한다. 이 상호작용의 산물이 기회이고 이 기회로 인하여 새로운 벤처가 탄생될 수 있는 것이다.

자본주의 제도 하에서 기회는 관련 업계나 시장에서 상황이 계속 변하고 있거나 혼돈, 혼란, 불일치가 있거나, 낙후된 것이나 선도하는 것이 있거나, 지식과 정보의 격차가 있거나 그리고 또 다른 다양한 진공상태가 있을 때 발생한다. 사업환경에 있어서의 변화와 그 변화에 따른 예측은 창업에 있어서 아주 중요한 요소이다.

기회는 상황에 크게 의존한다. 특히 규제나 기술상의 변화가 있게 되면 기회에 대하여 생각하는 방식이 근본적으로 바뀔 수 있다. 〈표 6-3〉은 아주 좋은 기회가 될 수 있는 불연속성과 불균형, 그리고 변화의 주요 유형을 보여주고 있다. 삶과 일하는 방식을 바꿔주는 기술의 혁신(PC, 무선통신, 인터넷, S/W),

표 6-3. 기회의 발생과 원인 요소

변화/혼란/불연속의 원인	기회의 발생
규제의 변경	이동전화, 항공사, 보험, 통신, 의학, 세금 및 법률, 환경
급격한 기술의 변화	무어의 법칙 - 반도체 집적도는 18개월 마다 2배씩 성능 향상 금융 서비스, 인터넷, 생명공학
가치사슬 및 유통망의 재구성	대형 판매점, 인터넷 판매, 서비스 유통 구조
독점권과 계약상의 이점	특허, 면허, 제약, 저작권, 유통권
기존 기업의 투자 감소 및 관리부재	정책변경, 새로운 자본구조, 새로운 손익분기점, M&A
기업가적 리더십	새로운 비전과 전략, 새로운 경영팀의 구성,
시장주도자들이 고객을 과잉의식하거나 고객을 의식하지 않음	새로운 소수의 고객에 대한 무시 및 후순위 - 하드디스크 드라이브, 메인프레임 컴퓨터, 데스크 탑 컴퓨터, 자동차, S/W 등

새로운 상거래 규칙의 변화(항공기, 통신, 금융 서비스, 의료서비스), 기존 시장 주도자들의 고객의 수요 변화에 대한 비민감성이나 과도한 의식으로 생기는 틈새시장 등의 발생 그리고 그러한 변화가 가져올 여러 영향에 대한 기대들이 기회인식과정에 중요한 역할을 한다,

3. 기회의 창

기회는 실시간으로 존재하거나 창조되며 소위 말하는 기회의 창이라는 것을 갖고 있다. 창업자가 기회를 포착하기 위해서는 그 창문이 닫히지 않고 열려 있어야 하며 그것도 충분히 오랫동안 열려 있어야 한다.

시장은 시간에 따라 상이한 속도로 성장하며 시장이 빠르게 커짐에 따라 점점 더 많은 기회가 생긴다. 그러나 시장이 커지고 안정됨에 따라 여건은 처음과 달리 호의적이지 않다. 따라서 시장이 눈에 띄게 커지고 구조화되는 시점에 창문이 열리며, 시장이 성숙되는 시점에서는 문이 닫힌다. [그림 6-2]는 미국의 컴퓨터, S/W, 이동전화, 생명공학기술, 신속 오일교환기 등 새로운 산업에서의 전형적인 성장패턴으로 5년 내외 시점에서 창이 열리고, 시장이 성숙되는 시점인 15년 내외에 닫히기 시작하는 모습을 보여주고 있다.

그림 6-2. 기회의 창

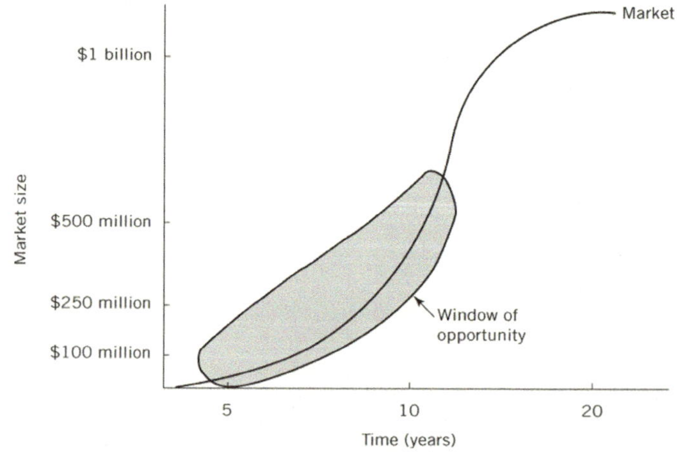

이러한 기회의 창은 기술혁신, 산업의 변화, 시장과 고객의 변화, 정부정책의 변화 속에서 사업의 기회와 성공가능성이 높은 일정한 시기가 있음을 보여주고 있다. 이러한 기회의 창에 영향을 미치는 요소로 가장 주요한 고려요소는 시장의 규모, 시간이다.

시장의 대략적 규모(Raw Size)는 클수록 더 매력적일 것이다. 따라서 매우 중요한 고려 요인이나 산업에 따라 항상 일치하지는 않는다. 특히 대규모 시장은 경쟁이 치열하고, 더 작은 니치 시장이 더 매력적일 수 있다.

시간요소는 모든 기회는 유한한 시간의 범위를 가지며, 사업의 특성에 따라 시간의 범위에 차이가 난다. 위험과 기회의 잠재적 보상은 시간에 따라 달라짐을 고려하여야 한다. 새로운 벤처가 성공할 것인지 실패할 것인지가 결정되는 데는 상당한 시간이 걸린다. 따라서 기회의 창문이 열려 있을 시간이 중요해진다.

기회 개척의 핵심요소는 기술변화, 정부 규제 및 완화, 소비자 선호의 변화, 시장수요의 변화가 주된 요소들이다.

기술적 발견은 사회 경제의 패러다임에 변화를 주며 따라서 사업기회를 제공한다. 이러한 예로 과거 반도체와 마이크로 프로세서의 개발이 많은 기회를 창출한 것에서 사례를 볼 수 있다. 향후 바이오와 IT분야의 혁신활동도 많은 새로운 사업기회를 제공해 줄 것으로 기대되고 있다.

가치관과 생활양식의 변화는 소득의 증가, 교육 수준의 향상, 정보와 지식의 증가, 인구구성의 변화 등에 따라 소비자의 니즈가 달라짐에 따른 결과이다. 이러한 예로 삶의 질을 중시하는 사회적 욕구 증가로 레저, 문화, 생활정보, 홈네트워크, 의료복지, 건강관리 등 새로운 사업기회를 제공하고 있다.

정부규제의 변화는 규제의 강화와 완화 속에서 사업기회가 창출된다. 환경분야의 지속적인 정부규제로 폐기물처리, 배기가스처리, 리사이클, 환경컨설팅, 신에너지 등의 관련 사업 분야에서 새로운 기회가 창출되고 있다. 또한 불법소프트웨어의 규제 속에 정품 소프트웨어의 수요증가가 증가됨도 하나의 영향으로 볼 수 있겠다.

천재지변은 전쟁이나 자연재난의 발생으로 인한 것으로 세계 대전 후 조선업의 발달과 미국의 화산을 이용한 관광사업 등이 있다. 기후변화로 인한 관련 산업에서의 기회가 창출될 것으로 예상하기도 한다.

자원의 발견으로 새로운 기회가 열리기도 한다. 미국 알래스카의 유전발견으로 인한 관련 사업 발달이라든지 금 가격의 상승으로 폐광촌의 산업 부활 등이 예이다.

4. 기회의 선별

1) 기회와의 만남

기회와 만남의 방식으로는 '안에서 밖으로'(Inside-out)와 '밖에서 안으로'(Outside-in)의 두 가지가 있다. 안에서 밖으로의 방식은 '의도적 탐색'이며, 밖에서 안으로는 '우연히 마주치게 되는 경우'로 볼 수 있다.

아이디어 창출과 마찬가지로 기회도 직장 경험, 취미 활동 및 외부로부터의 권유와 의도적 탐색이 원천이다. 실리콘밸리에 있는 회사의 85% 이상이 창업자들의 전 고용주가 제조한 것과 '유사한 제품'을 생산하고 있으며 '유사한 기술'을 이용하거나 '유사한 시장'에서 판매되고 있다. 또한 직장경험은 기술능력과 경영능력 뿐 아니라 사업에 관한 지식을 부여해 줌에 따라 직장 경험은 기회와의 만남에 중요한 역할을 한다. 파생창업(Spin-off)에 있어 전 직장은 배태조직(Incubating Organization)으로서의 역할을 한다.

새로운 분야는 초기에 시장이 형성되어 있지 않으므로 사업적 관심보다는 지적 호기심이 강한 사람들에 의해 취미로 접근하게 되는 경우가 많다. 취미생활 가운데 전문적 지식을 습득하게 되고 사업의 가능성을 발견하게 되는 경우도 기회를 발견하는 주요한 경로이다. 내면적인 사업동기가 강하여 그것을 실현하기 위해 철저한 분석과 계획을 통해 창업기회를 만드는 과정은 의도적 탐색의 경우이다. 사업의 성공은 기회의 발견보다는 기회 창출을 위한 분석과 준비가 중요하므로 의도적 탐색을 통한 기회와의 만남을 만들어 가기도 한다. [그림 6-3]은 기회와의 만남을 보여주는 주요 경로들이다.

그림 6-3. 기회와의 만남

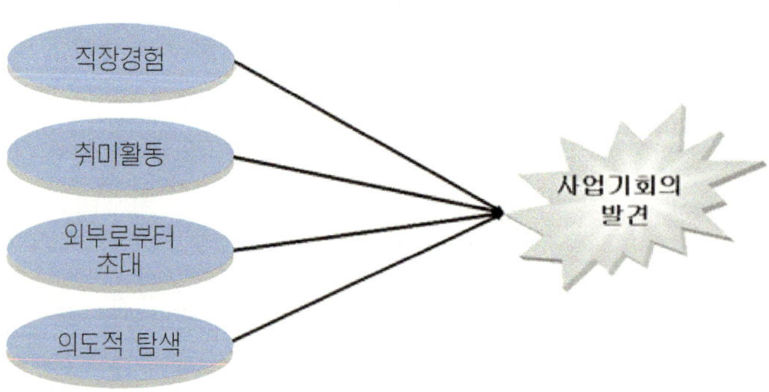

2) 기회의 선별 고려 요소

기회에 초점을 맞추는 것은 기회를 선별하는 데 있어 가장 좋은 결실을 맺을 수 있는 출발점이다. 선별과정의 출발은 전략(기회의 성격으로부터 나오는)이나, 재무분석 및 스프레드시트 분석(전략으로부터 나오는) 또는 회사가 얼마만큼의 시장가치가 있고 또는 누가 얼마의 주식을 보유할 것인지로 부터 해서는 안 된다. 이러한 출발은 본말이 전도된 것이다.

벤처 창업시장에서 오랫동안 경험을 쌓은 사람들은 기회를 선별해 내는 경험적인 지침들을 가지고 있다. 이들은 기회의 가능성을 판단하는 도구로 업종과 시장의 문제, 경쟁적 우위의 문제, 경제적인 문제와 회수의 문제, 경영팀에 관한 문제, 치명적인 약점에 관한 문제 등에 관한 정량적인 방법을 사용하고 있다. 이러한 판단들을 합쳐 주위의 관심을 끌지 않을 수 없는 기회인지 여부를 판단한다. 예를 들어 이 기준들 중 어느 하나에서 압도적인 우위를 나타낸다면 쉽게 승산 있는 진입으로 해석할 수 있지만, 어느 하나라도 결점이 있다면 치명적일 수 있다는 것이다. 창업자들은 높은 가능성이 있는 벤처가 아니더라도 주위의 이목을 집중시키는 기업이 될 수 있는 기회에 관심을 가지고, 다음으로 이 기준들을 어떻게 절충하고 조화롭게 하느냐에 집중하면 성공에 더욱 접근할 것이나.

최고의 잠재력을 가진 사업 기회들은 다음의 많은 부분을 포함하거나 경쟁사가 따라올 수 없는 하나 또는 두세 가지의 부문에서 우세를 보여야 한다.

첫째, 업계 및 시장의 문제이다. 아주 유망한 사업은 VIP 고객의 욕구를 충족시키면서 가치를 더해주거나 새로운 가치를 창출하여 그 혜택을 고객에게 돌려주는 틈새시장을 노리는 제품이나 서비스이다. 이러한 제품이나 서비스의 수명은 투자비와 이윤을 회수하는 데 걸리는 시간 이상으로 지속되어야 한다. 그리고 그 회사는 한 제품만을 생산하는 회사 이상으로 확장될 수 있어야 한다. 낮은 잠재력을 가진 기회는 고객욕구를 존중하는 것에 관심이 집중되어 있지 않다. 그리고 고객들에게 가까이 다가갈 수 없거나 타사 브랜드여서 로얄티를 주고 있는 것이다. 또한 사용자에게 이익을 돌려주는 데 3년 이상 걸리며 가치를 적게 부가하거나 창출하는 것도 주위의 관심을 끌지 못한다. 한 개 제품을 생산하는 회사 이상으로 성장할 수 없는 것도 역시 낮은 잠재력을 지닌 기회 때문이다.

또한 판매원의 수, 판매 유통망 규모, 제품의 차별화 여부, 시장 진입 및 퇴출 조건, 구매자의 수, 비용조건 그리고 가격변화에 따른 주문 민감도 같은 시장구조도 중요하다. 붕괴되었거나 불완전 시장 또는 새로 떠오르는 산업에는 종종 채워지지 않은 틈새시장이 만들어질 불균형과 진공이 있곤 한다. 틈새시장의 예를 들면 자원소유나 비용우위 등을 확고하게 다진 시장이 생겨날 수 있다. 또한 그곳에는 정보나 지식의 격차가 존재하고 경쟁이 이익을 남길 수 있다. 그러나 이것이 시장 전체를 압도할 만큼 강하지는 못하다. 아주 집중된 시장이기에 경쟁이 심하거나, 성숙 또는 쇠퇴하고 있는 업종들은 매력을 끌지 못하는 전형적인 예이다. 유통을 원활히 하고 마케팅을 전개하는데 필요한 자본요소와 비용이 발목을 잡을 수 있으며, 심하게 집중되어 있는 시장에서의 가격할인이나 기타 다른 경쟁전략과 같은 행위가 성공적인 시장진입에 걸림돌이 될 수도 있다. 매력이 있는 신생 벤처는 대규모이며 성장하는 시장(시장 점유율이 낮더라도 상당한 매출을 보이고, 그 매출이 계속 증가하고 있는 시장)에 상품을 판다. 최소한 시장규모가 1억 달러 이상인 것이 매력적이다. 또한 매력적인 시장은 대규모이며 계속해서 성장하는 시장이다. 즉 매출이 증가하여 상당한 시장점유를 기록하더라도 경쟁사가 별로 위험을 못 느끼며, 시장 점유가 낮다고 하더라도 상당한 매출을 올리게 되며 계속해서 그 매출액이 증가하는 시장이다. 연간 매출성장율이 30~50%에 이른다면 그 시장은 새로운 시장 진입자를 위한 틈새시장이다.

어떤 시장에 기회가 존재하고 있다는 것을 알리는 또 다른 신호는 시장규모가 계속 커지는 상황에서 생산설비가 완전 가동되고 있는 시장이다. 즉 기존의 공급량이 충족시키지 못하는 수요가 있는 시장이다. 이러한 경우 창업자는 다른 회사가 생산능력을 증가시키기 전에 새로운 시장 진입자로서 과연 그 시장수요를 채울 수 있을까 하고 스스로 물어봐야 한다. 또한 시장을 주도하는 업체가 되어 최소한 20%의 시장 점유율을 차지하는 것이 중요하다. 낮은 가격으로 제품을 공급할 수 있는 업체는 매력적이지만 계속해서 제품의 가격이 내려가는 상황이라면 그렇지 못하다. 매력적인 기회는 규모의 경제가 무의미한 업종에 존재한다.

둘째, 경제성의 문제이다. 경제성에서의 검토는 세후이익, 손익분기점과 양(+)의 현금 흐름, 잠재적인 투자수익률, 자본소요, 잠재적인 내부 수익률, 순현금 흐름의 특징들, 순이익, 손익분기점까지 걸리는 시간으로 현금 흐름과 이익과 손실에 관한 것들이다. 매력적인 기회란 적어도 10~15%의 지속적인 이익을 보일 잠재력이 있어야 하고 때로는 15~20% 이상의 세후 이익률을 실현해야 한다. 손익분기점과 양의 현금흐름이 2년 이내에 이루어져야 하며, 매년 25% 이상의 투자수익률을 실현하는 기회이어야 매력적이라 할 수 있다. 벤처기업이 너무 많은 자금을 필요로 하거나 투자를 유치하지 못한다면 매력적이지 못하다고 할 수 있다. 미국의 벤처캐피탈 시장에서는 사업을 시작할 때 최초로 투입되는 자금이 100만에서 200만달러의 규모가 전형적이다.

위험-보상관계는 충분히 매력적인가? 이 질문에 대한 답은 다분히 개별적인 것이지만 종종 아주 매력적인 기회의 경우 5~10년에 걸쳐 투자원금의 5~10배를 회수하는 경우이며, 일반적으로 연간 25% 이상의 회수율을 기록하면 아주 건전한 편이다. 순 현금흐름은 자산의 건전성, 채무의 지불능력, 고정자산 및 운전자산, 성장능력 등 재무상태를 확인할 수 있는 도구이다. 자산 집약도가 낮고 마진이 큰 사업은 높은 이윤과 지속 가능한 성장을 할 수 있다. 총이익은 크고 지속적일 것을 요구한다. 20% 이하의 총이익은 특히 그 이익구조가 취약하다면 매력이 없는 것이라 할 수 있다.

셋째, 회수 문제이다. 가치 있는 기술과 같이 어떤 산업에서 전략적 가치, 즉 시장가치가 큰 기술에 바탕을 둔 새로운 벤처기업들은 투자자들의 관심을 모은다. 그런 전략적 가치가 낮거나 없는 기업은 덜 매력적이다. 사업체는 결국 M&A 또는 기업공개를 통해 투자 자금을 회수하기 마련이다. 사업체를 매각함으로써 자본이득을 실현하는 매력이 있는 기업은 퇴출기제에 대한 구상이 있다. 매력적이지 못한 기회는 그러한 퇴출기제를 염두에 두고 있지 않다. 궁극적으로 어떻게 회수할 것인가에 대한 진지한 검토가 창업초기 및 그 이후의 경영에도 중요하다. 어떤 기업을 매각할 것인가, 인수할 것인가는 특정한 시점에서의 자본시장의 여건에 크게 좌우된다. 특히 기업공개는 타이밍이 중요하다.

넷째, 경쟁우위의 문제이다. 매력적인 기회는 가장 낮은 가격으로 생산해서 가장 낮은 가격으로 시장에 유통시키는 것이다. 낮은 비용으로 생산하지 못하게 되면 신규 벤처기업의 수명은 단축된다. 매력적인 기회는 가격, 비용, 유통경로에 대한 통제 정도가 중간 혹은 그보다 강한 잠재력을 갖고 있다. 또한 유리한 기회의 창을 갖는 것이 중요하다. 특허권 보호, 규제상의 이점 또는 다른 법률상의 장점이나 유통 등 시장에서의 독점권 같은 계약상의 이점을 갖고 있거나 가질 수 있는 경우는 아주 매력적이다. 대응/조달 시간에 있어서 우위를 점하거나 점할 수 있는 것이 중요하다. 다른 기업들이 시장에 진입하거나 확장하는데 진입장벽을 만들 수 있기 때문이다. 한 기업이 다른 기업들의 시장진입을 막을 수 없거나 이미 기존의 진입장벽에 막혀있다면 매력적인 기회라고 할 수 없다. 신생기업이 자주 간과하는 문제의 하나가 기업이 생산한 제품을 유통시키는 능력이다.

다섯째, 경영팀의 문제이다. 매력적인 기회란 관련업계의 인재들을 총 집합시킨 훌륭한 팀이 존재할 때이다. 이 팀은 이미 동일한 기술, 시장, 서비스 부문에서 손실과 이익을 경험했고 구성원들이 서로 보완해 줄 수 있는 기술들을 갖고 있어야 한다. 반대로 매력이 없는 기회는 그러한 창업 팀이 아니거나 팀 구성 자체도 이루어지지 않은 경우를 말한다. 최고 정상에 올라있는 경영팀은 업계에서 가장 중요한 전략적·경쟁적 우위를 확보할 수 있다. 아울러 신뢰와 도덕성은 경제적 관계에서 상호 의존을 가능하게 만드는 접착제나 윤활유와 같은 것이다. 떳떳하지 못한 과거나 도덕성이 의심스러운 기록은 B급의 팀에게만 해당되는 것이다. 창업자는 자신이 무엇을 알고 있고 무엇을 모르는지, 팀 내부와 기업내부의 격차나 부족한 점을 어떻게 보완해야 하는지 알고 있는가에 지적 솔직성을 가져야 한다.

여섯째, 개인적인 기준이다. 사업의 요구조건과 창업가들이 사업에서 얻으려는 것이 서로 잘 부합해야 한다. 스티븐슨(D. Stevenson)은 "성공이란 자신이 원하는 것을 얻는 것이다. 행복은 자신이 얻을 수 있는 것을 원하는 것이다."라는 말로 개인적인 기준에 대하여 핵심을 말하고 있다. 창업자 자신의 목표와 적성의 문제이다. 매력적인 기회는 지나친 하락의 위험을 갖지 않는다. 파산은 개인의 경제적 및 정신적으로 엄청난 고통을 주기 때문이다. 아울러 기회비용도 고려해야 한다. 특정 벤처사업 기회에 몰입함으로써 얻는 성과는 포기한 기회에 대한 가치보다 커야 할 것이다. 또한 좋은 기회는 매력적일 뿐 아니라 소망하는 것이기도 해야 한다. 아주 개인적인 기준의 한 예는 특정한 생활양식을 바라는 것일 수도 있다. 성공한 창업가는 위험과 보상의 정도에 대한 계산된 기준을 가지고 있어, 위험을 피하지는 않지만 겪지 않아도 될 위험은 피한다. 적성 개념에서 또 다른 중요한 차원은 급속한 성장기업 경영에 따르는 스트레스에 대처하는 능력이다.

일곱째, 전략적 차별화이다. A급 팀을 대신할 것은 아무것도 없다. A급 팀은 계속해서 소속 벤처기업 직원들의 마음속에 미션과 비전을 심어주고 학습 문화를 장려하며, 높은 수준의 윤리의식을 고취시키고, 성과를 배분하고 경영을 끊임없이 개선시켜 나간다. 회사의 서비스 관리도 매우 중요하다. 고객의 70%는 서비스가 나빠서 떠난다는 통계가 있다. 시간은 아군이 될 수도 있고, 적군이 될 수도 있다. 너무 빠르거나 늦으면 치명적이 될 수 있다. 적벽대전에서 바람이 바뀌는 시각 이전에 조조가 공격을 했더라면 중국의 역사를 바꾸었을 것이다. 타이밍은 종종 우열을 가를 수 있는 주요한 요소이다. 독보적인 제품이나 독점생산이 성공을 보장하지는 않으나 상당한 경쟁우위를 갖게 하는 것은 분명하다. 벤처기업의 유연성은 대기업과 경쟁하는 주요한 무기가 된다. 신속히 위임하고, 해지하며, 적응하고, 필요하다면 폐기하는 능력은 대기업에 비해 확실히 전략적 우위 요소가 된다. 지속적인 기회 지향적 자세와 적정한 가격정책, 새로운 유통경로의 개발 등이 기회의 선별에서 고려되어야 한다.

3) 기회의 선별 절차

기회가 될 수 있는 좋은 아이디어를 선별하는 것은 적재, 적소, 적시의 문제이다. 창업아이디어의 선정 절차는 다음과 같다.

1. 창업 아이디어 선정을 위한 정보 수집 : 신문, 방송, 검색엔진과 창업관련 사이트, 창업관련 도서 등을 통해 관련 기술, 시장정보를 수집한다.
2. 예비 아이디어 분석 : 해당업종의 체험 또는 업종의 경영자와의 면담, 후보 아이디어에 대한 예비사업성 분석을 통해 선별을 위한 주요 고려요소들을 확인한다.
3. 창업 아이디어의 선별 : 아이디어의 선정 시 고려사항으로는 첫째, 창업자의 적성·능력의 적합 여부로 적성, 성격, 건강능력 및 해당업종 경험 또는 사업수행 능력/지식 유무(자신감)과 해당 업종 창업자금 조달 능력은 양호한가? 등이다. 둘째, 시장성·입지성의 전망으로 업종과 입지의 적합성, 시장규모의 성장성 등과 사업발전 단계 상 도입기·성장기 업종인가?, 경쟁현황과 전망은(추가 진입 가능성 검토)? 등이 있다. 셋째, 수익성 여부로 투자 수익률, 손익분기점 금액과 시기, 2-3년 내 흑자 여부와 시설비의 권리금화 가능성 여부(회수 가능성 여부) 등이 있다. 넷째, 상품성 우수 여부로 고객입장에서 가격대비 유용성 여부, 고객 인기도와 경쟁력, 영업 및 A/S여부, 상품조달 및 공급 용이성 등이 있다. 다섯째, 위험요소 여부로 인·허가 문제, 경쟁업체·거래업체와의 분쟁 여부 가능성 등이 있다.

이러한 고려사항에 대하여 2분류법 또는 점수법 등의 방법으로 가능성을 확인한다. 2분류법은 평가의 대상이 되는 아이디어를 '예' 와 '아니오'의 절대적 기준에 의해 평가하는 방법을 말한다. 이 방법은 사업수행에 필요한 가장 핵심적인 요소나 중요 사항만을 체크함으로써 대상 아이디어를 줄여 나가는 예비선별방법이다. 점수법은 아이디어에 대한 주요 요소에 대하여 5점 또는 7점 척도로 점수화하여 합계점수로 선별하는 방법이다. 선별하는 주요 문항으로는 제품관련 내용으로 용도, 품질, 가격, 대체재, 진입장벽 등이 있다. 시장 관련 내용으로는 잠재수요, 경쟁자의 수, 유통경로의 이용 가능성 등이 있다. 자원관련 내용으로는 자본조달능력, 인적 자원의 활용 가능성 등이 있다. 생산관련으로는 기술수준, 설비수준, 특허유무, 원자재 가격 등이 있다. 위험 관련으로는 경기나 계절에 따른 매출액 변동성, 법률의 개폐에 따른 위험, 기술·설비의 진부화 위험, 신제품의 출현 가능성이 있다.

유망 창업 아이디어를 구분하는 간략한 방법으로 ① 작고 실속 있는 업종인가?, ② 시대의 흐름에 맞는 업종인가?, ③ 대기업이 참여하기 곤란한 새로운 분야인가?, ④ 기동성 있는 창업아이디어인가?, ⑤ 자본규모에 적합한 업종인가를 확인함으로써 확인할 수 있다.

일반적으로 유행업종이나 제품은 도입기에서 성장기, 성숙기를 거치지 않고 바로 쇠퇴기 진입하는 것으로 씨티폰의 예가 있다.

기회의 생김새

그리스 시라쿠사 거리의 동상 앞머리에는 머리숱이
무성한데 뒷머리는 대머리,
발에는 날개가 있는 이상하고 우스꽝스런 모습
앞머리가 무성한 이유는 사람들이 나를 보았을 때
쉽게 붙잡을 수 있도록 하기 위함이고,
뒷머리가 대머리인 이유는
내가 지나가면 사람들이 다시는
붙잡지 못하도록 하기 위함이며
발에 날개가 달린 이유는
최대한 빨리 사라지기 위함이다.

"그의 이름은 기회이다."

환경변화 예측에 따른 유망 창업분야로 개성과 창의가 존중되는 사회/ 부드러운 것이 강한 사회에 적합한 아이디어, 정보화 시대, 속도의 시대에 부합하는 제품과 서비스, 개인과 가정이 존중되는 사회에 필요한 산업으로 가족의 생활을 편리하게 해주는 청소, 쇼핑대행업 등과 young산업, silver 산업을 들 수 있다. 자연으로의 회귀, 건강에 대한 관심증대 및 자연(환경)친화 상품과 관련되는 기술의 개발을 들 수 있다.

읽을거리 1

사업 아이디어 7가지 평가기준

'마사 스튜어트 리빙 옴니미디어(MSLO)'의 창업자인 마사 스튜어트는 자기 집에서 작은 케이터링 사업을 시작하여 오늘날 10억달러(1조 2천억원) 규모의 초대형 기업을 일구어낸 그녀가 제시하는 사업 아이디어 평가기준 7가지는 다음과 같다.

1. 시장에서 대안보다 나은 아이디어인가?

강력하고도 중요한 아이디어가 실현 가능성이 높고 훌륭한 사업의 기초가 될 수 있다고 판단되었다면, 이제 그 아이디어가 고객에게 어떤 편의를 제공하는지 살펴보아야 한다. 다시 말해서 "그 제품은 고객이 제시하는 대안보다 나은가?" 또는 "독창적인 인상을 주는가?"라는 질문을 던져야 한다.

2. 고객이 이해할 만큼 단순한 아이디어인가?

단순한 아이디어는 고객의 흥미를 크게 불러일으키는 동시에 판매하기에도 쉽다. 사업을 시작할 때는 아이디어에 초점을 맞추고 관리하기 쉽도록 유지하는 것이 현명하다. 지나친 확장을 꾀해서는 안 된다. 한 가지의 멋진 아이디어에 바탕을 두고 견실한 기초를 다지면서 서서히 시작하는 것이 좋다.

3. 아이디어를 펼치기 위한 지리적 이점을 확보했는가?

물이 풍부한 알래스카의 앵커리지에 풀장 회사를 설립하는 것이 형편없는 아이디어라고 짐작하는 일은 어렵지 않다. 하지만 많은 사람들은 사업에 성공을 가져다주는 미묘한 지리적 이점을 잘 깨닫지 못하는 경우가 많다.

4. 현실적이고 실용적인 아이디어인가?

성공한 많은 사업가들은 푼돈을 가지고 소규모로 시작했다. 현실을 직시하고 알뜰하게 운영하라. 실용적으로 생각하고 명석하게 행동하라. 나의 첫 번째 벤처사업에 대해 다시 얘기해 보자. 케이터링 사업과 식당 사업에는 엄청난 차이가 존재한다. 나는 케이터링 사업 초기부터 이윤을 남겼지만, 고객에게 청구한 비용은 1인당 12~15달러에 불과했다. 우리 집 부엌에서 요리를 한 덕분이다. 이후에 사업이 번창하면서 장비에도 투자하고 직원도 더 많이 고용했지만, 빚을 지지는 않았다. 나는 이익을 재투자함으로써 착실히 사업을 확장할 수 있었다.

5. 아이디어가 너무 방대하지는 않은가?

많은 사업가들이 첫 번째 아이디어를 가지고 지나치게 빨리 과중한 일을 떠맡거나, 거대한 시장에 본격적으로 진출한다. 자금력을 갖추고 경험이 풍부한 임원들조차 종종 잘못 판단해서 제대로 준비되지 못한 채 대규모 시장을 타깃으로 삼기도 한다. 흥미로운 한 예로 식품 배달 회사인 웹벤(Webvan)을 들 수 있다. 실패하기도 한다. 웹벤은 건전하고 훌륭한 아이디어를 가지고 있었지만, '급하게 마구잡이로' 확장하면서 통제력과 초점을 잃은 탓에 파산하고 말았다.

6. 확장하고 확대할 수 있는 아이디어인가?

나는 작은 규모로 시작하지만 훨씬 더 큰 사업으로 발전시킬 수 있는 아이디어를 '빅 아이디어'라고 정의하고 싶다. 다시 말해서 지렛대 역할을 할 수 있고, 어떤 투자를 하든 원래의 목적보다 더 큰 효과를 얻을 수 있다는 뜻이다. 아이디어를 발판으로 사업을 추진하기 위해서 회사가 꼭 대기업일 필요는 없다. 나는 너무 복잡하거나 지나치게 다양한 부분을 다루는 아이디어로 창업하는 것을 별로 바람직하지 않다고 설명 바가 있다.

7. 이 세상을 더 행복하게 만드는 아이디어인가?

참으로 훌륭한 빅 아이디어는 사람들에게 대단히 긍정적인 영향을 끼치는 특별한 '무엇'을 가지고 있다. 우리 아이디어가 사람들의 생활방식에 영향을 끼치거나, 그들의 스타일 감각이 바뀌기도 한다. J. K. 롤링이 〈해리 포터〉 시리즈로 이 세상을 더 행복하게 만든 것은 확실하다. 그녀는 재능이 뛰어나고 상상력이 풍부한 작가며, 정말로 훌륭한 사업가이다.

(출처 : 마사 스튜어트, 〈마사 스튜어트의 아름다운 성공〉)

읽을거리 2

아이디어의 원천 사례

(사회현상으로부터)

블루슈머	주요 통계	유망 산업
기후 양극화를 대비하는 사람들 (Consumers responding to climate change)	· **기상청 <전국 12월 평균기온 추이>** 2012년 -1.7도, 1973년 이후 역대 두번째 낮은 기온 · **기상청 <여름 평균기온>** 2012년 여름(6~8월) 전국 평균기온 24.7도, 평년보다 1.1도 상승	▶ **방한용품** -도심형 아이젠, USB보온장갑 ▶ **방수, 방염** -제습기, 차수판, 얼음정수기, 해충방제 사업
관객에서 선수로 (Amateurs turning Professionals)	· **문화체육관광부 <국민생활체육활동 참여실태조사>** 스포츠 참여활동 2010년 20.5%, 2008년 대비 11.9% 증가 · **국민생활체육회<국민생활체육 동호인수>** 2009년 140만명 -> 2012년 358만명	▶ **체육** -야구용품 전문점, 온라인쇼핑몰 ▶ **음악 오디션 및 출판** -보컬트레이닝, 개인앨범제작, E북 출판

블루슈머	주요 통계	유망 산업
디지털 디톡스가 필요한 사람들 (Digitally addicted seeking digital detox)	· **행정안전부<2011 인터넷중독실태조사>** 스마트폰중독률(전체) 8.4%, 10대 11.4% · **엠블레인<2011 SNS이용실태조사>** 이용자의 40.1%, SNS이용에 스트레스	▸ **건강 및 보안** -스마트폰 사용제한 어플, 항균 액서사리, ▸ **디톡스 여행** -디지털기기 없는 여행상품
은퇴한 부유층 (Wealthy retired Seniors)	· **통계청 <2012 가계금융복지조사>** 소득 5분위 가구 중 60세 이상 가구의 월소득 평균 1억359만원으로 1위 · **현대경제연구원 <2011 은퇴부유층 자산규모>** 15억7천만원 중 거주자산 47.5%	▸ **주거 및 건강** -도심형 실버타운, 실버시터 ▸ **쇼핑** -백화점 전담코디네이터, 이동식 백화점
글로벌미식가 (Global Epicurists)	· **통계청 <2011 사업체조사>** 기타 외국식 음식업 음식점 수 2007년 537개소 → 2010년 1,177개 · **관세청 <2012 주류수입 증가율>** 2011대비 사케 70%, 맥주 23.6%, 와인 16.4% 증가	▸ **제3세계 음식업** -힐링푸드 전문점, 에스닉푸드 테이크아웃 음식점 ▸ **주류** -편의점형 맥주전문점, 세계주류BAR
유통단계를 뛰어넘는 소비자 (Consumers jumping over supply chain)	· **통계청 <2012 서비스업부문 통계조사>** 165m² 이하 종합소매업의 사업체 수 전년 대비 3천150개 감소 · **한국농수산식품유통공사 <농산물 산매가격에서 차지하는 유통비용비중>** 2011년 기준 평균 41.8%, 김장무 80%	▸ **공동구매 및 직거래** -직거래 및 도농결연 중개, 온라인 공동구매 커뮤니티 ▸ **생활협동조합** -통신, 의료, 여행, 육아 등
페달족 (Bicycle Riders)	· **통계청 <2010 인구주택총조사>** 1,734만 가구 중 21.7% 자전거 보유 · **도로교통공단 <자전거사고발생건수>** 2007년 8721건 → 2011년 1만2121건으로 38.9% 증가	▸ **주변 제품 및 서비스** -자전거 정비학원, GPS -자전거 동호인 전용 카페 ▸ **안전 관련** -자전거 전용보험, 보호용품 등

(출처 : 통계청(2008년부터 통계청에서 매년 제공))

(인구통계학으로부터)

► 일본의 사례(3F 트렌드) : 미래(Future), 재미(Fun), 가족(Family)

- 'Future' : 퇴직금 운용, 웰빙사업, 컴퓨터나 어학 등 학습 관련 사업, 친교를 주제로 한 사업, 장묘 사업
  * 오사카 간사이대학 '칼리지 링크형 시니어주택' : 대학과 주택을 결합한 일종의 양로원(283세대) – 일본의 평생교육 수요를 충족하는 기회 활용
  * 여행사와 지방 대학이 제휴하여 2~3주 '시니어 서머 칼리지' 운영
  * '시니어 찻집' 프로토코퍼레이션 : 〈유유자적〉이라는 상호로 미팅룸, 세미나룸 및 PC코너, 구인정보 등 서비스를 제공하며, 게시판, 비서 제공하여 은퇴한 장년층의 화동 공간 제공 사업.
- 'Fun' : '나홀로 여행' – 퇴직 후 부부 간의 인식차이 해소하는 여행 상품. 닌텐도 DS라이트의 최초 컨셉은 뇌단련용 게임으로 'Future'와 'Fun'결합제품.
- 'Family' : 부부 동반여행, 자녀들이 분가한 단카이세대의 주택 리뉴얼, 재건축 사업 등.
- 일본의 수도권에 사는 1948년 전후 태생인 800명을 대상 조사 결과(2006년) :
  * 단카이세대 부부들은 퇴직 후 부부동반으로 즐기는 취미 등에 월평균 2만엔을 쓸 것이라는 전망.

* 지출항목으로 51.2%가 '밖에서 맛있는 음식을 먹겠다', 42.8%는 '공연 관람'을 선택하고 있음.

- 생각해볼 거리 : 우리나라의 경우의 전 후 베이비붐 세대가 55년~63년생으로 은퇴의 시기가 다가오고 있음. 우리나라에 도래할 미래 유망 업종은?

(자원 및 환경으로부터)

► '역 공급망' 구축 〈'방정식 뒤집기'(flip the equation)〉
- 폐부품을 공유하고 부산물을 만들어 폐기물 감소 및 신수입 창출
- 신제품 개발과 제작의 혁신 노력 -〉 반대로 제품을 '분해'부터 생각하면 획기적 아이디어 창출 가능

► 전자업체 : 끊임없이 신제품 출시보다 기존 제품의 성능을 보강하는 부품이나 플러그인(plug-in)의 '소프트 업데이트'로 수입 유지 또는 증가 가능. 제품 위주의 사업 모델에서 서비스 중심으로의 전환에서 새로운 사업 기회 창출.(도시 광산 산업)

► 대량 소비의 시대를 지나면서 자원 고갈은 심각한 문제 - 새로운 시각으로 보면 자원 확보에의 돌파구는 다양함.

* "PC쓰레기 1t에는 금광석 17t보다 더 많은 금"이 포함되어 있음(US지오로지컬서베이)

* 미국 쓰레기매립장의 Al은 지구 전체 매장량보다도 많음. Cu 등도 마찬가지임.

- 종이팩에서 알루미늄과 플라스틱을 분리하는 플라즈마 기술을 응용하여 알루미늄 제련업체 알코아(Alcoa)와 종이팩 생산업체인 테트라팩(Tetra Pak)은 브라질의 피라시카바에 공장을 설립하여 연간 8000t의 플라스틱과 알루미늄을 처리 → 과거 돈을 들여 처리해야 했던 종이팩에서 새로운 富를 창출함.

(문화 트렌드로부터)

► 중년의 진화

2005년 '줌마렐라' : 자신을 위해 투자를 아끼지 않는 기혼 여성들

2006년 '노무족' : '아저씨'를 거부하는 중년 남성들

2007년 '하하족'(HAHA族 : Happy Aging Healthy & Attractive) : 문화생활을 즐기고 건강관리를 하면서 나이 드는 것에 적극적으로 대처하는 행복한 중년세대

► '젊음'보다는 '연륜'을 선호하는 경향, "중년 이후의 삶이 점점 길어지는 추세로 인해 노화 이후의 삶을 어떻게 살아가는 가"에 대한 관심 증대 : 이들은 구매력 보유 계층으로 소비 욕구에 적합한 사업의 기회 창출 가능.
- 노화에의 긍정적 태도는 세계적 추세로 젊고 예쁜 모델이 나오는 미용제품 광고에 40~50대 중년 여성들이 벗은 몸으로 당당히 출연하고 있으며, 뇌단련게임 등 중년용 디지털게임이 출시되어 새로운 게임문화를 창출하고 있음.

► "가장 행복한 연령대가 언제일까"라는 질문 결과
30% - '성숙의 30대', 28% - '완숙미의 40대', 27% - '열정의 20대'로 젊음보다 경제적 안정과 경험을 바탕으로 한 성숙한 세대를 지향하는 사회적 경향이 탐지됨.
이들을 대상으로 한 제품이나 서비스에서 새로운 산업의 탄생과 기회추구가 필요함.

읽을거리 3

지멘스의 기상천외한 사업모델

독일의 보쉬와 지멘스가 공동 설립한 보쉬-지멘스는 7월 브라질에서 기상천외한 사업을 시작했다. 이 회사는 리우데자네이루의 전력회사에 신형 냉장고를 거의 공짜로 공급했다. 전력회사는 냉장고를 빈민촌 주민에게 공짜로 나눠주는 대신 전기를 많이 먹는 구형 냉장고를 회수해 보쉬-지멘스에 건네줬다.

이 거래에서 보쉬-지멘스가 돈을 버는 방법은 구형 냉장고에 숨겨져 있다. 구형 냉장고에서 지구 오존층을 파괴하는 냉매인 HFC를 회수해 처리하면 회사는 탄소배출권을 받게 된다. 이를 거래소에서 팔아 수익을 챙긴다. 이와 함께 사회적 책임을 충실히 수행하는 기업이라는 명성도 덤으로 얻는다. 전력회사는 빈민촌에 저전력 냉장고를 줘 전력수요를 줄일 수 있다. 이 덕에 빈민촌을 위해 추가로 발전소를 짓지 않아도 됐다.

기업이 제품이나 서비스를 무료로 제공하는 대신 광고나 이용료 등을 통해 이익을 챙기는 '공짜 경제모델'이 늘어나고 있다. LG경제연구원의 나준호 책임연구원은 "인터넷의 등장으로 태어난 공짜 경제모델이 오프라인으로 급속히 확산되고 있다"며 "이런 기상천외한 마케팅이 머지않아 시대를 풍미할 주류 트렌드로 자리 잡을 가능성이 크다"고 내다봤다.

예컨대 가계에서 집 다음의 재산목록은 자동차다. 그러나 자동차를 공짜로 나눠주고 달린 만큼 사용료를 받는다면 어떤 반응을 보일까. 이런 일이 지금 이스라엘에서 벌어지고 있다. 미국 벤처기업인 '베터 플레이스'는 무료로 전기자동차를 주고 주행거리만큼 이용료를 받는 사업을 추진하고 있다. 이를 위해 전기충전소를 곳곳에 설치 중이다. 무료 전기자동차 사업 모델은 이스라엘처럼 국토가 좁은 데서 성공할 것으로 보고 있다. 이 회사의 다음 진출 목표지는 하와이다.

공짜 경제모델이 두각을 나타내고 있는 분야는 이동통신이다. 공짜 휴대전화기 사업은 국내는 물론 미국에서도 이미 자리 잡고 있는 마케팅 기법이다. 사실 휴대전화기가 공짜라 해도 공짜가 아니다. 일정기간 의무적으로 사용해야 하고 전화요금도 비싸다. 그러나 진정한 의미의 공짜 휴대전화 사업이 남태평양과 카리브해 연안 국가에서 히트 쳤다.

경제월간지인 포브스코리아는 9월호에서 공짜 휴대전화 사업을 통해 22억 달러의 재산을 축적한 아일랜드인 데니스 오브라이언을 소개했다. 오브라이언은 자메이카와 피지 등에서 휴대전화기를 경쟁사에 비해 80% 싸게 팔거나 아예 공짜로 준다. 또 통화료는 경쟁사의 절반으로 정했다. 일부 특권층의 전유물이던 휴대전화는 이제 빈민층까지 쓰는 필수품이 됐다.

열린 마음으로 다양한 정보를 살피다 보면 미래의 새로운 비즈니스를 한 발 먼저 찾을 수 있다.

읽을거리 4

프리노믹스

2008년 5월 중국 쓰촨성에서 대지진이 발생했다. 이 사실을 세상에 가장 먼저 알린 것은 방송이나 신문이 아니었다. 인터넷 폰블로그로 일컬어지는 트위터(twitter.com)였다. 폰블로그는 휴대폰과 블로그가 결합된 형태로 휴대폰을 이용해 인터넷상에 글이나 사진, 동영상을 올릴 수 있는 웹서비스다. 한 번에 쓸 수 있는 글자 수는 최대 140자이지만 파괴력을 발휘한다는 점에서 '140자의 마법'으로 통한다.

쓰촨성 지진이 발생할 당시 통제된 사회 안에서 트위터가 전하는 소식은 지구촌의 이목을 집중시켰다. 중국 네티즌들은 자신의 휴대폰으로 찍은 사진과 문자메시지를 전 세계에 실시간으로 전했다. 정보의 전파 속도는 기존 매체를 앞질렀고 지진 발생의 원인과 중국 정부의 대응에 대한 토론을 주도했다. 히트작이 된 트위터는 올해 미국의 미디어와 웹사이트에서 가장 많이 사용한 단어로 선정됐다.

이 서비스의 특징은 사용료가 없다는 것이다. 이른바 무료 서비스다. MP3플레이어 아이팟으로 대박 신화를 만든 애플이 이번엔 아이폰(iPhone)을 앞세워 세계 시장을 공략하고 있다. 이 제품은 스티브 잡스의 '혁신'이 만들어낸 최고의 발명품으로까지 일컬어진다.

사람들이 아이폰에 열광하는 이유는 뭘까. 디자인과 소프트웨어에서 앞섰기 때문일까. 그렇지 않다. 음악은 물론 영화, 뉴스 등 인터넷 세상의 모든 정보를 마음껏 사용할 수 있도록 휴대폰과 인터넷을 일체화했기 때문이다. 성공 비결은 바로 '앱스토어(App Store)'라 불리는 콘텐츠 생태계에 있다. 인터넷에 올라와 있는 수많은 콘텐츠를 이곳 '콘텐츠 백화점'을 통해 무료로 이용할 수 있다. 하버드대는 물론 예일대 특강까지 무료로 다운받아볼 수 있다. 음악재생 소프트웨어 아이튠즈(iTunes)는 무료로 음악을 들을 수 있도록 해준다.

무료 콘텐츠의 위력은 막강하다. 올 들어 6월까지 80여개국에서 3500만대가 넘게 팔렸다. 이에 따라 삼성전자 휴대폰이 위기를 맞고 있다. 애플은 2분기에 아이폰 520만대를 팔아 9억6600만달러를 벌어들인 반면 삼성전자는 휴대전화 5230만대를 팔아 6억6890만달러의 영업이익을 내는 데 그쳤다. 판매량이 10분의 1에 불과함에도 영업이익은 비교가 되지 않는다.

왜 이 같은 결과가 나오는 것일까. 그것은 바로 프리노믹스(Freenomics)가 창출해주는 부(富)의 시너지 효과에 있다. 프리노믹스는 무료(Free)와 경제학(Economics)을 결합한 합성어로 무료가 만들어내는 부 창출효과, 즉 무료 경제학을 말한다. 트위터는 무료 서비스지만 비즈니스모델은 5억달러의 가치를 평가받고 있다. 무료가 막대한 기업가치를 만들어낸 것이다. 아이팟과 아이폰도 아이튠즈의 무료 서비스에 힘입어 제품의 가치와 경쟁력을 높이고 있다.

인터넷 포털들이 무료 이메일 서비스를 제공하고 광고를 보면 무료로 동영상을 볼 수 있도록 한 사례들도 모두 무료 경제학의 원리를 이용한 것이다. 인터넷 백과사전인 위키피디아, 무료 서비스 후 유료화, 무가지 신문 등이 모두 무료 경제학의 논리를 이용하고 있다.

MS는 인터넷 익스플로러 브라우저를 무료로 이용하도록 하면서 윈도로 운영체제 시장을 독점하고 있다. 애플, 노키아, 구글과 같은 기업들이 소프트웨어를 개발해 무료로 배포하는 것은 이처럼 금전적인 수익을 직접 얻기 위한 것이 아니다. 무료 서비스는 시장을 장악하기 위한 '미끼'인 것이다.

『롱테일 경제학』 저자인 크리스 앤더슨은 그의 최근 저서 『프리노믹스(*Freenomics*)』에서 "비용 제로의 디지털 배급 시스템인 웹이 무료 경제의 기적을 만들어내고 있다"며 "디지털 세상의 무료 경제학을 제대로 활용하는 기업들이 21세기 승자가 될 수 있다"고 강조한다.

무료는 결국 진짜 무료가 아니다. 앤더슨은 이런 점에서 95%를 무료로 제공하되 나머지 5%를 차별화(유료화)할 수 있는 '프리미엄(Freemium=Free+Premium)' 모델을 찾으라고 조언한다. 기업들은 무료 패러다임이 만들어내는 위력에 대해 깊이 생각해볼 필요가 있다.

(출처: 매일경제신문)

읽을거리 5

시장은 융합과 결합에 반응한다

한 해에만 수십만 개의 신상품이 쏟아지는 일본 시장에서 작년 최고의 히트상품은 무엇일까? 그것은 첨단 전자제품이나 멋진 패션제품이 아니었다. 밥에 뿌려서 비벼 먹는 고추기름 '다베루 라유(食べる辣油)'였다. 식품업체 '모모야'가 내놓은 이 제품이 2010년 '닛케이 트렌디'가 선정한 히트상품 1위에 올랐다.

조금 매운 정도의 소스에 마늘과 양파, 채소 같은 건더기를 추가한다. 쌀밥과 절묘하게 어우러지는 그 맛이 일본인들의 밥상을 뒤흔들었다. 일본인은 예전부터 밥에 뿌려 먹는 감미료인 후리카케(ふりーかけ)를 즐겨왔다. 모모야는 이 점에 착안했다. 조리할 때 양념으로만 사용되던 고추기름의 성분과 맛을 변형해 후리카케처럼 바꿨다. 경쟁업체까지 가세하면서 라유시장이 1년 새 130억엔에서 940억엔으로 7배 커졌다. 고추기름의 '파생상품'도 인기를 끌었다. 훼미리마트는 '라유 삼각김밥'을 내놓았는데, 작년 한 해 동안 500만개 이상 판매되는 돌풍을 일으켰다.

파나소닉이 내놓은 휴대용 전동 칫솔인 '포켓 돌츠(pocket doltz)'는 여성들에게 선풍적 인기를 끌었다. 소형 손가방(파우치)에 쏙 들어가는 돌츠는 전동칫솔은 집에서만 사용한다는 고정관념을 깨고 발매 6개월 만에 100만개가 팔렸다. 마스카라 케이스를 닮은 고급스러운 컬러와 콤팩트한 디자인이 여심(女心)을 사로잡았다. 또한 가전제품 코너뿐 아니라 약국과 화장품 코너, 계산대 옆 등에도 배치해 쉽게 손이 가도록 했다. 이 제품의 등장으로 가정용 전동칫솔의 시장 규모가 2배로 늘었다.

냄새와 연기 없이 간편하게 생선을 구울 수 있다면? 고바야시 제약이 출시한 '생선 굽는 팩'은 주부들의 이 같은 고민을 해결해 준 아이디어 상품이다. 팩에 생선을 싼 채 전자레인지에 넣고 3분만 돌리면 팩 내부의 특수 필름이 200도까지 올라가면서 바삭한 생선구이가 완성된다. 냄새와 연기가 나지 않고 사용 후엔 그냥 버리면 된다. 출시 1년 만에 450만개가 팔리는 기록을 세웠다. 1~2인 가구가 급증하면서 소량의 간편한 조리 음식을 선호하는 트렌드에 맞춘 게 적중한 것이다.

영국 가전제품 업체인 다이슨의 날개 없는 선풍기 '에어 멀티플라이어'와 소니의 디지털 카메라 'nex'도 히트했다. '에어 멀티플라이어'는 일반 선풍기보다 5배나 높은 가격에도 불구하고 깔끔한 디자인과 편리함, 안전성에 힘입어 일반 선풍기만큼 팔렸다. nex는 크기와 조작의 간편성은 일반 콤팩트 카메라와 비슷하면서 기능은 전문가용 디지털 카메라 수준으로 끌어올려 단숨에 디지털 카메라 부문 판매 2위에 올랐다.

이들 상품의 공통점은 획기적인 기술 혁신의 산물이라기보다는 고객의 니즈에 맞춘 아이디어 제품이라는 것이다. 소비자 니즈에 맞춰 기존 제품의 기능을 확대하거나 바꾸었다. 시장에서 승자가 되는 길은 거창한 기술 혁신에만 있는 게 아니라 시장의 니즈에 기민하게 대응하는 데에도 있다는 것을 보여준다.

제7장 벤처 재무관리와 회계

학습목표

- ❑ 벤처기업의 자금조달
- ❑ 벤처기업의 성장단계와 자금
- ❑ 재무전략의 수립과 재무관리
- ❑ 벤처캐피탈과 엔젤
- ❑ 정책자금과 금융차입자금
- ❑ 기업과 IR
- ❑ 회계와 세무

제7장 벤처 재무관리와 회계

제1절 벤처기업 재무관리

1. 벤처기업의 자금조달

1) 자금조달의 중요성

벤처 창업 및 경영과정에서 자금조달은 기업의 성공과 실패를 결정하는 가장 중요한 요소 중의 하나다. 적절한 시기에 적절한 원천으로부터의 자금조달은 기술이나 아이디어 못지않게 사업성과에 영향을 미친다. 창업과정에서 자금이 얼마나 필요할 것인지, 언제 필요할 것인지, 그리고 이러한 의사결정이 경영활동에 어떠한 영향을 미칠지를 알 수 있다면 창업은 보다 성공적으로 이루질 수 있을 것이다.

창업자들의 주요 관심 중 하나는 필요한 자금을 어디서, 어떻게 마련하는가의 문제이다. 자금을 어디서 어떠한 조건으로 조달하였는가는 창업자의 소유지분에도 영향을 미친다. 초기에 지분투자 방식 중심으로 자금을 조달하는 경우 창업자의 지분비율은 빠르게 줄어든다. 증자과정에서 어떠한 배율로 자금을 조달하는가에 따라 창업자에게 돌아올 수 있는 미래의 수익에 커다란 차이가 있게 된다. 불리한 조건으로 초기 자금조달을 하는 경우 자신의 노력과 기여에 비해 보상이 줄어들게 된다.

반면에 차입에 의한 자금조달을 하는 경우 금융비용의 부담이 커지게 된다. 부채비율이 증가하면 도산의 위험이 높아지게 되며, 기업실패의 경우 창업자의 개인적 채무가 되거나 신용불량 상태에 빠지게 된다. 또한 창업 초기에는 기업의 신용이 약하기 때문에 차입에 의한 자금조달 자체가 어렵고, 개인적인 담보에 의한 자금조달은 벤처사업과 같이 위험이 높은 경우 적절치 않은 경우가 많다는 점을 신중하게 고려해야 한다.

자금조달은 창업 초기뿐만 아니라 성장단계에서도 매우 중요하다. 성장단계에서 급속히 소요자본이 증가하게 되는 경우 IR(벤처투자 유치를 위한 기업홍보활동)을 통해 외부자금을 대규모로 조달해야 할 필요성이 생기게 된다. 적절한 시기에 적절한 방법을 통해 유리한 조건으로 자금을 조달할 수 있다면 벤처의 성공 가능성은 높아진다.

또한 창업자금 조달 시 어떤 내용의 자금을 누구로부터 조달하는가가 벤처의 성공을 위해서 중요하다. 창업주주의 구성이나 자금조달의 원천을 보면 창업기업의 장래를 예측하는 것도 어느 정도 가능하다. 가령 명성이 있는 벤처캐피탈의 투자나 정부의 지원을 얻어낸 벤처기업이라면 추가 투자유치에 있어서도 유리한 평가를 얻을 수도 있다. 미국의 경우 업계의 전문성이 높은 엔젤 등으로부터의 자금조달은 초기 무명기업의 부담(Liability of newness)을 완화시키는데 큰 도움이 된다.

일반적인 창업의 경우 -초기에는 대개 창업자 자신의 자금을 기초자금(seed -money)으로 시작한다. 그 후 사업이 진전됨에 따라 자본이 더 필요해지면 외부로 부터의 조달을 증가시키게 된다. 그러나 벤처창업의 경우에는 창업시점에서 적절한 외부자원의 동원을 염두에 두고 시작해야 한다. 위험이 높은 사업에 개인부담이 높은 자금동원은 여러 가지 면에서 적절치 않으며, 또한 자금조달의 적시성(timing)이 기업경쟁력의 확보와 유지에 결정적인 요소이기 때문이다.

기업의 성장단계에 따라 위험과 보상을 고려한 다양한 방법의 자금조달이 필요하다. 이러한 점에서 벤처의 자금조달은 단계화된 자금조달(staged financing)이라고 한다. 자금조달의 형태는 [그림 7-1]과 같다.

그림 7-1. 기업의 자금조달 형태

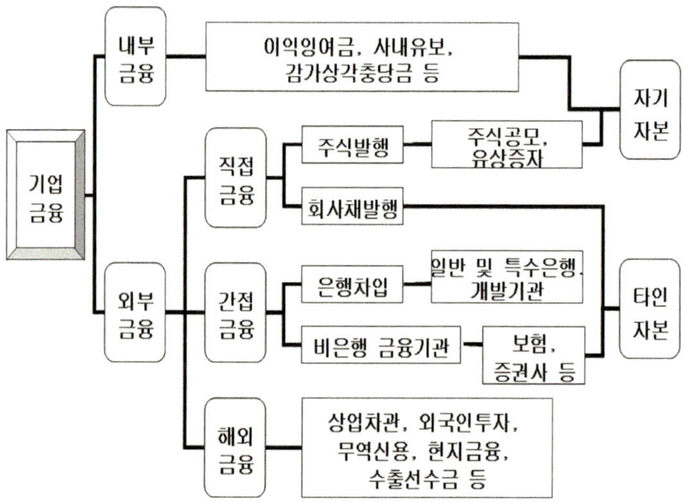

2) 벤처기업의 일반적 자금조달 원천

자금조달의 원천을 결정하기 위해서는 창업자의 여건이나 상황 그리고 필요성을 먼저 파악하여 그에 적합한 원천으로부터 조달하는 것이 바람직하다. 자금의 원천을 결정하는 요인으로는 〈표 7-1〉과 같은 사항을 예로 들 수 있다.

표 7-1. 벤처기업의 자금원천 결정요인

결정요인	내용
창업자의 형편	경험, 능력과 자질, 개인재산
산업성숙도	성숙산업이고 경쟁이 치열할 경우 더 많은 자금 필요
필요자금의 크기	많은 자금이 필요하면 다양한 자금 출처가 필요
자금사용처	사용처의 장단기 여부에 따라 자금원이 달라짐
차입과 자기자본과의 이익차이	회계나 세법에 따라 이익이 달라짐
시간과 주변 상황	시간이 촉박하거나 상황이 긴박해지면 불이익을 가져오는 자금원을 택할 가능성이 있음
자금조달방법 숙지도	창업자가 얼마나 자금조달방법에 대하여 잘 알고 있는지의 여부가 자금원의 선택에 중요한 영향 미침
자금조달비용	누구에게서 어떻게 조달하느냐에 따라 금융비용이 달라짐. 따라서 조달원천을 달리 할 수 있음

사업이 진행되면서 다양한 자금의 원천이 존재하나 이러한 원천에 접근하여 자금을 조달하는 것이 쉬운 일은 아니다. 창업자가 사업을 진행시키면서 접근할 수 있는 원천을 제시하면 다음과 같다.

첫째, 창업자 자신의 자금으로 일반적으로 종자돈(seed money)이라고 부르는데 종자돈의 출처로는 창업자 자신의 현금이 가장 대표적이라고 할 수 있는 창업준비금이다. 애플 컴퓨터를 창업한 스티브잡스는 그의 낡은 폴크스바겐을 팔아서 종자돈에 보태 써야 했고 그의 동업자 스티브 워즈니악은 자신의 소형 계산기를 팔아 보태기도 했다. 일단 자신의 돈으로 사업을 시작하게 되면 다른 원천으로부터 자금을 끌어 쓰는 경우에 비해 몇 가지 이점이 있다. 가장 큰 이점은 자신의 돈이기에 지출에 있어 보다 신중을 기하게 된다. 또 다른 이점은 사업이 진행되면서 만나는 다른 투자자들에게 신뢰를 줄 수 있다. 가령 자신의 현금투자는 한 푼도 없이 다른 투자자들에게 도움을 구한다면 "망하면 내 돈만 날아가는데..."라는 생각을 들게 할 수 있기 때문이다.

둘째, 종업원으로 창업자 자신이 고용한 종업원도 종자돈의 원천이 될 수 있는데 이 경우 회사의 주식을 주는 것이 일반적이다. 종업원의 투자를 이끌어 낸다면 자금의 조달효과뿐만 아니라 종업원의 회사에 대한 몰입도 증대시킬 수 있다. 또 기업을 성장시켜 가치를 높이는 것이 종업원 자신의 부를 증대시킨다는 동기도 부여될 수 있다.

셋째, 친척과 친구로 실제적으로 창업자 자신의 현금이 부족할 때 가장 먼저 둘러보게 되는 원천이 친척이나 친구이지만 또한 접근할 때 고민스러운 원천이기도 하다. 우리는 주위에서 친척이나 친구에게 돈을 빌린 창업자가 사업이 어려워져 그들의 투자금액을 날려버렸을 때 금전적 어려움뿐 아니라 인간적인 곤경에 처한 경우를 어렵지 않게 볼 수 있다. 하지만 접근하기 가장 손쉬운 자금원천임에는 분명하며 이들을 어떻게 설득하느냐가 문제일 것이다.

넷째, 엔젤(angel)로 주로 창업회사만을 골라 투자하여 돈을 벌고자 하는 전문성을 가진 개인투자자를 의미한다. 이들의 특징은 매우 유망한 사업만을 골라서 투자하려 하고 공식적으로 알려지는 것을 좋아하지 않는다. 또한 언제라도 좋은 기회만 오면 다른 투자자들과 연대하려 하고 창업자가 찾아오길 기다리는 것보다 그들이 스스로 창업자를 찾아나서는 경향이 있다. 엔젤과의 만남이 창업자의 자본조달에 있어 행운이 되는 반면, 위험을 가져올 수 있다는 점을 간과하여서는 안 된다. 잘못된 사람을 투자자로 불러들이면 나중에 골칫거리가 될 수 있기 때문이다. 비공식적이기 때문에 막상 필요할 땐 믿을 수 없게 돌변하기도 하고 약속을 지키지 않고, 제때에 투자를 하지 않는 경우도 있다. 또한 투자를 이유로 지나치게 경영에 간섭하려는 경우도 있다. 간혹 투자를 미끼로 접근하여 회사의 경영 기밀이나 기술을 훔치려는 사기성 투자자(black angel)도 있기 때문에 투자를 받는다고 무턱대고 좋아할 것이 아니라 투자자에 대하여 신중히 알아보는 것이 바람직할 것이다.

다섯째, 벤처캐피탈은 일반적으로 기술력과 장래성은 있으나 자본이 부족한 벤처기업에 창업초기부터 자본과 경영자원을 지원하여 육성한 후 투자자본을 회수하는 금융기관을 말한다. 이러한 벤처캐피탈과 일반 금융기관과는 지원형태나 회수방법 등에 있어 몇 가지 차이점을 보이고 있다.

벤처캐피탈을 이용하면 경영자문이나 벤처팀의 구성 등 자금 이외의 경영지원을 받을 수 있고 벤처캐피탈의 투자를 유치한 벤처기업은 사회적인 신뢰나 평가의 측면에서도 높은 점수를 받을 수 있다는 장점이 있다. 두 가지 형태에 있어 VC와 금융기관은 지원형태에서 투자와 융자, 담보의 유무에서 없음과 있음(때로는 신용융자도 있음), 투자금 회수 방안과 성과보수의 유무, 회수의 위험에서는 높음과 상대적으로 낮음으로 차이가 있다.

여섯째, 정부지원금, 정부 재정자금 및 공공기관의 직접투자 등이 있다. 벤처창업기업의 자금조달원은 〈표 7-2〉와 같이 정리된다.

표 7-2. 벤처창업자금 조달원천

구분		내용
본인투자자금		· 가장기본적인 원천 · 기업주가 조달 가능한 자금이 어느 정도인가에 따라 결정
외부영입자본	동업자금	· 자금동원 용이 · 경영상 시너지 효과
	엔젤	· 창업 후 자금이 곤란한 시기에 투자 · 벤처캐피탈보다 High Risk-High Return · 자본뿐 아니라 경험이나 판매 등에서도 역할 수행
정부재정자금		· 주로 기간이 장기이며 융자금리가 낮음
벤처캐피탈		· 벤처기업에 있어 가장 중요한 창업자금조달원천
공공기관에 의한 직접투자		· 중소기업진흥공단, 한국산업단지공단 등 · 기업은행, 산업은행 등 국책은행
금융기관 일반차입금		· 대출업무 외에도 투자업무의 취급을 확대

2. 벤처기업의 성장단계와 자금

1) 벤처기업의 성장단계

기업의 조직성장에 대한 논의는 조직이 가진 문제점을 해소해가는 과정과 특성에 대한 차이를 밝히는 것으로 구분되고 있는데, 기업이 새로운 성장기회를 추구하는 것에 따른 반응이다. 조직의 성장은 조직적응에 관한 변증법적 관점에서 일련의 진화(evolution)와 혁신(revolution)의 과정으로 조직의 구조적 특성과 관련이 있다. 이와 같이 조직의 성장단계는 광범위한 조직적 활동과 구조를 포함하는 개념이다.

조직의 성장단계는 순차적으로 발전하며 역행되지 않는 특징이 있는데 성장단계에 대하여 기업들이 예측 가능한 성장단계를 거쳐 변화한다고 보고 있다. 또한 각 단계에 부합하는 전략, 조직구조 및 주요한 경영활동이 있음도 확인되고 있다. 반면 성장단계의 구분에 대한 합의는 아직 이루어지지 않고 있다. 일반적으로 기업 성장단계는 조직수명주기(Life Cycle)관점과 다단계(Multiple-Stage)과정으로 설명되고 있다.

벤처기업의 성장단계는 창업 초기/ 생존 · 유지/ 성공 · 지속/ 성공적 성장/ 고성장 · 도약 단계로의 구분과, 창업준비/ 계획/ 계약용역/ 전매품/ 다제품 단계로 구분함이 대표적이다. 최근에는 성장단계를 4단계로 구분한 모델이 활용되고 있다. 기술기업의 성장단계와 단계별 주요 과제는 [그림 7-2]와 같이 설명된다.

그림 7-2. 벤처기업의 성장단계

자원의 획득 기술개발	창업과 관련된 생산	판매/시장점유율 증대 조직적 문제 발생	수익, 내적 통제 미래성장기반
제1단계 창업단계	제2단계 상업화단계	제3단계 성장단계	제4단계 성숙단계

각 단계의 특성을 보면 창업단계는 존재, 생존의 단계로 창업에 필요한 자원을 획득하여 기업을 설립하고 제품과 서비스를 개발하는 단계이다. 공식적인 구조는 존재하지 않고 대부분의 활동이 창업자에 의해 주도되는 기술적 문제에 초점이 있다. 일반적으로 이 단계는 창업 후 2년 이내의 기업으로 규정하고 있다.

상업화의 단계는 자금조달을 통하여 상업화를 위한 제품이나 기술을 개발한다. 초기 성장기로 위기단계와 성공단계의 범주로 제품생산과 매출이 발생되며 기업 관리상 위기와 시장성장에 주력하는 단계이다. 이 단계는 창업 후 4년 미만의 기업들이 대부분 해당된다.

성장단계에서는 도약단계로 제품다각화와 매출이 급격하게 늘어나며 조직적으로는 계층이 증가하고 기능적 전문화가 일어난다. 공식적인 구조와 체계가 필요해지는 시기이다. 일반적으로 주식시장에 상장되지 않은 4-8년 사이의 기업이 해당된다.

마지막으로 성숙단계는 중견기업으로 안정화되고 주식시장에도 상장된 단계로 창업 후 8년 이상의 기업이 일반적이다. 기업의 성장률이 시장성장과 일치하는 수준으로 중요한 문제는 성장률을 유지하는 것이며 추가적인 제품개발에 역점을 둔게 된다. 조직적으로는 전문적이고 경험 있는 경영자나 경영팀이 경영을 맡게 되고, 업무수행은 표준화와 공식적인 절차에 따라 이루어지며 대부분의 종업원이 매우 전문화되어 있다.

각 단계별 특성과 위험, 목표를 정리하면 〈표 7-3〉과 같다.

표 7-3. 벤처기업 성장단계별 특징

성장 단계		특성	목표	위험
초기단계	씨앗단계 (Seed Stage)	제품 개발 초기로 미완료 상태	제품의 성공적인 개발	원하는 제품 개발의 실패
	창업단계 (Start-up)	계획 제품의 완성과 시장조사 및 사업계획 완료 상태	완전한 시장조사와 함께 제품의 시장출하 준비	시장 규모의 경제성이 없는 경우
성장단계	제2단계 (Second-Round)	본격적인 제품 출하로 매출 실현 시기	성공적인 시장진입과 목표매출의 달성 및 최소한 손익분기점 달성	급격한 매출 증가, 기업의 확장 등 변화에 대한 경영자의 경영능력 부족
확장단계	확장단계 (Mezzanine Stage)	시장의 호응으로 급격한 매출 증가 및 손익분기점을 지나 이익 실현	매출액 증가의 유지 및 시장점유율 제고로 높은 이익 실현	확대된 조직의 체계적 관리능력 부재, 미예상 경쟁자 출현
안정 및 구조조정	투자자금 회수단계 (harvest)	안정된 매출액 증가율 유지 및 신제품 개발을 시도하는 단계	주식공개 및 합병	매출액 및 시장점유율의 하락으로 기업공개 또는 합병에 실패

2) 성장단계별 자금조달과 운용

기업이 성장함에 따라 자금조달방법이나 원천이 다양하게 된다. 창업 준비단계에서는 창업자 자신의 저축이나 친분관계의 사람들로부터 빌린 자금으로 시작하는 경우가 많다. 그러나 점차 기업이 성장하면서 그 필요자금의 규모도 커지게 됨에 따라 외부의 자금원천을 찾게 되며 그 조달시기 역시 중요한 문제가 된다. 벤처기업의 성장단계에 따라 자금조달의 시기와 종류는 다음과 같다.

① 종자돈(seed money) : 창업 준비금으로 비교적 규모가 작다. 이 돈은 주로 창업자가 가지고 있는 아이디어를 증명하기 위해 제품모형을 제작하거나 초기 시장조사 등을 수행하는데 활용되는 자금이다.

② 창업자금(start-up capital) : 벤처의 제품을 생산하기 위해 설비를 갖추거나 시장진입 초기 판매를 준비하는데 소요되는 자금이다. 기업마다 차이는 있겠으나 보통 수개월에서 1년 정도 사용하기 위해 조달된다.

③ 1단계 자금(first-stage financing) : 창업자금과 같은 뜻으로 쓰이기도 하며 창업단계를 넘어서 전체적인 운영과 시장개척을 위해 조달되는 자금이다. 따라서 창업자금보다는 큰 규모의 자금조달을 의미하며 창업자 자신이 조달할 수도 있으나 일반적으로 외부로부터 조달을 보색한다.

④ 2단계 자금(second-stage financing) : 생산과 판매의 규모를 확장하기 위해, 즉 기업의 역량과 규모의 확장을 도모하고자 조달되는 자금을 의미한다. 여기서 중요한 것은 기업이 손익분기점(break-even point)을 넘어 수익을 내고 있는가 여부이다. 수익이 나지 않고 있는 상황에서의 무리한 확장은 자칫 위험을 초래할 수도 있기 때문이다.

⑤ 메자닌 자금(mezzanine financing) : 기업이 손익분기점을 지나 충분히 이익을 창출하고 있을 때 본격적으로 사업의 확장을 이루고자 조달하는 자금을 의미한다.

⑥ 연결자금(bridge financing) : 기업공개를 위하여 필요한 자금을 의미한다. 즉 주식을 상장 혹은 등록시키기 위해 재무구조를 정비하거나 소유지분 정리 등에 소요되는 자금이다. 기업공개 6개월 내지 1년 전에 기업 확장자금을 구성하며 공개 시 증자자금으로 상환된다. 성장단계별 자금조달과 운영은 〈표 7-4〉와 같이 정리할 수 있으며, 이를 제품수명주기와 결합하여 시간의 경과에 따라 사용 가능한 자금의 원천을 예시하면 [그림

7-3]과 같다.

표 7-4. 성장단계별 자금 조달원과 운용

구분	조달원	운용
창업단계 (Start-up)	창업주, 가족, 지인, 정책자금	기술개발
성장단계 (Second-Round)	엔젤, 지인, 정책자금	초기생산, 초기 마케팅
확장단계 (Mezzani9ne Stage)	벤처 캐피탈, 투자은행	양산, 시장 확장
투자자금 회수단계 (Harvest)	IPO	투자자금, 차기 아이템 개발

그림 7-3. 제품수명주기에 따른 자금 조달원

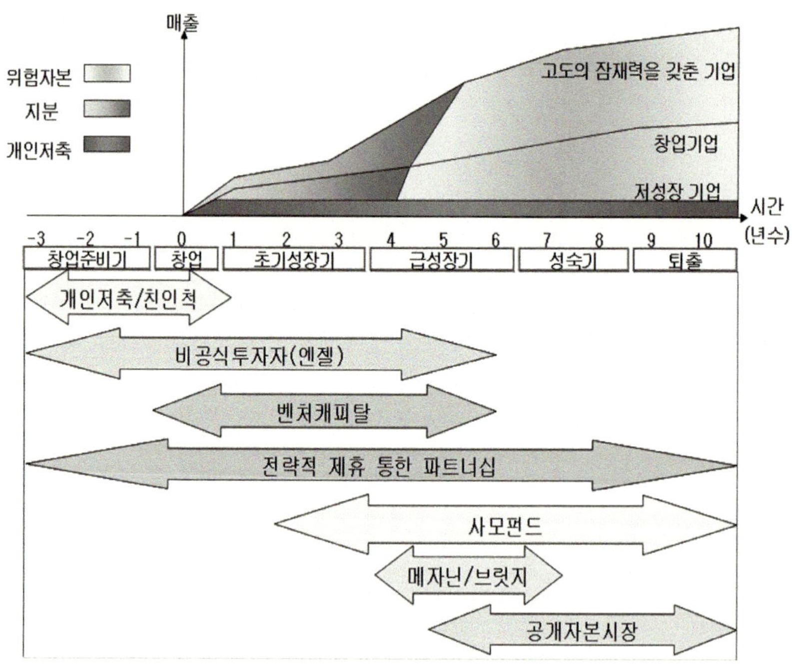

3. 벤처기업의 재무관리

1) 재무관리의 의의

기업에 있어서 자금의 조달과 운용에 관한 제반 활동을 계획하고 집행하는 일련의 경영활동이다. 금융시장을 배경으로 기업 내의 자금흐름과 관련된 모든 의사결정을 보다 효율적으로 유도하고 관리하기 위한 이론과 기법이다. 즉 기업의 부(wealth) 또는 가치(value)를 극대화하는 과정에서 모든 재무의사결정을 합리적으로 내리기 위한 방법이다.

재무관리는 종래까지만 하더라도 기업조직 내에서 필요한 자금을 조달하고 운영하는 정도로만 취급되어 왔으나, 오늘날 재무관리자는 기업규모를 어느 수준으로 할 것인지, 자산의 구성을 어떻게 하고 자본구조는 어떻게 배분할 것인가에 대한 모든 문제를 다루게 되며, 매출액 증감에 따르는 예측과 더 나아가서는 기업의 미래성장을 위하여 잠재적인 흡수 · 합병(M&A)까지도 담당하고 있다.

재무관리자의 가장 중요한 과제 중의 하나는 기업의 목표구조와 목적이 무엇인가를 분명하게 설정해야 한다. 그렇게 될 때만이 재무관리는 능률적인 의사결정의 틀 속에서 운영된다. 오늘날 많은 사람들은 기업의 기본적인 목표는 주주의 부를 극대화함으로써 기업의 가치를 극대화하여야 한다는 데 일치한다. 이런 점에서 기업가치는 주주지분의 시장가치(market value)에 해당되는 것이다. 주주지분의 최대가치는 기업이 지본투자, 자금조달, 배당과 유동자산관리의 결정을 어떻게 하느냐에 따라 영향을 받는 것이다.

벤처기업의 창업에 있어 창업요소는 '창업자(경영팀)', '자원(창업자금)', '창업아이템'이다. 따라서 창업에 필수적인 요소인 창업자금에 대한 정보와 조달방법 그리고 자금의 운영에 따른 관리적인 문제를 고려하여야 한다. 인체에서 혈액이 적정한 혈압과 혈류가 필요하듯이 기업에서 자금의 흐름도 원활해야 기업활동이 제대로 될 수 있다.

특히 젊은 벤처기업가들은 대부분 적정한 규모의 자금이 없는 상태에서 창업을 시도하며, 사업의 성패가 자금에 의존한다면 창업자금에 대한 정보와 창업자금의 조달과 운영은 창업에 결정적인 문제라 하겠다. 더 나아가 엔지니어 출신의 창업기업가에게는 더욱 벤처재무에 대한 지식과 이해가 필요하다.

벤처 재무관리에는 조달과 운영 및 통제활동을 포함하여 일반적으로 다음과 같은 기능을 수행한다.

① 투자결정기능 : 기업의 자원인 자산을 어떻게 운용할 것인가?
② 자본조달기능 : 경영활동에 필요한 자금을 어디서 얼마를 조달할 것인가?
③ 재무분석기능 : 기업의 재무적 의사결정에 필요한 정보를 얻기 위해 기업의 회계 및 재무자료, 증권시장의 자료 등을 분석하는 기능.

2) 재무전략의 수립

재무관리에 있어 자금조달 전략의 원칙에는 필요할 때 조달할 수 있는 적시성, 필요한 양과 질적으로의 적절성, 일상적인 정보수집으로 자금조달을 준비하는 대비성이 요구된다. 자금조달의 생명은 적시(適時)에 조달되어야 한다는 점이다. 최소한 1년 이상의 자금계획을 수립하여야 하며, 구체적인 자금조달 건에 대하여는 6개월 전부터 준비를 해야 필요한 시기를 맞출 수 있다. 특히 정책자금의 경우 신청기간이 정해져 있으므로 시기를 놓치면 다음 해에 신청해야 된다. 두 번째로 양과 질이 적절해야 한다. 조달된 자본의 이익창출능력이 자본조달비용보다 클 때 자금조달의 의미가 있는 것이다. 자금의 양 측면에서는 유동성 위험을 최소화하는 정도로, 자금의 질 측면에서는 자기자본과 타인자본의 구성비율 및 장·단기 부채의 구성비율 및 균형을 감안하여야 한다. 세 번째로 자금과 관련하여 일상적인 정보수집에 노력해야 한다. 창업 초기 기업들이 자금조달(정책자금)에 실패하는 원인의 대분이 정보부족이 주 요인이다. 자금 및 지원정책 등에 관한 정부의 정보제공 웹페이지 주소가 www.bizinfo.go.kr로 창업자는 수시로 방문하여 확인할 필요가 있다.

재무전략을 수립하기 위해서는 다음과 같은 요인들이 고려되어져야 한다. 현재까지의 경영 실적과 성과, 투자자가 인식하고 있는 위험, 산업과 기술, 벤처기업의 잠재력과 수립에 영향을 미치는 요소, 예상되는 퇴출시기, 벤처기업의 예상 성장률, 벤처기업의 연령과 발전단계, 투자자의 요구 수익률과 내부 수익률, 필요 자본금액과 벤처기업의 자체 산정액, 성장·통제·유동성·회수 등에 관한 설립자의 목표, 상대적 교섭 위치, 투자자의 요구조건 등과 같은 상황과 조건에 대한 이해가 선행되어야 한다.

재무전략의 수립을 위한 논리와 작업의 흐름을 예시하면 [그림 7-4]와 같다.

그림 7-4. 재무전략 수립 체계

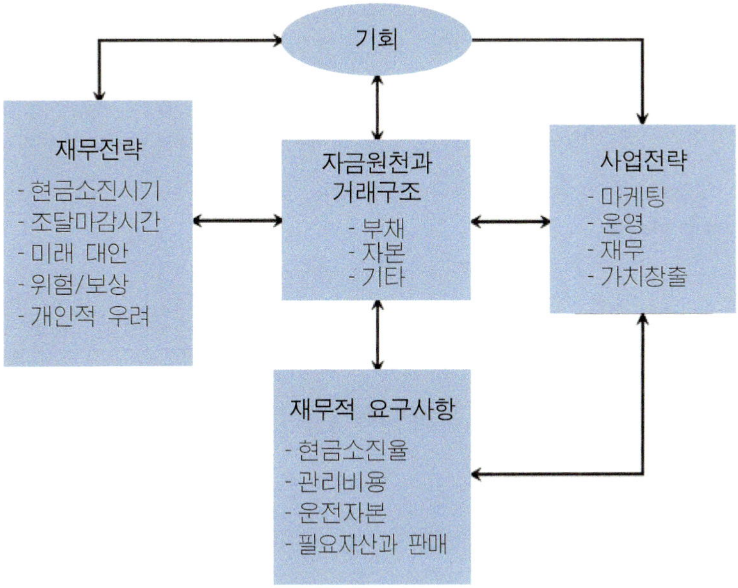

현금 조달과 소진의 시기 등을 예측하고 이에 대한 대안을 마련하는 등 기업 재무 전반에 관한 사항뿐 아니라 사업기회를 추구하는 과정에서 수립된 마케팅이나 생산운영 등에 관한 전략에 따라 자금을 조달하기 위한 여러 요구사항을 고려하여 재무전략은 수립된다.

즉 재무전략은 자금의 조달과 운영에 있어 자금원의 이용 가능성, 적절성, 비용 등의 요인들이 영향을 미친다. 또한 투자자와 채권자의 실제 행동은 개인적 특성과 현재의 시장 상황, 그리고 때로는 지역에 따라 변한다는 사실을 아는 것이 중요하다. 이들을 확보하기 위한 재무전략의 수립은 투자자들이 어떠한 투자기회를 추구하는가에 의존한다.

창업기업의 자금조달 주체와 유형에 따라 외부 조달원을 구분할 필요가 있다. 이는 자금조달의 원칙에 부합하면서 기업의 지배구조 및 장기적인 외부 투자의 확보에 영향을 미치는 요인이기 때문이다. 창업과 동시에 조달하는 자금은 창업자를 포함한 내부가 원천이며 창업주주로서 참여하는 경우가 대부분이다. 다음으로는 기업의 부족한 운영자금의 조달원으로 쉽게 접근할 수 있는 것이 임원, 주주, 직원으로부터의 차입이다. 부채로서 기업의 재무제표에 기재된다. 다음으로 기업의 자금조달원은 정부의 출연금이나 보조금 등 정책자금과 금융기관 차입금, 상거래 신용 등을 활용하게 된다. 마지막으로 시장진입 후 어느 정도 규모의 성장이 있을 경우 외부 조달원으로 부터 자본금을 확충하는 투자유치가 일어난다.

창업기업가들은 처음부터 자금조달을 외부에서 찾고자 하는 경우가 많으나 그러한 경우는 매우 드문 경우로 아래 매트릭스를 참조하여 자금조달 전략을 수립하여야 한다.

그림 7-5. 자금조달 매트릭스

자금조달유형 \ 자금조달 주체	내부조달	외부조달
자기자본	Ⅰ. 내부조달 자기자본 1. 설립자본금 2. 엔젤 투자 3. 이익잉여금	Ⅳ. 외부조달 자기자본 1. 엔젤투자 2. 전환사채 3. VC투자 4. 기업공개
타인자본	Ⅱ. 내부조달 타인자본 1. 임직원 가수금	Ⅲ. 외부조달 타인자본 1. 출연금, 보조금 2. 매입채무 3. 차입금

3) 벤처기업의 자금관리

벤처기업의 재무관리에 있어 세 가지 핵심원칙은 첫째, 보다 많은 현금이 적은 현금보다 선호된다. 둘째, 현재의 현금이 미래의 현금보다 선호된다. 셋째, 위험도가 낮은 현금이 위험도가 높은 현금보다 선호된다는 것이다. 이러한 원칙은 매우 단순하지만 이 원칙을 잘 지키면 위기를 맞을 확률이 낮아진다.

조달된 자금을 어떻게 쓰고 관리하여야 하는가의 문제 역시 자금조달만큼 중요하다. 이러한 문제는 벤처기업의 장단기 재무전략 수립에 직결된다. 벤처의 자금관리에 있어 핵심적인 문제는 첫째, 가치창조로 조달된 자금으로 어떻게 기업의 가치를 창출할 수 있을 것인가, 둘째, 가치분배로 창출된 가치를 어떻게 배분하며 또 어떻게 다시 활용할 것인가, 그리고 관리에 따른 위험을 어떻게 관리해야 할 것인가이다. 벤처기업에 있어 재무전략을 개발하는 것, 선택 가능한 대안들을 파악하는 것, 그리고 자금을 조달하는 것 등은 잠재력을 지닌 벤처기업의 생존과 성공에 있어 결정적인 과업이다.

결과적으로 창업가는 창업 벤처기업의 자금조달과 관련된 핵심적인 문제들인 〈표 7-5〉의 문제들에 직면하게 된다.

표 7-5. 벤처기업의 자금관리 고려사항

고려사항	내 용
가치창출 (value creation) -주주, 고객, 직원	-누구를 위하여 가치를 창출하고 양의 현금흐름(positive cash flow)을 이루며 현금회수 대안을 만드는가?
가치배분 (slicing the value pie) -위험과 수익배분 -현금-위험 시간	-다른 벤처기업의 인수를 위한 거래를 어떻게 할 것인가? -외부 위험 자본을 조달하는데 관련된 핵심적인 사항과 법적 절차는 무엇인가? -창업자들은 외부의 자금주에게 사업계획을 어떻게 효과적으로 설명할 수 있는가? -미리 예측하고 대비하여야 할 위험에는 어떠한 것이 있는가? -시기(timing)는 각각의 영역에서 얼마나 결정적이고 중요한가?
위험처리 (covering risk) -부채 : 통제 -자본 : 단계적 모집	-창업 및 인수, 확장하는데 있어 어느 정도의 자금이 필요하며 필요한 자금은 언제, 어디서 효과적으로 조달할 수 있는가? -어떤 종류의 자금조달 원천이 사용 가능한가? -자금조달을 적절히 하기 위해서는 어떻게 하여야 하는가? -꼭 필요한 재무 네트워크로서 관계를 관리할 사람은 누구인가? -성공적인 창업가들은 기회를 포착해서 활용하기 위한 다양한 재무자원을 어떻게 관리하였는가? 그들은 어떠한 재무적 함정에 어려움을 겪었으며 어떻게 빠져나올 수 있었는가?

신생기업에 있어 재무적 요구사항을 명확히 이해하는 것은 특히 중요하다. 왜냐하면 신생기업들은 고객과 수익이라는 측면에서 안정적 기반을 확보하고 있는 기존의 기업에 비해 상대적으로 더 어려운 재무적 난관들을 통과하여야 하기 때문이다. 초기의 기업들은 많은 자금을 필요로 하는 반면 차입을 하기엔 어려운 실정이다. 그리고 성장속도가 빠를수록 현금에 대한 필요성은 더욱 커지게 된다. 이러한 현상은 [그림 7-6]이 보여주고 있다.

그림 7-6. 창업 벤처기업의 초기 재무상태

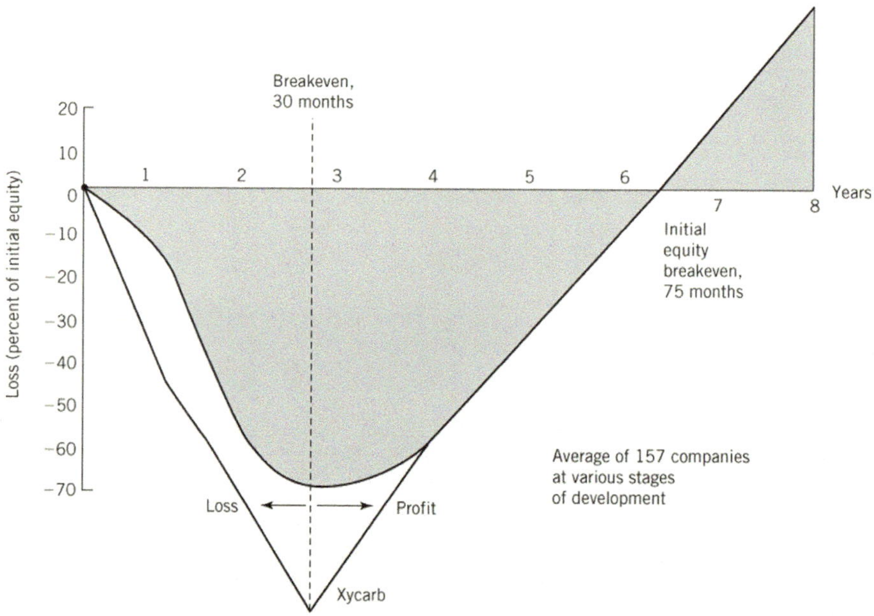

출처 : "New Venture Creation", 2007, Jeffry A. Timmons, Stepben Spinelli.

그림은 초기 투자액에 대한 손실비율을 시간의 경과에 따라 나타내고 있다. 음영부분은 초기부터의 누적 현금흐름을 나타낸다. 이들 기업들의 경우 영업 손익분기점에 도달하는 데 30개월이 소요되었으며, 초기 투자액을 회수하는 데 75개월이 소요되었다. 그림에서 보듯이 현금이 유입되기 전에 한동안 계속적으로 유출된다. 이러한 현상이 벤처기업이 직면하고 있는 재무적 문제의 핵심이다.

4. 성장자금원으로서의 벤처캐피탈

1) 벤처캐피탈

(1) 벤처캐피탈의 의의

창업 벤처기업들은 고도의 기술력과 장래성은 있으나, 아직 역사가 일천하고 경영기반이 취약하다. 따라서 일반 금융기관에서는 위험부담이 커서 융자하기 어려운 벤처기업 등 중소기업에 대하여 자금을 공급하고 그 성장을 지원하고자 하는 기업 또는 투자자 그룹을 벤처캐피탈이라고 한다. 이들은 벤처기업의 특성인 높은 위험을 부담하면서 높은 수익을 추구하며, 이들 기업에 자금을 공급하고 사업화 및 성장을 지원하는 기업과 투자자 그룹이다.

① 벤처캐피탈은 유형의 담보를 요구하는 것이 아니라 투자기업의 기술력, 성장성을 평가하여 무담보 주식투자를 원칙으로 한다.
② 벤처캐피탈은 투자기업이 성장하지 않으면 이득을 얻을 수 없으므로 투자기업과 위험부담을 함께 한다.
③ 벤처캐피탈은 신제품이나 신기술개발 및 기업화를 지향하는 창업단계나 초기 성장단계의 기업 또는 사업의 성공가능성이 인정되는 경우에 자금지원과 기술개발, 기술도입, 인력훈련 등 기술개발 및 기업화 관련자금의 투자까지도 포함하며 그 성장을 돕는 각종 경영지원으로 투자이득을 얻는 금융활동이다
④ 벤처캐피탈의 금융수단 혹은 금융활동은 주식의 인수, 전환사채나 신주인수권부사채의 인수, 약정투자 등 투자뿐만 아니라 투자된 기업에 대한 융자, 리스, 팩토링 등 금융지원 이외에 투자기업의 성장지원을 위한 경영관리, 기술지원 등 각종 컨설팅 활동을 포함한다.

(2) 벤처캐피탈의 기능

① 벤처기업에 대한 자금지원

벤처기업은 통상 연구개발, 창업, 위험동반성장, 안정성장이라는 4단계를 거친다. 은행은 벤처기업이 안정성장단계에 들어서면 비로소 벤처기업의 융자신청에 응하나 안정성장의 후기에는 증권시장을 통하여 자금조달이 가능하게 된다. 그러나 기업화 단계, 즉 창업 내지 위험동반성장의 단계에는 자금수급상의 갭이 크게 발생하는데, 이때 벤처캐피탈은 벤처기업에 자금을 공급함으로써 이러한 자금수급상의 갭을 메워주는 기능을 담당한다. 이와 같이 벤처캐피탈은 미공개기업이 기업의 공개나 자력에 의하여 은행으로부터 자금을 조달할 수 있는 단계에 이를 때까지 지속적으로 지원한다. 전통적인 벤처캐피탈의 자금공급형태는 주로 미공개주식의 취득

또는 전환사채의 인수이지만 경우에 따라서 이미 자본참여를 하고 있는 회사에 대하여 융자를 하기도 한다. 이 경우 융자는 이자소득보다는 투자기업의 주식의 가치를 유지하거나 높이기 위한 수단으로 사용된다.

② 벤처기업 경영지원

창업자는 연구개발에는 유능한 반면, 제품의 판매, 재무, 노무 등 기업의 경영에는 그다지 익숙하지 못할 수도 있다. 또한 신생기업에는 창업자를 도와줄 수 있는 인재가 부족할 수도 있다. 벤처캐피탈은 이러한 경우에 적합한 인재를 알선해 주고 판매, 금융 등에 대한 조언을 함으로써 투자기업의 성장을 지원해 주기도 한다. 벤처캐피탈이 투자기업을 육성, 지원하는 것은 더 많은 자본이득을 얻기 위해서도 그리고 불확실성이 높은 신생기업에 대한 투자를 더욱 안전하게 하기 위해서도 필요하다. 그러나 현실적으로 벤처캐피탈이 어느 정도의 성장지원기능을 발휘하는가는 벤처캐피탈 자체의 역량 및 벤처캐피탈과 투자기업 간의 신뢰관계 등에 달려 있다.

③ 상장 시의 주식공개

미공개기업이 주식공개를 추진할 때, 규정에 의하여 구주주가 일정지분의 주식을 공개할 필요가 있다. 그러나 대주주 간의 경영권문제, 공개시기와 주가에 대한 예상 등의 문제로 인하여 필요한 주식수가 공개되지 못하는 경우가 있다. 이러한 경우에 벤처캐피탈은 기업의 요청에 따라 필요한 주식을 공개함으로써 원활한 기업상장을 위해 기여할 수 있다.

(3) 벤처캐피탈의 역할

① 유망 벤처기업의 선정과 육성

벤처캐피탈은 기술력은 뛰어나지만 경영기반과 신용이 아직 취약한 초기의 벤처기업에 자금을 공급하고 경영을 지원하는 기능을 가지고 있다. 이와 같은 특성을 활용하여 성장할 가능성이 큰 초기단계의 벤처기업을 투자대상으로 선정하고 육성하는 역할을 수행한다. 이는 궁극적으로 산업의 활성화와 기술·지식 집약적인 산업의 발전에도 기여하게 된다.

② 국민경제의 활성화

미국에서는 벤처캐피탈의 지원을 받고 성장한 벤처기업들이 신기술의 상품화와 신시장의 개척 등을 주도하고 있어 벤처캐피탈이 미국의 산업구조를 고도화시키는 데 크게 기여하고 있다. 이처럼 벤처캐피탈은 생산성 하략과 대기업의 국제경쟁력 약화 등 여러 가지 문제를 안고 있는 경제를 활성화시킬 수 있는 역할을 수행하고 있다.

③ 미상장기업의 자기자본 확충

기업성장을 위해 신규분야에의 진출과 신제품개발을 위한 투자가 필요하나 투자자금 회수에는 위험이 따르고 오랜 시일이 걸리기 때문에 차입금보다는 자기자본확충을 통하여 필요한 자금을 조달하는 것이 유리해지고 있다. 또한, 인플레이션이 진정되고 토지 등 부동산가격이 안정세를 보임으로써 기업은 담보가치의 상승을 기대할 수 없게 됨에 따라 은행차입금만으로는 기업이 필요한 자금을 충분히 조달하는 것이 어려워지고 있다. 벤처캐피탈은 증자를 통한 자금조달을 가능하게 함으로써 미상장 중소기업들이 자기자본을 확충하는 데 기여할 수 있다.

④ 지역경제의 활성화

지방에 있는 벤처기업들은 그 지역의 기술기반을 강화함으로써 지역경제 전체를 활성화하는 데 기여한다. 이에 따라 벤처캐피탈은 지역 벤처기업들을 지원함으로써 지역경제의 활성화에 공헌할 수 있다.

⑤ 산업조직의 활성화

벤처기업은 독립성이 강하며 중소 하청기업과는 달리 특정 대기업의 지배를 받는 것을 좋아하지 않는 특성을 지니고 있다. 또한 기술개발에 있어서도 독자적인 연구개발 투자에 주력한다. 이에 따라 벤처기업의 성장과 발전은 중소기업과 대기업의 제반 거래에 있어서 보다 대등한 입장에 서도록 촉진하고 나아가 기업 간 경쟁을 촉진함으로써 산업조직의 활성화에 기여할 것으로 기대되고 있다.

2) 벤처캐피탈의 성장단계별 역할

벤처캐피탈이 대상으로 하고 있는 벤처기업은 성공적인 경우에 창업되어 성숙되기까지 일정한 발전단계를 거치게 되는데 이를 기업의 라이프사이클이라는 관점에서 보면 착안단계, 성장단계, 확장단계, 성숙단계로 구분된다. 이러한 각 단계에서는 해결해야 할 경영과제가 다르므로 자금의 용도나 조달방법도 달라진다. 벤처기업의 발전단계에 따른 벤처캐피탈의 역할을 살펴보면 다음과 같다.

① 착안단계 : 기업은 개인의 마음속에서 출발한 신기술이나 신제품의 기업

화가 착안되는 단계로부터 시작된다. 여기서는 새롭고 검증되지 않은 아이디어나 제품을 모형으로 제작하고 그 시장범위를 정하는 작업이 이루어진다. 불확실성이 매우 높은 시기로 이 단계에서의 벤처캐피탈 투자는 거의 없으며, 자금은 창업자 본인이나, 가족, 친지 등이 제공한다.

② 창업단계 : 신기술이나 신제품의 기업화로 사업을 시작하려는 단계이다. 제품시장의 범위가 정해지면 경영진이 구성되고 생산에 착수하게 된다. 이 단계에서는 창업자금이나 기업화 자금이 소요되며, 아직까지 불확실성이 높은 단계로 투자자의 마음을 끌기에는 부족하다.

③ 성장단계 : 제공하고자 하는 제품이 시장에서 받아들여짐이 확인되어 기업으로서 급속히 선장하는 단계이다. 따라서 기술개발, 설비투자 및 마케팅을 위한 성장자금이 필요하게 된다. 경영의 틀이 완전히 잡히지 않고, 재무구조의 개선이 이루어지지 않은 상태이다. 그러나 손익분기점을 지나고 지속적인 성장의 가능성이 보이면 벤처캐피탈은 적극적으로 투자한다. 기업으로서도 이 단계에서 투자를 받는 것이 유리하다.

④ 확장단계 : 기업은 시장, 수익 및 재무면에서 사회적으로 인정을 받는 단계이다. 규모를 확대하거나 신제품을 추가하고자 하며 또는 새로운 시장에 진출하고자 한다. 이 단계에서는 금융기관으로부터의 차입행위가 비교적 용이하다.

그림 7-7. 벤처캐피탈의 성장단계별 역할

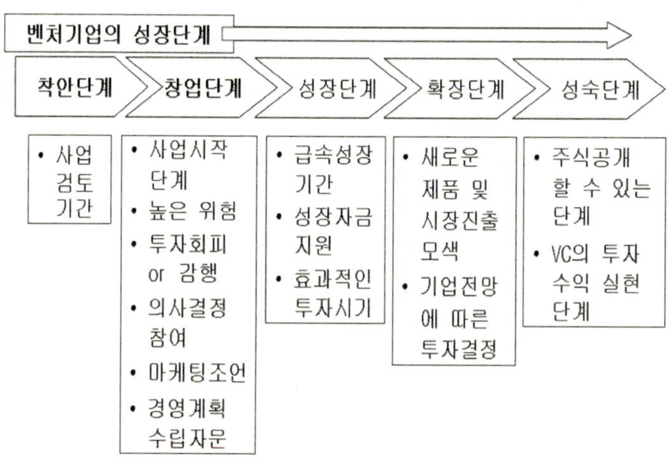

⑤ 성숙단계 : 실질적으로나 형식적으로 주식공개를 할 수 있는 단계이다. 이제까지는 성장성에 중점이 있었으나 이 단계부터는 기업의 종합적인 경영력에 의하여 기반을 형성해 가는 시기로 벤처캐피탈은 자본을 회수하는 시기이다.

그림 7-8. 벤처기업 성장단계별 벤처캐피탈 지원 자금

단계	종류	내용
초기단계 자금지원	창업준비 자금지원 (Seed Financing)	제품개발, 시장조사, 사업계획자금
	연구개발 자금지원 (R&D financing)	신기술과 시제품이 연구개발자금
	창업 자금지원 (Starting Financing)	창업 중이거나 창업 후 1년 이내의 기업제품을 시판하지 않는 기업의 지원자금
	시작단계 자금지원 (First-Stage Financing	초기 단계의 제조 및 판매활동 필요 자금
성장단계 자금지원	2단계 자금지원 (Second-Stage Financing)	제품을 생산 시작하여 재고가 증가하는 기업의 운전자금
	3단계 자금지원 (Mezzanine Financing)	매출 증가기업의 시장확대와 마케팅을 위한 자금
	연결 자금지원 (Bridge Financing)	IPO 6개월 내지 1년 전 기업확장자금, 공개 시 종자자금으로 상환되는 자금
기업매수/ 인수자금지원	기업매수 자금지원	다른 기업의 전체 또는 일부의 매수 시 필요한 자금
	기업인수 자금지원	비공개 기업 혹은 기존기업의 일부를 인수하여 사업활성화 등 추진하는 경우

3) 벤처캐피탈의 활용절차

벤처캐피탈은 기술력에서 우위를 가진 벤처기업을 발굴하여 투자 지원하는 한편, 자금 및 경영·기술 등의 지원을 통해 성장을 도와주며 증권시장에의 상장까지 함께 노력한다. 벤처캐피탈의 투자지원을 받으려는 벤처기업 경영자 또는 창업자는 우선 사업계획서를 제출하는데, 이때 사업계획서는 각종 수치가 정확하고도 적절하게 표시되어야 신뢰를 얻을 수 있다. 또한 영위하는 사업이

특수성과 기술우위성이 있어야겠고 기대수익률이 높아야 유리하다.

벤처기업의 특성은 대기업과 경쟁할 수 있는 기술의 우위를 가지고 있거나 대기업이 진출할 수 없는 틈새시장을 목표로 하는 데 있기 때문이다. 또한 자신의 기술에 대한 자신감과 추진력, 나아가서 벤처기업 경영자로서의 역량 등을 잘 알릴 수 있어야 창업투자회사 등의 투자를 받을 수 있다. 벤처캐피탈의 투자절차는 다음과 같다.

그림 7-9. 벤처캐피탈의 투자과정

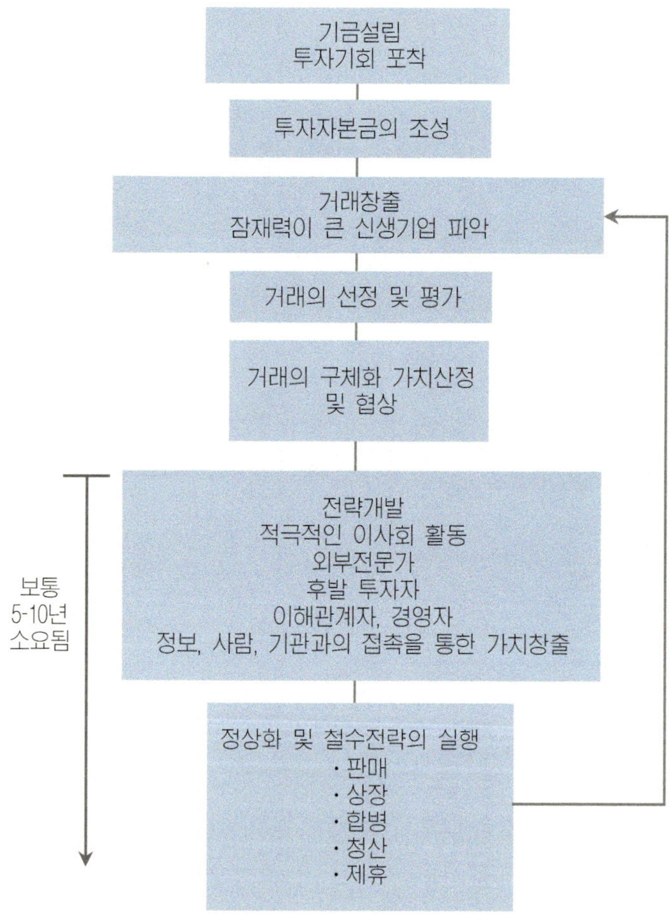

4) 벤처투자대상의 선발기준

벤처캐피탈은 자신들의 투자심사 기준을 가지고 벤처기업을 평가하여 투자의사결정을 한다. 일반적으로 사업기회, 경쟁관계, 경영진, 기술적 타당성, 재무계획의 타당성, 투자회수 가능성 및 투자수익률 등이 평가기준이다. 벤처캐피탈이 가장 이상적인 투자대상으로 보는 것은 고수익의 산업 주도기업의 설립에 투자하여 4~7년 내에 상장 또는 매각하여 높은 투자수익률을 실현하는 것이다.

구체적인 조건으로는 경영자 측면과 제품 측면으로 나누어 본다. 경영자 측면은 ① 산업의 슈퍼스타가 리드, ② 해당사업에서 기업가적, 경영자적 업적이 입증된 경력을 소유, ③ 선도적인 혁신자 또는 기술, 마케팅 능력 소유, ④ 상호보완적이며 양립할 수 있는 기술을 소유, ⑤ 특유의 끈기, 상상력, 몰입 능력을 가짐, ⑥ 높은 성실성을 인정 받고 있는 사람 등이다. 제품 측면은 ① 상당한 경쟁우위를 가지고, ② 고도의 부가가치적 속성을 지닌 제품이나 서비스이며, ③ 독점적 계약 또는 법적 권한을 가진 경우이다.

미국의 경우 벤처캐피탈이 중시하는 투자검토 사항으로 시장 측면은 대규모의 고속 성장시장으로서 ① 향후 5년 내 5,000만$ 규모의 시장이 활성화되며, ② 매년 25% 성장하며, 현재 1억 $ 이상의 시장규모를 가지고, ③ 현재 지배적인 경쟁자가 없어야 한다. 기대되는 경제적 특성은 40~50% 또는 그 이상의 총마진을 가지고, 세후이익 10% 이상으로, 초기에 양(+)의 현금흐름과 손익분기를 달성하는 것이 바람직한 것으로 본다. 적절한 초기 투자규모로 백만$에서 천만$ 사이이며, 5년 내 15배 이상의 P/E를 달성해 초기 투자의 10배 수익이 가능하여야 할 것으로 본다. 그리고 IPO 신청권한을 가지는 그러한 조건을 가진 투자기회를 최상의 거래(super deal)라고 하며 성공적인 벤처캐피탈이 이러한 거래를 다수 성사시켜 왔다.

벤처 투자대상의 선발기준을 요약하면 〈표 7-6〉과 같다.

벤처캐피탈이 투자하는 방법으로는 주식투자, 전환사채(CB), 신주인수권부사채(BW), 프로젝트 투자(약정 투자), 자금대여, M&A투자, 기업인수투자 등으로 다양하게 활용되고 있다. 하지만 최근의 우리나라 벤처캐피탈의 투자형태를 보면 초기 창업투자보다는 Pre -IPO성 투자가 대부분이며, 보통주식의 투자보다는 일정기간 후 보통주식으로 전환하거나 회사의 잉여금으로 상환할 수 있는 상환전환부 우선주식에 투자하고 있다. Pre -IPO성 투자가 상대적으로 증가함에 따라 다수의 벤처캐피탈이 공동으로 투자하는 형태가 대다수이다. 이는 위험

표 7-6. 벤처캐피탈리스트의 투자 선정 기준

사업기회	경영자 특성
· 구조적으로 수익성이 높은 산업 · 성장 잠재력이 높은 시장 · 고객에게 필수적인 제품 · 잠재고객에게 접근 가능한 제품 · 기술축적에 의한 경쟁우위를 유지할 수 있는 제품 · 생산, 유통, 비용이 과다하지 않은 제품 · 시설투자가 과다하지 않은 사업	· 명확한 사업 동기 · 현실적인 경영자 · 강한 성취욕구 및 위험 감수성향 · 고학력, 전문적 기술능력 보유 · 추진사업과 관련하여 성공적인 과거 실적 및 평판 · 물적, 인적 외부자원 활용가능한 원만한 대인관계 · 추진사업에 집중하는 경영자 · 경영성과를 공유할 수 있는 경영자

분산의 목적도 있지만, 절대적인 투자규모의 증대에 의한 결과로 보인다. 또한 계속되는 경기침체로 기존 투자기업에 대한 구조조정형 투자가 급증하고 있다. 한계상황에 다다른 기존 투자기업의 구조조정을 통하여 새로운 성장동력을 확보하고, 새로운 신생 창업을 유도할 수 있는 투자가 증대하고 있다. 최근의 또 다른 특징은 산업별 전문화된 투자의 경향이 자리를 잡아가고 있다. 이러한 투자형태는 관련 산업에 대한 지식의 축적을 통해 투자기업의 가치증대에 많은 도움을 주고 있다.

표 7-7. 우리나라 창업투자회사 현황

구분	2012	2013	2014	2015	2016
창업투자 회사수	105	101	103	115	116
투자재원 (억원)	103,719	114,303	131,917	155,147	167,285
조합수	381	404	449	533	568
조합 결성금액 (억원)	92,764	103,321	120,833	142,049	155,379
년간 투자금액 (억원)	12,333	13,845	16,393	20,858	9,488

자료: 한국벤처캐피탈협회

5. 엔젤

1) 엔젤과 엔젤투자

(1) 엔젤의 정의

엔젤(angel)이란 기술과 아이디어의 사업성은 우수하지만 자본 및 관리능력이 부족한 창업 전 또는 창업 초기(start-up, early stage) 벤처기업의 창업 또는 성장 초기 단계에 천사처럼 자금지원과 함께 경영지도를 해주는 개인투자자를 말한다. 이러한 개인투자자들이 투자하는 자금을 엔젤캐피탈(Angel capital)이라고 한다.

원래 엔젤은 미국의 브로드웨이에서 자금이 부족하여 무산될 위기에 처한 오페라 공연에 후원자가 나타나 자금을 지원해줌으로써 공연을 성공리에 마칠 수 있게 되자 이들을 천 사라고 칭송한 것에서 유래한 용어이다. 이것이 전 세계 벤처의 산실인 실리콘밸리로 건너 가 돈 많은 개인이 창업초기에 있는 기업을 대상으로 투자함으로써 엔젤이란 말이 유행하게 되었다.

미국은 엔젤을 'Accredited investor', 영국은 'Business Angel' 등으로 지칭하고, 우리나라의 「벤처기업육성에 관한 특별조치법」에서는 "엔젤이란 창업 7년 이내의 벤처기업 또는 전환한 지 7년 이내의 벤처기업에 투자하는 개인 또는 개인들로 구성된 조합"으로 지칭한다. 이상에서 살펴본 것처럼 엔젤에 대해 다양하게 정의되고 있지만 공통적으로 "창업초기의 벤처기업에 투자하는 개인투자자"라는 개념을 기반으로 하고 있음을 알 수 있다. 이러한 개인투자자가 불확실성이 큰 창업 초기단계에 상대적으로 매우 낮은 가격으로 벤처기업의 주식에 투자하여 기업의 성장과 발전을 지원함으로써 기업가치를 상승시키고 이를 통해 막대한 자본이득을 얻는 것을 엔젤투자라 한다.

엔젤의 존재는 사업가의 입장에서는 대단히 고마운 존재다. 또한 엔젤은 자신의 경험을 활용하여 기업이 성장할 수 있도록 자문역할을 해주는 경우 기업성공에 결정적으로 중요한 기능을 하는 경우가 많다. 애플, 마이크로소프트, 야후 등 미국의 성공한 벤처기업의 뒤에는 엔젤의 역할이 있었다.

엔젤은 대개 벤처기업 유경험자나 벤처관련 전문가들로서 융자가 아닌 지분참여에 의한 투자를 선호한다. 따라서 기업성장에 따라 배당을 받거나 M&A 또는 기업공개 시 주식양도 차익을 통해 투자수익을 추구한다. 벤처창업자의 입장에서는 투자를 받기 때문에 기업실패 시 채무자로서의 곤란에 빠질 우려가 없다. 그러나 기업가치가 급성장할 경우 초기투자에 비해 과도한 지분을 주게 되는 불이익이 있다. 따라서 벤처기업가와 투자자간의 상호신뢰 및 이해관계를 잘 조정하는 것이 엔젤투자 성공요인 중의 하나다.

(2) 엔젤의 필요성

엔젤이 벤처기업의 자금조달에서 중요한 이유는 창업 초기 자금조달이 가장 어려운 시기에 자금을 지원하고 있기 때문이다. 창업 초기의 벤처기업은 대규모의 생산설비를 구축하지 않고 대량의 재고를 부담할 필요가 없어 많은 자금을 필요로 하지는 않는다. 하지만 대부분 연구개발에 집중하는 단계로 연구개발의 성공여부가 불확실하고 연구개발이 성공한다 할지라도 시장에서의 검증이 이루어지기 전이기 때문에 외부로부터의 자금조달이 어려운 시기이다.

특히, 우리나라의 금융기관들이 담보 내지는 보증을 요구하기 때문에 담보력이 취약한 창업 초기의 벤처기업이 금융기관을 통해 자금을 조달하는 것은 거의 불가능한 실정이다. 또한 벤처캐피탈(Venture capital)의 투자는 통상적으로 사업화가 이루어진 기업에 집중 될 뿐 아니라, 창업 초기 벤처기업의 경우 투자규모가 작아 벤처캐피탈이 투자하기에는 부적합하므로 엔젤투자를 통해 초기 자금을 조달하는 것이 무엇보다도 필요하다.

이처럼 엔젤투자는 벤처기업을 활성화시켜 고용창출, 생산증대 및 경제의 장기적 성장기반을 강화하고, 저금리 시대로의 이행에 따른 자금의 투기화를 부분적으로 방지하여 산업 자금으로의 유입을 촉진시키는 효과를 지니고 있다. 또한 지역단위로 엔젤이 활성화되면 그 지역에 기반을 둔 기업들도 활성화되어 지역경제활성화 및 지역균형발전의 효과도 있다.

기업의 측면에서도 엔젤투자는 경영투명성과 벤처기업의 성공확률을 제고하는데 있어 필요성이 있는데, 엔젤투자가 이루어지는 과정에서 엄격한 투명성이 요구되고 있어, 투명하지 않거나 부적절한 리더십을 보이는 기업은 투자유치가 어려울 수 있기 때문이다.

(3) 엔젤의 유형

엔젤의 유형은 역할, 특성, 자금 또는 투자주체에 따라 다양하게 분류되고 있다.

① 역할에 따른 분류는 리드엔젤과 서포트엔젤로 구분할 수 있다. 리드엔젤(Lead Angel)은 벤처기업 지원에서 주도적인 역할을 하는 엔젤로 풍부한 자금과 기업경영의 경험, 기술평가능력을 보유하고 있으며, 벤처기업에 자금을 지원하고 경영에 참여하는 경우가 많다. 리드엔젤은 경영에 참여하여 스스로 투자위험을 줄이고, 추가적인 투자를 유치하기도 하며 재무적, 마케팅적, 관리적 조언과 지원을 제공하여 성장을 지원한다.
서포트엔젤(Support Angel)은 전문지식을 가지고 창업자를 지원하는 변호사, 회계사, 컨설턴트 등의 전문직 종사자 또는 벤처기업가의 지인으로 자신의 인맥을 통해 벤처기업에 거래처와 인재를 소개해 주는 등 간접적으로 벤처기업의 성장을 지원하는 엔젤을 말한다. 서포트엔젤은 벤처기업을 지원하는 대가로 현금대신 기업의 주식을 받는 경우가 많으며, 자기자금을 투자하기도 한다.

② 특성에 따른 분류로 엔젤로 활동하는 사람들의 경력에 따라 구분하면 다음과 같다. 경영자출신 엔젤(Corporate Angel)은 기업경영자 출신으로 투자한 기업에서 일하기를 원하고, 하나의 기업에만 투자하는 경향이 있는 엔젤을 말한다. 기업가 엔젤(Entrepreneurial Angel)이란 성공한 기업의 소유자로서 사업다각화, 시너지효과 창출 등의 목적으로 전문분야에만 투자하는 성향이 있는 엔젤을 말한다. 다음으로는 취미 엔젤(Enthusiast Angel)로 이들은 연배가 많은 은퇴한 부자로서 투자를 취미로 하여 소액을 여러 회사에 나누어 투자하며 경영참여에는 크게 관심을 두지 않는 엔젤을 말한다. 경영관여 엔젤(Micro manage ment Angel)이 있는데 이들은 독자적으로 창업하여 성공한 사람으로 자신의 경영전략을 수용토록 시도하고 기업의 이사회에 참여하고자 하는 성향이 있는 엔젤을 말한다. 전문직업인 엔젤(Professional Angel)이란 의사, 변호사, 회계사 등의 전문직업 종사자들로 관련된 분야에 있는 기업에 투자하는 성향이 있는 엔젤이다. 여러 기업에 동시에 투자하며 고수익에 대한 기대를 갖고 있지만 경영에 직접적인 관여를 하지는 않는다. 수익우선 엔젤(Portfolio Angel)은 높은 투자수익에만 관심을 두는 엔젤로 대부분 재테크의 차원에서 투자하는 성향이 있으며 경영참여에는 관심이 없지만 투자수익과 회수에는 많은 관심을 갖고 있는 엔젤로서 대부분의 엔젤이 이에 해당된다.

③ 자금에 따른 분류로 기업에 투자하는 자금의 성격과 형태에 따라 구분하기도 한다. 러브머니(Love Money)는 벤처기업의 창업경영자는 설립초기

에 자신의 자본을 중심으로 사업을 경영하게 되고, 부족한 자금은 친구, 친지, 동업자들의 투자를 통해 조달하게 되는데 이러한 자금을 러브머니라고 한다. 엔젤캐피탈(Angel Capital)은 러브머니와는 달리 엔젤이 자신과 특별한 관계가 없는 다른 사람의 사업에 투자하는 자본을 엔젤캐피탈이라 한다. 엔젤펀드(Angel Fund)는 개인들이 엔젤투자조합을 결성하여 투자하는 이른바 조합자금으로, 개인뿐 아니라 법인이 참여하기도 하며, 조직적으로 투자결정이나 경영지원의 역할을 분담하는 경우도 있다.

④ 투자주체에 따른 분류는 기업에 투자하는 자금의 주체에 따라 구분한다. 비즈니스엔젤(Business Angel)은 개인의 전문지식 및 경험을 토대로 독자적인 기업의 발굴 및 투자를 결정하는 개인투자자를 말한다. 엔젤클럽(Angel Club)은 엔젤투자에 관심이 있는 개인투자자들의 자발적 모임으로, 회원 다수의 전문지식 및 경험을 모아 공동기업 발굴 및 투자정보 교류를 목적으로 운영된다. 클럽을 통해 발굴된 기업에 공동으로 투자하는 경우도 있으나 회원 모두가 꼭 투자를 해야 하는 의무는 없으며, 개인의 판단에 따라 투자여부를 결정 한다. 구성원 제한 및 출자의무 등 법적 제한이 없는 동호회 성격의 투자클럽이라고 할 수 있다. 개인(엔젤)투자조합은 벤처기업육성에 관한 특별조치법 제13조 내지 제14조 및 동 법시행령 제5조 내지 제6조에 위임된 사항에 대하여 그 시행에 필요한 사항으로서 중소기업청고시 제2005-26호에 의한 「개인투자조합등록 및 투자확인서 발급규정」에 근거하여 "출자액 총액이 2억 원 이상이며 조합원 수가 49인 이하인 개인들로 구성된 조합"을 말하며, "벤처 기업이 새로이 발행하는 주식, 무담보전환사채 또는 무담보신주인수권부사채를 인수하는 방법으로 자금을 지원"한다. 개인들이 적정 투자규모로 자금을 규합하거나 투자의 위험을 분산시키고 투자수익을 높이기 위하여 투자전문가에게 위탁(업무집행조합원)하거나 조합에서 직접 투자를 결정한다. 투자전문회사인 창업투자회사(벤처캐피탈사)가 기관 및 개인들로부터 투자자금을 모집하고 직접 업무집행조합원이 되어 자금을 위탁 운용하면서 투자하는 것을 말한다.

미국의 경우 활발한 투자를 하는 엔젤은 보통 연수입이 20만 달러 정도이며, 주택제외 재산이 100만 달러 정도다. 자산의 10% 정도를 고위험, 고수익 자산에 투자하며 보통 4~5 건에 분산투자하며, 1건당 2~5만 달러를 투자한다. 투자업체의 선정 시 개인적인 친분관계나 비공식 네트워크를 활용하며 자택에서

100마일 내의 지리적 근접성을 중시한다. 이는 필요시 기업체를 직접 방문하기 용이하기 때문이다.

이들은 성장가능성이 높은 첨단산업에 투자를 선호하며 투자주식의 보유기간은 평균 5년, 투자액의 4~5배의 수익을 기대한다. 비교적 장기간 주식을 보유하고 있기 때문에 '인내심이 강한 자본'(patient capital)이라고 불리기도 한다. 이러한 자본의 존재가 미국벤처기업 발전의 중요한 인프라를 이루고 있다.

미국 중소기업청(SBA)은 1996년 10월부터 개인투자자와 벤처기업을 온라인으로 연결하는 Angel Capital Electronic Network(Ace-Net)이라는 인터넷 사이트를 운영하고 있다. SBA에서 이와 같은 시스템을 도입한 것은 인터넷이라는 첨단 네트워크를 통해 엔젤과 벤처기업을 적극 연결하기 위한 것으로 중소기업청은 미국 내 엔젤의 투자를 원하는 벤처기업이 30 만개에 달하고 있는 것으로 추산하고 있다. 동 시스템을 이용하여 자금을 조달하려는 벤처기업은 중소기업청과 함께 현재 Ace-Net의 운영에 참가하고 있는 4개 엔젤금융 담당 비영리기관 네트워크에 등록하고 중소기업 자금차입신청서(Small Corporate Offering Registration : SCOR)을 작성해야 한다.

한편, Ace-Net을 통해 벤처기업에 투자하려는 투자자는 순자산이 1백만 달러 이상이거나 연수입이 20만 달러 이상이어야 하며, 4개의 비영리기관 네트워크에 등록하여 Ace-Net 사이트에 접속하기 위한 비밀번호를 부여받아야 한다. 투자자들은 업종, 규모, 경영자 연령, 성별, 인종 등과 같은 다양한 투자기준별로 투자대상기업을 검색할 수 있다.

2) 엔젤과 벤처캐피탈 비교

엔젤을 벤처캐피탈과 비교해 보면 벤처기업에 대한 자금지원과 경영지원을 한다는 점에서는 공통점이 있지만 투자단계와 절차, 투자 대상기업의 선정과정, 투자규모 등에서는 차이점을 가지고 있다.

첫째, 벤처캐피탈은 광범위한 비공개기업을 대상으로 하며 주로 창업 이후 주식공개에 이르는 후기 성장단계를 중심으로 한 투자이지만 엔젤은 이제 막 사업을 시작한 사업구상에서 초기성장단계의 기업에 대한 투자의 비중이 크다.

둘째, 벤처캐피탈은 회사나 조합 등 조직의 형태를 갖추고 있다. 반면 엔젤은 개인투자자들이나 그들이 결성한 클럽이 주류를 이룬다. 엔젤 중에서도 기업형 엔젤이 있긴 하다. 그러나 기업들은 대개 기술탐색을 목적으로 투자하는 것이기 때문에 전체 엔젤 중에서 눈여겨 볼만한 비중을 차지하고 있지는 못하다.

셋째, 벤처캐피탈은 경영에 깊이 관여하는 경향을 보이는 반면, 엔젤은 반드시 그렇지는 않다. 그런데 오늘날의 엔젤은 경영에 참여하려는 것은 아니지만, 적어도 보다 적극적으로 경영을 살펴보려는 경향을 보이고 있다. 엔젤투자의 규모가 점차 커지면서 벤처캐피탈과 마찬가지로 벤처기업의 흥망에 큰 이해가 걸린 엔젤이 늘어나고 있어서 더욱 그러하다.

넷째, 벤처캐피탈은 유연성이 낮아 형식에 구애받지만, 엔젤은 그렇지 않다. 엔젤은 때로는 사업계획을 보지도 않고 투자를 하기도 하며, 벤처캐피탈이 보통 5년 이내에서 최장 7년 이내에 투자를 회수하려는데 비해, 엔젤은 보다 인내심을 보여주기도 한다. 그렇지만 때로는 엔젤이 더욱 가혹하거나 무리한 요구를 할 수도 있다. 벤처캐피탈은 조직의 룰을 가지고 있기 때문에 대개 그 범위 내에서 움직인다. 첫 만남에서부터 투자가 이루어질 때까지 걸리는 시간도 엔젤이 훨씬 짧다. 미국의 통계를 보면 벤처캐피탈이 자금을 실제 통장에 넣어 줄 때까지 걸리는 시간은 통상 4~5개월에 달하는 반면 엔젤은 2.5개월 정도 걸린다고 한다. 불과 두세 번 만나고 난 뒤 투자하는 경우도 종종 나타난다.

다섯째, 벤처캐피탈은 찾기가 쉬운 반면, 엔젤은 어디 있는지 알기가 어렵다. 전화번호부를 펼치면 벤처캐피탈회사는 쉽게 찾을 수 있지만 엔젤은 없다. 개인적인 연줄을 동원하던가 혹은 그러한 정보를 갖고 있을 만한 곳을 수소문해야 한다. 상당한 시간과 발품을 들이지 않으면 안 될 것 이다. 그렇기 때문에 엔젤을 연결하는 네트워크가 필요하다.

여섯째, 투자규모의 차이이다. 미국의 경우 벤처캐피탈의 투자규모는 보통 백만 달러를 넘는다. 이에 비해 엔젤은 한 기업당 5만 달러를 넘지 않는다. 우리나라의 경우에도 창투사들이 한 기업당 최소 1억 원 이상을 투자하는데 비해, 엔젤들은 1000만 원 이하의 투자를 선호하고 있다. 물론 최근에는 건당 투자 규모가 점차 커지는 추세에 있다.

일곱번째, 벤처부문에서 엔젤의 중요성은 벤처캐피탈보다 훨씬 크다. 미국의 경우 벤처캐피탈이 투자하는 기업의 수는 1년에 2천개, 투자금액도 100억 달러에 불과한 반면 엔젤에 의한 투자기업 수는 25배에 달하는

5만 건, 금액은 3배에 달하는 300억 달러에 이른다. 한 해 미국에서는 80만 개의 회사가 설립되는 데 이 중 6%가 엔젤투자를 유치한 셈이다. 미국은 엔젤의 숫자만 해도 100만 명 이상에 달하는 것으로 추정되고 있다. 이에 비하여 우리의 실정은 어떠한가, 사실상 벤처캐피탈, 그것도 공공에 의한 벤처투자가 대부분을 차지한다. 민간부문의 역할, 특히 엔젤의 활동은 거의 없다. 있다 해도 무시될 수준이다. 아직도 민간에 의한 벤처투자는 시작단계에 있다. 엔젤과 벤처캐피탈의 차이를 정리하면 〈표 7-8〉과 같다.

또한 엔젤투자는 투자수익을 추구한다는 점에서는 공개된 시장에서 이루어지는 일반적인 주식투자와 공통점이 있지만 투자정보의 원천과 정보의 형태, 투자조건 등의 측면에서 차이를 보이고 있다.

표 7-8. 엔젤과 벤처캐피탈의 차이

구분	엔젤	벤처캐피탈
투자단계	초기단계 선호	성장단계 선호
투자동기	고수익성	수익성
투자재원	자기자금	자기자금, 펀드
투자조건	유연함	까다로움
투자규모	비교적 소액	제한 없음
투자관리	불관여, 자문	경영참여, 감시
투자형태	형식에 구애받지 않음	형식에 구애받음
찾는 방법	개인적 채널	찾기 쉬움
경영참여	경영에 관여 않음	경영에 깊이 관여
벤처기업지원	자금지원, 전문노하우 제공	자금지원
형태	클럽	회사 또는 조합

3) 한국의 엔젤

우리나라의 엔젤활동은 1997년 결성되기 시작한 이래 코스닥시장의 성장과 더불어 급속한 증가추세를 보이기도 하였다. 즉 벤처투자에 대한 관심고조로 국내 엔젤활동이 본격화되어 클럽의 결성과 투자금액이 크게 증가되는 한편 엔젤의 조직화 형태도 클럽형태에서 개인투자조합의 형태로 발전되기 시작하였다.

개인투자조합 현황을 살펴보면, 2000년도에 신규로 57개 조합, 312억 원이 결성되었으나 코스닥시장의 침체와 더불어 지속적으로 감소하여, 2005. 5월 현재 71개의 조합이 420억 원의 투자재원을 확보하여 활동하고 있는 실정이다 엔젤클럽은 설립초기 상당한 고전을 면치 못했다. 대표적인 엔젤클럽으로 자리 잡은 서울 엔젤그룹의 경우 99년 2월 창립당시 회원수가 200명에 불과했고, 6월까지도 1,000명에 머물렀다. 이때는 엔젤클럽의 회원들도 자신이 원하는 만큼 벤처기업에 투자할 수 있었다. 유망한 벤처기업들도 엔젤클럽 자금을 받기를 원했으며 높은 투자수익이 가능했다. 하지만 99년 말부터 상황이 바뀌기 시작했다. 인터넷 공모가 큰 인기를 끌기 시작했고 엔젤클럽 가입자도 급증했다. 코스닥이 급성장하고 벤처주가가 급등하자 엔젤투자에 대한 열풍이 불기 시작했다. 반면 벤처기업들은 자금이 많이 몰려들다 보니 엔젤투자를 꺼리게 되었다. 엔젤투자는 엔젤클럽 평가, 추천, 설명회, 개인별 투자관리 등 번거로운 부분이 한두 가지가 아니었다. 벤처기업들은 번거로운 절차를 거쳐야 하는 엔젤투자보다 인터넷 공모 등을 상대적으로 선호하게 되어 유망벤처기업을 발굴하기가 힘든 상황이 빚어졌다.

그 당시 자본의 과잉 공급에 따라 벤처캐피탈의 창업초기단계 투자가 증가해서 엔젤들이 우수한 벤처기업을 발굴하기가 점점 어려워졌었다. 현재 코스닥의 침체에 따라 초창기 벤처들이 엔젤투자를 필요로 하고 있으나, 이미 심각한 투자손실이 발생했거나 프리코스닥에 개인들의 자금이 묶여 있어서 투자여력이 거의 없는 상태이다. 따라서 코스닥의 상황이 개선되지 않는 한 엔젤의 활동은 당분간 둔화될 수밖에 없다. 따라서 향후 일반인이 엔젤로 나서기는 어렵고 성공한 벤처기업이나 전문인들이 엔젤투자로 나서는 경향이 나타나게 될 것이다. 벤처기업도 투자를 유치할 때 단순히 자본만이 아닌 투자자의 명성, 경영자문, 네트워크 등 사업상의 이점을 고려한 투자를 선호하게 될 것이다. 따라서 소액의 자본을 가지고 투자하는 일반투자자는 투자조합에의 참여 등 간접투자가 적합한 투자형태가 될 것이다.

우리나라의 개인 엔젤투자 현황을 살펴보면 엔젤투자확인서 발급기준으로 지난 1999년부터 2005년까지 총 55,551명의 개인투자자가 총 3,913개의 벤처기업에 14,766억 원을 투자했으며, 투자확인서가 발급되지 않은 투자자의 수와 투자규모는 정확하게 추정하기 어렵지만 10배 이상이 될 것으로 추정하고 있다.

엔젤투자가 가장 활발했던 2000년을 정점으로 하여 매년 엔젤투자는 활력을 잃기 시작하여 2005년에는 2000년 대비 개인투자자 수는 1/10, 투자금액은

1/6로 감소한 것으로 나타나고 있다.

연 도	개인투자자 수	투자건수	투자금액	투자업체 수
1999년	1,640명	2,006건	441억원	221개
2000년	28,875명	38,362건	5,493억원	1,291개
2001년	12,002명	14,075건	3,409억원	1,007개
2002년	4,717명	5,554건	1,109억원	573개
2005년	2,107명	2,331건	820억원	174개
2010년	777명	-	341원	87개
2014년*	1,102명	-	704원	163개
합계	55,551명	68,346건	14,766억원	3,913개

* 한국엔젤투자협회(2014년도는 예측치)

엔젤투자의 급속한 침체가 지속된다면 상대적으로 자금조달이 어려운 창업 초기 기업의 자금조달 채널의 기능을 수행해 온 엔젤투자가 제 기능을 수행하지 못하게 되고, 이것이 벤처기업 창업의 감소로 이어져 지난 수년 간, 정부의 벤처기업육성에 대한 노력과 정책적 지원으로 어렵게 육성해 온 벤처업계 전반의 침체로까지 이어질 수도 있다.

앞으로 엔젤투자가 활성화되기 위해서는 투자대상의 선별뿐만 아니라, 벤처경영에 전문적 조언을 할 능력이 있는 개인투자자가 증가되어야 한다. 우리의 경우 벤처투자의 역사가 매우 짧기 때문에 벤처기업의 성공 가능성을 평가하고 위험을 부담할 만한 개인투자자 집단이 아직 형성되지 못한 실정이다.

최근에 이러한 우려를 다소나마 해소해주는 몇 가지 희망적인 움직임이 보이고 있는데,

첫째, 엔젤투자 활성화를 위한 지원방안을 마련하고 시행하고 있는 중소기업청의 노력과, 둘째, 치열한 조정기를 거치면서 7,702개로 줄어들었던 벤처확인기업의 수가 2005년 기준 9,732개로 점차 증가하고 있고, 셋째, 엔젤투자의 투자규모가 조금씩 증가하고 있다는 것 이다. 향후 1세대 벤처기업인들이 엔젤투자자로 변신할 경우 새로운 유형의 엔젤투자자들이 나타나게 될 것이다.

하지만 엔젤투자활성화는 아직 요원하며 이는 회수시장의 불명확성이 가장 큰 원인이다. 2014년 (사)한국엔젤투자협회가 조사한 '엔젤투자기피이유'에서 응답자의 48%가 '투자금회수가 어렵기때문'이라고 답하고 있다. 2013년 7월 코넥스시장이 개설되었으나 아직 효과는 미흡한 실정이다.

6. 정책자금과 금융차입자금

기업이 조달할 수 있는 자금은 투자유치 등의 직접금융 외에도 금액의 크고 작음을 떠나 정부에서 무상으로 지원하는 자금, 정책적으로 융자해 주는 자금, 은행에서 차입할 수 있는 자금, 보증기관으로부터의 보증에 의한 차입자금 등 무수히 많은 자금들이 존재하고 있지만 모든 기업이 누구나 공평하게 지원받을 수 있는 것은 아니다. 자금조달을 위해서는 자금이 필요한 시기, 자금조달방법, 조달 후의 관리방법 등에 대한 전략이 기업의 실정에 맞게 설정되어야 하고 자금종류별 특성을 잘 이해하여야 한다.

1) 창업 정책자금의 유형

정책자금을 창업기업과 일반기업으로 구분하여 지원하는 경우는 많지 않으나 일반적으로 창업기업이 활용할 수 있는 정책자금을 정부 출연자금과 정책자금 대출로 나누어서 정리할 수 있다.

① 정부 출연자금은 중소기업청 등 정부기관이 시행하고 관련 산하기관이 기획, 운영, 관리 및 평가 업무를 담당하여, 중소기업의 기술개발에 필요한 기술개발자금의 최고 75% 까지를 정부가 출연하여 지원하는 사업이다. 대부분 소액(1~2억)이며, Matching Fund 방식으로 지원된다. 시설자금, 운전자금 위주가 아닌 개발자금을 대상으로 하므로 1개의 기업이 많은 지원금을 받게 되면 개발능력을 의심할 가능성이 있다. 2008년 1월 공고 기준 출연자금의 종류에는 중소기업기술혁신개발사업, 구매조건부신제품 개발사업, 중소기업이전기술 개발사업, 기업협동형 기술개발사업, 산학연 공동기술 개발사업, 선도형기술혁신 개발사업, 생산환경혁신기술 개발사업, 서비스연구 개발사업, 연구장비공동이용클러스터 사업, 특정 기술개발사업(해외바이어 주문형 기술개발사업, 신기술 디자인개발사업, BI창업기업 공동기술개발사업, 중소기업간 협업기술개발사업, 중소기업 사업전환 기술개발사업) 등이 있다. 이들 중소기업 기술개발 사업 외에도 정부의 각 부처별로 정책적 목적을 수행하기 위한 출연자금 지원사업이 연중 공고되므로 관련 부처 또는 유관기관의 홈페이지를 잘 살펴볼 필요가 있다.
정부 출연자금 사용 시 주의해야 할 사항으로 정부 출연자금은 중소기업

의 연구개발을 목적으로 편성된 예산이므로 경상자금을 지원받는다는 생각으로 접근하면 현장평가 및 최종평가에서 문제가 발생하여 자금의 환수 등의 조치를 당할 수 있으므로 주의를 요한다.

실제로 창업 중소기업 중에는 정부 출연금을 경상자금으로 사용할 수 있을 것으로 생각하고 진행한 결과 어려움을 겪는 경우가 많이 있는데, 정부 출연자금은 항상 Matching Fund 방식으로 진행되므로 총 사업비 중 기업이 일정부분(25% 이상)을 부담하게 되어 경상자금으로 사용할 계획을 수립했다가는 오히려 기업의 자금에 부담이 될 수도 있다는 점을 명심해야 한다.

② 정책융자자금은 거치기간을 포함한 장기 분할상환, 그리고 저리자금이라는 특성을 가지고 있으므로 장기간 안정적으로 사용해야 하는 용도에 적합하다. 시설자금을 주 대상으로 하고 일부 운전자금을 취급한다. 예를 들면 공장을 신축하게 되면 건축공사 기간, 설비 기간, 시운전 기간 등 비교적 장기간이 경과한 후 제품을 생산할 수 있으므로 제품판매로 인한 수익금이 발생할 때까지 소요되는 자금은 자기자본이거나, 차입금으로 충당하는 경우에는 장기간 안정적으로 사용할 수 있는 정책자금을 사용하는 것이 유리하다.

융자자금은 시설자금을 중심으로 구성되어 있으며, 일부 운전자금도 취급하고 있다. 2008년부터는 과거의 정책자금과 달리 변동금리 적용, 창업기업 및 혁신형 중소기업에 대한 지원 확대, 설비투자자금 중심의 운용, 소규모 기업의 경우 매출액보다는 기술성과 사업성 위주의 평가 도입, 메자닌(mezzanine) 방식의 '성장공유 대출제도' 도입, 업종별 제한 부채비율 예외 적용범위 확대, 사후관리 강화 등의 특징을 가지고 있다.

이들 자금은 정책의 달성 목적에 따라 중소·벤처자금, 개발기술 사업화자금, 시설 개선자금, 지식서비스 육성자금, 회생특례 지원 자금, 협동화사업, 원부자재 구입자금, 수출금융 지원, 환위험 관리 지원, 재해복구 지원, 자산 유동화 지원, 소상공인 창업 및 경영개선 자금, 농공단지 입주지원, 산업전환 지원 자금, 무역조정 지원, 산업기반 자금 등이 있다.

〈표 7-9〉는 정책자금의 종류와 지원대상의 특성에 대하여 요약하고 있다.

표 7-9. 정책자금의 종류

분류	내용	지원금액	지원기간	기술 성격	상환
출연	출연자금을 지원받는 경우 연구기간이 만료된 후 기술료로 납부	수천~수억	1~2년 이내의 단기	요소기술개발 및 상용화, 기술수준 높다. 경쟁률 높다 지원규모 중간	기술료(정액, 정율)로 상환
융자	담보(물적 담보/기술 담보)를 취득하고 은행권 이자보다 낮은 이자율로 장기 대출	수억~수십억	5년 정도의 장기	상품화, 기술수준 중 이하. 경쟁률 낮다. 지원규모 크다.	지원금 및 이자상환
투자	정부에서 투자하는 벤처캐피탈 자금	수억~수십억	3년 정도의 중기, 성장 단계별로 다수 지원가능	전 단계로 수익모델/아이디어 중심. 기술수준 전 단계. 경쟁률 아주높다. 지원규모 적다	IPO, M&A 등을 통한 회수

2) 창업 정책자금의 활용방법

정책자금이 금리나 상환기간에 있어 금융기관 자금보다는 유리하지만 차금(借金)의 규율이 적용되기는 마찬가지다. 따라서 자금조달은 사업목적에 의해 실시되어야 하고 이때 조달된 자금으로 사업에 투자해 돈을 벌어야 하는데, 일단 자금을 조달해 놓고 보자는 생각으로 조성한 자금은 방만한 행동을 하게 할 위험이 있다. 상장기업은 이러한 것을 방지하기 위해 설명의 의무(공시)를 부여하는 등 여러 가지 장치가 있지만 비상장기업은 오직 기업인의 자율에 맡겨져 있으므로 문제가 발생하는 경우가 많이 있다. 정상적인 기업으로 성장하려면 조달된 자금을 어떻게 사용하는가 하는 것부터 배워야 하고, 스스로를 통제하기 위해서는 투명경영이 필수요소일 것이다.

정부 출연자금은 개발목적으로만 사용할 수 있도록 해야 한다. 기술개발자금인 정부 출연자금을 기업의 경상자금으로 사용하려는 경우를 흔히 볼 수 있으며 이러한 생각은 정상적인 기업성장을 저해하는 결과를 초래할 수도 있다.

정책자금 융자는 설비투자와 그것을 운영하는 자금으로만 사용할 수 있도록 해야 한다. 무리한 정책자금 신청은 융자도 불가능하지만 이자비용 지급능력의 부족으로 인해 도산의 가능성이 있다.

정책자금은 기업의 자금운영에 있어서 보조적인 역할을 할 수 있도록 해야 한다. 창업부터 자기자금 없이 정책자금에만 의존하려고 하면 자금조달이 계획대로 되지 않을 경우 사업 자체가 어려워 질 수도 있음을 유념해야 한다.

정부 지원자금에는 함정이 있다. 일반적으로 창업기업은 정부지원 자금을 창업 초기의 자금운영계획에 포함시키는 경우가 많이 있으나, 창업 초기부터 자기자금 없이 지원자금에 의존하게 되면 기업의 정상적인 성장을 저해할 수도 있으며, 다음과 같은 사례가 있다.

정부지원 연구개발 자금을 기본 운영계획으로 수립하는 경우 그 자금을 일반 운전자금 용도로 사용할 가능성이 높다는 것을 의미한다. 그러한 기업이 정부 지원자금을 수혜 받지 못하게 되면 결과적으로 사실상의 기업활동이 중단되는 사례가 발생할 수 있다. 즉 정부 지원자금을 수혜받으면 개발을 진행하고 그렇지 못하면 개점휴업 상태가 되며, 하나의 과제가 종료되면 또 다른 정부 지원 자금을 신청하는 자금계획을 반복하면 기업이 이익을 창출하는 활동을 할 수 없게 되는 우를 범한다.

3) 은행권 자금

담보 및 신용도 위주의 대출이 관행화되어 있다. 융자 전 점검사항으로 거래은행이나 금융기관 상품의 혜택을 고려, 신용대출여부나 담보제공능력, 보증인 여부와 신용보증기금 등 보증기관 활용여부, 여러 대출상품 중 금액, 시기, 대출조건을 고려하여 유리한 금융상품을 선택, 사전에 장기적인 자금조달계획 수립이 필요하다. 은행 융자절차는 [그림 7-10]과 같다.

그림 7-10. 은행 융자절차

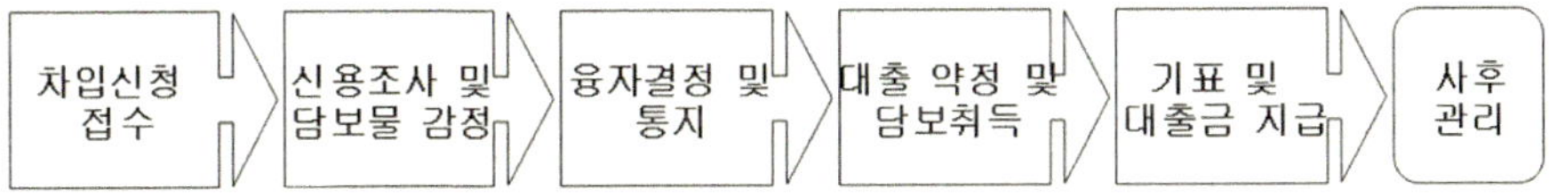

4) 보증기관의 보증

부동산 담보가 부족한 기업이 보유하고 있는 기술력 등 무형의 신용을 발굴하여 신용보증기금(기술보증기금)이 신용보증서를 발급함으로써 기술력 있는 기업이 금융기관 등으로부터 자금조달을 지원받을 수 있도록 하는 제도이다. 담보보다는 신용도를 위주로 하며 보증서발급 심사 시 기술, 성장성 등의 비중이 높다.

신용보증 신청방법은 기술보증기금에 직접보증신청, 대출받을 금융기관을 경유하여 기술보증기금에 보증신청, 또는 대출받을 금융기관이 기술신용보증기금에 신용보증을 추천하는 방법이 있다. 일반적인 절차는 [그림 7-11]과 같다.

그림 7-11. 보증기관 이용 대출 절차

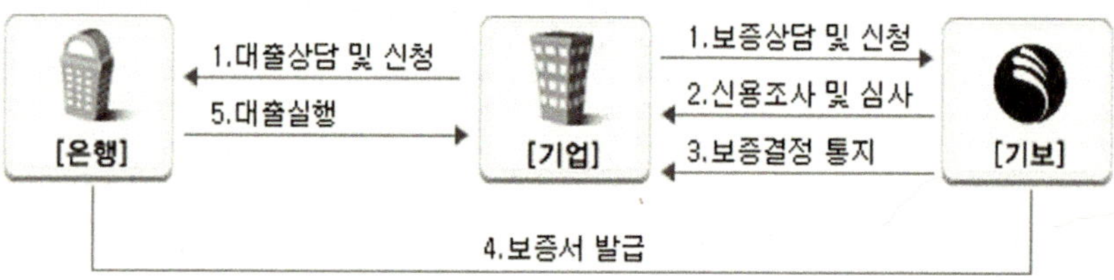

7. 기업과 IR(Investor Relations)

1) IR의 개념

IR(Investor Relations)은 기업의 커뮤니케이션 기능과 재무적 기능을 결합하여 현재 및 잠재적인 투자자들에게 기업의 성과와 전망에 대해 정확한 정보를 제공하는 전략적인 마케팅 활동이다. 즉 IR은 자기회사의 내용을 잘 설명하여 투자를 유도하는 것으로 이미지를 관리하는 행위라 할 수 있다.

직접금융시대에 기업에게 중요한 것은 일반투자자의 기업에 대한 이미지(대중적인 이미지)이다. 따라서 CEO는 정치인과 비슷하다고 할 수 있다. IR을 얼마나 잘 하느냐 하는 데는 CEO의 역할이 중요하다. CEO는 30% 정도의 시간을 IR

에 할애할 수 있어야 한다.

IR은 투자자를 위한 기업자체의 전사적 마케팅 활동이어야 하며, 재무기능과 커뮤니케이션 기능을 결합시켜 전략적으로 대처하는 기업활동이어야 한다. 회계원칙에 입각한 정확한 재무내용과 경영성과 및 장래 전망 등을 적시(Timely)에 현주주 및 잠재적 장래 투자자에게 구체적이고 효과적으로 전달함으로써 기업의 전체적인 가치 제고와 기업 이미지 향상(Imagemaking)을 기하고 궁극적으로 투하자본의 효율을 높이는 마케팅 활동이어야 한다. 이는 전략적이고도 전사적인 마케팅 활동이어야 한다.

2) IR의 방법

프리젠테이션에 의한 IR로 구두에 의한 기업 프리젠테이션은 사람을 매체로 한 face to face 커뮤니케이션으로, 가장 기본적인 의사소통의 수단이자 효과가 뛰어난 IR 방법이다.

① 기업설명회(Information Meeting) : 기업이 결산실적, 주요 경영정책 또는 재무상태 등에 대하여 애널리스트와 기관투자자들을 초청하여 보고하는 형태의 대규모 기업 프리젠테이션이다. 우리나라의 경우 기업공개시 공개예정기업이 수요예측(Book Building) 전에 기업내용을 설명하는 기업공개설명회와, 코스닥시장 활성화 차원에서 코스닥 등록법인의 경영성과와 경영계획을 투자자에게 보고하는 코스닥 등록법인 합동기업 설명회가 활성화되어있다.

② 소집단 미팅(Small Group Meeting) : 소수, 대략 10인 정도의 애널리스트와 펀드매니저를 초청하여 Informal한 분위기 속에서 진행하는 기업 프리젠테이션으로 간단한 회사의 현황보고에 참석자들의 질문과 회사 측의 답변으로 진행된다.

③ 1:1 미팅(One on One Meeting) : 주주 또는 영향력이 큰 기관투자자와 1:1로 만나서 상호간의 대화를 통해 목적한 바를 추구해 가는 커뮤니케이션 방법으로 충분한 정보를 바탕으로 질의응답 형식으로 진행되므로 효과가 뛰어난 방법이다.

④ 기타 : 공장견학(Factory Tour), 자사의 제품과 관련된 기술, 신제품에 대한 최신기술 소개하는 기술설명회, 인쇄, 출판물 배포에 의한 IR 등이

있다. IR 커뮤니케이션의 방법을 정리하면 〈표 7-10〉과 같다.

표 7-10. IR 커뮤니케이션의 방법

방법	내 용
기업설명회	기업의 결산실적, 재무상태, 중요 경영활동 등을 시장 참여자를 초청하여 보고하는 대규모 기업 프리젠테이션
소그룹미팅	펀드매니저, 애널리스트, 세일즈맨, 언론 등을 대상으로 비공식적인 분위기에서 진행하는 기업 프리젠테이션
커퍼런스콜	다수의 사람들이 동시에 기업과 전화를 통해 접속하여 최근 실적, 이슈 등에 대한 기업설명을 듣고 질의 응답을 하는 프리젠테이션
인쇄물에 의한 IR	법적 공시와 자발적 공시로 나눌 수 있으며 법적 공시는 우리나라의 경우 상법이나 증권거래법이 규정하고 있는 공시이며 자발적 공시는 주주, 투자자, 애널리스트 등을 위한 배포자료 등이 있음
사이버 IR	자사의 홈페이지나 이메일, 증권관련 사이트 등 인터넷을 통한 IR로 현재 가장 중요하고 영향이 큰 커뮤니케이션 방법임

Presentation은 청중의 Needs에 부합하는 내용을 한정된 시간 내에 자신의 생각을 표현, 전달함으로써 청중의 관심과 동의를 얻는 한편 자신이 원하는 의사결정을 얻어내는 Communication 기술이며 철저한 준비가 성공의 관건이다. 성공적인 Presentation의 요소로는 자신감, 3P의 분석 (People, Purpose, Place), 내용의 확실한 이해, 전달내용의 정리 기술, 내용의 전달기술, 리허설이 있다. 3P의 분석은 [그림 7-12]와 같다.

그림 7-12. 프리젠테이션의 3P분석

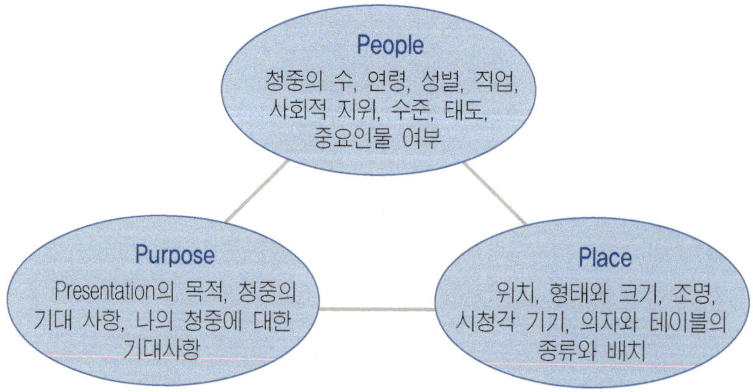

8. 벤처주식시장

KOSDAQ은 Korea Securities Dealers Automated Quotation을 뜻하며, 고부가가치 산업인 지식기반 중소/벤처기업에게 장기적이고 안정적인 자금을 공급하고, 투자자에게는 고위험/고수익의 투자기회를 제공하기 위해 미국의 나스닥(NASDAQ)시장을 벤치마킹하여 설립된 증권시장이다.

정부는 증권거래소시장을 이용하기 어려운 중소기업 등의 자금조달을 지원하고자 1986년 12월 24일 '중소기업 등의 주식거래 활성화를 위한 시장조직화 방안'을 발표하고, 1991년 10월 1일 고객과 증권회사간, 증권회사 상호간 상대매매를 중개하기 위한 '주식장외거래중개실'을 설치하였다. 1996년 5월 ㈜코스닥 증권시장이 설립되었고, 동년 7월 코스닥시장이 개설되어 실질적인 매매시스템이 가동되기 시작하였다.

2005년 1월 한국증권선물거래소법 제정에 따라 한국증권선물거래소 내 독립적인 사업본부 형태의 코스닥시장이 구체화되어 출범하여 현재 운영되고 있다. 코스닥시장의 운영 및 관리체계는 [그림 7-13]과 같다.

그림 7-13. 코스닥 시장의 운영 및 관리체계

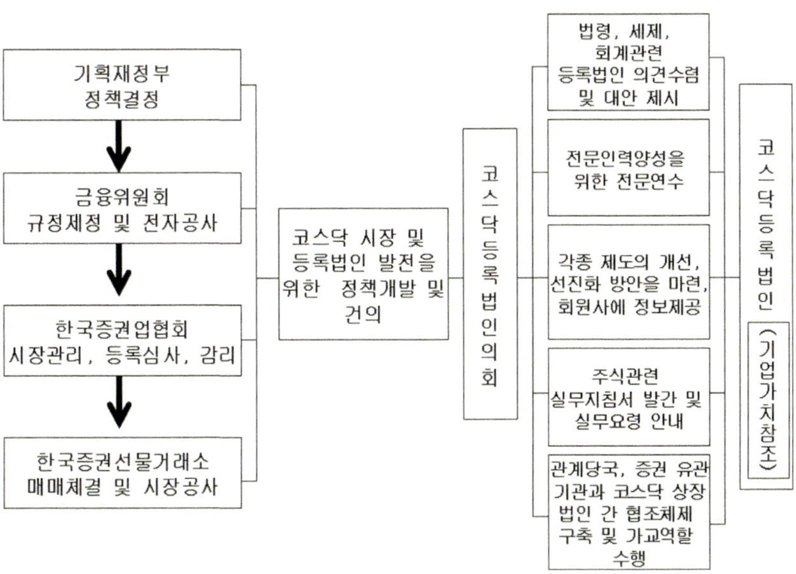

제2절 창업기업의 회계

1. 회계의 정의

회계란 특정 기업과 관련하여 발생한 경제적 사건을 식별(identifying), 기록(recording)하여 특정 기업의 이해관계자들에게 보고(communicating)하는 과정이다. 부기(簿記)는 거래의 장부기록만 의미하는데 반해 회계란 유용한 회계 정보를 산출하여 정보이용자에게 제공하는 것을 의미한다.

1) 회계의 주요 개념

회계등식은 "자산 = 부채 + 자본 + 수익 – 비용"의 계산식으로 표현되는 회계의 기본개념이다. 회계등식의 구성요소인 자산(Assets)은 미래에 경제적 효익을 기대할 수 있는 자원으로 현금, 매출채권, 미수금, 상품, 토지, 건물, 비품 등으로 구성된다. 부채(Liabilities)는 기업이 부담하고 있고, 미래 경제적 효익의 희생이 예상되는 의무로 매입채무, 미지급금, 차입금, 사채 등으로 구성되어 있다. 자본(Stockholders' equity)은 자산에서 부채를 차감한 잔여액으로 자본금, 자본잉여금, 이익잉여금으로 구성도힌다.

수익(Revenue)은 경영활동과 관련된 순자산의 증가를 지칭하며, 기업의 수입(Receipts)과 별개이다. 즉 수익과 이익(gain)은 서로 다른 개념이고 회계에서도 구분하여 표시하고 있다. 이에는 매출, 이자수익, 유형자산처분이익 등으로 구성된다. 비용(Expense)은 경영활동과 관련된 순자산의 감소로 지출(Expenditure)과 별개이다. 비용과 손실(loss)도 구분 표시된다. 매출원가, 급여, 광고선전비, 이자비용, 유형자산처분손실 등이 이 항목의 구성요소이다.

2) 장부기록의 과정

장부의 기록에는 분류와 기록의 편리를 위해 계정이라는 항목을 사용한다. 이는 세부적으로 구분된 거래기록의 개별단위를 지칭하며 현금, 매출채권, 상품, 건물, 차입금, 자본금, 매출, 급여 등과 같다.

분개는 거래가 발생될 때 어떤 계정을 얼마나 증가 또는 감소시켜야 하는 지 결정하는 과정이다. 분개는 복식부기의 원리가 적용되며 거래를 두 개의 측면으로 나누어 표시한다. 이를 복식부기라 하고 기록된 양측인 대차를 일치함으로써 기록의 정확성을 기한다.

- ㅇ 자산증가 – 자산감소, 비용감소, 부채증가, 자본증가, 수익증가
- ㅇ 부채증가 – 자산증가, 비용증가, 부채감소, 자본감소, 수익감소
- ㅇ 자본증가 – 자산증가, 부채감소, 자본감소, 수익감소
- ㅇ 수익증가 – 자산증가, 부채감소
- ㅇ 비용증가 – 자산감소, 부채증가

결산에는 현금주의와 발생주의라는 회계처리 시점에 대한 두 가지 인식원칙이 있다. 현금주의(cash basis)는 현금이 유입되는 시점에서 수익(또는 이익)을 인식하고, 현금이 유출되는 시점에서 비용(또는 손실)을 인식하는 방법이다. 현금흐름액을 객관적으로 측정할 수 있으나, 현금흐름의 시점을 조작함으로써 손익조작이 가능하고, 미래현금 흐름을 예측할 수 있는 정보제공에 한계가 있다. 발생주의(accrual basis)는 현금의 유출입과 관계없이 수익(또는 이익) 및 비용(또는 손실)이 발생되는 시점에서 인식하는 방법이다. 미래 현금흐름을 예측할 수 있는 정보를 제공할 수 있으나, 수익과 비용의 발생여부에 대한 주관적 판단 및 금액에 대한 추정이 개입되어 손익조작이 가능하다.

2. 재무제표의 이해

재무제표란 기업의 활동을 요약하여 정보이용자에게 전달하는 주요 수단으로서 재무제표는 차입이나 유상증자와 같은 재무활동, 조달한 자금을 경제적 자원을 취득하는데 사용하는 투자활동, 그리고 이에 기초하여 이익을 창출하는 영업활동의 결과를 숫자의 집합으로 보여주는 각종 표이다.

1) 재무제표의 종류

- ○ 재무상태표 : 일정시점 현재 기업이 보유하고 있는 경제적 자원인 자산과 경제적 의무인 부채, 그리고 자본에 대한 정보를 제공하는 재무보고서이다.

○ 손익계산서 : 일정기간 동안 기업의 경영성과에 대한 정보를 제공하는 재무보고서이다.

○ 현금흐름표 : 일정기간 동안 영업활동, 투자활동, 재무활동으로 인한 기업의 현금 유입과 유출에 대한 정보를 제공하는 재무보고서이다.

○ 이익잉여금처분계산서(결손금처리계산서): 이익잉여금의 처분사항(결손금의 처리사항)을 보고하기 위한 재무보고서이다.

○ 자본변동표: 자본의 금액과 그 변동에 관한 정보를 제공하는 재무보고서이다.

○ 재무제표에 대한 주석 : 재무제표의 일부이며 재무제표 본문의 내용을 보충하거나 추가적으로 설명한다. 그러나 재무제표에 대한 주석은 외부감사를 받는 기업의 경우에 한하여 작성하며 그 외의 경우에는 사실상 작성하지 않는다.

2) 재무상태표

재무상태표(Statement of Financial Position])는 기존의 대차대조표(balance sheet)가 국제회계기준에 맞추어 명칭이 변경된 것으로 일정시점에서 기업이 소유한 경제적 자원(자산) 및 그 자원에 대한 청구권(부채 및 자본)을 나타내는 표이다. 표의 차변인 자산은 기업의 투자활동의 결과를 보여주고, 대변인 부채와 자본은 재무활동의 결과를 보여준다. 재무상태표의 차변과 대변, 또는 자산과 부채 및 자본 사이에는 자산=부채+자본의 관계가 성립한다.

재무상태표는 기업의 재무상태를 일정시점(결산 일자로 다수가 12월 31일)에 있어 기업의 재산의 구성·사용현황을 자산이라 하고 차변에 기록하며, 자금의 조달원천상태인 부채와 자본을 대변에 표시하여 나타낸다.

자산·부채의 분류방법은 1년 이내 현금화 또는 변제의무가 있음의 여부에 따라 유동성의 기준으로 한다. 자산은 1년 내 현금화 또는 수시로 변동하는 유동자산과 1년 후 변동하거나 계속 고정성을 가진 비유동자산으로 분류된다. 부채도 유동부채와 비유동부채로 구분된다. 이러한 자산, 부채, 자본의 구성은 차변에 자금의 운용과 사용현황을 보여주는 자산으로 당좌자산·재고자산·투자자산·유형자산·무형자산이 있다. 자금원천·조달인 대변에는 은행·타인·채권자 등으로부터 조달한 자금현황과 내역인 부채와 주주의 투자금인 자기자본, 기업자체의 잉여금 축적과 당기순이익으로 구성된다. 재무상태표의 양식의 아래와 같다.

재 무 상 태 표

제×기 20××년 ×월 ×일 현재

회 사 명: (주) 창 업 (단위 : 원)

과 목	제×(당)기 금 액	과 목	제×(당)기 금 액
자 산		부 채	
Ⅰ.유 동 자 산		Ⅰ. 유 동 부 채	
(1) 당 좌 자 산		1. 매 입 채 무	
1.현 금 및 현금성자산		2. 단 기 차 입 금	
2. 단 기 금 융 상 품		3. 미 지 급 법 인 세	
3. 단 기 투 자 자 산		4. 미 지 급 비 용	
4. 매 출 채 권		5. 유 동 성 장 기 부 채	
대 손 충 당 금		6. ×× 충 당 부 채	
5. 단 기 대 여 금		7. ……………………	
대 손 충 당 금			
(2) 재 고 자 산		Ⅱ. 비 유 동 부 채	
1. 상 품		1. 사 채	
2. 제 품		사 채 발 행 차 금	
3. 반 제 품		2. 장 기 차 입 금	
4. 재 공 품		3. 장 기 성 매 입 채 무	
5. 원 재 료		현재 가치 할인 차금	
		4. 퇴 직 급여 충당 부채	
Ⅱ. 비 유 동 자 산		부 채 총 계	
(1) 투 자 자 산		자 본	
1. 장 기 금 융 상 품		Ⅰ. 자 본 금	
2. 매 도 가 능 증 권		1. 보 통 주 자 본 금	
3. 장 기 대 여 금		2. 우 선 주 자 본 금	
4. 지분법적용 투자주식			
5. 투 자 부 동 산		Ⅱ. 자 본 잉 여 금	
6. 만 기 보 유 증 권		1. 주 식 발 행 초 과 금	
(2) 유 형 자 산		2. 감 자 차 익	
1. 토 지		3. 기 타 자 본 잉 여 금	
2. 건 물			
감 가 상 각 누 계 액		Ⅲ. 자 본 조 정	
3. 구 축 물		1. 주 식 할 인 발 행 차 금	
감 가 상 각 누 계 액		2. 자 기 주 식	
4. 기 계 장 치		3. 자 기 주식 처분 손실	
감 가 상 각 누 계 액			
5. 차 량 운 반 구		Ⅳ. 기타 포괄 손익 누계액	
감 가 상 각 누 계 액		1. 매도가능증권평가손익	
6. 건 설 중 인 자 산		2. 해외 사업 환산 손익	
(3) 무 형 자 산			
1. 영 업 권		Ⅴ. 이 익 잉 여 금	
2. 산 업 재 산 권		(또는 결 손 금)	
3. 광 업 권		1. 이 익 준 비 금	
4. 개 발 비		2. 기 업 합 리 화 적 립 금	
(4) 기 타 비 유 동 자 산		3. ×× 적 립 금	
1. 보 증 금		4. 미처분 이 익 잉 여 금	
2. 장 기 성 매 출 채 권		(또는 미처리결손금)	
		자 본 총 계	
자 산 총 계		부 채 와 자 본 총 계	

재무상태표의 각 계정과목의 내용은 다음과 같다.

현금및현금성자산은 현금, 통화대용증권, 당좌예금, 보통예금, 현금성자산을 기재하며, 정기예금, 정기적금, 사용제한예금, 정형화된 금융상품 중 결산일로부터 1년 이내 도래 예정인 것은 단기금융상품으로, 1년 이상인 것은 장기금융상품으로 구분 표시한다.

수취채권에는 외상매출금, 받을어음, 미수금, 대여금 등이 있으며, 결산일에 회수 불확실한 금액을 추정하여 대손상각비와 대손충당금으로 인식하여 자산의 채권잔액에서 차감하는 형식 또는 차감하여 표시한다. 유가증권은 시장성 있는 주식, 채권으로서 매수 및 매도가 빈번하게 이루어지는 경우는 단기매매증권(당좌자산)으로, 만기까지 보유할 의도와 능력이 있는 채권은 투자자산으로 만기보유증권으로 구분 표시하며, 단기매매증권 또는 만기보유증권으로 구분되지 않는 채권 및 단기매매증권으로 구분되지 않는 주식은 투자자산의 매도가능증권으로, 피투자회사에 대해서 중대한 영향력을 행사할 수 있는 경우의 투자주식(투자자산)의 지분법적용투자주식으로 표시한다.

재고자산은 정상적인 영업활동과정에서 판매를 위하여 보유하거나 생산과정에 있는 자산 및 투입될 원재료나 소모품 등으로 상품, 제품, 반제품, 재공품, 원재료, 미착품 등이다. 건설업, 부동산매매업에서는 분양을 위한 토지, 건물도 재고자산으로 분류한다.

유형자산의 취득원가는 매입가액에 취득부대비용을 포함한다. 자본적 지출은 생산능력의 증대, 내용연수의 연장 등을 가져오는 지출로서 당해 자산의 장부가액에 가산한 후 미래의 기간에 걸쳐 감가상각비를 통해서 비용을 배분한다. 수익적 지출은 당초 성능수준의 회복이나 유지보수를 위한 지출로서 지출연도의 비용으로 처리한다. 감가상각이란 토지를 제외한 사용 중인 자산에 대해서 취득원가를 내용연수에 걸쳐 배분하는 과정으로 감가상각의 3요소는 상각대상금액(취득원가 – 잔존가액), 내용연수(추정치임, 일반적으로 법인세법 준용함), 감가상각방법(정액법, 정율법, 생산량비례법 등에서 선택)이 있다.

무형자산 과목의 개발비는 연구활동 비용으로 들어간 연구비(판매비와 관리비), 개발활동비용 중 미래 경제적 효익을 확실하게 기대할 수 있는 경우(무형자산), 그렇지 않은 경우의 경상개발비(판관비 또는 제조원가)가 있다. 산업재산권에는 특허권, 상표권, 실용신안권, 의장권 등이, 인수합병 시 발생하는 영업권, 라이선스, 컴퓨터소프트웨어, 저작권 등 기타의 무형자산이 있다.

충당부채는 당기에 관련 비용이 발생하였으나 지출은 미래에 이루어질 것이

확실한 경우 당기에 비용 및 충당부채를 인식하는 것으로 퇴직급여충당부채, 제품보증충당부채 등이 있다.

자본은 보통주자본금, 우선주자본금의 자본금, 주식발행초과금, 자기주식처분이익, 감자차익의 자본잉여금, 차감계정인 자기주식, 주식할인발행차금, 자기주식처분손실과 가산계정인 주식선택권, 미교부주식배당금, 출자전환채무을 포함한 자본조정, 매도가능증권평가손익, 해외사업환산손익을 표시하는 기타포괄손익누계액, 법정적립금, 임의적립금, 미처분이익잉여금(미처리결손금)의 이익잉여금(결손금)이 표시된다.

3) 손익계산서

기업의 경영성적을 표시한 장표로 기업이 특정기간(일반적으로 1. 1~12. 31)동안 벌어 들인 총수입과 수입에 대한 기간대응비용 및 생산・제조・공사원가 등을 차감한 잔액인 당기순이익(혹은 당기순손실)을 계산하여 표시한 것이다. 손익계산서의 개념은 당기순이익(당기순손실)을 총수익에서 원가를 포함한 총비용을 차감하여 계산한다.

차변인 자금의 사용과 비용에는 비용・손실・원가・소멸원가・지출・납부 등이 표시되고, 대변(이익・수익원천)에는 외부로부터 벌어들이는 수익인 총수입을 기재한다.

매출액의 산식은 총매출액에서 매출에누리, 매출환입, 매출할인을 차감한 금액으로 업종에 따라 상품매출액, 제품매출액, 공사수익, 임대수익 등으로 표시한다. 재화의 판매는 인도기준, 용역제공은 진행기준에 따라 수익을 인식한다. 매출원가는 판매된 제품(상품)의 원가로서 일반적인 원가흐름의 가정은 다음과 같다. 선입선출법은 먼저 생산(매입)된 재고자산이 먼저 판매되었다고 가정하는 방법이고, 후입선출법은 나중에 생산(매입)된 재고자산이 먼저 판매되었다고 가정하며, 평균법은 기초재고와 당기에 생산된 재고자산이 평균적으로 판매된 것으로 가정하는 방법이다.

감가상각비는 매년 감가상각비를 동일한 금액으로 인식하는 정액법과 상각률을 기초로하여 계산하여 매년 감가상각비가 감소하는 정율법이 있다.

영업외수익 및 영업외비용은 자산의 처분가액과 처분당시의 장부가액의 차이인 자산의 처분손익, 외화자산 및 부채의 장부가액과 결제시점의 환율을 적용한 금액의 차이인 외환차손, 화폐성 외화자산 및 부채의 기중 발생금액과 결산

일의 환율을 적용한 금액의 차이인 외화환산손익, 전기에 인식한 손익에 오류가 포함되어 있음을 당기에 발견하여 이를 수정한 금액인 전기오류수정손익이 있다. 중대한 전기오류수정 손익은 이익잉여금에 반영한다.

법인세비용은 법인세법 등의 법령에 의하여 회계연도 동안 부담할 법인세, 주민세(법인세의 10%), 농특세(공제 및 감면세액의 20%)의 합계를 말한다. 법인세법에 의한 익금(수익)과 손금(비용)의 정의는 기업회계기준에 의한 수익과 비용의 정의와 다르기 때문에 법인세차감전순이익에 법인세율을 곱한 금액이 법인세비용과 반드시 일치하는 것은 아니다.

손익계산서의 양식은 다음과 같다.

손 익 계 산 서

제×기: 20××년 ×월 ×일부터 20××년 ×월 ×일까지

과 목	제×(당)기 금 액
Ⅰ. 매출액	
Ⅱ. 매출 원가	
1. 기초 상품 (또는 제품) 재 고 액	
2. 당기 매입액 (또는 제품제조원가)	
3. 기말 상품 (또는 제품) 재고액	
Ⅲ. 매출 총이익	
Ⅳ. 판매비와 관리비	
1. 급여	
2. 퇴직급여	
3. 복리후생비	
4. 지급임차료	
5. 접대비	
6. 감가상각비	
7. 무형자산상각비	
8. 세금과공과	
9. 연구비	
10. 경상개발비	
11. 대손 상각비	
Ⅴ. 영업이익 (또는 영업 손실)	
Ⅵ. 영업외 수익	
1. 이자수익	
2. 배당금수익	
3. 임대료	

4. 단기투자자산평가이익	
5. 외환차익	
6. 외화환산이익	
7. 전기오류수정이익	
8. 지분법이익	
9. 유형자산처분이익	
Ⅶ. 영업외비용	
1. 이자비용	
2. 단기투자자산평가손실	
3. 외환차손	
4. 외환환산손실	
5. 기부금	
6. 재고자산감모손실	
7. 유형산처분손실	
8. 전기오류수정손실	
Ⅷ. 법인세비용차감전순이익	
Ⅸ. 법인세비용	
Ⅹ. 당기순이익(또는 당기순손실)	
Ⅺ. 주당 손익	

4) 현금흐름표

발생주의 회계에서 기업실체의 경제적 거래나 사건에 대해 관련된 수익과 비용을 그 현금 유출입이 있는 기간이 아니라 당해 거래나 사건이 발생한 기간에 인식하는 것을 말한다. 재무상태표와 손익계산서는 회계기간별로 발생주의에 의해 수익과 비용을 대응시키고 또한 자산과 부채의 변동도 함께 기록한다. 따라서 재무상태표나 손익계산서만으로는 일정기간 동안 기업의 자금흐름을 파악할 수 없는 문제점이 있어 이를 보완하는 장표이다.

현금흐름표는 일정기간 동안 기업의 세 가지 활동으로 인한 현금의 변동에 초점을 맞춘 것이다. 현금흐름표의 기본적인 구조는 다음과 같다.

영업활동 현금흐름 + 투자활동 현금흐름 + 재무활동 현금흐름 = 현금의 증가(감소)

현금흐름표의 양식은 아래와 같다.

현금흐름표

(단위 : 백만원)

과 목	당 기
영업활동으로인한현금흐름	(15,334)
당기순이익(손실)	1,165
현금유출없는비용등의가산	4,292
퇴직급여	1,295
감가상각비	1,770
무형자산상각비	16
대손상각	209
유가증권처분손실	144
이자비용	×××
현금유입없는수익등의차감	(119)
영업활동관련자산・부채의변동	(20,672)
매출채권의감소(증가)	(14,458)
재고자산의감소(증가)	(××××)
투자활동으로인한현금흐름	(6,084)
투자활동으로인한현금유입액	5,203
장기금융상품의감소	629
유형자산의처분	××××
투자활동으로인한현금유출액	(11,287)
장기금융상품의증가	828
유형자산의취득	××××
재무활동으로인한현금흐름	27,540
재무활동으로인한현금유입액	35,190
단기차입금의증가	3,840
장기차입금의증가	2,217
유상증자	××××
재무활동인한현금유출액	(7,650)
단기차입금의감소	535
장기차입금의상환	××××
현금의증가(감소)	6,122
기초의현금	10,974
기말의현금	17,096

현금흐름표의 내용을 구성하는 영업활동 · 투자활동 · 재무활동은 다음을 말한다. 영업활동은 일반적 상거래 활동과 관련하여 주로 재무상태표상의 유동자산 및 유동부채에 변동을 가져오는 모든 거래를 의미하며, 일반적으로 제품의 생산, 상품 · 용역의 구입 및 이들의 판매활동을 말한다. 투자활동은 재무상태표상의 비유동자산 및 영업활동과 관련 없는 유동자산의 변동을 가져오는 모든 거래를 의미한다. 현금의 유출은 이들 자산의 취득과 관련된 거래이고, 현금의 유입은 이들 자산의 처분과 관련된 거래이다. 재무활동은 영업활동과 관련 없는 부채의 변동을 가져오는 모든 거래와 자본의 변동 중 신주의 발행이나 배당금의 지급 등과 같이 부채 및 자본 계정에 영향을 미치는 거래이다.

※ 현금흐름과 이익의 질

기업이익의 질(質)이 낮아졌다

올해 기업들의 현금흐름 개선 폭이 순이익 증가 폭에 미치지 못해 전반적으로 '이익의 질'이 떨어졌다는 분석이 제기됐다. 9일 한국상장사협의회에 따르면 527개 12월 결산 상장법인을 대상으로 분석한 결과, 올 들어 3.4분기까지 이들의 '영업 현금흐름'은 총 48조4천972억원으로 작년 동기 대비 28.5% 늘어난데 비해 순이익은 37조4천163억원으로 65.5%나 급증했다. 이에 따라 순이익대비 현금흐름의 배수는 1.3배로 지난해 1.67배에 비해 낮아졌다.

상장사협의회는 영업활동을 통해 창출된 현금흐름을 순이익으로 나눈 값(배수)이 클수록 단순한 회계상 순이익에 비해 실제 현금흐름이 풍부한 만큼 '이익이 질'이 더 높은 것으로 해석된다고 설명했다.

이와 같은 이익의 질 저하 현상은 중소기업에서 더욱 뚜렷해, 자본금 750억원 미만의 426개 기업의 경우 올해 3.4분기까지 영업 현금흐름은 4조7천496억원, 순이익은 5조727원으로 순이익대비 현금흐름의 배수가 작년 1.09배보다 더 낮은 0.94배에 그쳤다. 업종별로는 석유정제업종과 전기, 기계업종의 이익의 질이 크게 떨어졌다. 5개 석유정제업체들의 순이익대비 현금흐름 배수는 지난해 4.83배에서 0.72배로 급감했으며 16개 전기, 기계업체들의 배수도 0.85배로 작년의 3.59배에 비해 크게 낮아졌다.

상장사협의회 관계자는 이와 같은 현상에 대해 "내수경기 침체가 계속되면서 매출채권 및 재고자산 증가에 따라 기업들의 현금 유입이 줄어들었기 때문"이라고 설명했다.

(출처: 매일경제신문, 2004년 12월 9일)

5) 재무제표비율

재무비율분석이라 함은 재무제표에서 경제적 의미와 이론적인 관계성이 분명한 어느 두 항목의 상대적 비율을 구하여 이해하기 쉬운 지표로 나타낸 것이다. 즉 기업 경영내용에 대한 의미 있는 정보를 추출하는 방법으로서 가장 오랫동안 널리 사용되어 온 재무비율분석은 기업관계 자료 중에서 가장 손쉽게 얻을 수 있는 재무제표를 이용한 것이지만, 경영자, 금융기관, 투자자의 의사결정에 유용하게 이용되고 있다.

재무비율분석의 유용성은 ① 재무비율은 쉽고도 가장 저렴하게 구할 수 있는 재무제표로부터 논리적 연관성이 있는 두 항목을 서로 나누어 구해지므로 계산이 쉽다는 점이다. 즉 기술적으로 정보화하기 쉽다. ② 재무제표를 구성하는 항목은 매우 많으므로 재무비율도 수없이 구성할 수 있겠지만, 경제적 의미와 논리적 관계성이 분명하여 의사결정자에게 실제로 의미 있는 정보로 이용되고 있는 것은 50여 가지를 넘지 않는다. 따라서 이용하기에 간편하다는 장점이 있다. ③ 재무제표의 두 항목으로 계산되지만 기업의 지급능력, 안정성, 효율성, 수익성 등에 관한 다양한 정보를 제공함으로써 여러 형태의 의사결정에 도움이 되는 비교적 풍부한 의미의 정보를 제공하기 때문이다.

재무비율분석의 종류와 측정내용, 주요 측정지표는 아래와 같다.

분류	측정 내용	주요 측정 지표
유동성 비율 (Liquidity ratio)	단기채무상환능력, 지급능력	유동비율, 당좌비율
레버리지 비율 (Leverage ratio)	타인자본의존도, 특히 장기채무상환능력	부채비율, 자기자본비율, 고정비율, 고정장기적합률
수익성 비율 (profitability ratio)	이익창출능력 측정 경영의 효율성을 투하자본에 대한 수익으로 측정	총자산순이익률, 매출액순이익률, 총자산경상이익률, 자기자본 순이익률, 자기자본경상이익률,
활동성 비율 (activity ratio)	기업보유 특정 자산의 활용도 측정치	총자산회전율, 매출채권회전율, 재고자산회전율, 유형자산회전율
성장성 비율 (growth ratio)	외형 및 수익력 측면에서 상대적 지위가 얼마나 향상되고 있는가를 측정	총자산증가율, 매출액증가율, 유형고정자산증가율
생산성 비율 (productivity ratio)	생산활동에 투하되는 인적·물적 자원의 능률 혹은 업적을 측정하며, 성과배분과 경영합리화 정도를 알 수 있음.	부가가치율, 자본생산성, 노동생산성
시장가치 비율 (market value ratio)	주가와 관련된 비율, 수익과 위험에 대한 종합적인 정보를 제공하는 종합적 성과척도	주당이익, 주가수익비율, 주가순자산비율, 배당성향, 유보율, q-비율

비율분석 중 대표적인 것으로는 대체로 안정성, 수익성, 성장성 3가지를 들 수 있다. 이러한 재무비율은 과거나 현재의 비율과 산업평균치나 경쟁회사의 비율과 비교하여 재무상태를 평가하는 분석도구로 사용되어진다. 재무비율을 이용한 분석은 기업의 재무상태를 간단히 파악할 수 있다는 장점이 있는 반면 ① 재무비율분석이 과거의 자료를 중심으로 분석하고, ② 일정시점이나 일정기간을 중심으로 분석하며, ③ 비율상호간의 연결이 없으며 종합적인 결론을 얻을 수 없고, ④ 절대적인 기준치나 표준치가 없다는 점이 한계로 지적된다.

① 안전성 지표

구 분	산 식	비 고
유동비율	$\frac{\text{유동자산}}{\text{유동부채}} \times 100$	
부채비율	$\frac{\text{부채총계}}{\text{자기자본}} \times 100$	
차입금의존도	$\frac{\text{차입금}}{\text{총자산}} \times 100$	
영업이익대비 이자보상비율	$\frac{\text{영업이익}}{\text{이자비용}}$	

② 수익성 지표

구 분	산 식	비 고
매출액영업이익률	$\frac{\text{영업이익}}{\text{매출액}} \times 100$	
총자산순이익률	$\frac{\text{당기순이익}}{\text{총자산}} \times 100$	
자기자본순이익률	$\frac{\text{당기순이익}}{\text{자기자본}} \times 100$	
총자산대비 영업현금흐름비율	$\frac{\text{영업활동으로인한현금흐름}}{\text{총자산}} \times 100$	

③ 성장성 및 활동성 지표

구 분	산 식	비 고
매출액증가율	$\frac{\text{당기매출액}}{\text{전기매출액}} \times 100 - 100$	
영업이익증가율	$\frac{\text{당기영업이익}}{\text{전기영업이익}} \times 100 - 100$	
당기순이익증가율	$\frac{\text{당기순이익}}{\text{전기순이익}} \times 100 - 100$	
총자산증가율	$\frac{\text{당기말총자산}}{\text{전기말총자산}} \times 100 - 100$	
자산회전율	$\frac{\text{매출액}}{(\text{기초총자산}+\text{기말총자산})/2}$	

3. 창업기업의 세무

1) 개인기업과 법인기업의 특징 비교

(1) 개인기업의 장 · 단점

개인기업의 장점으로는 기업이윤 전부를 기업주가 독점할 수 있으며, 설립등기가 필요없고 사업자등록만으로 사업개시가 가능하므로 기업설립이 용이하다. 창업비용과 창업자금이 비교적 적게 소요되어 소자본으로도 창업이 가능하다. 기업활동에 있어 제반 정책수립이 자유롭고, 신속한 계획수립 및 계획변경이 용이하며, 일정규모 이상으로는 성장하지 않는 중소규모의 사업에 안정적이고 적합한 기업형태이다.

개인기업의 단점으로는 대표자는 기업경영에서 발생하는 채무에 대하여 무한책임을 지며, 대표자가 바뀌는 경우에는 폐업을 하고, 신규로 사업자등록을 해야 하므로 기업의 계속성이 단절된다. 일정규모 이상의 이익이 발생 시 높은 세율의 소득세가 부과된다.

(2) 법인기업의 장·단점

법인기업의 장점으로는 신주발행 및 회사채 발행 등을 통한 다수인으로부터 자본조달이 용이하고, 대표자는 회사운영에 대해 일정한 책임을 지며, 주주는 주금납입을 한도로 채무자에게 유한책임을 진다. 대외공신력과 신용도가 높기 때문에 영업수행과 관공서, 금융기관 등과의 거래에 있어서 유리한 면이 있다.

법인기업의 단점으로는 대표자가 기업자금을 개인용도로 사용하면 회사는 대표자로부터 이자를 받아야 하는 등 세제상 불이익이 있으며, 회사 설립 시 창업절차가 복잡하고 자금소요가 많다. 2009년 현재 개인기업과 법인기업의 세제상의 특징을 비교하면 아래와 같다.

내 용	개인기업	법인기업
과세근거법	소득세법	법인세법
과세소득	총수입금액 - 필요경비	익금 - 손금
과세기간	매년 1월1일부터 12월 31일까지	정관에 정한 회계기간
과세소득	특정소득에 대해서는 종합과세를 하지 않고 원천징수만으로 분리과세	분리과세가 인정되지 않음
이중과세여부	하나의 원천소득에 대해 이중 과세가 되지 않음.	법인에게 법인세 과세 후 주주의 배당에 대해 소득세 과세
세율구조	소득세: 6%, 15%, 24%, 35%, 38%, 5단계 누진세율 주민세 : 소득세의 10%	법인세: 10%, 20%, 22% 3단계 누진세율 주민세: 법인세의 10%
납세지	대표자의 주소지	법인등기부상의 본점소재지
기장의무	수입금액에 따라 간편장부의무자, 복식부기의무자로 구분	수입금액 관계없이 복식부기 의무자
외부감사제도	적용되지 않음	자산총액 70억 원 이상인 경우 공인회계사의 회계감사 받음
재무상태표공고	공고의무가 없음	법인세 신고기간 내 일간신문에 공고의무 있음(외부감사대상법인)

2) 창업기업의 조세특례

세법에서 사용하고 있는 조세의 지원방법에는 비과세·감면·소득공제·세액공제와 같은 직접지원제도와 준비금·일시상각·과세이연과 같은 간접지원제도의 두 가지 방법이 있다. 직접지원제도인 비과세는 조세정책적인 목적 등 여러 가지 이유로 특별한 신청이나 승인절차가 없이 과세대상에서 제외시키는 것이다. 소득공제는 과세소득이 되는 소득, 즉 당연히 과세해야 할 금액에서 일정비율 또는 일정금액을 공제해 줌으로써 세금의 부담을 덜어주는 제도이다. 세액공제는 과세표준에 세율을 적용하여 산출세액을 계산한 후 이 세액을 일정비율 또는 일정금액을 공제하는 제도로서 여러 가지 세금절감방법 중에서 가장 직접적으로 세금혜택을 주는 방법이다. 이에는 투자세액공제, 연구인력개발비세액공제 등이 있다. 세액감면은 세법에서 정하는 바에 따라 특정한 소득에 대하여 세금을 완전히 면제해 주거나 일정비율만큼 경감해 주는 제도로 창업중소기업 등에 대한 세액감면 등이 있다.

간접지원제도인 준비금제도는 미래에 지출이 예상되는 금액을 미리 비용으로 산입하여 세액을 감소시킨 이후 일정기간 경과 후 익금으로 환입하는 기간까지 과세를 이연시키는 제도로 연구인력개발준비금 등이 있다. 과세이연제도는 당해 연도에 과세하지 않고 뒤로 미루어 추후에 과세하는 제도로 개인기업의 법인전환 시 양도소득세의 이월 과세하는 것 등이 있다.

이러한 조세지원에는 일부 제한이 있는데 ① 중복지원의 배제로 조세에 대한 특례나 감면은 정책목적별로 규정되어 있기 때문에 특정한 사안에 대해 여러 가지의 조세지원이 동시에 적용될 수 있으므로 세법에서는 동일한 감면대상이 같은 유형 간에 중복되거나 서로 다른 유형 간에 같이 규정되어 있는 경우에는 하나만을 선택 적용하도록 하고 있다. 즉 세액공제와 세액감면 중 하나만 선택하도록 되어있다. ② 최저한세의 적용으로 조세부담의 형평과 안정적인 재정수입을 확보하기 위해서 일정한 수준 이상의 세금감면은 제한하여 조세부담의 기초가 되는 소득이 있는 경우에는 최소한의 세금을 부담하도록 하고 있는데 이것을 최저한세제도라고 한다.

3) 창업·벤처기업의 조세특례

창업중소기업 등에 대한 세액감면은 조세특례제한법 제6조에 의거 수도권과 밀억제권역 이외에서 창업한 중소기업 도는 창업벤처중소기업을 대상으로 하고 있다. 또한 벤처기업육성에 관한 특별조치법 제2조의2 요건을 갖춘 벤처기업이거나 연구개발비가 당해 연도 수입금액의 5% 이상인 중소벤처기업으로 창업 후 3년 이내 벤처기업으로 확인받은 기업이 대상이다.

감면내용으로는 당해 사업에서 최초로 소득이 발생하는 과세연도와 그 다음 과세연도 개시일로부터 3년 내에 종료하는 과세연도까지 소득세 또는 법인세를

50% 감면해 준다. 창업벤처중소기업의 경우 벤처기업의 확인을 받은 날 이후 최초로 소득이 발생한 과세연도와 그 다음 과세연도 개시일로부터 3년 내에 종료하는 과세연도까지 소득세 또는 법인세를 50% 감면한다.

다음의 경우에는 창업으로 볼 수 없으므로 세액감면의 적용을 배제한다. 합병・분할・현물출자・사업양수를 통해 종전의 사업을 승계하거나 종전 사업에 사용되던 자산을 인수 또는 매입하여 동종의 사업을 영위하는 경우(단, 인수자산가액의 사업용자산의 총가액에서 차지하는 비율이 30% 이하인 경우에는 창업으로 인정함.)와 개인사업을 법인으로 전환하여 새로운 법인을 설립하는 경우, 폐업 후 사업을 다시 개시하여 폐업 전의 사업과 동종의 사업을 영위하는 경우 및 사업을 확장하거나 다른 업종을 추가하는 경우 등 새로운 사업을 최초로 개시하는 것으로 보기 곤란한 경우는 창업으로 인정되지 않기에 배제된다.

조세특례제한법 제119조 제3항에는 등록세 감면을 정하고 있는 데 창업중소기업 및 창업벤처중소기업이 당해 사업을 영위하기 위해 창업일(창업벤처중소기업은 벤처기업으로 확인받은 날)로부터 4년 이내에 취득하는 사업용 재산에 관한 등기에 대한 등록세를 면제한다. 다만 등기일부터 2년 이내 당해 재산을 사업에 직접 사용하지 않거나 다른 목적으로 사용, 처분(임대 포함)하는 경우에는 면제세액을 추징한다. 창업중소기업의 법인설립의 등기에 대한 등록세는 면제한다.

조세특례제한법 제120조 제3항에 취득세 감면을 규정하고 있는데 창업중소기업 및 창업벤처중소기업이 당해 사업을 영위하기 위해 창업일(창업벤처중소기업은 벤처기업으로 확인받은 날)로부터 4년 이내에 취득하는 사업용 재산에 대해서는 취득세를 면제한다. 취득일부터 2년 이내 당해 재산을 사업에 직접 사용하지 않거나 다른 목적으로 사용, 처분(임대 포함)하는 경우에는 면제세액을 추징한다.

조세특례제한법 제121조에는 재산세 감면을 정하고 있는데 창업중소기업 및 창업벤처중소기업이 당해 사업에 직접 사용하는 사업용재산에 대하여는 창업일로부터 5년간 재산세의 50% 상당액을 감면한다.

농어촌특별세법 제4조 제3호에는 농어촌특별세 비과세를 정하고 있는데, 창업중소기업 및 창업벤처중소기업의 위 규정에 의해 감면되는 법인세 또는 소득세, 등록세 및 취득세에 대하여는 농어촌특별세(감면세액의 20%)를 부과하지 아니한다.

지방세법 제280조 제3항에는 지방세 중과배제를 정하고 있다. 감면대상은 중소기업창업지원법에 의해 지정된 창업보육센터에 입주하는 자, 벤처기업집적

시설에 입주하는 벤처기업, 산업기술단지에 입주하는 자에 대하여 과밀억제권역 안에서 본점 또는 주사무소의 사업용 부동산을 취득하는 경우와 공장을 신설 또는 증설하기 위해 사업용 물건을 취득하는 경우 취득세 3배 중과를 배제한다. 또한 대도시 안에서의 법인설립에 따른 등기 및 부동산 등기에 따른 등록세 3배 중과도 배제한다. 과밀억제권역 안에서 공장 신설, 증설의 경우 5년간 재산세 5배 중과를 역시 배제한다.

읽을거리 1

운전자본 관리 tip

회사 운전자본(working capital) 관리를 잘 함으로써 현금유동성을 증대시킬 수 있는 방안으로 6가지의 불합치를 해결할 필요가 있다. 기업의 대내외 경영환경이 어려울수록 현금 유동성 증대가 매우 중요하다. 재무제표 상 이익의 증대는 지금 사용할 수 있는 현금이 아니다.

1. The Six Mistakes in Working-Capital Management

○ 경험하고 있는 어려운 시기에 있어서, 기업들은 cash를 긁어모으고 있음.

○ 기업들은 운전자본 관리에 있어서 6가지의 일반적인 mistakes 가운데 몇 가지 혹은 모두를 범함
- 그들은 손익계산만을 관리한다.
- 그들은 (매출을) 성장시킨 경우에만 세일즈 인력에게 보상한다.
- 그들은 생산 품질을 과대하게 강조한다.
- 그들은 수취계정(receivables)을 지불계정(payables)과 연계한다.
- 그들은 유동비율과 당좌비율(current & quick ratios)을 관리한다.
- 그들은 경쟁자의 프랙티스를 벤치마킹한다.

○ 이들 mistakes를 단순히 수정하는 데는 많은 cash가 필요할 것임. 그렇지만 좀 더 장기적 측면에서 기업은 모든 사람들이 재무상태표에 대하여 책임을 지는 문화 창출이 필요.

Mistake 1 : Managing to the income statement

→ 손익계산서로 그럭저럭 일을 처리해 가지 말라.

○ 많은 중요한 코스트 항목은 손익계산서 상에 나타나지 않으며, 손익계산서는 흔히 매니저들로 하여금 재고 및 수취계정(receivables, 받을 어음 및 매출채권 등)에 capita을 묶어두게 함

○ 어느 금속제련회사는 receivables의 수준을 185일에서 45일로 줄였음. 이는 매출 하락을 초래하였지만, 년간 자본비용을 8백만 달러나 줄이게 하였음. 이는 낮아진 영업이익을 보상하고도 남은 것이었음.

Mistake 2 : Rewarding the sales force for growth alone

→매출을 성장시킨 경우에만 세일즈 인력에게 보상하지 말라.

- ㅇ 세일즈 인력들이 예약판매에 대해서만 보상을 받게 될 경우, 당신이 customer payments를 관리하는데 도움을 줄 아무런 유인(incentive)을 갖지 못함
- ㅇ 어느 금속제련회사에서, 세일즈 스탭들은 receivables를 관리하는 것을 도와주도록 지시를 받았음. 기한을 넘기거나 불량 receivables의 비율이 12%에서 0.5% 미만으로 떨어졌음. 이로 인한 연간 cash flow는 거의 3백만 달러나 창출되었음.

Mistake 3 : Overemphasizing quality in production

→생산품질을 과도하게 강조하지 말라.

- ㅇ 생산인력들에게 기본적으로 품질측정기준에 따라 보상하게 되면, 불필요한 것을 집어 넣게하고 생산을 늦추게 함을 조장할 수 있음
- ㅇ 전력생산을 위한 구동장치 생산업자인 유럽의 한 회사는 경쟁자들보다 거의 3배가 긴 manufacturing cycle을 갖고 있으나, 그 회사는 관련 비용을 고객에게 떠 넘길 수 없었음. non-value added quality를 축소함으로써, 회사는 cycle times를 단축하고, 재고를 20일까지 줄였고, capital에 있어서는 2천만 유로의 유동성을 확보하였음.

Mistake 4 : Tying receivables to payables

→ receivables를 payables와 연결하지 말라.

- ㅇ supplier relationships에 있어서의 힘의 균형(power balance)은 customer relationships의 그것과는 매우 다름
- ㅇ 유럽의 한 소형가전 제조업체는 공급자 및 고객 세그먼트 각각에 대하여 서로 다른 거래 조건(terms of trade)을 채택하였음. 이는 연간 매출 4억5천만 유로보다 작은 사업에서 약 3천5백만 유로의 자본 유동성을 가져왔음

Mistake 5 : Applying current and quick ratios

→ 유동비율 및 당좌비율에 의해 관리하지 말라.

- ㅇ 유동비율 = (유동자산÷유동부채)×100(%)
- ㅇ 당좌비율 = (당좌자산÷유동부채)×100(%)
- ㅇ 은행은 유동 및 당좌비율을 신용 의사결정 시 사용함. 결과적으로 많은 기업들은 이들 수치를 극대화하려고 함.
- ㅇ 프랑스의 한 소비재 회사는 유동비율이 110%에서 200%로, 당좌비율이 35%에서 100%로 상승하였음을 자랑스럽게 발표하였음. 회사는 6개월 후 지불불능(파산)을 선언하였음

Mistake 6 : Benchmarking competitors

→경쟁자들을 벤치마킹하지 말라.

○ 매니저들은 그들의 운전자본 측청수치가 산업의 일반수준 내에 있을 경우 스스로 만족해 하는 경향이 있음
○ Michael Dell이 Dell Computer社의 운전자본 관리를 다른 컴퓨터회사의 그것이 아니라 오히려 retailer의 운전자본 관리와 비교하였는데, 이는 경쟁사의 그것이 그의 회사가 잠재적으로 성취 가능한 것임을 깨달았기 때문이었음.

2. Creating Culture of Value

○ 수치만으로 매니저들에게 동기를 부여하는 것은 결코 제대로 되지 않음. 그 이유는 매니저들이 특정 성과지표의 극대화에 집중할 경우, 그들은 거의 항상 value를 파괴시키는 결과로 종결되기 때문임.
○ 훨씬 더 좋은 접근방식은 모든 기능부서의 매니저들이 서로 서로 함께, 공급자들과 함께, 고객들과 함께 가치 창출(value creation)을 위한 대화에 참여토록 하는 문화를 조성하는 것임.
○ 인센티브 및 성과 기준이 분명 역할을 하기는 하지만, 그러나 회사의 리더들은 그들의 매니저들이 회사의 balance sheet를 희생시키는 대가로 그들의 성과기준을 극대화하는 것으로 끝나게 될 위험에 항상 주의하여야 함
○ 따라서 CEO는 다음과 같이 말하는 매니저들을 자주 만나보아야 함 : "나는 이 일을 하는 것이 바보 같다는 것을 알고 있지만, 만일 내가 그 일을 하지 않으면 나의 보너스가 손해를 볼 것 같아 한다. 그 시스템을 고치는 것은 내 책임이 아니다."
○ 모든 레벨의 사람들로 하여금 그 시스템을 고치도록 지원하게 하는 것은 일관되게 건강한 사업을 하려면 당신(CEO)이 해야 할 바로 그것임.
○ Toyota
  - 이 회사의 just-in-time production은 특정의 tools 및 practices의 적용에 관한 것이 아니라, 모든 노동자들이 자신들의 일하는 프로세스를 끊임없이 실험하고, 질문을 하며, 가설을 테스팅하는 것에 대하여 보상을 받고 그렇게 하도록 인도를 받는 (조직) 환경을 창출하는 것에 관한 것임.
  - 그러한 환경에서, 성과지표가 분명 역할을 하지만, 그러나 그 성과지표들은 맹목적으로 아무런 의심도 없이 수행되는 것이 아님
  - 그 결과는 모든 종업원들이 가치창출에 대한 책임의식을 느끼는 참여적 문화(participative culture)임
  - 그것은 바로 회사 내 capital이 가능한 한 효율적으로 운영되어짐을 보증할 정확한 attitude의 유형임

읽을거리 2

신생벤처가 시련기에 살아남는 11가지 방법

1. 지금 필요한 것은 '스피드'
2. 비즈니스의 핵심부문을 보호하라.
3. **현금 유동성을 확보하라.**
4. 시설 확장을 미뤄라.
5. R&D투자의 우선순위를 재평가하라.
6. 가능한 모든 계약을 재협상 하라.
7. 조직 내 모든 직원이 영업을 할 수 있다는 점을 명심하라.
8. 보너스로 현금 대신 주식을 제공하라.
9. **현금을 보호하라.**
10. 수익계획을 세우기 위한 선행지표를 개발하라.
11. 모든 사람과 커뮤니케이션을 확대하라.

(출처 : 전자신문)

제8장 사업타당성 분석과 위험평가

학습목표

- ❏ 사업타당성 분석의 개념
- ❏ 사업타당성 분석의 절차
- ❏ 사업타당성 분석 방법
- ❏ 벤처기업의 위험

제8장 사업타당성 분석과 위험평가

제1절 사업타당성 분석

1. 사업타당성 분석의 필요성

사업타당성 분석이란 경제주체가 수행 및 추진하고자 하는 사업활동의 타당성 여부를 사전에 조사, 분석, 검토하여 경영의사 결정에 필요한 자료를 제시하는 활동을 말한다. 즉 창업 혹은 신규로 진출하고자 하는 사업의 가치를 평가하는 것이다. 사업의 평가에는 기술적인 측면, 시장점유율, 경제적인 평가 등 총체적인 분석을 통한 가치측정의 과정이 이루어져야 한다.

구체적으로 사업 아이템에 대한 분석을 기초로 하여 기타 창업요소와 요건에 대한 타당성 검토, 시장성 분석, 기술성 분석, 경제성 분석 및 위험요인 분석 등을 단계적으로 구분하여 수행하며, 외부전문가 또는 제3자에게 의뢰할 수도 있지만, 창업자 자신이 직접 실시하는 것이 가장 바람직하다.

창업자 자신의 주관적인 사업구상이 아닌, 객관적이고 체계적인 사업타당성 검토는 계획사업의 객관성을 높이고, 사업시작 전 위험요소 확인이 가능토록 하여 창업회사의 성공률을 높일 수 있다. 또한 창업자들이 사업타당성 검토를 통하여 구상하고 있는 기업의 여러 가지 제약요소와 문제점 등 사업에의 구체적 형성요소를 파악함으로써 창업기간을 단축할 수 있고 효율적인 창업업무를 수행할 수 있다.

창업자가 독자적으로 점검해 볼 수 없는 계획제품의 기술성, 시장성, 수익성, 자금수지계획 등 세부항목을 분석하고 제시함으로써 해당 업종에 대해 미처 깨닫지 못한 세부사항을 사전에 인지하여 제품 등의 물리적 특성 등을 포함한 해당 업종에 대한 학습의 기회를 제공해주기 때문에 효율적 창업경영을 도모할 수 있다.

아울러 기업의 구성요소를 정확하게 파악함으로써 사장의 경영능력 향상에 도움을 줄뿐만 아니라 계획사업의 균형 있는 지식습득과 보완해야 할 사항을 미리 확인하여 조치를 취할 수 있다.

이러한 사업타당성을 시행하는 위치는 [그림 8-1]과 같이 요약할 수 있다.

그림 8-1. 사업타당성 분석의 위치

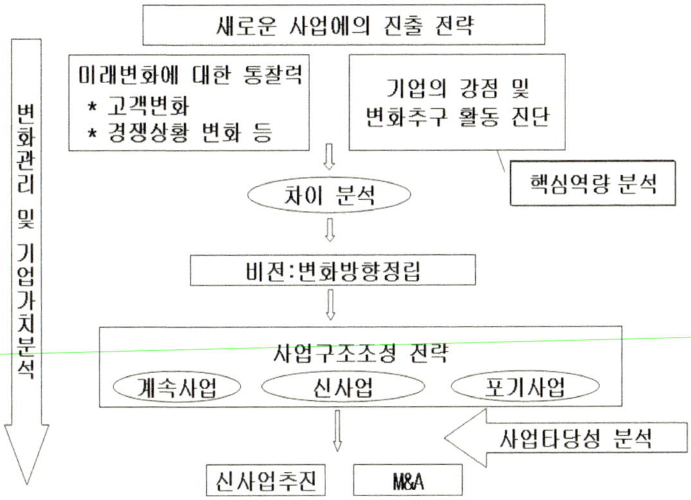

2. 사업타당성 분석의 특징

사업타당성 분석은 성공창업의 첫 단계이자 보조장치로 사업 아이템으로 선정된 후보에 대한 가능성을 확인하는 과정이다.

신규 창업의 경우 타당성 분석의 대상은 사업 아이템의 성공 가능성에 초점을 두고 제품성, 기술성, 시장진입 가능성, 판매전략, 수익성 등을 중점으로 평가한다. 이때의 평가자는 창업자 본인, 창업 상담회사 또는 경영 컨설턴트가 수행한다.

확장 또는 업종 전환의 경우 타당성 분석의 대상은 다수의 투자안에 대한 경제성 분석에 관심이 있다. 사업투자에 대한 기회비용, 시장의 수요, 트렌드의 변화 등을 주 평가대상으로 하며 평가자는 기존기업의 기획팀 또는 TFT에서 수행한다.

사업계획서는 실행계획으로 일종의 안내서이다. 따라서 기업의 생존 가능성 제고, 계획 실현을 위한 조직화 지침 및 내부기준, 자금조달 등 외부 이해관계인의 평가기준을 작성한 것으로 사업타당성 분석과는 구분된다.

사업타당성 평가의 요소로는 창업자의 계획사업 수행능력, 시장성, 기술 타당성, 경제성 및 성장성과 위험요소가 있다.

창업자의 사업 수행능력 분석은 기업가로서의 적성과 자질 및 장·단점의 파악, 경험 및 경력과 비교하여 업종선택의 적합성 부합여부, 비전제시, 위기대응, 조직관리, 분석·기획 등 경영능력의 보유 여부, 창업동기, 성장 원동력, 윤리의식 등 사업배경 등이 분석의 대상으로 검토된다. 시장성 및 판매전망으로는 시장의 특성 및 구조, 국내외 수급동향 및 중장기 수급 전망, 시장진입 가능성 및 경쟁상태, 유통경로, 가격동향 및 가격구조 등이 검토되어야 한다. 기술적 타당성으로는 기술수준 및 비교 우위성, 생산요소(시설, 인력, 원재료 조달 등), 품질 및 성능 분석과 예상불량률 및 개선 가능성 등을 확인한다. 수익성 및 경제성은 수익전망, 투자수익 및 손익분기 분석, 계획사업의 경제성 분석 등이 있다. 자금수지 및 성장성에는 자금소요 규모 및 조달 가능성, 자금운용 계획 및 상환 계획 검토, 성장 가능성 및 위험요소 분석 등이 포함된다.

제2절 사업타당성 분석 절차

1. 예비 사업타당성 분석

사업 아이템 선정 전에 다수의 예비 아이템을 선별해 가는 과정으로 후보사업 아이디어 발견을 위해 사업가능 아이디어를 나열하고, 예비사업 아이디어를 발견한 후, 예비 사업성분석 및 후보사업 아이디어를 1차적으로 선정하는 과정이다.

예비 사업타당성 분석에서 검토하는 내용을 일반사항과 외적 요인의 확인이 있다. 일반사항은 얼마나 팔리겠는가?, 기술적으로 타당한가?, 소요자금은 얼마인가?, 수익성은 어떠한가?를 우선적으로 확인한다. 이를 통해 보편타당성과 객관성을 확보하여 창업자의 주관을 배제한 사업의 가능성을 확인한다.

외적 요인으로는 후보 아이템에 대한 소비자 및 소비지역의 인식 정도, 사업장의 확보가능성 여부, 차입금에 대한 금융환경의 변화 등을 사전에 검토할 필요가 있다.

후보 아이템 평가항목으로는 상품성, 시장성, 수익성, 안정성이 있다. 상품성에는 상품의 적합성으로 잘 아는 제품 또는 공정인가?, 상품의 특성은?, 생필품인가 사치품인가?의 파악을 통해 상품으로의 가치가 있는지를 검토하는 것이다. 또한 상품의 독점성으로 인・허가로 인한 창업의 제한여부나 실제적 독점 여부를 검토하여야 한다.

시장성은 시장의 규모 확인을 통해 예상고객의 수, 국내외 시장규모는? 등을 확인하며, 경쟁자의 세력 및 분포, 품질과 가격은?, 유통진입과 물류비용은? 등 경쟁성을 확인하여야 한다. 또한 잠재고객 증가나 신규 창업기업의 침투성 가능성은?, 소비자의 성향이 안정적이고 필요성 증가여부는? 등과 같은 장래성의 확인도 포함된다.

수익성에는 생산의 효율성과 적정이윤의 보장성 등이 있다. 생산의 효율성은 적정비용으로의 생산제한 요소 여부와 공정의 복잡성과 효율성 여부 및 개선 가능성을 확인하여야 하며, 노동력과 원자재의 가격과 수량의 안정성, 용이성 여부는?과 같은 적정이윤 보장성을 검토하여야 한다.

안정성에는 위험의 수준, 자금투입의 적정성, 재고수준의 적정성이 있다. 위험수준에는 불황 시 적응력, 기술적 진보 수준과 기술변화에의 대처 용이성 등이 있으며, 자금투입 적정성에는 초기 투자액의 규모와 조달 가능성 여부, 이익실현 소요 기간 및 유지 자금의 충분 성 여부가 검토의 대상이다. 재고수준은 원자재의 조달, 유통과정 상 평균재고의 수준, 재고상품의 회전기간과 수요의 계절성 여부 등이 있다.

2. 본 사업타당성 분석

예비 사업성 분석에서 1차적으로 선정된 후보사업 아이디어에 대한 상세한 분석과정으로, 아이템 적응성 분석, 시장성 및 판매전망 분석, 제품 및 기술성 분석, 수익성 및 경제성 분석, 자금수지 및 성장성 분석 등을 통해 사업성공 가능성을 확인하는 과정이다.

본 분석의 분석체계는 당해 사업체 기본문제를 검토한 후 경영자 및 경영기본 목표·방침을 검토하고, 환경분석, 시장성과 경영계획, 기술성 검토, 판매계획과 자본계획, 인사·조직과 자금계획, 시설투자계획을 통해서 추정재무제표를 작성하는 과정으로 진행된다.

사업타당성 분석에 있어 평가해야 하는 요소는 사업타당성 검토를 위해 분석해 보아야 할 항목을 말하며 이는 사업타당성 검토 목적에 따라 해당 항목에 약간의 차이가 있을 수 있다. 계획사업의 성공가능성을 체계적이고 합리적으로 분석, 평가하기 위한 사업타당성 평가항목은 일반적으로 수행능력 및 적합성 분석, 시장성 분석, 기술성 분석, 수익성·경제성 분석, 자금수지·성장성(위험성) 분석 5개 항목으로 대별하고 있다.

사업수행 능력 및 적성분석의 세부 평가항목으로는 사업적성 및 자질(적성 또는 흥미, 추진력, 건강 등), 경험과 지식(창업분야 관련), 사업수행 능력(아이디어, 기획능력, 영업력, 상황판단, 지속적인 친절 능력 등) 및 기타 창업자의 경영능력 등이 있다.

시장성 분석으로는 사업 아이템의 국내·외 동향, 잠재수요, 동업계 현황 및 실적분석(유사상품 포함), 시장규모 추정 및 특성분석, 유통구조 및 특성분석, 동업계 판매조직 및 판매전략, 예상 소비자 특성분석(소득수준, 구매형태, 변화추세, 고객의 해당 상품 수용가능성 등), 상권분석 (수요예측, 통행인구, 소비형태, 점포분포 현황, 교통조건, 경쟁점포 수, 공공기관, 잠재고객, 불시계획 등), 점포 및 입지여건 (건물상태, 주변환경, 주거환경, 지형지세, 동선 적합 여부) 및 판매전망에 대한 추정 등이 있다.

기술성 분석은 기성제품에 대한 비교 우위성, 시설계획 및 생산시설 규모, 생산능력 및 조업도, 원재료 조달 및 원단위 사정, 기술 및 기능인력 확보, 예상 불량률 및 개선 가능성이 있다.

수익성/경제성 분석에는 투자비용 분석, 자금조달 능력 검토, 수익전망, 손익분기점 분석, 단기·장기 채산성 분석을 통해 아이템의 타당성을 검정한다.

자금수지/성장성(위험성) 분석은 소요자금의 조달 가능성, 자금조달, 운용계획표 작성, 차입금 상환능력 검토, 사업계획에 대한 위험요소 분석, 성장 가능성 등이 검토해야 할 세부요소이며, 이러한 사업타당성 분석의 과정을 요약하면 [그림 8-2]와 같다.

그림 8-2. 사업타당성 분석 프로세스

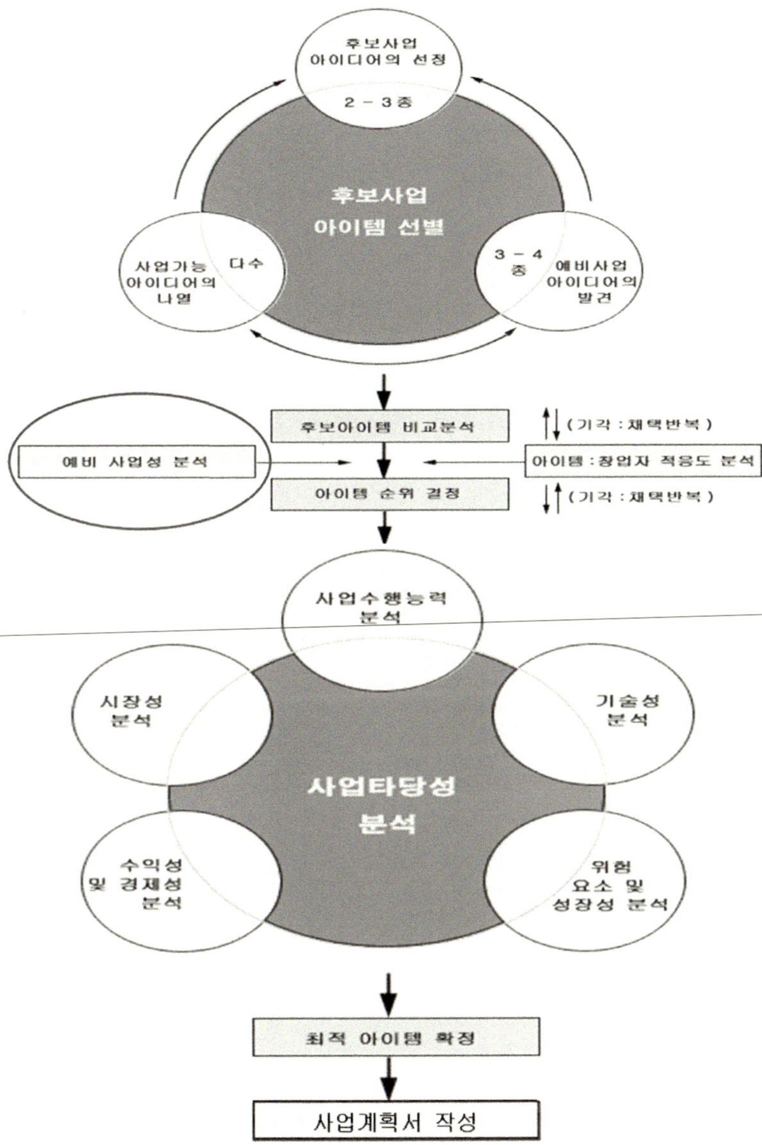

제3절 사업타당성 분석 방법

1. 사업 수행능력 및 적합성 분석

1) 계획사업의 수행능력 평가

사업의 성패는 기업가로서의 적성과 자질, 창업자의 계획사업의 수행능력 및 해당 업종에 대한 적합성에 의거하여 평가할 수 있다. 이는 사업의 성패도 결국 기업가로서의 적성과 자질을 얼마나 갖고 있는가에 의존하는 바가 크기 때문이다. 신규창업의 경우 창업자의 새로운 계획사업 수행능력과 앞으로 경영하고자 하는 업종에 대한 경험・지식 및 관련성이 매우 중요하다. 최근 금융기관에서 기업을 평가할 때와 벤처기업 인증, 이노비즈기업 인증 등 정부의 각종 과제 수행 시에도 경영자의 사업 수행능력에 높은 점수를 주고 있다.

창업자의 건강, 의지력, 성공 집념, 리더십, 모험심, 책임감, 결단력, 창조성 등 창업자의 정서적 특성과 관련된 선천적 적성 및 자질과 경험, 경력, 지식수준, 사회적 지위, 평판, 교류의 폭과 깊이 등과 같은 후천적 경험 및 지식이 중요한 자질이다.

또한 창업 멤버의 구성 및 조정능력, 경기 및 산업동향 파악 및 예측 능력, 조직화, 경영분석 및 경영전략 수립 능력 등 업무수행 능력도 중요한 고려사항이다. 즉 사업은 사람이 핵심이다. 이러한 핵심인 창업자 자신의 자질과 장・단점에 대한 객관적 분석은 사업추진에 있어 발전적이고 긍정적인 작용을 한다.

2) 계획사업의 수행능력 평가요소

사업 수행능력 및 적성분석은 창업자가 기업가로서 갖추어야 할 적성과 자질을 얼마나 갖추고 있는가를 평가하고, 후천적으로 해당 사업분야와 관련되는 분야에서 경험과 지식의 깊이가 얼마나 되는가를 평가하는 것이다. 계획사업은 창업자 자신이 수행하며, 사업 아이템 선정에서부터 사업규모 결정권자는 바로 창업자 자신이며, 사업계획을 성공적으로 수행하기 위해서는 창업자에게 업무수행능력이 필수적으로 요구된다 하겠다.

이들 요소는 창업자가 기업가로서의 사명과 책임을 다하기 위해 필요한 요소들로서 가정유지 능력, 창업 멤버의 구성 및 통제능력, 서비스 및 기술혁신 능력 그리고 국내외의 복잡한 경영·경제적 환경변화 속에서 기업성장에 가장 적합한 결정을 내릴 수 있는 종합 경영분석과 판단능력 등이 있어야 한다.

창업성공의 필수적 요소인 창업자의 적성과 자질, 경험과 지식 및 업무수행 능력을 완벽하게 구비하고 태어난 창업자는 많지 않으며 이런 요소를 갖고 있지 않은 창업자라고 해서 반드시 실패한다는 의미는 아니다. 다만 창업성공의 필수요소를 많이 갖고 있는 창업자일수록 사업성공 가능성이 높다는 것을 말하고 있다.

표 8-1. 사업 수행능력(기업가) 평가 항목

구분	주요항목	평가 내용
기업가	통찰력과 예측능력	· 산업 변화에 대한 인지 정도 · 경쟁규칙의 변화방향에 대한 인지 정도 · 경쟁우위 창출방안의 유무
	지배구조	· 창업자 지분 정도 · 스톡옵션 분배 계획
	신뢰성	· 주변의 평가 · 개인의 재무적 신용도 · 내적통제요소
	개인적 네트워크	· 학력으로 구축된 관계 · 창업이전 경험으로 구축된 관계 · 창업과정에서 구축된 관계
	창조성	· 아이디어 개발능력 · 신규사업기회 포착 능력
	모험심	· 위험을 감안한 모험 능력
	실천력	· 평소 목표달성 정도 · 목표에 대한 몰입 정도
경영능력	위기대응 및 조직관리 능력	· 위험감지와 대처 능력 · 의사소통 유형 · 핵심 인력 유치 방안
	비전제시능력	· 공유 비전이 유무 · 비전 달성방법 제시 정도
	분석력	· 경쟁자 분석 능력 · 시장기회분석 능력
	기획력	· 사업계획 구체화 능력 · 미래 사업 기획 능력
	조직력	· 조직구축과 관리 능력 · 조직 갈등관리 능력
사업배경	포용력	· 종업원의 실수를 용서해 줄 수 있는 정도 · 창조적 실패를 장려할 수 있는 능력
	창업동기	· 창업의 실질적 동기 · 창업의 적절성 · 기술권리와 관련한 문제발생 가능성
	성장단계	· 기업의 향후 성장가능성 · 기업성장 원동력
	외부투자자에 대한 인식	· 회계처리의 투명성 · 외부자본에 대한 배당의지 여부 · 기업공개 계획/추진의지 여부

계획사업 수행능력 및 적합성 평가요소는 크게 나누어 창업자의 선천적 적성과 자질인 기업가 요소, 그리고 창업자의 경험과 지식, 경영능력 등 후천적 자질과 사업배경으로 구분할 수 있다.

기업가 요소에는 통찰력과 예측 능력, 신뢰성, 모험성, 창조성, 실천력과 같은 정서적인 면과 주식의 분배와 같은 지배구조에 대한 계획이 포함된다. 경영능력에는 위기대응 및 조직관리 능력, 비전 제시 및 리더십, 기획 및 분석력이 있다. 사업의 배경으로는 창업동기와 외부 투자자에 대한 인식 등이 주요 평가요소이다.

3) 계획사업 수행능력 및 적합성 평가 방법

(1) 경영능력 평가

창업자의 계획사업능력 및 적합성 평가는 창업자의 적성과 자질, 창업관련 분야에서의 경험과 지식 및 사업 수행능력 등의 평가요소에 따라 각 항목별로 가중치를 2~5만큼 부여하여 평가항목의 합계가 100점이 되도록 구성되어 있다. 평점 합계가 50점 이상이면 창업자로서 기본적인 적성과 자질, 경험과 지식 및 사업수행이 있다고 판단한다.

표 8-2. 경영자 경영능력 평가표

평가요소	평가항목	가중치 (A)	평가구간(B) 강(많음) ←——→ 약(적음)	평점 (A)×(B)/10
적성 및 자질 (30)	① 모험심			
	· 새로운 것에 대한 호기심	2	(호기심이 강) (무관심) 10 5 0	
	· 가능성에 대한 도전성	2	(도전성이 강) (약하다) 10 5 0	
	② 가능성에 대한 집념			
	· 추진력과 정력	2	(강) (약) 10 5 0	
	· 지구력 및 끈기	2	(강) (약) 10 5 0	

평가요소	평가항목	가중치 (A)	평가구간(B) 강(많음) ⟷ 약(적음)	평점 (A)×(B)/10
적성 및 자질 (30)	③ 스케일			
	· 외향적 성격, 내성적 성격	2	(외향적) 10 ··· 5 ··· 0 (내성적)	
	· 사업가적 스타일, 샐러리맨 스타일	2	(사업가) 10 ··· 5 ··· 0 (샐러리맨)	
	④ 리더십			
	· 학창시절, 직장생활 중 리더로서의 경험	2	(유) 10 ··· 5 ··· 0 (무)	
	· 상·하 포용 능력	2	(강) 10 ··· 5 ··· 0 (약)	
	⑤ 의지력			
	· 실패에 대한 인내력	2	(유) 10 ··· 5 ··· 0 (무)	
	· 목표달성의 결단력	2	(강) 10 ··· 5 ··· 0 (약)	
	⑥ 기타 기업가적 소질			
	· 금전 선호 사상	2	(강) 10 ··· 5 ··· 0 (약)	
	· 기본체력	2	(강) 10 ··· 5 ··· 0 (약)	
	· 독립심	2	(강) 10 ··· 5 ··· 0 (약)	
	· 기업가의 경제관	2	(합리적) 10 ··· 5 ··· 0 (비합리적)	
	· 능동형, 수동형	2	(능동형) 10 ··· 5 ··· 0 (수동형)	
소계		30		( )

평가 요소	평가항목	가중치 (A)	평가구간(B) 강(많음) ←→ 약(적음)	평점 (A)×(B)/10
경험 및 지식 (30)	① 창업관련 분야에서의 경험	5	(10년) (5년) (없음) 10 5 0	
	② 학문과 지식 · 학력	5	(대졸이상) (고졸) (중졸이하) 10 5 0	
	· 업종에 대한 지식	5	(풍부) (보통) (부족) 10 5 0	
	③ 창업자 능력 · 창업자가 가지고 있는 자격	3	(기사1급) (기사2급) (없음) 10 5 0	
	· 사회적 지위	3	(상) (중) (하) 10 5 0	
	· 전 직장에서의 신용	3	(양호) (보통) (불량) 10 5 0	
	④ 교제 인물의 폭과 깊이	3	(다양) (보통) (낮다) 10 5 0	
	⑤ 창업환경을 둘러싸고 있는 인과관계	3	(강함) (보통) (낮음) 10 5 0	
소계		30		(　)
업무 수행 능력 / 경영 능력 (40)	① 가정 유지능력 · 전 가족의 전적인 동의	3	강(많음) 약(적음) 10 5 0	
	· 기계비의 사업 의존성	2	(동의) (반신반의) (불찬성) 10 5 0	
	· 사업과 가사와의 조화	2	(독립성) (50%의존) (의존성) 10 5 0	
	· 사업 실패시 가계의 타격 정도	3	(조화확실) (보통) (부조화) 10 5 0	

평가요소	평가항목	가중치(A)	평가구간(B) 강(많음) ←——→ 약(적음)	평점 (A)×(B)/10
업무수행능력/경영능력(40)	② 창업 멤버의 구성 및 통제 능력 · 핵심 창업 멤버 확보 용이성	2	(타격없음) (50%) (100%) 10 5 0	
	· 창업 멤버 구성 정도	2	(용이) (보통) (곤란) 10 5 0	
	· 해당 업종에 필수자격 구비 정도	2	(100%) (50%) (미정) 10 5 0	
	· 생산직 근로자 통제능력 (창업자의 기술수준)	2	(100%) (50%) (불가) 10 5 0	
	· 창업자의 관리 통제 능력	2	(100%) (50%) (불능) 10 5 0	
	· 창업자의 영업 통제 능력	2	(100%) (50%) (불능) 10 5 0	
	③ 서비스 및 기술혁신 능력 · 해당 업종의 서비스 향상 방안 확립	3	(완비) (불비) 10 5 0	
	· 경쟁사 대비 서비스 수준	3	(200%) (100%) (50%) 10 5 0	
	· 기술개발 시스템 및 인력 확보	3	(100%) (추진) (미확보) 10 5 0	
	④ 경영 및 환경적응 능력 · 경영환경 적응능력	3	(높음) (보통) (낮음) 10 5 0	
	· 경영분석 능력	3	(양호) (보통) (부족) 10 5 0	
	· 경영판단 능력	3	(양호) (보통) (부족) 10 5 0	
소 계		40		(　)
합 계		100		(　)

(2) 성격유형검사(MBTI)

창업자가 가진 선천적 자질을 파악하기 위해서 성격유형검사가 활용된다. 본인의 성격을 파악하여 부족한 부분은 보완하고, 뛰어난 부분은 활용할 필요가 있다. 대표적인 유형검사인 MBTI(Myers–Briggs Type Indicator)는 C. G. Jung의 심리유형론을 근거로 하여 Katharine Cook Briggs와 Isabel Briggs Myers가 보다 쉽고 일상생활에 유용하게 활용할 수 있도록 고안한 자기보고식 성격유형지표이다.

융의 심리유형론은 인간행동이 그 다양성으로 인해 종잡을 수 없는 것 같이 보여도, 사실은 아주 질서정연하고 일관된 경향이 있다는 데서 출발하였으며, 인간행동의 다양성은 개인이 인식(Perception)하고 판단(Judgement)하는 특징이 다르기 때문이라고 보고 있다. MBTI는 인식과 판단에 대한 융의 심리적 기능이론, 그리고 인식과 판단의 향방을 결정짓는 융의 태도이론을 바탕으로 하여 제작되었으며, 개인이 쉽게 응답할 수 있는 자기보고(self report) 문항을 통해 인식하고 판단할 때의 각자 선호하는 경향을 찾고, 이러한 선호경향들이 하나하나 또는 여러 개가 합쳐져서 인간의 행동에 어떠한 영향을 미치는가를 파악하여 실생활에 응용할 수 있도록 제작된 심리검사이다.

MBTI는 일상생활 및 개인상담, 팀 빌딩과 조직, 학교 및 교육 분야, 비즈니스 분야 등에서 활용되어 지고 있으며, MBTI에서의 성격 선호경향 4가지와 이를 결합한 16가지 성격 유형은 [그림 8-3], [그림 8-4]와 같다.

그림 8-3. MBTI 4가지 선호 경향

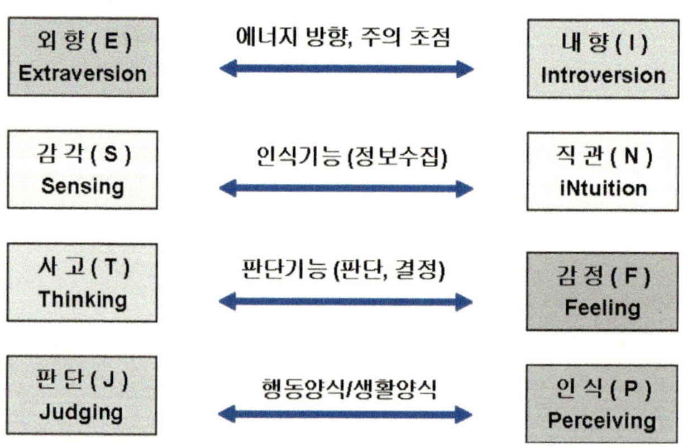

그림 8-4. MBTI 16가지 성격 유형

ISTJ 세상의 소금형	ISFJ 임금 뒤편의 권력형	INFJ 예언자형	INTJ 과학자형
ISTP 백과사전형	ISFP 성인군자형	INFP 잔다르크형	INTP 아이디어 뱅크형
ESTP 수완좋은 활동가형	ESFP 사교적인 유형	ENFP 스파크형	ENTP 발명가형
ESTJ 사업가형	ESFJ 천선도모형	ENFJ 언변능숙형	ENTJ 지도자형

2. 시장성 분석

1) 시장성 분석의 의의

시장성 분석을 간략히 설명하면 판매하고자 하는 아이템을 어느 정도 팔 수 있겠는가를 조사·분석하는 것을 말한다. 이는 사업성패의 핵심요소로 판매예측(sales forecast)을 통한 제품생산으로 사업의 성공가능성을 증가시키며, 사업 아이템 선별수단으로 이용된다. 사업의 성패는 제품의 판매에 있으며, 아무리 품질이 우수하고 신제품이라 하더라도 판매가 되지 않으면 결코 사업에 성공할 수 없기 때문이다. 즉 시장성 분석은 사업성패의 갈림길이며, 사업타당성 분석의 핵심요소인 것이다.

창업 예정자는 사업성패와 직결되는 만큼 제품의 시장성 분석을 추상적으로, 객관적 근거 내지는 실제 조사에 의하지 않고 막연하게 '잘 팔릴 것이다'라는 안이한 생각으로 사업을 시작한다면 십중팔구 그 사업은 실패하기 마련이다.

시장성 분석에 있어 시장조사란 시장을 발견하고 발견된 시장에 대하여 표적시장을 선정하고, 표적시장이 선정되면 시장을 세분화하여 계량화할 수 있는 자료를 조사하고 분석하여 판매량을 추정하는 사항을 포함하고 있다. 궁극적으로 시장성 분석의 최종목표는 계획제품에 대한 판매예측, 즉 앞으로 생산할 제품이 시장에서 얼마나 팔릴 것이냐, 향후 수요 증가추세는 어떻게 변할 것이냐를 분석하는 것으로 집약할 수 있다.

시장분석의 핵심요소는 전반적인 시장동향 분석, 제품성 분석, 경쟁적 지위 분석, 제품가격 분석, 수요예측, 그리고 시장 및 제품 환경분석 등이다.

시장성 분석의 일반적 절차는 마케팅 조사방법에서와 같이 분석대상의 명확화, 분석계획 수립, 자료의 수집, 자료의 분석과 해석, 보고서 작성의 순으로 진행된다. 절차를 정리하면 [그림 8-5]와 같다.

그림 8-5. 시장성분석 일반절차

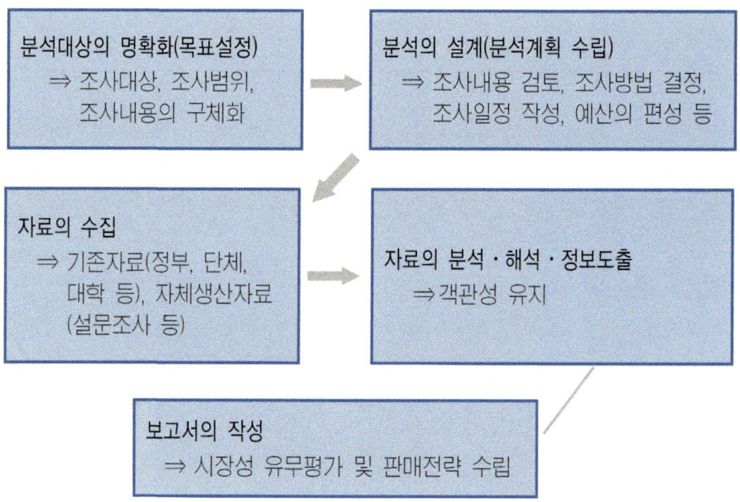

2) 시장성 분석 항목별 평가 기준 및 방법

(1) 전반적인 시장동향 분석

기존 제품 및 유사 경쟁제품에 대한 전반적인 시장동향분석이며, 업종별 시장성 분석 도서 및 관련 업계의 자료를 수집·분석하여 관련 시장에 시장규모 분석, 시장의 특성 및 구조 분석, 소비자 분석 등을 실시해야 한다. 또한 시장 및 제품을 싸고 있는 환경에 대한 분석도 이루어져야 한다.

시장규모 분석은 기존시장에 대한 판매영역별, 고객별 잠재수요를 분석하는 과정이며 국내 동제품, 대체 및 유사제품에 대한 수급실적 분석을 해야 한다. 시장특성 및 구조분석은 관련 제품 시장의 특수한 사정을 분석해 봄으로써 시장참여 후 발생 가능한 예기치 못한 특수환경을 인지하고, 시장침투 성패 여부를 분석하는 것이다. 소비자분석은 소비자의 구성분포 및 변화추세를 분석함은 물론 제품의 소비형태와 소비단위 및 구매동기와 소비자 수요형태 등에 대해서도 분석해야 한다.

시장 및 제품 환경분석에는 자연 환경분석, 기술적 환경분석, 마케팅 환경분석이 있는데, 자연 환경분석은 사무수행능력, 생산기술 노하우, 영업조직 및 생산조직의 효율성, 신제품 개발능력 등 분석 등과 같은 인적 자원 분석과 에너지 및 에너지 대체자원에 대한 수요 · 공급과 원재료에 대한 수요 · 공급의 용이성 분석 등 물적 자원 분석이 있다.

기술적 환경요인 분석은 대내외적인 기술환경의 변화추세를 미리 분석하고 예측하여 대응방안을 수립하고, 경쟁기업 제품에 대한 자사의 전반적인 기술수준을 측정하여 시장점유율과 시장의 수요 · 공급에 미치는 영향을 분석하는 것을 말한다.

마케팅 환경분석은 최적 마케팅 전략과 선택전략이 매출변화에 미치는 영향을 분석하는 것으로, 판매방법, 판매대금 회수방침, 어음과 현금 결제비율의 정도 등을 정하고 이에 대한 검토 분석을 실시한다.

(2) 제품성 분석

제품성 분석은 기술성 분석 차원에서도 검토되어야 하며 제품 자체의 강 · 약점 분석과 제품 라이프사이클 및 보급률 분석을 하여야 한다. 제품의 강 · 약점 분석은 제품의 특성, 품질 등을 기준으로 기존 제품과 유사 및 대체 제품에 비해 자사제품의 강 · 약점을 분석하는 것이다. 즉 타사제품과 비교한 자사제품의 기능, 특성, 차별성, 기술성, 브랜드 보유여부 등의 분석이 이루어져야 하며, 자사의 강점에 초점을 두고 분석하되 동시에 취약점에 대한 분석을 병행하여 자사의 경쟁력 강화를 위한 방편으로 삼아야 한다.

제품 라이프사이클 분석은 제품성 분석에 있어 매우 중요한 요소이며, 제품의 라이프사이클을 무시하고 그 시장에 뛰어든 경우 사업 실패와도 연결될 수 있는 측면이 많다. 이는 시작하려고 하는 사업이 제품수명주기상 어디에 속하는지를 분석하고, 현재 시장에 존재하는 제품으로 기존시장에 진입하는 경우 기존회사의 제품 보급률에 대한 분석을 병행하여야 한다. [그림 8-6]은 제품수명주기에 따른 시장규모, 성장률, 시장의 매력도를 정리하고 있다. 창업기업의 경우 PLC의 성장기 초기에 시장에 진입함이 가장 유리할 것이다.

그림 8-6. 제품 수명주기-Product Life Cycle

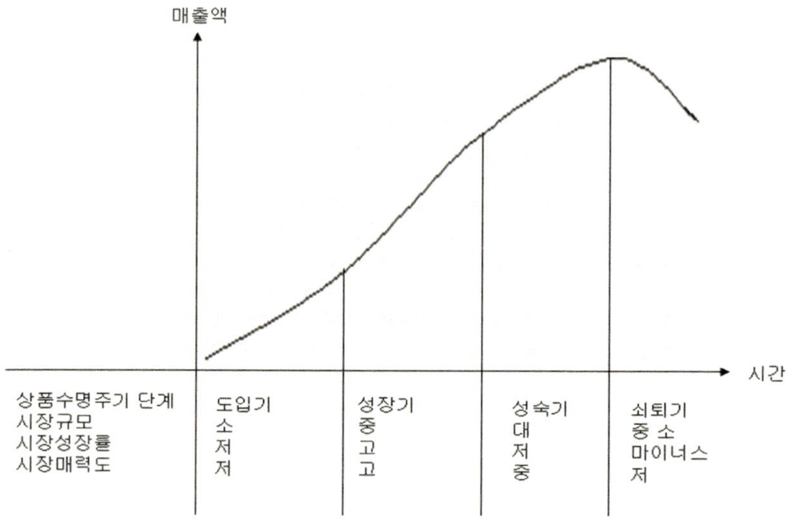

(3) 경쟁적 지위 분석

시장성 분석 중 가장 중요한 요소가 경쟁적 지위 분석이며, 경쟁기업의 범위와 경쟁요소를 선택해야 하며 일반적으로 재무상태, 생산능력과 생산실적, 주요 경쟁요소를 분석하여야 한다. 재무상태 비교는 경쟁적 지위분석 항목 중 가장 흔하게 객관적으로 분석할 수 있는 항목이 재무상태 비교이며, 재무상태 비교에 활용되는 자료는 각 기관에서 발행하는 기업체 또는 산업체 총람 및 신문에 공고되는 경쟁기업의 재무제표 등을 활용할 수 있다.

생산능력, 생산가능력 및 실적비교는 실제 경쟁기업의 잠재능력을 파악하기 위해서는 경쟁회사들의 사업장 규모, 생산능력 및 생산실적 등도 비교하여야 한다.

경쟁적 지위 분석(경쟁자 분석)에 있어 계획제품을 생산하는 경쟁기업의 범위와 경쟁요소를 분석하는 것이 핵심 분석요소이다. 경쟁기업의 범위는 계획제품과 동일제품을 생산하는 기업, 유사제품의 생산기업, 대체제품을 생산하는 기업이다. 이후 선정된 기업을 대상으로 기본적인 재무상태, 생산능력과 생산실적, 기타 주요 경쟁요소를 분석한다.

기본적인 재무상태의 비교분석은 해당 기업의 재무제표를 이용하여 분석하는데, 과거 약 5년 정도의 자료를 비교한 추세분석이 보다 유용하다. 생산능력과 생산실적을 비교·분석함은 경쟁기업의 잠재적 생산능력 분석으로 매우 중요하다. 생산능력은 기업의 설비능력과 가동능력에 의해서 분석이 가능하다.

(4) 제품의 채산성 분석

제품의 채산성 분석은 사업효과를 측정하는 하나의 기준이 되며, 아무리 높은 매출을 실현한다 하더라도 채산성이 없다면 좋은 사업이라 할 수 없다. 제품 채산성 분석에는 제품원가 및 마케팅 코스트 등의 분석, 마진율 등의 분석, 제품가격 분석을 하여야 한다.

(5) 수요예측

수요예측은 일정기간에 소비자 또는 고객에게 판매되는 상품의 수량 또는 금액을 측정하는 것이며, 시장점유율 분석, 판매량 증감 요인 분석, 판매전망, 불황 적응도 및 계절성 분석 등을 하여야 한다. 수요예측기법에는 직접자료법, 계열지수법, 소비율법, 상관관계법, 기타 수요예측방법 등이 있다. 수요예측의 일반적 절차는 [그림 8-7]과 같다.

그림 8-7. 수요 예측 절차

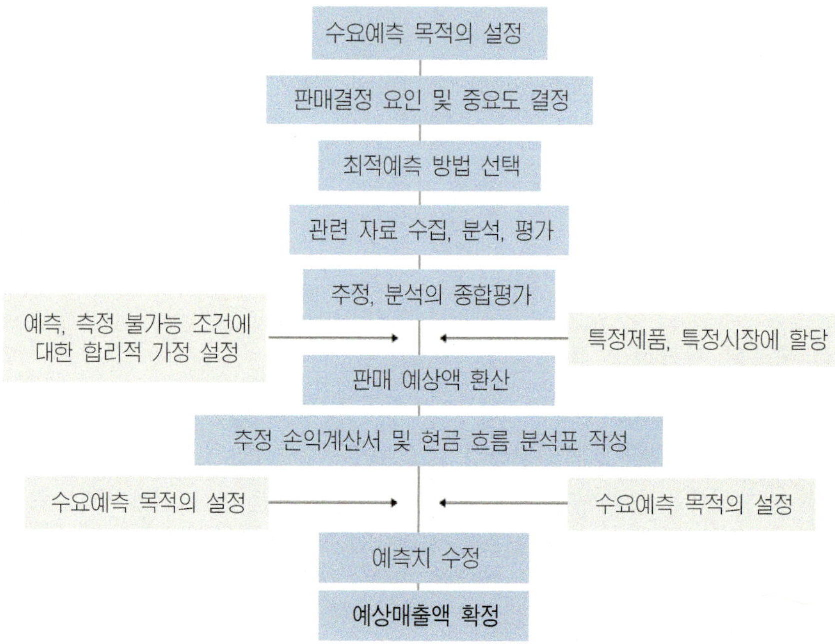

(6) 판매계획 및 판매전략

기업경영에 있어 판매는 매우 중요하며, 판매량을 올리고 시장점유율을 증가시키기 위해서는 판매전략이 필요하다. 판매계획 및 전략에는 판촉 및 광고전략, 영업전략 등을 수립하야 한다.

판매계획이란 어느 지역에서 언제, 얼마만큼 팔 것이냐의 목표를 정하고 그 목표를 달성하기 위한 여러 가지 마케팅 수단들을 동원하는 마케팅 계획과 광고 및 판촉계획, 판매비용 계획을 의미한다. 시장성 검토에서 판매계획의 실현 가능성과 적정성을 판단하여, 실제 제품을 생산하여 출시하였을 때 발생하는 생산차질에 대해 대비해야 한다.

경쟁사가 신제품을 시장에 출시하면 기존업체는 가격을 내리거나 품질을 더욱 개선시킴으로서 시장을 방어하려고 한다.

다음의 〈표 8-3〉은 시장성 분석 시 고려되어야 요소 및 평가기준이다.

표 8-3. 시장성 분석시 고려요소 및 평가기준

평가요소		세부평가항목
계획상품의 상품성	Lifecycle 및 보급률	제품의 PLC 분석, 경쟁품의 보급률 정도와 전망 등
경쟁적 지위분석	재무상태 비교분석	자사와 경쟁사의 재무상태 비교 : 자본금, 자산, 부채, 매출액, 순이익 규모 등
	생산능력 비교	자사 및 경쟁사의 생산능력 비교 : 상시 종업원 수, 사업장의 규모
	주요 경쟁요소 비교	주력제품, 주력상권, 가격정책, 판매방법 등
제품 채산성 분석	원가분석	제품원가와 마케팅 비용 분석 등
	마진율분석	공장도가격, 도매가격, 소매가격 등
	가격분석	가격정책, 향후 가격추세
전반적인 시장동향	시장규모분석	판매영역별, 고객별 잠재수요분석 등
	시장특성 및 구조	시장의 일반적 성격 : 주요 수요처, 유통경로, 고객특성, 판매조직, 판매촉진전략 등
	소비자분석	소비형태, 소비단위, 구매동기와 욕구, 소비자 구성분포
상품성 분석	상품의 강·약점	잠재수요자의 제품이미지, 제품의 특성(기능) 및 품질비교
수요예측	시장점유율 분석	경쟁업체의 시장점유율 변동 추이, 시장점유율 확보 가능성
	판매량 증감요인분석	소비자 성향변화추이 분석 : 소비형태, 구매동기, 소비자 연령분포·세분화, 기호변화 등
	판매전망	월별·년도별 판매전망
	불황적응도, 계절성	불황기의 수요변동 조사, 계절성 제품의 수급대책
시장 및 제품환경	자원환경 요인	인적 자원 확보 용이성, 원재료 및 에너지 수급 용이성
	기술적 환경요인	신기술, 신제품의 개발 전망
판매전략	광고전략	경쟁사의 판촉 및 광고전략, 광고의 판매량 증대효과 분석
	영업전략	판매 및 영업조직의 효율성 제고

3) 시장성 분석의 순서

시장성 분석은 그 목적 또는 분석수준에 따라서 절차가 복잡하기도 하고 몇 개의 항목만을 선별적으로 분석해 볼 수도 있다. 시장성 분석은 철저한 계획을 세우고 정해진 순서에 따라서 진행해야만 시간절약과 더불어 효율적인 시장성 분석을 할 수 있다.

현재 기업에서 활용되고 있는 시장성 분석의 도구는 일반적 분석절차를 반복함으로써 조사의 오류를 방지하고자 한다. 시장조사의 목적은 시장의 니즈를 확인하고, 니즈를 충족시킬 수 있는 적절한 전략을 도출하는 것이다. 특히 조사자는 자기만의 아집과 주관에 의한 결과 해석에 경계해야 한다.

그림 8-8. 시장성 분석의 흐름도

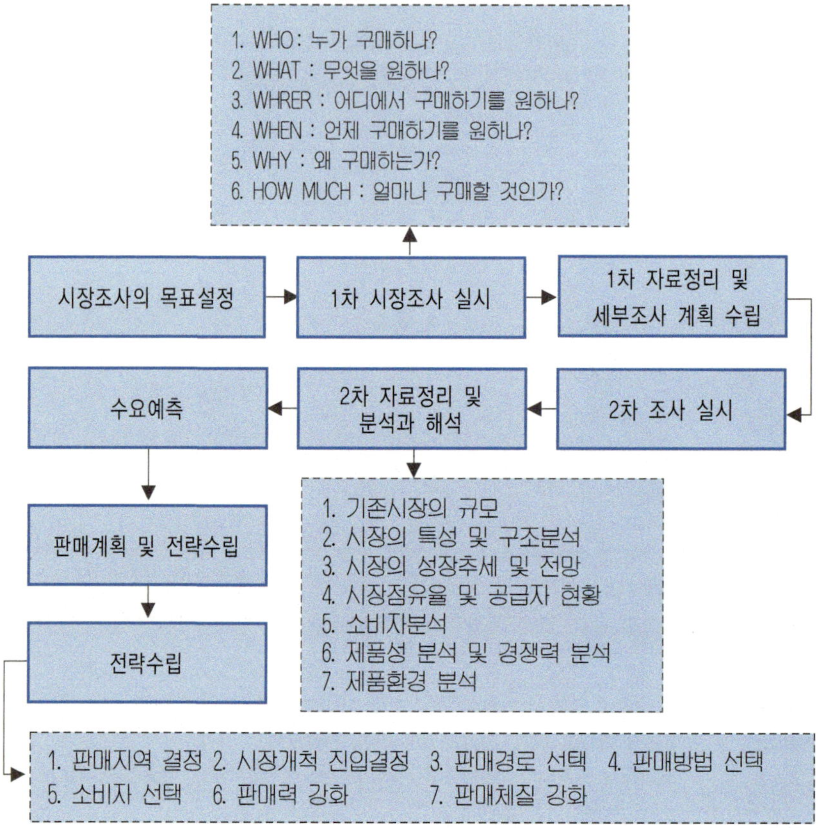

4) 시장성 분석의 자료수집

마케팅 정보의 원천은 크게 1차 자료와 2차 자료로 분류할 수 있으며, 1차 자료란 현재 직면한 문제를 해결하기 위하여 특별히 수집된 자료를 말하고, 2차 자료는 다른 문제를 해결하기 위하여 이미 수집된 자료를 의미 한다.

2차 자료는 1차 자료보다 저렴하고 신속하게 입수할 수 있으며 경쟁자에 대하여 우리가 갖고 있는 대부분의 질문에 답하여 주기 때문에 우선 2차 자료부터 탐색을 시작하는 것이 바람직하다. 2차 자료원은 국가, 대학, 연구소, 언론 등이며, 1차 자료는 기업이 직접 수집하는 자료이다. 구체적인 내용은 〈표 8-4〉

와 같다.

이러한 자료수집 방법은 관찰, 설문조사로 대별되며, 설문조사는 대인면접, 전화조사, 우편/팩스조사, 인터넷 조사 등이 있다.

기술의 추세 등을 확인하고자 할 때는 델파이기법과 같은 전문적 조사방법을 활용하기도 한다.

표 8-4. 자료의 원천

원 천		활용 예	믿을 수 있는 정보의 예
1차 자료원	고객	유통업자와의 면담	경쟁자의 최근 판매동향, 가격, 신상품 출시계획
	사원	판매사원의 활동 보고서	경쟁자의 상품, 가격, 포장 등의 변화
	공급업자	포장재 생산업자	경쟁자의 신상품 브랜드 이름, 생산량
	은행 및 증권회사	투자분석가의 보고서	경쟁자의 향후 수익성 및 매출전망
	전시회	모터쇼	경쟁자의 신상품의 특징, 개발 일정
		공장견학	경쟁자의 생산 설비 및 공정
		벤치마킹(benchmarking) 또는 역엔지니어링(reverse engineering)	경쟁상품의 원가, 강점 및 약점
		경쟁자의 직원 스카우트	경쟁자의 마케팅 계획
2차 자료원	회사 내 자료	과거 마케팅 계획서 과거 마케팅 조사보고서	경쟁자의 강점 및 약점
	경쟁자 발간 자료	주주총회 보고서	경쟁자의 전략, 원가구조, 공장 소재지, 주요 의사결정자의 이름
		언론자료	경쟁자의 마케팅 전략, 경쟁상품의 성능, 우리 상품 대비 강점 및 약점, 주요 담당자 이름 및 전화번호
		정부 및 협회	경쟁자의 새로운 유통업자 또는 공급업자의 이름
	전문기관	신문기사 DB, 시사주간지, 전문지(예:전자신문)	경쟁자의 향후 마케팅 전략, 신상품 개발, 인사이동 등
		구인광고	경쟁자의 설비확장 계획, 급여 수준
	정부 및 협회	특허출원 자료	경쟁자의 신상품 생산기술 또는 공정
	전문기관	협회발간 자료	경쟁자의 시장점유율, 가격
		마케팅 조사 회사	경쟁자의 시장점유율, 가격, 유통경로의 취급률
		광고 대행사	경쟁상품의 광고비

3. 기술성 분석

1) 기술성 분석의 의의

기술성 분석은 제품의 생산과 관련되는 제 요소, 즉 제품이 원만하게 생산될 수 있는지를 분석하는 것이다. 즉 계획하고 있는 제품이나 용역의 생산과 판매에 관련된 기술적 측면에 대한 전반적인 검토와 분석으로 제품에 대한 특성, 화학적 반응, 기계적 기능, 생산 시스템, 공정 등 생산제품에 대한 철저한 조사·분석과 더불어 공장입지, 시설계획 및 생산시설 규모, 생산능력 및 조업도, 원재료조달 및 개선가능성 등을 종합적으로 분석하여야 한다.

특허나 실용신안 등 산업재산권에 의한 창업의 경우에는 이론과 실제와의 격차가 어느 정도인지, 또 예상되는 불량률 및 하자발생의 가능성은 없는지를 세밀하게 검토하여야 한다. 실험실 내의 검증만으로는 불충분하며 실제 산업현장에 적용해 보지 않으면 예상외로 사업실패확률이 높다. 이는 산업재산권은 기술 자체의 평가이지 사업 성공가능성의 확인이 아니기 때문이다. 따라서 계획된 사업이 기술적으로 타당한가를 조사하고 현실적으로 기업에 적용하는데 문제점이 없는지 분석하고, 여러 가지 기술적 문제점을 분석하여 합리적 대안을 선택하는 과정으로서 기술성 분석이 이루어진다.

기술적 타당성 분석은 사업계획의 원가 추정을 위한 기초자료를 제공하고, 시장분석의 결과에 의거하여 설정한 매출수량을 만족시키기 위한 생산활동의 기술적 실현가능성과 제품원가의 추정치를 제공한다. 즉 사업을 영위하는데 필요한 기술, 기계와 장비, 자재와 노동력, 입지 및 시설 등을 대상으로 하여 제반의 기술적 측면을 검토하고 평가하는 분석영역이라 하겠다.

기술성 분석의 핵심 포인트는 첫째, 성장시장인가?, 얼마나 빠르게 성장할 것인가?, 둘째, 경쟁사가 있는가?, 경쟁자의 수 및 경쟁사의 기술수준은?, 셋째, 쉽게 따라올 수 있는 기술인가?, 쉽게 따라올 수 있는 사업이라면 제품수명이 단축된다. 예로 18개월마다 기술발전이 2배로 증가하지만 제조원가는 증가하지 않는다(Moore's Law). 넷째, 빠른 기술발전 추세에서 자기 기술만을 고집하는 기업은 시장적응력을 상실한다. 따라서 기술개발에 있어 내부자원 뿐만 아니라 외부자원까지 충분히 활용하여야 한다.

이러한 기술에 있어 독점력은 기술의 형식과 기술의 내용에 따라 다른 특성을 보이고 있다. 기술형식에 있어 독점력은 특허 등 형식지 형태의 보호와 노하우 같은 암묵지 형태의 보호로 나눌 수 있다. 기술의 내용은 여러 구성요소가 결합된 복잡한 기술과 개발의 고난이도와 같은 어려운 기술로 구분할 수 있다. 이를 구분하면 [그림 8-9]와 같다.

그림 8-9. 기술의 독점력

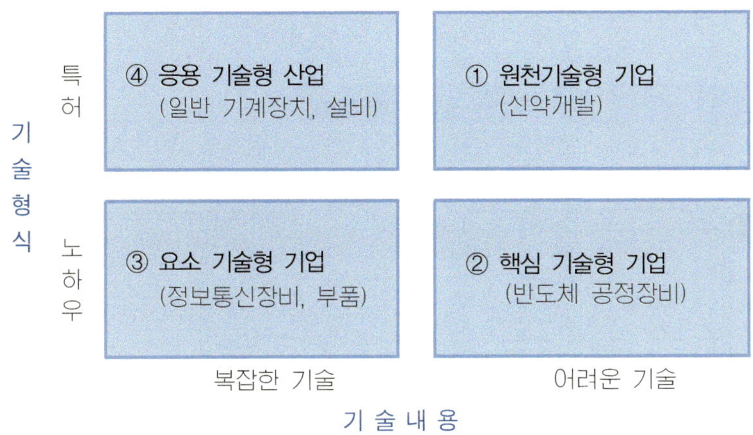

이러한 기술의 독점력과 수익성과의 관계를 보면 첫째, 원천기술형 기업으로 생명공학 또는 우주항공산업 등 개발기술의 어려움으로 성공 가능성은 낮으나, 개발에 성공한다면 초기에 큰 수익을 창출할 수 있다. 특허를 통한 권리확보 형태를 취하며, 제공가치의 생산을 위한 경쟁자의 다양한 모방으로 유사제품의 진입이 가능하다. 두 번째로 핵심기술형 기업은 D램 반도체, 디스플레이 산업 등 생산방식의 보이지 않는 노하우(암묵지)로 보유 기술에 대하여 특허 등에 의한 독점적 보호는 받지 못하나, 모방이 어렵다(삼성전자의 반도체 생산기술, 일치하지는 않지만 도요타의 생산기술 등). 또한 높은 생산성의 기술을 보유하기에는 많은 시간과 시행착오가 필요하기에 기술의 보유도 쉽지 않다. 이런 산업에서 시장이 대규모일 경우는 충분한 수익이 보장된다(반도체 등). 세 번째로 응용기술형 기업은 일반화된 시장을 대상으로 하는 제품(휴대폰, PC 등)으로 다양한 기술의 조합을 통해 제품의 차별화를 추구한다. 네 번째로 요소기술형 기업은 네비게이션과 같이 GPS 기술 및 디스플레이 등 다양한 기술을 복합적으로 활용하여 가치를 제공하는 제품으로 사용기술에 대한 특허형태의 독점적 보호에 어려움이 있다(실용신안 등 타 산업재산권은 가능). 반면 각 기술 간의 어플리케이션 능력 등 최적화에 노하우가 필요하기에 단기적인 모방에는 어려움이 있다. 하지만 시장에의 진입과 확산성은 아주 높음에 따라 단기적 수익 창출의 가능성은 높은 산업이다(하이패스 단말기, 교통카드 등).

기술의 독점적 형태에 따라 성공가능성, 모방가능성과 수익의 크기를 정리하면 [그림 8-10]과 같다.

그림 8-10. 기술의 독점력과 수익성

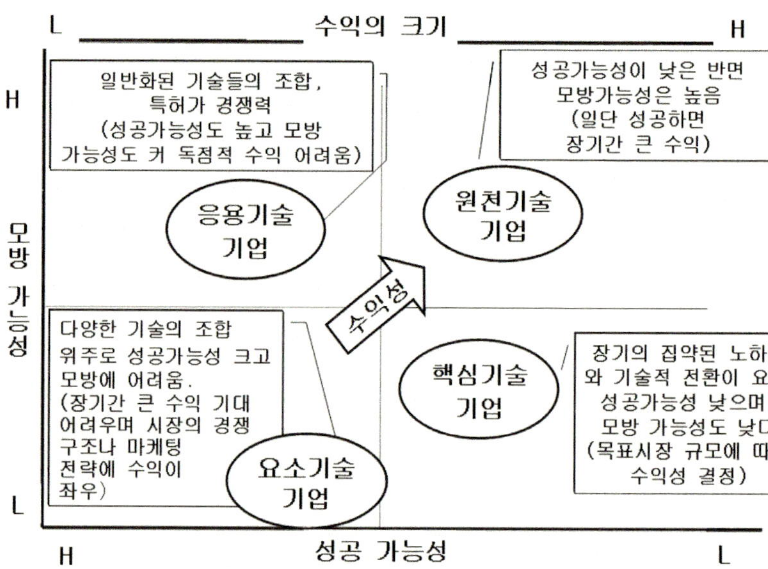

2) 기술성 분석 평가항목

이러한 기술적 타당성 분석의 범위는 제품의 적정성, 생산시설의 적정성, 생산계획의 검토 및 입지조건과 환경(자연적, 경제적, 사회적, 법적 조건)이 있다. 제품의 적정성에는 계획제품의 종류, 용도의 적합성과 물리적, 화학적 특징과 해결 가능성, 국내외 표준규격품과의 품질 및 기술 수준 비교, 국내외 최신 기술 및 경쟁기업 동향과 장래성 검토 등이 포함된다. 생산시설의 적정성에는 제품별 적정 시설규모 및 기존 시설과의 비교 및 시설 상호간 효율성과 균형 여부, 배치와 합리성이 검토되어져야 한다. 생산계획의 검토에는 1일 최대 생산시설 능력 및 기간별 가동률, 생산방식 · 공정의 타당성 유무 및 생산인력의 자격요건 및 충원가능성이 검토된다. 입지조건과 환경(자연적, 경제적, 사회적, 법적 조건)에는 급 · 배수, 전력, 교통, 원재료 조달 용이성과 사업장의 취득 상 제한, 관련 법규와의 관계 등이 검토의 대상에 포함된다.

구체적으로 기술성 분석은 크게 나누어 계획제품의 용도 및 품질, 입지조건 분석, 계획시설의 적정성, 생산 및 재고분석 등으로 나눌 수 있다.

표 8-5. 기술성 분석 항목

평가요소		세부평가항목
계획제품의 용도 및 품질	용도/주요 소비처	제품의 용도, 주요 소비처 등
	품질 및 기술수준	품질수준과 수요량의 상관관계
	제품/기술수준	비교 우위성, 규격 · 품질 차이의 경쟁성
입지조건 분석	일반적 입지요소	자연적 / 경제적 / 사회적 입지요소
	제조업 입지요소	공장부지, 원재료 · 노동력 확보, 환경오염 문제 등
계획시설의 적정성	시설 적정여부	시설규모 및 능력분석, 사업규모 및 능력분석
	계획시설의 장래성	설비 진부화시 교체 용이성, 설비의 교체시기 및 재원, 설비의 수선 유지 가능성 등
생산 및 재고분석	생산방식과 생산공정의 효율성	기술과 제조방법의 적정성, 공정자동화의 효율성
	생산능력 및 가동율	생산능력 및 목표가동율 산정, 생산능력 및 생산계획의 부합성, 생산전문 인력의 현황
	재고분석	수요변동과 안전재고의 산정, 재고유지 시설과 재고 유지비

3) 기술성 분석 순서

기술성 분석은 기술이 개발되었다 하더라도 시장에서 상품으로 출시 가능성이 있는지가 먼저 검토되어야 한다. 유사제품과의 차별성, 소비자가 부담할 수 있는 가격인지, 핵심기술은 지속적으로 개발이 가능한지 등을 검토하여야 할 것이다.

분석결과 계획제품의 용도 및 품질의 경쟁성 보유 여부, 입지 조건 및 환경

검토, 생산 활동에 필요한 기술적 필요요소와 가능성 검토, 계획시설의 적정성 및 가능성 분석, 불량률 및 기술의 경제성 검토, 생산과 재고분석 등이 이루어진다. 이러한 조건 중 최적의 방안을 도출하고 선택하는 과정이다.

그림 8-11. 기술성 분석 순서

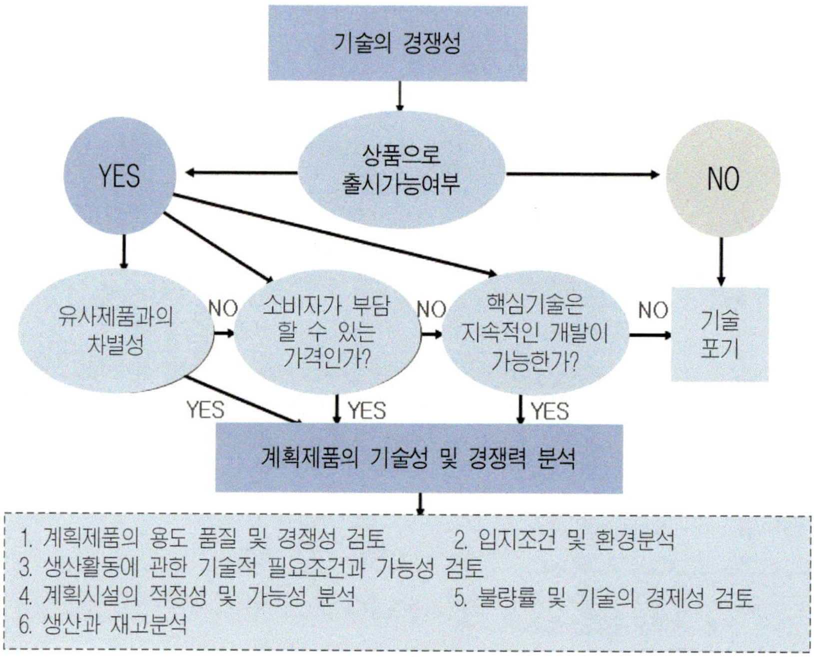

4. 수익성 및 경제성 분석

1) 수익성 및 경제성 분석의 필요성

시장성 · 기술성 분석을 통해 획득한 자료를 종합하여 재무제표를 추정하고, 필요한 자본의 규모를 결정하며 투자안의 경제성을 평가하는 활동이다. 즉 수익성 및 투자의 효율성에 대한 분석이며, 아무리 계획제품의 품질이 좋고, 시장성이 뛰어나서 성공적으로 생산·판매되더라도 수익이 제대로 창출되지 못하면 사업성이 없는 사업의 기회이다.

수익성·경제성 분석은 사업타당성 분석의 최종단계일 수도 있으며 창업 후 경영전략을 수립하기 위한 사전 준비과정일 수도 있다. 따라서 경제성 분석은 재무분석이라 할 수 있는데, 재무분석은 창업 업종의 사업화에 필요한 소요자금 및 창업 후의 수익성을 추정하기 위한 분석이다.

이에는 시장성 분석을 통해 장·단기적으로 예측되는 수입계획과 지출계획을 비교하여 경제적 타당성 평가를 시행하며, 경제적 타당성 분석은 추정재무제표를 근거로 하여 미래의 경영상태와 자금흐름 그리고 손익분기점 분석을 포함하고 있다.

2) 경제성 분석의 평가 내용과 분석 방법

수익성 및 경제성 타당성 분석의 평가항목은 크게 나누어 수익성 전망, 손익분기점 분석, 그리고 투자수익 및 계획사업의 경제성 분석 등으로 분류할 수 있다.

수익전망은 향후 3-5년간의 추정 재무제표에 의한 이익분석?, 2-3년 내에 흑자 실현 이 가능한가?에 대한 추정으로 평가한다. 손익분기점 분석은 손익분기점 매출액 추정 및 실현시기는 언제쯤인가?, 분석의 기준인 판매량, 금액, 고정비, 변동비 등의 검토가 이루어진다. 투자수익 및 경제성 분석은 다양한 투자수익률 산출방법을 이용하여 예상 투자수익률을 산출하고 목표수익률과 비교를 통해 경제성을 판단한다.

분석방법으로는 회계적 이익률법(연평균 순이익/연평균 투자액이 목표수익률보다 큰지 여부로 경제성 판단), 회수기간법, 순현재가치법(NPV법), 내부수익률법(IRR법)의 기준이 있다. 회수기간법은 투자에 소요된 모든 비용을 회수하는데 걸리는 기간을 기초로 하여 투자결정을 하는 방법이다. 회수기간은 총투자액을 연간 순현금 유입액으로 나누어 계산한다. 의사결정 기준으로 산출 회수기간이 기업에서 설정한 회수기간보다 짧으면 투자가치가 있다고 판단한다. 여러 개의 투자대상이 있을 경우는 회수기간이 짧은 것을 최적의 것으로 평가한다. 회수기간법의 단점으로는 사업의 수익성이 아닌 자금회수와 관련된 시간적 특성만 검토하고 있으며, 회수기간 이후의 현금흐름을 무시하고 있다. 유용성은 방법이 간단하고 이해가 용이하다. 또한 자금회수와 관련된 위험에 대한 정보를 제공해

주며, 투자로 인한 기업의 유동성을 간접적으로 나타내고 있다.

NPV와 IRR법은 어떤 투자안에 대한 자본투자액을 최소한도의 자본코스트, 즉 할인율로 할인한 자본투자액의 현재가치와 투자의 과실인 현금유입액을 시장할인율로 할인하여 현재 가치화한 후 현금유입의 현재가치에서 자본투자의 현재가치를 차감한 순액기준으로 투자의 경제성을 평가한다(NPV = Net Present Value). 의사결정의 기준은 순현가 〉 0 중 큰 투자안에 투자가치가 우수하다고 평가한다. 이는 {현금유입의 경제적 가치(현금유입 현가) 〉 투자비용 현가}인 경우이다. 어떤 사업안에서 예상되는 자본투입의 현재가치와 현금유입의 현재가치를 일치시켜주는 할인율(자본수익률)에 의해 사업안의 경제성을 평가하는 방법을 IRR(Internal Rate of Return)에 의한 평가방법이라 하고, 투자로 인한 내부수익률과 기업에서 바라고 있는 필수 수익률(reruired rate of return)을 비교하여 내부수익률이 이보다 높은 투자안에 대해서는 투자가치가 있다고 평가하는 방법이다.

표 8-6. 경제성 분석의 세부 내용

범 위	내 용
투자수익 및 매출액 분석	- 매출액 추이 및 판매목표를 토대로 한 손익계산서
투자비용 및 원가분석	- 원가 및 비용추정 - 원부자재 조달에 관련된 자료를 근거로 한 원부자재 소요 검토 - 노무비 수준 및 소요인원을 기초로 한 노무비 및 인건비 검토 - 투자시설에 대한 감가상각비 - 제조활동에 필요한 유틸리티 및 연구개발비 등을 근거로 한 제조경비 - 판촉활동과 관련된 판매비 및 일반관리비 - 원리금상환 및 기술료 지급 등이 포함된 영업비용 명세 - 주문량 및 재고량 등에 기초한 제조원가
손익분기점 분석	- 운영자금 흐름을 파악하기 위한 현금흐름표 - 예상사업의 경제성 분석 - 손익분기점 분석 - 추정 재무제표의 작성 - 재무상태 및 경영성과 분석 - 경제적 · 재무적 타당성 분석
재무적 타당성 분석	- 자금수지 분석 -할인율의 추정 -위험분석 - 순현가법, 회수기간법에 의한 투자수익비용의 분석

계획사업의 수익성 예측은 불확실한 미래상황에 따라 변화한다. 따라서 미래 상황의 변동 가능성(원자재가격, 제품가격, 영업비용 등)이 계획사업의 수익성에 미치는 영향을 분석하는 방법이 민감도분석이다. 민감도분석의 대표적인 한 형태는 손익분기점 분석이라 할 수 있다. 손익분기점(break even point) 분석은 모든 비용을 고정비와 변동비로 나누어 비용과 가격, 판매수량에 따라 매출과 이익이 어떻게 변하는가를 분석하는 방법이다. 손익분기점 분석을 통해 비용, 생산량, 가격이 수익성에 미치는 변화를 알 수 있고, 기업이 유지될 수 있는 최소한의 조건이 결정된다.

일반적으로 손익분기점 분석은 일정 기간(1년)의 총수익(매출액)과 총비용(고정비, 변동비)이 일치함으로써 이익도 손실도 발생하지 않는 매출액을 파악함으로써 최소한의 매출목표(판매예산)를 수립할 수 있으므로 기업의 이익관리를 위해서 많이 활용하고 있다. 매출액이 이 점보다 많으면 이익이, 적으면 손실이 발생하며, 점의 위치가 높을수록 수익성이 낮고, 낮을수록 수익성이 높다. 매출액이 전혀 없으면 고정비만큼 손실이 발생한다.

손익분기점을 표시하면 [그림 8-12]와 같이 표현되며, 산출공식은 아래와 같다.

그림 8-12. 손익분기점

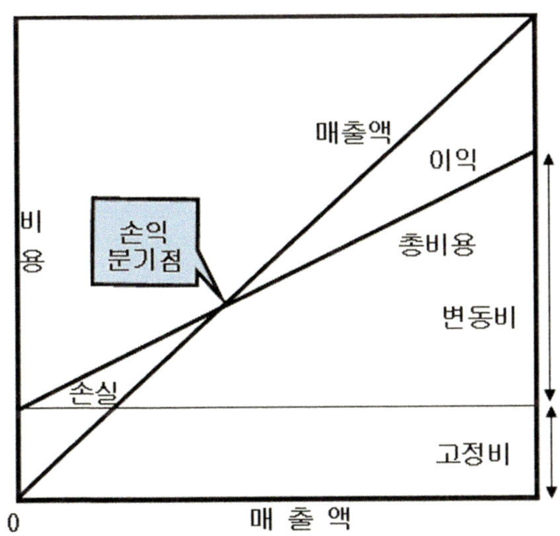

(손익분기점 공식)

① 손익분기점(개수) = $\frac{F}{P-V}$

② 손익분기점(매출액) = $\frac{\text{고정비}}{1-\frac{\text{변동비}}{\text{매출액}}} = \frac{F}{1-\frac{V}{S}} = \frac{\text{고정비}}{1-\text{변동비율}}$

③ 목표이익 분기점 = $\frac{F+\text{목표이익}}{1-\frac{V}{S}}$

민감도분석은 기업의 경영환경에서 악조건으로 발생할 수 있는 제반 상황을 설정하여 본 계획사업 결과의 변화여부를 분석함으로써 기업의 대응능력을 사전에 확보하는 것이다. 사례를 들어 설명하면 다음과 같다.

- 사례 1 : 시장점유율 하락, 경쟁사의 출현 등으로 매출액이 10% 정도 감소된 경우
- 사례 2 : 물가상승의 제 요인으로 인하여 계획보다 인건비가 10% 정도 증가되었을 경우
- 사례 3 : 사례 1과 사례 2가 동시에 발생하는 경우

〈민감도 분석표〉

(단위 : 천원)

구 분 \ 연 도		1차년도	2차년도	3차년도
원 안	매 출 액	1,000,000	2,000,000	3,000,000
	총 원 가	700,000	1,400,000	2,100,000
	세전순이익	300,000	600,000	900,000
사례 1	매 출 액	900,000	1,800,000	2,700,000
	총 원 가	700,000	1,400,000	2,100,000
	세전순이익	200,000	400,000	600,000
사례 2	매 출 액	1,000,000	2,000,000	3,000,000
	총 원 가	770,000	1,540,000	2,310,000
	세전순이익	230,000	460,000	690,000
사례 3	매 출 액	900,000	1,800,000	2,700,000
	총 원 가	770,000	1,540,000	2,310,000
	세전순이익	130,000	260,000	390,000

3) 수익성 및 경제성 분석의 순서

일반적으로 수익성 및 경제성 분석순서는 기술성 분석을 통한 제조계획을 수립한 후 제조원가명서서 작성, 추정손익계산서, 추정재무상태표 작성하여 경제성분석을 하여야 한다.

수익성 · 경제성 분석의 순서를 도식화하면 다음 [그림 8-13]과 같다.

그림 8-13. 수익성 및 경제성 분석의 절차

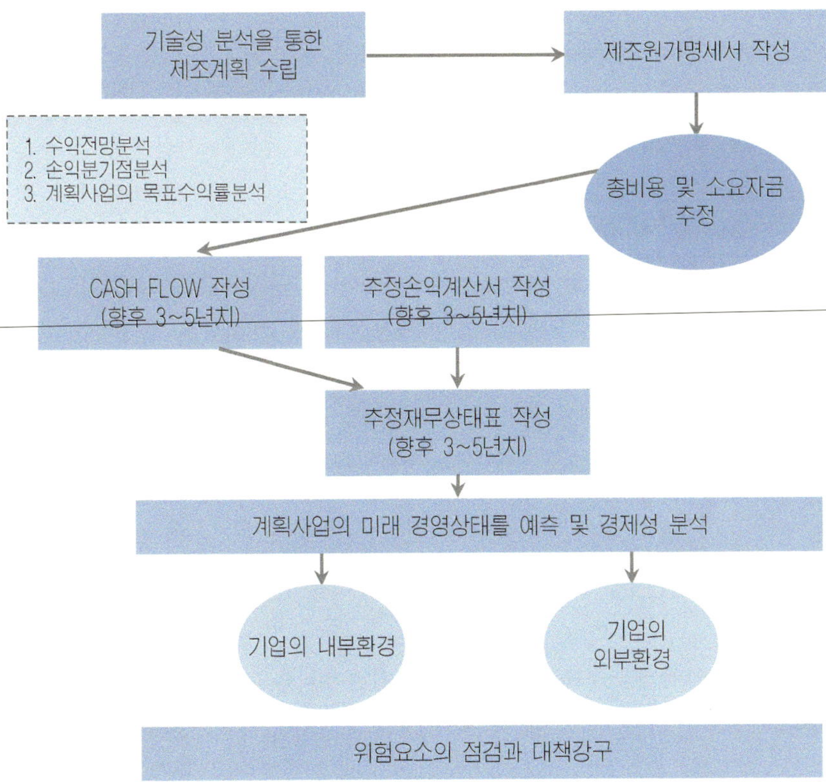

5. 자금수지 및 성장성 분석

1) 자금수지 및 성장성 분석의 의의

자금수지 분석은 사업에 필요한 적정자금의 규모는 어느 정도이며, 이 자금을 적기에 차질 없이 조달할 수 있는지, 그리고 조달된 자금은 상환조건에 따라 상환기간별로 원만히 상환할 능력이 있는지의 여부를 검토하는 것이다.

성장성 분석은 기업의 성패에 중대한 영향을 미칠 수 있는 위험요소의 분석과 더불어 장기적 기업 경영측면에서 지속적인 성장 발전이 가능한지를 분석하는 것이다.

재무성(성장성) 분석의 구체적 내용을 보면 자금 수지 및 조달 능력 검토, 위험요소 분석, 성장성 분석(기업환경 종합 분석)으로 구분할 수 있다. 자금 수지 및 조달 능력 검토는 소요자금의 규모 및 조달 가능성을 검토와 자금운용 계획 및 현금유동성 분석 및 차입금 상환재원 및 가능성 검토(이자 납부 포함)이다.

위험요소 분석은 기업환경 분석 및 경영 위험요소, 정책변동, 경쟁격화, 생산요소 변동, 노사분규 등 및 위험요소에 대한 대응전략 수립 등이 있다. 성장성 분석(기업환경 종합 분석)은 기업의 성장 가능성과 성장의 정도 추정하는 과정이다.

자금수지 및 성장성 분석을 실시하기 위해서는 먼저 판매계획, 생산계획 및 일반관리계획을 수립해야 하며, 자금수지 및 성장성 분석에서 수행되어야 할 내용은 다음과 같다.

- 총소요자금 추정으로, 기업의 사업성 분석과 사업계획에 있어서 매우 중요하다.
- 자금조달 계획으로 총소요자금이 추정되면 자금조달 계획을 수립하여야 한다.
- 수익성지표를 계산해야 하는데, 사업의 내부수익률이나 프로젝트의 현가 등 사업의 전체적인 수익성을 나타내는 지표를 구하여 사업의 수익성을 평가하여야 한다.
- 미래의 경영상태 지표를 계산해야 하는데, 미래의 사업 경영상태를 나타내는 지표들, 예를 들면 유동성 비율(유동비율, 당좌비율 등), 수익성 비율(총자본이익률, 자기자본 이익률 등)을 구하여 미래의 경영상태를 검토하여야 한다.

2) 자금수지 및 성장성 분석 평가 항목

자금수지 및 성장성 분석 평가 항목은 자금수지 및 자금조달능력을 검토하고 기업의 성패에 중대한 영향을 미칠 수 있는 위험요소의 분석과 장기적인 기업 경영측면에서의 지속적인 성장발전이 가능한지를 분석하는 성장성 분석이 요구된다.

표 8-7. 자금수지 및 성장성 분석 항목

평가 요소	세 부 검 토 사 항
자금수지 및 자금조달능력 검토	소요자금의 규모 및 조달 가능성검토(시설, 운전자금, 향후 현금흐름)
	자금의 조달 및 용도를 검토하여 자금조달, 운용 계획표 작성
	상환조건에 따라 상환재원 및 가능성 검토(조달비용, 수익성, 유동성)
위험요소분석	기업환경분석 및 기업경영 위험요소
	위험요소에 대한 대응전략
성장성 분석	성장가능성
	성장의 정도 측정

3) 자금수지 분석의 순서

자금수지 분석 순서는 총소요자금 규모를 결정한 후 자금조달계획을 포함한 자금조달능력을 검토하여 자금조달능력의 적정성을 평가하여야 한다. 다음으로는 추정손익계산서와 추정재무상태표를 작성하여 개략적인 사업규모의 결정하고, 운영에 따른 민감도분석 및 손익분기점 분석을 통해 사업 추진의 의사결정을 한다. 사업 추진이 결정되면 자금조달 및 자금운영표 작성과 차입금상환표를 작성하여야 한다. 자금수지 분석의 흐름을 요약하면 [그림 8-14]와 같다.

그림 8-14. 자금수지 분석 순서

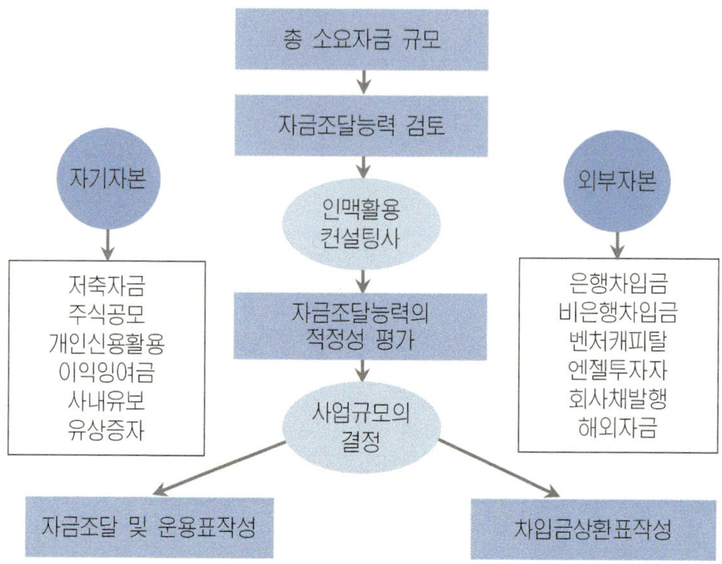

제4절 위험의 평가와 관리

1. 위험의 종류

창업 실패의 원인은 창업의 출발점인 아이디어의 발굴에서부터 기술(제품)개발, 양산시스템 구축, 원부자재의 조달, 판매활동, 자금관리 등 다양한 위험에 노출되기 때문이다. 특히 창업 초기에는 이러한 위험에 대처할 만한 역량이 부족함에 따라 실패의 가능성이 높다. 따라서 창업자는 성공적인 창업과 사업의 지속적인 유지 발전을 위해서는 내부역량의 개발과 함께 성장단계별 위험을 적시에 파악하고 적절한 대응방안을 수립하여야 한다.

또한 벤처기업 투자자는 창업기업이 갖고 있는 위험의 종류와 그 정도 및 극복방안에 대하여 알고 싶어 한다. 이는 사업의 성공 가능성(upside potential)

뿐만 아니라 실패 시 부담해야 하는 위험(downside potential)에 관해서도 동일하게 궁금해 한다.

일반적으로 벤처기업 창업에 있어 직면하는 위험은 기술위험, 시장위험, 경쟁위험, 관리위험, 재무위험으로 구분한다.

1) 기술위험

기술위험의 대표적인 형태는 기술개발에 실패하는 것이다. 잠재적 가능성을 믿고 수년간 막대한 자금을 투자하였지만 기대했던 기술의 개발이 이루어지지 않는 경우 기업은 심각한 위험에 직면하게 된다. 또한 시제품의 개발에 과도한 시간과 비용이 투입됨에 따라 적시에 시장에 진입하지 못하는 경우가 있다. 벤처기업의 성패는 경쟁기업 간에 누가 더 적기에 제품을 출시하는가에 달려있다. 지금 내가 개발하고 있는 제품을 남들은 개발하지 않고, 모르고 있다고 생각하면 실패의 확률이 높아진다.

기술적 실패의 중요한 형태의 하나로 실험실이나 소규모 생산에서는 문제점이 발견되지 않으나 대량생산 시 설계의 결함이나 공정의 적용 어려움이 발견되는 경우도 있다. 그리고 현재의 기술로 품질이나 가격경쟁에 효과적으로 대처하지 못함으로서 오는 위험도 있다. 상용화에는 어느 정도 성공했으나 기술진부화 등의 위험에 처하는 경우도 다수 있다.

기술위험은 첨단기술이나 신기술에 의존한 창업 시 가장 많이 발생한다. 이의 극복방안으로는 첫째, 시간과 비용의 과다 소요 시에는 시제품에 대한 개념을 보다 단순화 시켜, 기본적인 시제품을 완성한 후에 추가적인 개발을 시도하는 방법이 있다. 경쟁의 초점은 누가 더 신속하게 기술성능을 향상시켜서 고객의 기대에 대응할 수 있는가이다. 둘째, 시제품 생산공정의 전반을 다시 한 번 살펴보면서 불필요한 부분을 없애거나, 병목공정을 단순화시킬 수 있는 방법을 마련하여야 한다. 또한 품질의 위험을 극복하기 위한 품질관리의 노력과 기술진부화에 대비하기 위한 기술동향 등에도 민감하게 반응하여야 한다.

2) 시장위험

시장위험은 시장의 급격한 변화, 혹은 시장의 구조적 문제로 인해 발생할 수 있는 위험이다. 시장의 급격한 구조적 문제로 발생할 수 있는 종류는 높은 시장 진입장벽, 저조한 시장반응, 높은 관리비용이 있고, 시장의 급격한 변화로 인한 문제는 소비자의 욕구의 변화, 경쟁업체의 추월, 대체재의 등장을 들 수 있다.

시장의 구조적 문제로 인한 위험인 시장 진입장벽은 원부자재의 공급원 발굴, 원가격차, 제품 차별화, 경쟁업체의 확고한 기술 및 서비스로 인한 좁은 틈새시장 등이 있다. 시장 진입장벽을 극복하기 위한 방법으로 생산단계의 융합 혹은 축소, 생산설비의 기계화를 통한 원가우위 요소의 발굴 등이 있다. 또한 제품 차별화를 위해서는 제품개념을 다시 정립하거나, 새로운 기능을 추가하거나 하여 사용에 편리한 제품(plug-in product)의 개발이 필요하다. 아울러 다양한 마케팅 방법 및 소비자 접근방법의 개발 및 유통구조의 차별화 등도 병행하여야 할 것이다.

소비자 욕구의 변화로 인한 위험을 극복하기 위해서는 욕구변화를 지속적으로 탐색하면서 적절하게 대응해야 하며, 급격한 욕구의 변화는 추가기능으로 해결할 수도 있다. 즉 기술발전의 정도, 대체재의 진입 등에 전략적으로 대응하여야 하며, 소비자의 전환비용을 극대화하여 대체재의 대체성(substitutability)을 약화시키는 방법도 고려해야 한다.

3) 경쟁위험

경쟁위험은 기업 간 경쟁으로 인해 발생하는 위험들로, 기업을 운영하는 매 순간마다 다가오는 일상적인 위험이면서, 파급효과가 가장 큰 위험이다. 이에는 신규 진출기업의 위협, 기존기업의 보복, 과당경쟁, 지속적인 경쟁우위의 부재로 인한 위험이 있다.

신규 진입의 위험극복 방안으로는 시장진입 장벽을 높이는 방안이 필요하다. 시장 점유율을 높이거나, 기술력을 확보하거나, 신규 진출기업에 대한 공급원을 없애거나, 유통망을 선점하는 방법 등이 있다.

기존기업의 보복은 빠른 시장진입과 시장 세분화를 통해 초기 시장점유율을 높여야 한다. 원부자재 및 교체비용의 전가 등의 보복을 대비하여 전략적 제휴, 동반진출, 관련 기업과의 성실한 계약이행으로 신뢰확보 등이 있다.

또한 지속적 경쟁우위 확보를 위한 연구개발 및 새로운 경쟁요인의 개발로 산업의 경쟁법칙을 바꾸는 전략이 필요하다.

4) 관리위험

벤처기업의 성장에 따라 복잡성이 증가하고, 재고, 판매, 외상매출금의 관리 부실, 창업 팀과 신규 영입인력간의 갈등 등 관리상의 문제가 발생한다. 벤처기업은 고유의 특성인 유연성과 창의성을 중심으로 성장한다. 이 과정에 규정 등 행동의 기준과 구조가 없어 문제가 발생한다. 일반적으로 관리체계를 수립하여 이러한 위험을 극복하려하나 이때 지나친 절차의 강조로 인해 조직의 관료화를 방지하는 제도도 동시에 보완해야 할 것이다.

재고관리의 위험은 과다 재고로 인한 비용부담 및 재고감모, 진부화의 위험이 있으며, 재고부족으로 인한 판매기회의 손실, 소비자 및 유통기업에 대한 신뢰상실 등의 위험이 있으므로 정확한 판매예측을 기반으로 적정재고의 보유노력이 필요하다.

판매관리의 위험은 마진율 관리, 독점권 요청에 대한 대비책을 마련해야 하며, 외상매출의 부실화 위험방지에 많은 노력이 필요하다.

5) 재무위험

재무위험은 다른 위험들과 밀접한 관련이 있다. 기업실패는 궁극적으로 재무위험으로 인하여 발생한다. 창업초기의 재무위험 원인은 투자대비 수익의 불균형으로 인한 현금흐름의 악화이다. 자금력의 부족은 기술개발의 지연, 마케팅 활동 및 경로확보의 어려움, 과도한 부채비율로 인한 금융비용의 과다 및 낮은 신용도의 위험이 있다.

재무위험은 부족한 자본조달이 원인일 수도 있지만, 과도한 조달(over-capitalization)의 경우에도 발생한다. 이때는 방만한 경영과 과도한 기술투자 등의 위험이 발생한다. 본업 외의 사업진출 및 지나친 공격적 경영전략으로 인해 위험을 초래한다. 우리나라의 벤처기업들이 수년 전 코스닥의 과열과 벤처붐으로 인해 자금조달이 용이한 상황에서 이러한 위험에 빠진 경우가 많았다.

2. 위험의 관리방안

벤처기업이 관리해야 하는 위험의 내용과 대응방안을 정리하면 [그림 8-15], [그림 8-16], [그림 8-17]과 같다.

그림 8-15. 벤처기업의 위험

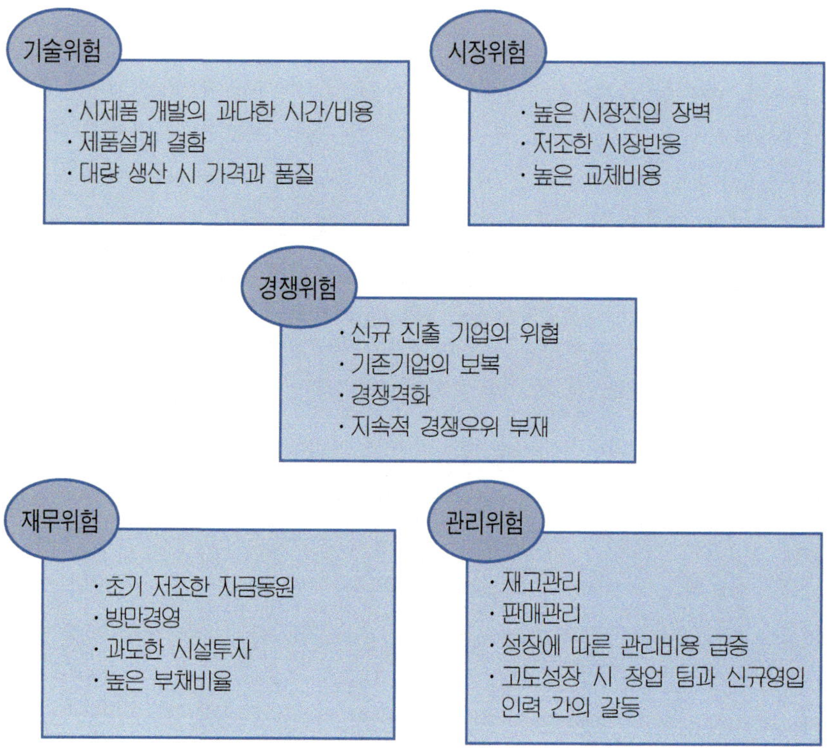

그림 8-16. 벤처기업 내부역량 Risk 요인과 관리방안

Risk 요인	관리방안
성장속도와 내부자원의 부조화	- 균형감각의 회복(BSC) 및 경영목표의 조정 - 기업명성, 신뢰, 네트워크 구축 - 자원조달 및 축적 역량 강화
리더십 위기	- 위험평가 및 대응능력 강화 - 전문경영자 영입 - 창업자의 역할전환
이해관계자 갈등	- 이해관계자 관리 전략 - 고객의 다양화 - 전략적 제휴
창업 팀 역량 한계	- 창업팀 역량강화 프로그램 수행 - TMT의 재구성(Top Management Team) - 창업팀 공헌과 보상 합리화

그림 8-17. 벤처기업 Risk 요인과 관리방안

Risk 요인	관리방안
재무위험	- 자금조달원의 다양화 - 고정비용의 축소 - 현금유동성 중시
관리위험	- 관리시스템 구축 - 업무효율성 제고 - 인적 자원 역량 개발
시장위험	- 효과적 시장진입 전략 - Chasm 극복 전략(완전제품) - SCA 유지를 위한 핵심역량 구축*
기술위험	- 제품개발 R&D관리 역량 강화 - Pilot Plant - 기술네트워크 구축

* SCA(Sustainable Competitive Advantage) : 지속적인 경쟁우위를 의미하며, 다음의 요소들로 형성될 수 있다.
– 자사만의 독자적인 경험이나 가치 구축, – 공급자와의 우호적인 신뢰관계 구축
– 고객과의 관계 구축

읽을거리 1

영화 유통질서 '지각변동'

영화 부가판권이 타 시청수단으로 옮겨가는 시간을 뜻하는 이른바 '홀드백(Hold Back)' 기간이 점점 단축되면서 DVD유통업계가 몸살을 앓고 있다. 특히 통상 영화 종영 후 약 1년이던 홀드백 기간이 최근 급격히 파괴되면서 기존 영화 유통질서에 대규모 변화가 감지되고 있다.

홀드백이란 극장에서 관객을 상대로 수익을 거둔 후 비디오타이틀이나 DVD와 같은 렌털 혹은 셀스루 매체로 수익을 거두고 다시 케이블TV의 영화채널과 공중파방송 등으로 순차적으로 시차를 두고 상영하는 과정에서 한편의 영화가 이동할 때까지 걸리는 시간을 말한다.

실제로 이 '라디오스타' 같은 영화는 DVD가 출시되기도 전에 지상파 방송을 타면서 비디오/DVD 대여점주들의 강력한 항의를 받는 등 이해 관계자들간의 갈등도 수면위로 떠올랐다.

◇ **홀드백 파괴 영화 속속 등장** = 일반적으로 영화는 '극장 개봉->DVD(비디오)-> 케이블TV → 지상파TV' 등의 순서로 시장에 공급된다.

하지만 최근 들어 소위 '대박'이 난 영화 위주로 이같은 공식이 깨지는 사례가 늘고 있다. 600만명의 관객을 동원한 영화 '미녀는 괴로워'는 DVD 출시 이전에 티유미디어의 위성DMB 서비스에서 방송됐다. 1200만명 이상이 극장을 찾았던 영화 '왕의 남자'는 2006년 4월 종영 후 약 6개월만인 지난해 11월 SBS를 통해 첫 방영됐다. '라디오스타'는 극장 종영 후 불과 4개월여 만인 지난 1월에 TV 시청자와 만났다.

홀드백 기간 단축이나 순차변경이 진행되는 것은 DVD 수요가 점점 줄어드는 등 부가판권 시장이 고전하고 있기 때문이다. 이는 DVD나 TV 외에 케이블방송이나 IPTV 등 영화를 볼 수 있는 다양한 매체가 속속 생겨남과 동시에 불법 온라인 다운로드가 만연한 것이 원인으로 꼽힌다.

◇ **순차 파괴 따른 진통** = DVD/비디오 대여 시장 관계자들은 이 같은 홀드백 순차 파괴가 영화와 지상파방송 및 케이블TV의 중간에 낀 DVD 셀스루 업계를 '두 번 죽이는' 행위라며 크게 반발하고 있다.

한국영상음반유통업협회, 문화콘텐츠대여업협회, 전국대여점주연합회(가칭) 등 단체는 최근 '라디오스타'가 DVD 출시도 되기 전에 지상파방송에서 방영됨으로써 대여료 매출에 큰 타격을 입었다며 배급사 시네마서비스에 보상을 요구했다. DVD 시장이 안그래도 악화일로를 걷고 있는데, 지상파 방송에서 방영되면 DVD 대여 수요는 더욱 줄어들 것이라는 주장이다.

이에 대해 시네마서비스 측은 "이번 경우는 KBS가 방송80주년을 기념해 특별 기획한 예외적인 경우"라며 "앞으로 지상파 방송 공급은 'DVD/비디오 출시 후 6개월'로 홀드백 기간을 지키도록 하겠다"는 답변을 보냈다. '한반도'를 지상파TV에 공급한

CJ엔터테인먼트도 비디오/DVD 대여점주들로부터 이같은 요구에 대해 비슷한 입장을 세운 것으로 알려졌다.

◇ 대박 영화, 지상파TV서 반드시 환영받지는 못해 = '라디오스타'의 경우 이번 KBS 방송에서 20%가 넘는 시청률을 기록해 어느 정도 성공한 케이스로 꼽힌다. 하지만 SBS가 20억원이 넘는 막대한 금액을 투자해 조달한 '왕의남자'는 15.4%로 기대에 크게 못미쳤다.

'흥행 대작=높은 시청률'이라는 등식이 깨지면서 지상파 방송국들은 고가의 대작 영화 구입을 망설이고 있다. 실제 우리나라 영화사를 새로 쓴 '괴물'의 경우 지상파 방송사 대상 매물로 나왔지만 판매가 되지 않는 상황이다. 배급사들은 대박 영화와 비흥행작을 패키지로 공급하려 하고, 방송사들은 시청률 보장이 예상되는 흥행 영화만을 구입하려 하기 때문이다.

읽을거리 2

고어의 타당성 분석 사례
- 제품 개발 가이드라인 -

직원 투표로 사장을 결정한다? 부장 과장 사원 등의 직급은 없다. 신입사원이라도 자기 프로젝트를 동료들이 인정하면 곧바로 리더가 된다. 이런 회사가 잘 굴러갈지 걱정된다고?

세계에서 혁신제품을 가장 많이 개발하고, 4년 연속으로 포천지 선정 '세계에서 가장 일하기 좋은 회사' 1위에 오른 고어(Gore)사 이야기다.

빗물 침투는 막고 땀과 열은 밖으로 내보내는 특수기능 옷감 '고어텍스'를 만드는 바로 그 회사다. 고어에서 만드는 것은 고어텍스만이 아니다. 일반 기타 줄보다 훨씬 단단한 기타 줄 엘릭서와 P&G의 글라이드 치실도 이 회사에서 만들었다.

이들이 개발해 낸 혁신제품은 의료, 전자 케이블, 섬유 등에 이르기까지 무궁무진하다.

50년 이상 적자 없이 플러스 성장을 거듭하며 끊임없는 혁신제품을 내놓는 고어. 이들의 성공비결은 무엇일까? 놀랍게도 뛰어난 기술력이나 인력이 아니다.

원활한 대화가 가능한 독특한 조직문화와 체계적인 의사결정 프로세스가 비결이다.

고어는 '격자무늬 조직(lattice organization)'이라고 불리는 특유의 조직구조를 갖고 있다.

부서가 따로 정해져 있지 않고 프로젝트 별로 팀원들이 '헤쳐 모여'식으로 구성된다.

원활한 의사소통을 위해서는 사옥의 위치도 매우 중요하게 생각한다.

일반적으로 저렴한 곳에 부지를 사서 사옥을 짓는 것이 비용 측면에서 효율적이다.

하지만 고어는 한 지역 직원들은 모두 한 곳에 모여 일을 할 수 있도록 사옥을 만든다.

이메일이나 전화를 통한 의사소통에 한계가 있다고 믿기 때문이다.
또 한 건물 당 수용할 수 있는 인원은 최대 200명으로 제한한다.
서로의 얼굴과 이름을 기억해 친밀함을 높이기 위해서다.
더 나아가 이 회사에는 사장이라든가 대표, 관리자 같은 직급 자체가 없다.
대신 직원의 10% 정도를 차지하는 리더만 존재한다.
리더에게 가장 중요한 요건은 '팀원들이 그를 리더로 인정하느냐'하는 점이다.
예를 들어 한 직원이 자신이 진행하고자 하는 프로젝트에 대해 회의를 열고, 다른 사람들이 이에 응답하고 지지했다면 회의 주최자가 바로 리더가 된다.
현재 최고경영자(CEO)인 테리 켈리도 이런 자유로운 방식으로 선출됐다.
그렇다고 이 회사가 마냥 자유롭기만 한 것은 아니다. 끊임없는 혁신제품 출시를 위해 직원들에게 최소 반 년에 한 번은 신제품 개발 아이디어를 내게 한다.
그리고 개발 프로젝트 진행 후 최종 프레젠테이션 결과를 성과급에 100% 반영한다.
이 아이디어들 중 혁신적이면서 회사 수익에 도움이 되는 것만 제품으로 출시한다.
그렇다면 한 달에 100건 이상 쏟아져 나오는 아이디어 중에서 어떻게 옥석을 가릴까. 고어의 제품 개발 가이드라인이 그 해답을 준다.
아이디어를 제안할 때 개발자는 '해당 제품이 고객의 기존 문제를 얼마만큼 개선할 수 있는가?', '얼마나 많은 고객이 이를 필요로 할 것인가?', '구매를 위해 얼마의 돈을 지급할 것인가?' 등에 대해 답을 할 수 있어야 한다.
이후 개발이 진행되면서는 '제안한 아이디어를 개발할 수 있는 기술이 우리에게 있는가?',
'기술적으로 부족한 부분에 대한 해결책이 있는가?', '성공과 실패 가능성은 어느 정도인가?'에 대한 예측을 한다.
이 과정을 통과하면 마지막 단계인 '수익성'에 대한 분석이 뒤따른다.
이러한 체계적인 과정을 통해 철저히 객관적인 판단을 할 수 있게 된다.

읽을거리 3

GM은 자살했다.

세계적 마케팅 석학, 필립 코틀러 교수의 진단 : "GM은 자살한 셈입니다. 너무 편협한 시야를 가지고 있었고, 또 너무 자만했어요. 그래서 자기 눈을 가리고 있었어요.

예전엔 대형차를 만들어도 잘 팔렸습니다. 예전부터 소형차의 필요성을 느끼고 있었지만, 절박하게 생각하지 않고 대충 만들었지요. 정부가 연비(燃費) 기준을 높이려고 하면 로비하기에만 급급했어요. 소비자의 요구를 외면하고 정유회사와의 관계에 더 신경을 썼어요.

이런 것이 기업의 체질이 되고, 문화가 되어 버린 것이 문제의 핵심입니다."

코틀러 교수는 잠깐 말을 쉬더니

『좋은 기업을 넘어 위대한 기업으로(*Good to Great*)』의 저자 짐 콜린스(Collins)의 최신작『위대한 기업은 어떻게 망하는가(*How the Mighty Fall*)』를 읽어보길 권했다.

이 책은 기업이 망하는 과정을 5단계로 요약했다.

즉 성공에 대한 자만심→무절제한 성장→위험신호 무시→무분별한 회생 방안→사라지거나 명맥만 유지 단계로 이어진다.

지금 GM처럼 존폐의 위기에 몰렸거나, 스타벅스처럼 어려움을 겪는 기업들은 어떻게 대처해야 하나요? 라는 질문에 그는 "이런 일이 발생할 때는 세 가지가 중요합니다."라고 했다.

먼저 사람입니다. 닛산(Nissan)을 수술한 카를로스 곤(Ghosn)처럼 GM의 낡은 문화를 바꿀 수 있는, 즉 변화의 동인이 되는 사람(change agent)이 필요합니다.

둘째, 브랜드가 관리되어야 합니다. 제가 만약 GM의 CEO라면 경쟁력 없는 어중간한 브랜드는 모두 정리할 겁니다.

마지막으로 회사의 핵심역량을 찾아 구조를 개편(recomposition)하는 것입니다.

GM은 자기의 사업을 승용차 제조로만 국한하면 안 됩니다.

'대중의 교통수단을 개선하는 회사'로 회사의 사명(mission)을 재정의 하고,

버스나 기차 같은 것도 만들 수 있어야 합니다.

읽을거리 4

고객의 정의

- 지배적 1위 기업에게 도전하는 법 -

"제품이나 서비스의 품질뿐 아니라 오랜 기간 쌓아올린 브랜드 가치만으로도 경쟁자들을 압도하는 글로벌 기업들이 있다. 세계에서 브랜드 가치가 가장 높은 회사로 평가받는 코카콜라가 대표적이다. 이 회사는 매년 매출의 20% 정도를 광고비로 지출한다. 올림픽과 같은 대형 국제행사에도 빠지지 않고 스폰서로 참여한다. 경쟁사가 아무리 맛있는 음료를 만든다 해도 코카콜라를 이기기 힘들다.

이런 현상은 개별 시장에서도 볼 수 있다. 맥도널드는 미국은 물론이고 세계적으로 가장 성공한 패스트푸드 업체지만 유독 중국에서만은 경쟁자인 KFC에 밀린다. KFC는 3000개가 넘는 점포가 있지만 맥도널드는 1500개 정도에 불과하다. 가장 큰 이유는 KFC가 먼저 중국에 진출하면서 마케팅과 광고에 많은 투자를 했고 중국인들은 '프랜차이즈 레스토랑 하면 KFC'라는 인식을 갖게 됐기 때문이다."

이렇듯 제품의 품질에 큰 차이가 없는 소비재 시장에서 후발주자들이 특정 시장이나 산업을 선점하고 오랜 기간 높은 브랜드 가치를 만들어온 선발주자를 상대로 싸우기는 쉽지 않다. 객관적으로 비교할 수 있는 제품이나 서비스 경쟁력을 키우는 것

보다 브랜드 가치처럼 눈에는 보이지 않는 무형자산을 쌓는 데 훨씬 더 많은 시간이 걸린다. 후발업체가 장기간 많은 투자를 하면 브랜드 가치를 역전시킬 수도 있지만 비용지출이 너무 커 기업경영에 큰 부담을 줄 수도 있다.

그렇다면 신생기업들이 코카콜라나 중국의 KFC와 같은 기존 강자들에 맞서 싸울 방법은 없는 것일까. 힘과 힘으로 맞붙는 정면승부는 무모하다. 이럴 때는 강자의 강점을 약점으로 바꿀 수 있는 전략을 사용해야 한다. DBR 123호(2월 15일자)에서는 애니메이션 산업의 최강자인 디즈니의 아성을 깨고 시장에 새바람을 몰고 온 드림웍스 스튜디오의 사례를 토대로 약자가 강자에 도전하는 방법을 소개했다.

1923년에 만들어진 디즈니는 애니메이션의 역사 그 자체다. 이 회사는 밝은 색감과 예쁘고 아름다운 캐릭터들을 사용해 누가 봐도 디즈니 영화라는 것을 쉽게 알 수 있도록 제작한다. 또 항상 권선징악이라는 주제가 깔려 있어서 아이들을 키우는 부모들도 좋아한다. 심지어 디즈니의 영향으로 사람들의 관념이 달라지기도 한다. 생쥐는 사실 징그러운 동물이지만 디즈니가 미키마우스라는 캐릭터로 귀엽게 그려냄에 따라 미국인들의 생쥐에 대한 생각 자체를 긍정적으로 바꿔놓았다.

이렇듯 디즈니라는 브랜드는 다른 어떤 애니메이션 회사도 넘볼 수 없는 최고의 위치를 수십 년간 지켜왔다. 수많은 애니메이션 회사들이 디즈니와 경쟁하려 했지만 큰 소득을 거두지 못했다. 아무리 더 예쁘고 재미있는 애니메이션 작품을 만들어 내놔도 소비자들은 "예쁘고 재밌는 만화영화는 역시 디즈니가 최고"라는 인식을 갖고 있었기 때문이다.

하지만 2001년 '슈렉'이라는 작품으로 도전장을 던진 드림웍스는 역발상을 통해 디즈니의 아성을 무너뜨렸다. 물론 디즈니와 정반대로 하는 것 그 자체가 목적은 아니었다. 디즈니에서 일하던 일부 직원을 포함해 디즈니 스타일의 애니메이션에 불만을 가진 사람들이 모인 것이 시작이었다. 제프리 카첸버그를 비롯한 드림웍스 경영진은 디즈니의 캐릭터들이 다들 예쁘고 잘생겼기 때문에 의도하지 않게 사람들, 특히 아이들에게 잘못된 생각을 심어줄 수 있다고 보고 이를 고쳐보자고 생각했다.

실제로 그때까지 디즈니 애니메이션에 등장한 '공주' 캐릭터만 해도 백설공주, 인어공주 등 12명에 달했다. 이들은 모두 예쁘고 착하며 좋은 남편을 만났다는 공통점이 있다. 심지어 그 남편들도 모두 훤칠하고 잘생겼다. 따라서 마음이 예쁜 사람은 얼굴도 예쁘고, 날씬하고, 목소리도 꾀꼬리 같고, 키도 크고, 노래도 잘해야 한다는 생각을 아이들에게 심어줄 수 있다.

반면 드림웍스는 마음이 예쁘면 외모는 중요하지 않다는 메시지를 전달하고자 했다. 그래서 만든 것이 '슈렉'이라는 녹색 괴물이다. 슈렉은 디즈니 주인공들과는 달리 못생겼고 냄새도 심하게 난다. 음식도 들쥐처럼 이상한 것들이다. 여주인공인 피오나는 예쁜 공주이긴 하지만 나쁜 마법에 걸려 밤이 되면 괴물로 변한다. 그런데 공주일 때보다 괴물일 때 마음이 더 예쁘다. 영화의 마지막 장면에서 피오나는 마법이 풀리자 예쁘장한 공주가 아닌 유쾌한 괴물의 모습으로 남는다. 이렇게 드림웍스는 "얼굴이 예쁘지 않아도 마음이 예쁜 것이 더 중요하다"라는 메시지를 담은 애니메이션을 만들어 대성공을 거뒀다.

(출처: 이승현 댈러스 텍사스대 경영학과 교수)

제9장 사업계획서의 이해

학습목표

- ❑ 사업계획서의 의의 및 중요성
- ❑ 사업계획서의 형식과 용도별 구분
- ❑ 사업계획서의 내용과 작성 방법
- ❑ 사업계획서와 사업타당성 분석의 관계

제9장 사업계획서의 이해

제1절 사업계획서의 의의 및 중요성

1. 사업계획서의 개념

창업자가 사업을 시작하기 전에 가장 먼저 해야 할 일은 사업계획서를 만드는 일이며, 창업과정에 있어서 사업계획서의 작성은 계획하고 있는 사업에 관한 제반사항을 객관적이고 체계적으로 작성하는 것이 중요하다. 이러한 사업계획서는 기업의 얼굴이며 사업목적달성을 위한 지속적인 활동에 필요한 방법과 절차, 활동범위 등을 글로 표현한 것이며 사업의 성공가능성을 다시 점검할 수 있는 도구이다. 또한 사업계획의 강점과 약점을 재인식할 수 있는 기회를 제공하고 본격적인 사업추진 시 유용한 지침으로 사용된다.

즉, 사업계획서는 목표시장에서 기업의 생존가능성을 높이는데 도움을 주며, 창업자가 계획하고 있는 여러 활동들을 조직화하는데 지침이 되고, 필요한 재무자원을 조달하는 중요한 수단이 된다.

이런 의미에서 사업계획서는 새로운 사업을 시작함에 있어 필요한 모든 관련 요소들을 기술하는 기업가가 준비하는 서류이다. 이 서류는 게임계획서(game plan) 또는 지도(road map)와 비유되며, 현재 나의 위치는 어디인가, 목적지는 어디인가, 그리고 어떻게 도달할 것인가와 같은 질문에 답을 하게 된다. 잠재적인 투자자, 공급자 그리고 소비자들도 이 사업계획서를 요구하기도 한다. 사업계획(서)은 외적 요소를 고려해야 하며, 이러한 요소들은 근본적으로 통제하기 어려운 요소이기는 하나, 계획수립 시 반드시 포함시켜야 할 것이다.

사업계획서는 사업타당성 분석에서 검토된 사업 아이디어를 구체화하는 데 필요한 제 요소의 조달과 운영, 조직화, 생산 및 판매, 운영활동 등에 대한 세부적이고 구체적인 서류로 내부적으로는 실천의 기준이며 지침이고, 외부에게는 사업을 알리고 동의를 구하는 도구인 것이다. 사업계획서가 포함하여야 할 네 가지 핵심내용은 다음과 같다.

① 고객과 최종 사용자에게 상당한 가치를 창출해주거나 더해준다.
② 고객에게 의미있는 문제를 해결하거나, 누구든지 기꺼이 웃돈을 지불하고서도 채우고자 하는 결핍이나 욕구를 충족시켜서 가치를 창출하거나 더한다.
③ 그러므로 적정한 시장과 큰 이익폭 그리고 돈을 벌 수 있는 특징들을 갖게 된다. 즉 5천만불 이상의 시장규모, 20% 이상의 고성장, 40% 이상의 고수익률, 수익이 계속해서 발생하고 낮은 자산과 운전자본으로 양(+)의 초기 순현금 흐름을 보인다. 세후 10% 이상의 순이익률을 보이며, 투자자에게 매력적이고 현실성 있는 제안(25%~30% 이상의 투자수익률)이 그것이다.
④ 사업시작 시점에 창업자와 경영팀에게 아주 적합하며, 시장에도 잘 어울리며, 위험과 보상의 교환관계 측면에서도 조화를 이룬다.
사업계획서의 작성은 궁극적으로 다음에 대하여 자신 및 이해관계자에게 답하기 위한 것이다. 이 의사결정의 목적은 (   )에 관한 것입니다. (Here's what our decision making is about ......), 이것이 중요한 이유는 (   )입니다. (Here's why it's important to do ......), 효과적으로 결정하게 되면(   )한 모습으로 될 것입니다. (Here's what success will look like .....).

이상의 검토결과 사업계획서의 저의는 이론적으로 회사의 목표가 무엇인지 설명하고 향후 5년 동안 이러한 목표를 달성하기 위하여 어떠한 수단을 사용할 것인가를 설명하는 서류로 정의할 수 있으며, 실무적으로는 이익실현을 위해서 기업의 보유자원을 효율적으로 활용하기 위한 경영전략을 체계적으로 문서화한 것으로 정의할 수 있다.

이러한 사업계획서인 Business Plan은 특정 과제나 아이템에 대한 제안서 성격의 Business Proposal보다는 포괄적인 의미를 가지고 있다.

사업계획서는 활자화되면 이미 낡은 것이 된다. 기술의 발전속도 및 정보화 시대의 변화속도와 글로벌화한 시장의 역동성은 사업계획서의 수명을 단축시켰다. 이같이 빠르게 변화는 환경 속에서는 유연성과 대응성이 중요한 생존기술이다. 사업계획서를 통해 아이디어를 사업으로 발전시키는 과정과 그것을 어떻게 실행할 지를 사업계획에 명료하게 표현하기 위해서는 초점을 명확하게 맞추고 결단을 내리고 헌신하는 모습과 함께 열린 마음과 '겸손한 자세'가 필요하다. 즉 사업계획서는 결코 완성된 것이 아니라 계속 보완하는 작업인 것이다. 아울러 사업계획서는 사업이 아님을 명심해야 한다. 사업계획서를 작성하는 것은 새로운 벤처창업을 위한 청사진, 전략, 자원, 그리고 인력요건을 정의하는데 좋은 방법의 하나이다. 하지만 일반적으로 창업자들이 다음과 같은 단순한 결론을 내려 버린다. 두툼하고 잘 다듬어져 투자를 유혹할 정도의 사업계획서만 있으면 사업은 자동적으로 성공하리라 보는 것이다. 그들은 사업계획과 사업수행을 혼돈하고 있는 것이다. 성공은 사업계획서를 개선하고 실천함에 따라 실현되는 것이다.

2. 사업계획서의 중요성

사업계획은 구체적이고 객관적이어야 하며, 상대방으로 하여금 신뢰성을 주는 사업계획서가 작성되어야 한다. 창업자 자신이 창업 및 발전전략을 설계해 보는 기회가 되고, 주관적인 사업구상이 아니라 객관적이고 체계적으로 사업을 검토할 수 있는 기회이다. 창업에 필요한 제반요소를 점검하고, 부족한 부분을 파악함으로써 효율적으로 창업과정을 수행하고 이를 통해 창업 성공률을 높일 수 있는 것이다. 또한 창업과정에서 어떠한 전략을 취할 것인가를 세밀하게 분석하여 결정할 수 있으며, 창업자가 외부로부터 자금조달을 원하는 경우, 창업자가 자신의 '기회'를 외부투자자에게 체계적으로 설명하기 위해서 필요하다.

이러한 사업계획이 다루어야 할 9가지 질문은 ① 새로운 사업의 고객은 누구인가?, ② 고객은 제품이나 서비스의 구입결정을 어떻게 내리는가?, ③ 제품이나 서비스가 소비자의 구매욕구를 어느 정도 자극하는가?, ④ 제품이나 서비스의 가격을 어떻게 결정할 것인가?, ⑤ 목표고객에게 어떻게 접근할 것인가?, ⑥ 고객을 확보하기 위한 비용(시간과 자원)은 얼마인가?, ⑦ 제품이나 서비스의 생산과 유통비용은 얼마인가?, ⑧ 고객 지원비용은 얼마인가?, ⑨ 고객유지는 용이한가? 이다.

사업계획서의 중요성은 유용성 측면에서 확인할 수 있는데 회사의 목표가 무엇인지 설명하고 향후 5년 동안 이러한 목표를 달성하기 위하여 어떠한 수단을 사용할 것인가를 설명하는 서류이며, 사업추진의 출발점이며, 성공적인 사업을 위한 최소한의 필요조건이라는 면에서 사업계획서의 중요성은 강조된다. 다시 말해 계획서류(plan-do-see의 출발점)로 내부학습과 성과향상에 기여한다. 사업활동의 행동지침(안내역할)이며, 창업자와 창업팀에게 창업에 대한 학습과 성과향상의 기회를 제공해 주며, 성과평가 등 내부 평가기준으로서의 역할을 수행한다. 또한 자금조달 등 외부 이해관계인의 평가기준이 되어 외부자원의 획득을 위한 다양한 투자자들의 투자심사를 위한 판단의 근거가 된다. 즉 사업계획서는 사업에 대한 의지와 신념을 나타내는 창업자 자신의 얼굴이자 신용이다.

3. 사업계획서의 용도

1) 창업자 입장에서의 용도

사업계획서는 창업자 본인의 사업성공 가능성 판단자료로 활용되기도 하고, 외부 투자자를 유치하기 위한 자료로도 사용되어 진다. 사업의 성공가능성을 점검할 수 있는 좋은 기회가 되며, 사업계획서를 작성하는 과정에서 사업의 문제점을 발견하게 되는 경우도 많다. 사업타당성 분석을 별도로 실시하지 아니하고 사업계획을 작성하는 경우는 사업계획서 작성과정에서 사업성을 검토하게 되기도 한다. 의사소통의 수단으로서 사업계획은 고려하는 사업에 참여할 투자자, 동업자, 간부급 인사들과 의사를 교환할 때 중요한 보조자료가 된다. 대부분의 사업은 구두로만은 충분히 설명하기 어려울 정도로 복잡할 뿐만 아니라 제안사업을 구두로 설명하려면 관계자들로부터 충분한 이해를 얻기에 어려움이 있다. 따라서 짜임새 있게 작성된 사업계획은 주변의 사람들을 움직이는 중요한 수단이 될 수 있다. 다음으로 초기의 행동지침이 된다. 사업계획서는 창업초기의 업무추진계획이다. 사업이 일단 시작되면 처리해야 할 업무가 많고 시간이 부족하여 가능한 여러 가지 대안들을 검토하고 세부적인 계획을 수립하는 일에 많은 시간을 보낼 수 없게 되는데 이때 사업계획은 유용한 행동지침이 된다.

2) 투자자 입장에서의 용도

투자자 입장에서의 사업계획서는 투자사업의 타당성을 판단하는 자료로 활용된다. 사업계획은 투자자가 투자에 관한 의사결정을 하는 데 사용하는 가장 기본적인 자료이다. 사업계획은 사업 제안자와 투자자가 직접적이나마 최초로 접촉하게 하는 매개물인 경우가 많다. 사업계획이 어느 정도 가능성을 시사해야 사업 제안자와 투자자가 직접 만나서 사업을 논의할 수 있게 될 것이다.

다음으로는 창업자와 경영진의 능력을 평가하는 자료로 사용된다. 투자자들이 사업계획서를 통하여 가장 관심을 가지는 사항은 창업자와 경영진이 계획사업을 성공시킬 능력을 가졌는지를 판단하는 것이다. 투자자들은 사업계획서에 나타난 여러 가지 내용들, 예를 들면 업계의 동향, 시장의 추이, 경쟁상태, 사업의 독창성, 소요자금, 대상기업의 현재 재무상태 등에 대하여 사실확인을 하고 사업의 타당성을 평가하고자 한다.

4. 사업계획서의 종류와 반영 요소

1) 사업계획서의 종류

사업계획서는 작성 목적과 용도에 따라 다양하게 작성될 수 있다. 고정형식 사업계획서는 사업계획의 형식이 미리 정해져 있는 사업계획서를 말한다. 창업투자 회사, 금융기관, 정부기관 등에서는 사업계획 형식을 미리 작성해 놓고 신청자들로 하여금 주어진 형식에 따라 사업계획을 작성하도록 하는 경우가 많다. 이는 자신들의 평가목적인 용도에 따라 필요한 사항 중심으로 기술토록 하기 위해서 이다.

자유형식 사업계획서는 사업계획 작성자가 임의로 결정한 형식에 따라 작성한 사업계획을 말한다. 자유형식 사업계획서를 작성하는 경우에도 사업계획서에 포함되어야 할 내용은 고정형식 사업계획서의 경우와 유사하며, 자유형식 사업계획서를 작성하는 경우에 포함되어야 할 내용과 형식은 그 구성형식에 따라 약식 사업계획서와 완전 사업계획서로 구분할 수 있다. 약식 사업계획서란 사업계획의 모든 내용을 자세히 포함하지 아니하고 요점만 간략히 정리한 사업계획서를 말하며, 이에는 사업기회의 핵심에 대한 정보와 분석, 회사가 누릴 수 있는 경쟁적 우위, 그리고 창업자의 창조적 통찰에 대한 사실적 설명이다. 완전 사업계획서는 사업계획의 모든 사항을 상세히 포함하는 사업계획을 말한다. 사업계획서의 용도와 주요내용, 사업계획서의 형태를 정리하면 〈표 9-1〉과 같다.

표 9-1. 사업계획서의 유형

용 도	내 용	사업계획서 형태
내부운영용	· 사업운영용 · 투자검토용	비정형 사업계획서
자금조달용	· 투자유치용(벤처캐피탈, 엔젤투자자, 주식공모, IR) · 금융기관 대출 신청용	비정형 사업계획서
	· 정책자금(융자, 출연)신청용 · 신용보증 신청용 · 은행자금 신청(신용조사)용	정형 사업계획서
인·허가용	· 창업사헙계획 승인용 · 각종 인허가용	정형 사업계획서
기술평가용	· 기술담보가치 평가용 · 벤처기술평가/이노비즈기업 평가 · 코스닥 예비심사를 위한 기술평가 등	정형 사업계획서
대외업무용	· 사업제안, 전략적 제휴, M&A 용 · 협력회사 등록 또는 백화점(할인점)입점용 · 공공기관 입찰 또는 등록 · 대리점 또는 가맹점 모집용	비정형 사업계획서
기타용도	· 창업보육센터 입주신청용 · 창업경진대회 참가용 등	정형 사업계획서

사업계획서의 용도에 따른 작성 주요 포인트는 아래와 같다.

(1) 내부운영용 사업계획서

내부용 사업계획서에서 강조해야 할 내용은 ① 사업환경분석 : 사업의 필요성을 입증할 수 있는 시장환경 또는 마케팅 환경 등에 관한 사항, ② 비즈니스 모델 : 고객모델, 운영모델, 전략모델, 수익모델에 관한 구체적인 사업모델을 제시하고 전략과 실행계획에 관한 내용을 설명, ③ 마케팅 전략 : STP전략과 마케팅믹스 전략 등을 통해 상품 및 서비스 개발계획, 유통경로별 가격구조와 마진, 수익규모 등에 관한 사항을 작성, ④ 수익성 분석 : 투자에 따른 매출 및 이익금액을 추정하고 경제성 분석에 관한 내용을 산출하여 검토함을 중심으로 작성한다.

(2) 자금신청용 사업계획서

자금신청요인 경우 ① 차입금현황 : 금융기관별 차입금 금액, 대출일, 만기일, 이자율, 담보 및 보증현황 등을 작성, ② 투자계획 : 시설자금, 기술개발자금, 운전자금 등 투자 금액에 대해 세부적으로 작성하며, 필요 시 세부 견적내용 첨부, ③ 자금수지계획 : 투자되는 소요자금에 대해 자기자금과 타인자금에 대한 내용을 작성하며, 구체적인 조달방안에 관한 내용을 제시, ④ 이익계획 : 이자 및 원금상환계획 조건을 고려하여 연도별 이익 또는 현금흐름이 적정하게 산출될 수 있도록 작성함이 중요하다.

(3) 투자유치용 사업계획서

투자요청용일 경우 주요 작성내용으로는 ① 회사비전 : 회사의 사업방향 및 목표를 달성하기 위한 전략을 작성, ② 시장 규모 및 전망 : 국내외 시장규모 및 수요예측, 예상 점유율 등 중장기 전망 및 시장경쟁력을 작성, ③ 기술의 특징/독점성/차별화 : 제품기술에 대한 독점성, 경쟁기술 및 대체기술과 차별성과 함께 개발 로드맵을 통해 사업 성공가능성 작성, ④ 투자계획 : 투자되는 자금의 사용용도 및 일정에 관한 계획의 작성, ⑤ 이익계획 : 투자자금의 회수시점, 수익률 추정이 가능한 이익 및 현금흐름과 투자제안(주식발행 조건 및 투자금 회수방안 등에 대한 내용)에 대한 내용이 있다.

(4) 사업제휴용 사업계획서

타 기업과 제휴를 하고자 할 경우 사업계획서는 ① 사업목적 : 현재 사업의 문제점과 필요성, 사업방향, 수요예측 등에 관한 내용을 작성, ② 사업효과 : 사업제휴에 따른 매출액 및 이익, 기업 및 브랜드 가치, 회원 수의 향상 등 사업효과에 관한 사항을 정량적으로 작성, ③ 사업영역 및 범위 : 각 사의 업무내용 및 범위, 역할, 추진일정 등을 작성하고, 필요 시 사업실행에 따른 소요금액 및 사업추진방법 등을 설명, ④ 수익구조 : 매출 및 수익의 발생 흐름과 이익배분 방법 및 절차 등에 관한 내용을 작성할 필요가 있다.

(5) IR(Invest Relation)용 사업계획서

기업설명용 사업계획서의 주요 사항으로는 ① 사업방향 : 현재 사업내용과 실적, 향후 사업방향 및 계획 등에 관한 내용을 작성, ② 경영전략 : 신규사업, 투자, 개발 등 사업 및 경영전략, 전반에 관한 내용을 사업부문별로 작성, ③ Financial Highlight : 매출계획과 함께 성장성, 수익성, 안정성 등 재무현황 전반의 실적과 계획에 관한 내용을 작성, ④ Invest Summary ; 사업환경, 내부역량과 성장가능성, 수익성, 사업모델 등에 관한 내용을 작성한다.

사업계획서의 작성시점에 따라서는 최초 사업 시작 시 작성하는 서술형 사업계획서, 투자자에게 사업을 제시할 때 제시하는 요약사업계획서, 그리고 발표용 사업계획서인 프리젠테이션용 사업계획서가 있다.

요약사업계획서는 30초 이내에 사업의 개요와 필요성, 성공 가능성을 설명할 수 있을 정도의 양으로 작성하여 이해관계자를 설득하는데 사용한다. 엘리베이트를 타고 내리기 전까지의 시간만 주어진다고 하여 엘리베이트 테스트라고도 한다. 작성의 유형은 일반적이고 현황과 강점을 중심으로 설명할 때에는 개조식으로, BM사업이거나 그림으로 표현함이 적합할 때에는 도식형으로, 경쟁제품이나 기업이 분명할 경우에는 장단점을 비교하는 도표비교형이 유용하다.

서술형 사업계획서는 PT용과 대비되는 것으로, 내부 검증용 또는 VC에 사업계획서만 우선 제시할 경우에 사용한다. 논리적이고 정확한 표현으로 작성되어야 하는 일반적이고 전형적인 사업계획서이다.

프리젠테이션용 사업계획서는 IR용으로 발표도구이기에 편리해야 한다. 작성 시 주요 지침으로는 다양한 유형의 자료(통계/사례/인용문 등)를 준비하여 활용하는 것이 효과적이다. 자료구성에 있어 가능한 형상화된 규칙과 구조를 사용하며, 주요 항목은 7개 이내로 하라. 발표시간에 맞추며, 적절한 글자 크기의 사용 및 페이지를 기재하라. 지나치게 화려한 색상 및 미디어 효과 사용을 지양하는 것이 좋다.

2) 사업계획서의 반영요소와 작성원칙

사업계획서는 사업의 기회와 이를 성공으로 이끄는 데 필요한 자원이 무엇이고, 언제, 어느 정도인지를 확인하고 이에 부합되도록 작성되어야 한다. 사업계획서가 이러한 조건을 충족하려면 주요 영향요소들을 반영하고 있어야 되는데 이러한 영향요소로 고려되어야 할 내용은 기회, 외부환경, 사람, 위험과 보상이 주된 내용이다. 이러한 요소가 반영된 요약이 포지션 선언문(Statement of Position)이다.

사업의 포지션 선언문은 경영팀의 구체적 활동계획을 표시하고, 간결하고 효과적 설명 및 미션에 공감할 수 있도록 기술하는 것을 말한다. 이의 형식은 ⓐ (필요와 기회의 제언) ⓑ (목표고객)을 대상으로 ⓒ (이점-구매 동기부여) ⓓ (제품/기업명)은 (제품/기업영역)을 ⓔ (주 경쟁자)와 다르게 활동할 것이다. 로 정리하고 있다.

사업계획서 반영요소의 세부 작성법으로 사람에 대하여는 인적 자원의 강점을 설명하라. "나는 사람에 투자하지, 아이디어에 투자하는 것이 아니다."라고 말한 미국의 유명한 벤처캐피탈리스트 Author Rock의 경구는 사람의 중요성에 대하여 단적으로 표현하고 있다. 노련한 투자자들은 사업계획서를 볼 때 구성원의 이력서를 먼저 본다. 이를 통해 창업멤버들이 알고 있는 지식과 사람, 창업자 자신의 인지도를 평가한다.

기회에 대하여는 수익기회를 명확하게 밝혀라. 새로운 사업의 경쟁자는 누구인가?, 경쟁자들은 어떠한 자원을 가지고 있는가?, 그들의 강점과 약점은 무엇인가?, 새로운 기업의 진출에 대해 그들은 어떠한 반응을 보이고 있는가?, 경쟁자들의 반응에 어떻게 대응할 수 있는가?, 나와 같은 기회를 발견하고 이용할 수 있는 사람은 누구인가?, 경쟁사를 합병 등의 방법으로 흡수할 방법은 있는가? 등에 대하여 명확히 표시하라.

외부환경에 대한 통찰력을 보여주라. 환경의 변화는 매력이 없는 사업을 매력적으로 바꾸기도 하고, 매력 있는 사업을 별 볼일 없게 만들기도 한다. 외부환경의 변화가 자신의 사업에 도움을 줄 것인지, 방해할 것인지에 대한 통찰력을 보여야 한다. 사업계획서에 나타난 외부환경이 필연적으로 변한다는 사실을 인식하고 그러한 변화들이 사업에 미치는 영향을 예측해야 한다. 창업자가 외부환경을 유리하게 바꿀 수 있다면 그 방법에 대하여 설명하여야 할 것이다.

위험과 보상은 위기관리 대책과 투자자 보상책을 밝히는 것이다. 벤처창업은 기술위험, 시장위험, 관리위험 및 재무적 위험을 수반하며, 이러한 위험을 어떻게 관리하는가에 따라 사업의 성패가 결정된다. 따라서 미래를 정확하게 예측하기는 힘들지만 잠재적인 투자자들에게 위험과 보상의 유형과 정도를 설명할 수 있어야 할 것이다. 전문투자자들은 회수에 대한 광범위한 대안을 가진 기업을 선호하며, 기업이 그 대안을 유지하고 지속적으로 발전시키기를 원한다.

사업계획서의 작성원칙은 이해의 용이성, 간결성과 명료성, 객관성과 주관성, 일관성과 정확성, 독특한 개성 등의 기준이 제시되고 있다. 상세 내용은 [그림 9-1]과 같다.

그림 9-1. 사업계획서 작성 원칙

원칙	내용
이해가능성 (이해용이성)	-비전문가도 이해할 수 있도록 쉽게 작성하여야 함 -내용이 충분하고 핵심에 충실하여야 하며 전문용어는 풀어서
간결성과 명료성	-간결하고 명료하면서도 분명한 메시지 전달이 중요 -적정한 용량은 20분 / 3MB 이내
객관성과 주관성	-객관적인 데이터에 근거하여 주관적인 판단을 설명하되 객관적인 사실과 주관적 판단을 분명히 구분해야 함 -사실과 추정을 구분하기 위해서는 반드시 자료의 출처를 명기하고 추정의 근거를 밝혀야 함
일관성과 정확성	-내용의 일관성 : 체계적이고 일관된 흐름과 주제를 가져야 함 -표현의 일관성 : 편집방식이나 단위 등의 표현방식 통일을 의미
독특한 개성	-사업계획서도 '비교우위의 차별성'을 가져야 함 -자신의 기업의 특성과 업종의 특성을 고려하여 차별성을 표현

5. 사업계획서 작성순서

사업계획서는 그 목적, 용도 및 제출기관에 따라 내용상 차이가 있으며, 분량과 첨부서류에도 큰 차이가 난다. 사업계획서 작성 전에 미리 기본계획과 작성순서를 정하여 작성하여야만 시간과 노력을 절약할 수 있으며 내용도 충실해질 수 있다.

사업계획서는 아이디어의 개발, 아이템 선별 후 선별된 아이템이 처해있는 환경을 분석한다. 분석된 환경조건을 바탕으로 타당성 검토를 수행하고, 사업모델을 수립한 후 이를 구체적으로 실행하기 위해 작성하는 것이다. 작성시점은 [그림 9-2]와 같다.

그림 9-2. 사업계획서 작성 시점

단계	내용	결과
아이디어개발	①아이디어 개발 ②아이디어 선별	-
↓		
아이템 선별	①제품탐색법 ②욕구탐색법	아이템 방향
↓		
(환경분석)	①외부환경 분석 ②내부역량분석	SWOT분석
↓		
사업타당성 검토	①시장성 분석 ②기술성 분석 ③수익성 분석	추정재무제표
↓		
사업모델 수립	①고객모델 ②전략모델 ③운영모델 ④수익모델	-
↓		
사업계획서 작성	①소개 ②분석 ③전략/계획 ④이익/자금	용도별 사업계획서

사업계획서의 작성절차는 예비절차와 본절차의 단계를 거쳐 수행된다.

예비절차는 먼저 사업계획서 작성의 목적에 따라 기본방향을 설정한다. 이에는 사업계획서의 용도를 확인하고, 사업계획서의 종류를 검토하는 단계이다. 다음으로 사업계획서 작성목적 및 제출기관의 소정양식을 검토한다. 이때에 사업계획서의 용도를 분류하고, 사업계획서의 종류를 구분하여 적합한 형태를 선택한다.

본 절차는 선택된 사업계획서의 용도와 형식에 부합하는 사업계획서를 작성하기 위한 사업계획서 작성계획을 수립한다. 이때에는 계획의 기본요점을 정리하고, 세부적인 유의사항을 검토한다. 다음으로 사업계획서 작성에 직접 필요한 자료와 첨부서류 검토한다. 각종 정보수집 및 정리와 작성 시 필요한 보조자료를 검토한다. 구체적으로 회사개요, 제품, 서비스, 시장, 경쟁사, 마케팅, 운영활동, 경영팀, 재무정보 등에 대한 정보를 수집한다.

자료수집을 마치면 작성해야 할 사업계획서의 폼(form)을 결정한다. 용도에 따라 양식을 선택한다. 기본 틀의 구성은 총괄 요약문, 회사개요, 제품, 서비스, 시장분석, 경쟁자 분석, 마케팅 계획, 경영팀, 재무정보, 첨부서류 순이다. 이후 용도에 맞는 사업계획서를 작성하고 편집, 최종 확인 및 점검 후 제출한다. 사업

계획서의 실질적 작성순서는 [그림 9-3]과 같다. 사업계획서 작성 책임에 있어 top-down인지 down-top인지를 확정하여 최종 확인자를 명시할 필요가 있다. 다만 이해관계자(잠재참여자, 잠재투자자 등)는 경영자의 사업계획서를 원한다.

그림 9-3. 사업계획서 작성순서

전체 목차 구성	사업내용에 맞는 전체적인 목차를 구성하여 나열한다. 또한 제품 이미지, 서비스 흐름, 사업모델 등에 관한 자료를 점검한다. 정형사업계획서의 경우에는 작성내용에 대한 필요한 내용을 확인한다
↓	
자료조사 및 분석	제품 및 서비스와 관련된 시장 및 기술 등에 관련된 조사를 실시하고, 조사된 내용을 분석하여 사업의 방향 및 실행계획을 수립한다.
↓	
계량분석 실시	투자계획, 매출계획, 비용계획, 손익분석, 현금흐름 등의 분석을 실시하여 문제점이 없는지를 확인한다. 문제점 발생 시 실행계획을 수정하면서 목표로 하는 수치가 나올 때까지 반복하여 분석을 실시한다.
↓	
내용작성 및 편집	목차구성에 구애받지 말고 자신 있는 쉬운 항목부터 세부내용을 입력하며, 필요한 경우 유사업종/아이템의 사업계획서를 참고로 하여 내용을 작성한 후 서체, 글자 크기, 색상, 선 굵기 등을 통일하여 편집한다.

6. 사업계획서 작성 유의사항

사업계획서의 작성자는 내부와 외부의 인력을 활용할 수 있다. 사업계획서는 내부자 작성을 원칙으로 하고 외부 전문인력의 조력을 받는 것이 좋다. 사업계획서는 사업주체의 기회에 대한 이해를 바탕으로 작성될 때 정확한 사업계획서가 될 수 있으며, 작성과정에 처음 구상했던 전략이나 전술과 다른 방안을 검토할 수도 있고, 그 결과도 추정함으로써 최상의 방안을 도출할 수 있기 때문이다. 아울러 해당 사업에 필요한 인력과 재정적 요건도 확인할 수 있기 때문이다. 다만 부족한 부문에 대한 전문적 보완과 검증은 외부인력의 도움을 받을 필요가 있다. 사업계획서의 독자로 내부 독자는 창업자, 이사회, 경영진, 종업원 등이 있으며, 외부로는 고객, 공급자, 판매회사, 투자자, 은행 등이 있다.

사업계획서의 작성은 누구나 사업계획서를 읽으면 창업하고자 하는 사업의 내용을 알 수 있도록 구체적으로 작성해야 한다. 내용에 실현 가능한 계획을 수립하고, 가급적이면 전문적인 용어를 피하고 단순하고도 보편적인 용어를 사용하여 설명을 해나가야 한다. 근거가 불충분한 자료 또는 비논리적인 추정은 피하는 것이 좋으며 사업의 잠재된 문제점과 발생할 수 있는 위험요소를 기술하고, 그에 대한 대안을 제시함으로써 변화에 대한 대처능력을 표현하는 것이 바람직할 것이다.

또한 결론에 대한 자신감 및 명료성을 보여줌으로써 사업계획의 종합 결론은 설득력 있는 내용으로 간단명료하게 작성하며, 주된 생산제품만 기술하며 부수적이고 다양한 생산제품에 대한 기술은 가급적 피함으로써 주요 내용을 강조하며 핵심을 부각할 필요가 있다. 향후 기술개발 가능성과 사업의 발전 잠재력을 강조하여 장래성을 보여주며, 인력 및 경영진의 사업 관련 이력을 기술함으로써 사업 주체의 경영능력 강조한다. 자체조달 가능한 자금의 내역과 규모를 정확히 표현하는 등 사업계획 전반에 대한 정확성과 자금조달 가능성을 보여줌이 좋다.

사업계획서 작성 시 창업자가 갖지 않아야 할 자세로 첫째, 사업계획서 작성은 지루한 작업이다. 둘째, 사업계획서는 복잡하다, 셋째, 나는 사업계획서를 작성할 필요가 없다. 넷째, 사업계획서는 단 한번만 작성하면 된다에 있다.

성공 사업계획서 작성지침으로는 첫째, 독자에 맞는 사업계획서를 준비하라. 둘째, 포괄적으로 충분히 검토한 후 다시 작성하라. 셋째, 외부 전문가의 의견을 구하라. 넷째, 쉽게 해당 항목을 찾을 수 있게 작성하라. 다섯째, 통계자료에 기초하여 예측을 하라. 여섯째, 인터넷을 사용하라. 그리고 구두 프젠테이션에 대비한 구성과 자료의 준비가 필요하다.

7. 사업계획서의 구성 및 내용

사업계획서의 구성은 사업내용의 요약, 회사소개 및 아이템의 소개를 포함하는 사업 전반에 대한 소개부문과 시장 및 내부 역량 등 환경분석 부문, 투자 및 생산, 판매 등 운영계획 부문, 그리고 재무정보와 투자자에 대한 제공정보를 포함하는 이익확인 부문으로 구분할 수 있다.

현재 사용되고 있는 각종 사업계획서의 내용은 그 해당 용도에 따라 여러 가지의 계획내용을 포함하고 있으나 종류별 사업계획서의 형식은 거의 유사하며 이들 각 사업계획서의 전체 내용을 종합하여 표준사업계획서를 제시하면 [그림 9-4]와 같다.

그림 9-4. 사업계획서의 구성

1. 기업체 현황
   · 회사 개요 · 업체 연혁
   · 창업 동기 및 기대효과 · 사업전개 방안 및 향후 계획
2. 조직 및 인력 현황
   · 조직도 · 조직 및 인력 구성의 특징
   · 대표자 및 경영진 현황 · 주주 현황
   · 관계회사 내용 · 종업원 현황 및 고용 계획
   · 교육훈련 현황 및 계획
3. 기술현황 및 기술개발 계획
   · 제품(상품)의 내용 · 제품(상품) 아이템 선정 및 사업전망
   · 기술현황 · 기술개발투자 현황 및 계획
4. 생산 및 시설계획
   · 생산 및 시설현황 · 생산공정
   · 원·부자재 사용 및 조달계획 · 시설투자 계획
5. 시장성 및 판매계획
   · 관련 산업의 최근 상황 · 동업계 및 경쟁회사 현황
   · 판매 현황 · 시장 총규모 및 자사제품 수요 전망
   · 연도별 판매계획 및 마케팅 전략
6. 재무계획
   · 재무현황·재무추정
   · 향후 수익전망
7. 자금 운용 조달계획
   · 소요자금 · 조달계획
   · 연도별 증자 및 차입계획 · 자금조달상 문제점 및 해결방안
8. 특정 분야별 계획
   · 공장입지 및 공장설립계획 · 자금조달
   · 기술개발 사업계획 · 시설 근대화 및 공정 개선계획
9. 첨부서류
   · 정관 · 등기부등본
   · 사업자등록증 사본 · 최근 2년간 결산서류
   · 경영진·기술진 이력서
   · 공업소유권(특허·실용신안·의장) 및 신기술 보유관계 증빙서류
   · 기타 필요서류

표준사업계획서에는 요약사업계획서(총괄 요약문)를 제외하였는데, 요약사업계획서는 본 사업계획서와 별도로 작성되어 이해관계자, 특히 벤처캐피탈 등 투자자와 잠재적 참여자 등에게 우선적으로 제시된다. 이는 사업계획에 대한 이해관계자의 관심을 확인하거나 유도할 수 있으며, 사업의 기회에 대한 보호의 목적도 있다.

사업계획서 작성단계에 따른 결과물을 검토하면 사업계획서의 작성 진행 수준에 따른 진척사항과 내용을 확인할 수 있다. 전체적 흐름은 [그림 9-5]와 같다.

그림 9-5. 사업계획서 작성단계와 결과물

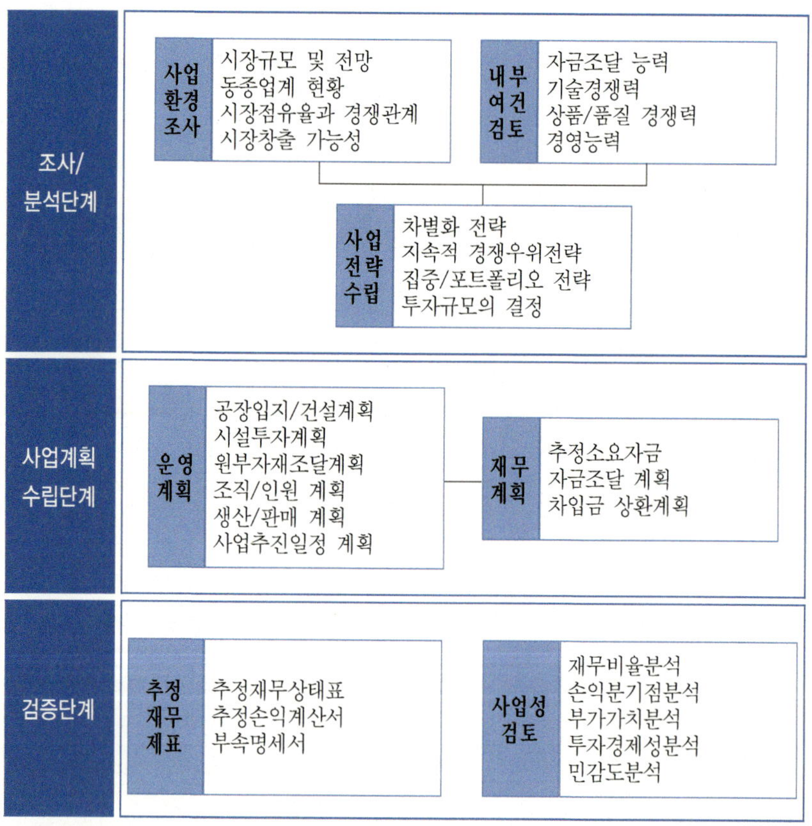

제2절 사업계획서 작성방법

사업계획서의 작성은 사업계획서 부문별 작성요령을 이해하고 본인이 직접 작성해 보아야 하며, 작성요령을 잘 숙지하여 활용하면 훌륭한 사업계획서를 만들 수 있을 것이다. 사업계획서를 만드는 기술은 사업을 성공시키는데 필요한 기술과 반드시 일치하지는 않는다. 이해관계자들은 창업 팀의 기회에 대한 이해와 분석 및 그에 대한 헌신을 보려는 것이다. 그들은 컨설턴트가 아니라 팀과 리더에게 투자하는 것이다.

사업계획서의 핵심은 시장기회의 분석과 경쟁성 분석, 그리고 결론으로 얻게 되는 성공할 수 있는 경쟁전략에 대한 분석이다.

1. 사업계획 총괄 요약문

사업계획서 총괄 요약문은 사업계획서의 전체 내용을 요약한 것이 아니다. 또한 요약문은 사업계획서의 서론 부분이 아니며, 사업계획서의 머리말도 아니고, 주요사항만 임의로 모아 놓은 것이 아니다.

총괄 요약문은 사업계획서 내에 있는 매우 짧은 간결한 사업계획서로 청사진, 사업개념 인식 또는 정의를 주 내용으로 한다.

총괄 요약문의 목적은 대내적으로는 작성과정을 통해 사업내용의 구체화하며, 우선 순위를 결정할 수 있으며, 사업계획서 작성의 지침이 되고, 경영진의 조기 참여를 유도할 수 있다. 대외적으로는 사업계획서의 사전검토와 사업보호, 사업에 관한 독자의 관심과 상상력 유인, 사업계획서의 세부내용에 대한 관심 제고 및 사업계획서 나머지에 대한 음미 기회를 제공한다.

총괄 요약문의 작성시기는 사업계획서를 작성하기 전에 총괄 요약문의 초안을 작성하고, 본 사업계획서를 작성한 후 총괄 요약문을 수정 작성함이 바람직하다.

총괄 요약문 작성 시 기술적 고려사항으로는 2-3쪽 이내로 가능한 짧으면서 전체 사업계획서를 읽기 싶도록 관심과 흥미를 유도하게 작성하여야 한다. 사업의 독특함을 설명할 수 있도록 사업의 기회에 초점을 맞추며, 강조점이나 의

견에 대한 근거자료가 본문에 있음을 확신시켜라. 사업개념, 목표시장, 재무예측 등의 근거로 구체적 숫자를 사용토록 하라. 투자의 세부적 내용을 기재하고, 설명력에 대한 검토를 다양하게 하라

2. 회사 및 사업 개요

회사소개와 자사제품과 서비스에 대한 컨셉, 그리고 경쟁을 벌일 업종과의 중복영역은 중요한 고려대상이다. 회사의 미션인 사업의 목적에 대한 정의와 목표시장에 대한 명시가 중요하다. 회사의 과거 역사(배경), 회사의 현재 상태(강점과 약점), 회사의 미래 목표(전략), 법률적인 이슈 및 소유권, 주요 경영자 및 회사의 중요한 일정표를 제시하여야 한다.

작성 시 기술적 고려사항으로는 회사 개요에 있어 제품과 서비스에 대하여 5W1H를 사용하는 등 명확하게 설명한다. 시장의 특성과 회사의 초점을 정확히 설명하라. 작은 기업일수록 사업을 구체적으로 정의, 설명하라. 기 진행사항이 있다면 간략히 언급하고, 손실이나 소유권변동이 있다면 설명하라. 경영진에 대한 프로필은 장황하지 않게 하나 사업과 관련 있는 경력은 기재하라(경영팀에 대한 내용 별도로 작성한다).

작성 주요 내용으로는 산업현황, 회사의 개요, 제품과 서비스, 진입전략과 성장전략 등이 있다. 산업현황은 제안된 사업이 진행될 동일 산업계의 현 상황과 업계의 구조를 설명한다. 시장의 규모, 성장추세, 경쟁사 들을 간단히 제시하고, 신제품이나 신기술, 새로운 시장과 고객, 새로운 자원의 조건, 새로운 시장 진입자와 퇴출자, 사업에 긍정적으로나 부정적으로 영향을 미칠 국가적 또는 경제적 동향과 요인들을 설명한다.

회사의 개요에는 사업의 컨셉, 주요 사업의 내용, 제공할 제품과 서비스, 그리고 주요 대상고객을 개략적으로 설명한다. 사업배경을 설명한 후 창업시기를 적시하며, 회사의 이념이나 비전을 제시하라. 사업과 관련한 회사의 연혁을 간략히 기술하고, 과거의 경영실적을 제시한다. 과거의 낮은 성과가 있다면 이도 기술하고 그러한 상황의 재발방지와 영업의 개선을 위한 현재와 미래의 노력을 설명한다.

판매할 제품과 서비스의 일차적인 사용뿐만 아니라 중요한 2차적 사용까지 포함해서 설명한다. 제품과 서비스의 고유한 특성을 강조하고 이것들로 어떻게

의미 있는 가치를 만들거나 부가할 수 있는지를 강조하라. 현재의 시장상황과 제품이 출시되었을 때의 시장과의 차이점에 초점을 맞추어서 제시하라. 제품에 대한 단점(노후화를 포함한다)에 대한 설명도 포함한다. 제품의 현 개발단계를 제시하고 완전한 개발 및 시장에의 출시까지의 시간과 비용을 제시하라. 업계에서 우위를 점할 수 있는 제품의 특징을 설명하고, 산업재산권 등 독점적 특성을 제시한다.

마케팅 계획의 핵심적인 성공변수(제품의 혁신선, 타이밍의 우위, 마케팅의 방법 등)를 제시하고, 처음 5년간의 성장에 대한 예측 및 시장진입 및 성장전략의 도출근거를 설명한다. 이에는 기회와 부가가치, 다른 경쟁적 우위(경쟁사의 약점 같은)에 대한 내용이 제시되어야 한다.

3. 시장분석

시장분석의 중요성과 시장분석의 정보가 사업계획서의 다른 부분에 결정적 영향을 준다는 점에서 창업가는 이 부분을 가장 먼저 검토해야 한다. 사업계획서의 여러 부분 중 가장 어렵고 중요한 부분인기도 하다. 여기서 제공되는 정보는 경쟁적 상황에서 시장이 확대되고 있을 때 자신의 기업이 시장을 장악할 수 있다는 점을 보여주어야 한다.

일반적으로 산업분석, 목표시장 분석, 경쟁자 분석 등이 이루어진다. 산업분석은 유사 제품을 공급하는 모든 기업이나, 밀접하게 관련되어 있는 다른 산업, 그리고 이들을 지원하는 공급 및 유통 시스템에 대한 분석이 이루어진다. 또한 산업규모, 시장, 제품, 유통시스템, 성장추세에 대한 정보를 과거, 현재, 미래로 구분하여 작성한다.

목표시장 분석은 누가 우리 제품에 관심이 있고, 그 시장에의 접근방안 및 적합한 판매경로 선정의 기초가 된다. 목표시장 분석의 내용으로는 목표시장이 무엇이며, 규모는, 세분화 정도는, 시장의 추세 등을 파악한다. 또한 소비자 및 경쟁자에 대한 인식으로 소비의사결정 요인은 무엇이며, 경쟁상황은 어떠한지를 확인해야 한다. 아울러 이에 대한 대응(방어)전략을 수립한다. 대응전략에는 인구통계학적 특성, 지정학적 특성, 심리적 특성, 소비 형태 특성 등 고객특성을 고려해야 한다. 또한 회사의 기대성장률을 생각할 때 주요 제품의 잠재고객은 충분한가?, 산업의 성장 여부는 어떠한가? – 성장산업이어야 가치 있는 시장이다 – 와 같은 시장조사가 이루어져야 한다.

다음으로 경쟁자 분석이 이루어 져야 한다. 경쟁자가 없다고 생각하는 것은 시장상황에 대한 깊이 있는 검토가 없었다는 것으로 인식되어 독자로 하여금 신뢰를 상실하게 된다.

경쟁자 프로파일을 검토하여 누가 당신의 경쟁자인가?, 그들의 기본특성은 무엇인가? 등을 확인하여야 하며, 시장점유율, 강점과 약점의 비교, 제품특성, 이미지, 고객관계 등과 같은 시장변수, 재정이나 다양성과 같은 기업변수, 잠재 경쟁자 및 대체재, 진입장벽, 경쟁자 정보 원천 등의 내용을 확인하여야 한다.

이러한 시장분석 및 경쟁자 분석 중 중요한 요소들에 대한 내용을 정리하면 다음과 같다.

첫째, 고객으로 제품의 주요 고객이 누가 될 것인지를 검토한다. 잠재고객들은 공통된 특징과 정체성을 지닌 비교적 동질적인 집단으로 분류되어야 한다(고객 세분화). 예를 들면 자동차 부품은 제조사와 정비업체에 공급하는 유통업체 두 군데를 고객으로 할 수 있고, 이에 따라 두 개의 세분시장에 대한 검토가 이루어져야 한다. 각 세분시장에서 주요 구매자들은 누구이고 어딘지를 나타내어라. 또한 고객에의 접근이 쉬우며, 잘 받아들여지는지, 고객이 어떻게 구매하는지(유통경로), 그 조직에서의 의사결정은 어느 부서에서 내리는지, 그리고 이 결정에 걸리는 사간 등을 검토한다. 고객의 구매과정을 설명하되, 구매결정에 미치는 요소(가격, 품질, 시간, 배달, 훈련, 서비스, 인맥 또는 정치적 압력 등)에 대한 근거와 현재의 구매결정을 바꾸게 될 이유가 포함되어야 한다.

현재 확보된 주문, 계약 또는 MOU 등을 제시한다. 이것은 강력한 영향력을 가지는 자료이다. 제품에 대해 관심을 보이는 잠재고객 명단과 그들이 관심을 갖는 이유도 설명한다. 또한 관심을 보이지 않는 잠재고객과 그들의 이유도 기술하고, 부정적 고객 반응을 극복할 방안도 제시한다. 시장에서 얼마나 빨리 제품이나 서비스를 수용할 것이지를 확인한다. 현재 사업을 하고 있다면 현재의 주요 고객명단과 판매동향을 제시한다.

둘째, 시장 규모와 동향에 대한 검토의 제시이다. 향후 5년간의 총시장규모와 시장점유율을 세분시장별로, 지역별로, 국가별로 나누되 출시할 제품에 대하여 단위별, 가격별, 잠재 수익별로 제시한다. 또한 주요 고객 집단별, 지역별, 국가별로 3년간의 전체 시장 잠재성장률을 제시한다. 시장성장에 영향을 미치는 주요한 요인(업계 동향, 사회경제적 추세, 정부정책, 인구통계학적 변화 등)들과 과거의 시장추세를 검토한다. 과거와 미래에 예상되는 성장률의 차이를 설명해야 한다.

셋째, 경쟁과 경쟁우위에 관한 것으로 경쟁사에 대한 장단점을 현실적으로 평가한다. 대체품을 평가하고, 국내외의 공급기업의 목록을 제시한다. 경쟁상품이나 대체품을 시장점유율, 품질, 가격, 성능, 서비스, 보증조건 등 기타 관련사항을 근거로 비교한다. 고객과 경쟁사가 제공하는 경제적 이익 측면에서 자사제품이 창출하는 근본적인 가치를 비교한다. 기존 제품의 장단점을 검토하여 이들이 고객의 요구를 만족시키지 못한 이유를 제시한다. 개선된 제품과 시장우위를 점할 수 있게 허용한 경쟁사의 약점을 기술한다. 예를 들면 불친절하다거나, 무대응한다거나, 변화를 감지하지 못한다거나 등이 있다. 경쟁사들의 시장 점유율, 매출액, 유통방법, 생산능력 및 재무상태, 비용구조, 수익성, 이윤추세 등을 검토한다. 서비스, 가격, 성능, 비용, 품질 면에서 시장의 선두는 누구이며, 최근에 퇴출되거나, 새로 진입한 회사에 있어 진입과 퇴출의 이유를 설명한다. 주요 경쟁사의 고객이 구매하는 이유와 떠나는 이유를 검토하며, 경쟁사의 영업에서 취약점과 자사의 경쟁우위를 설명한다. 무엇 때문에 그들과의 경쟁이 쉽거나 어려운지를 설명하고, 특히 특허와 같은 독점적 이익을 통해 얻어지는 경쟁적 우위를 제시한다.

넷째, 시장점유율과 매출추정치를 제시한다. 제품이 현재나, 잠재적인 경쟁에 직면했을 때 팔릴 수 있는 이유를 설명한다. 구매계약을 했거나, 하려고 하는 주요 고객을 제시하고 이들 계약의 범위와 성립이유를 제시한다. 미래의 주요 고객에 대한 것도 기술한다. 제품의 장점, 시장규모와 동향, 고객, 경쟁사와 제품, 전년도의 판매동향에 대한 평가에 근거하여 다음 3년 동안의 시장점유율과 매출액 추정치를 제시한다. 이때는 사용한 주요 가정을 명시하여야 한다. 매출성장과 평가된 시장점유율이 업계의 성장, 고객 및 경쟁사의 장단점과 어떻게 연관되어 있는지를 보여준다. 현재 사업을 진행되고 있다면 전체 시장, 당신 회사의 시장점유율, 지난 2년간의 매출액도 제시하라.

마지막으로 지속적인 시장평가에 대한 제시이다. 고객의 욕구와 서비스를 평가하고, 제품의 업그레이드와 신제품 개발계획, 생산시설의 확장계획의 범위를 정하고, 제품의 가격을 결정하기 위해 지속적으로 목표시장을 어떻게 평가해 나갈 것인지를 설명한다.

시장분석 작성 시 기술적 고려사항으로는 산업의 성장추세를 설명할 때 구체적으로 그 이유를 설명해야 하며, 산업분석은 경쟁상황이 아니라 당사와 경쟁사가 어디에서 경쟁하는 지를 설명하는 것이다. 시장상황을 설명할 때 추측에 의존하는 실수를 배제해야 하며, 당신 산업에 대한 부정적인 정보를 포함하는 것에 두려워 말라. 현실을 정확하게 파악하고 있음을 알리는 설명이 된다. 관련 인용자료는 첨부하고, 고객과 시장(지역 등)을 일반화하지 말고 구체화하며, 시장에 영향을 주는 요인을 분석하고, 대응방안을 제시함이 중요하다.

경쟁자 분석 작성 시 기술적 고려사항은 '경쟁자는 없다'라고 절대 하지 말라. 신뢰상실의 원인이 된다. 경쟁자는 명확히 정의되지 않으므로 직접적인 경쟁자 뿐 아니라 간접 경쟁자도 고려하라. 경쟁자를 보는 시야를 넓혀라. 고객이 왜 경쟁자의 제품을 구입하는 지 평가한 후 강점과 약점을 분석하라. 이때 표를 이용함이 가장 효과적이다.

4. 마케팅 계획

마케팅 계획의 가장 기본적인 전제는 '당신 회사는 무엇을 판매하려고 합니까?'와 '당신의 고객은 무엇을 살려고 합니까?'이다. 고객이 원하는 요구의 달성방법에 있어 어떤 요소들이 가장 중요하게 영향을 미치는지, 그러한 요소들의 수준이 서로 부합되는지를 검토하는 것이다. 이를 통해 예상매출액이 어떻게 달성되는 지를 보여준다.

마케팅 계획에서는, 기회를 살려 경쟁적 우위를 확보할 총괄 마케팅 전략을 세밀하게 작성해야 한다. 이에는 제품정책, 가격정책, 유통정책, 판촉 및 광고정책을 포함한다. 또한 언제 누가 무슨 일을 해야 할 것인지도 설명되어 져야 한다.

총괄 마케팅 전략에는 회사가 갖고 있는 분명한 마케팅 전략을 설명하고, 목표로 하는 틈새시장에서 주어진 가치 사슬과 유통통로를 설명한다. 예를 들면, 이미 주문받은 고객과 우선 판매노력을 기울일 대상, 그리고 2차 대상 고객을 구분 제시한다. 또한 잠재고객의 특성을 파악하고, 접근방법을 제시한다. 이에는 기존의 판매중심 시장에 임대시장의 개척과 같은 혁신적인 시장확대 방법의 도입과 같은 예를 들 수 있다.

현금흐름주기를 결정하는 데 기초가 되는 계절적 동향을 검토하고 비수기 판매 증진의 방안을 제시한다. 정부의 지원책 여부를 확인하고 방안을 제시한다.

마케팅에서 다루는 주요한 요소로 가격결정은 고객의 지불의향, 경쟁자의 가격, 제품 특성이 가격에 미치는 효과에 대한 사항들이다. 이러한 가격전략은 원가전략과 함께 기업의 이익전략을 구성하는 요소이며 가격차별화 전략에 있어서 고가전략, 이익극대화 전략, 저가전략, 매출증대 전략이 있다.

가격을 어느 정도 수준으로 정해야 ① 시장에서 받아들여져서, ② 경쟁 속에서 일정한 시장점유율을 유지하고 증대시킬 수 있으며, ③ 수익을 창출할 수 있을지를 설명한다. 참신성, 품질, 보증, 타이밍, 성능, 서비스, 원가, 효율증진 등을 통해 부가된 가치나 고객 입장에서의 비용회수 측면에서 당신이 정한 가격과 경쟁업체나 대체품과의 가격차이와 당신의 가격전략을 판단한다. 당신의 가격이 경쟁사보다 가격이 낮다면 어떻게 낮출 수 있는지와 어떤 방식으로 수익을 유지할 수 있는지를 설명하여야 한다.

가격과 시장점유율, 수익 간의 상관관계를 논하는 것을 포함한 가격정책을 설명한다. 예를 들면, 더 높은 가격은 판매량을 줄일 수도 있으나, 총이윤은 증가시킨다와 같은 것이다. 현금매출이나 대량 구매 시 할인정책을 설명한다.

제품전략이란 기업이 제공하고자 하는 제품이나 서비스의 유형과 특징을 정의하고 파악 한다. 그 결과 시장 포지셔닝이 결정되는 데 제품의 독특성, 어떠한 고객의 욕구를 충족시킬 것인지, 제품에 대한 고객의 인식 및 가격의 위치, 기술 리더십, 경영자 스타일, 서비스 철학, 제품품질 등이 복합적으로 결합되어 나타난다.

유통전략은 목표시장을 표적으로 하여 유통경로를 개척하고 유통 시스템을 유지, 관리하는 활동으로 일반적으로 유통경로가 충실화될수록 소비자의 제품 구매는 쉬워지나 유통 코스트는 상승한다. 사업장의 위치선정은 목표시장에의 접근성이 가장 중요하다.

또한 소매업자, 도매업자, 영업직원 등 유통경로에 있는 구성원에게 주어지는 각각의 이익의 폭과 가치사슬을 설명한다. 그리고 할인정책, 독점권 등의 정책을 설명하고, 경쟁사와 비교를 제시한다. 직접 판매 팀을 유지할 계획이면 조직의 구성방법 및 인원 등을 제시한다. 제시하거나 사용하고 있는 유통경로에 있어 특별한 문제점이나 현재의 잠재적 취약점을 언급하고, 개선방안을 제시한다.

판매촉진 활동은 제품의 매출을 늘리고 기업의 이미지를 좋게 하는 활동으로 수단만이 아니라 비용과 효과를 고려해야 한다. 이에는 판매방법인 경로와 판매원 관리 및 촉진활동이 있다. 판매예상에 대비한 촉진활동의 일정과 예산을 제시하며, 어떤 종류나 광고나 판촉행사를 통해 제품을 소개할 것인지, 판매권자에게 제공한 판매보조물을 줄 것인지, 전시회 등이 필요할 것인지 등에 대하여 설명한다.

마케팅 계획 작성 시 기술적 고려사항으로는 고품질/저가격 정책으로 경쟁력 확보라는 정책에 독자는 의문을 가진다. 따라서 이러한 정책을 제시할 경우 수익성 유지방안의 제시가 필요하다. 경쟁사 대비 고가격의 경우 그 기초를 구체적으로 제시할 필요가 있다. 경쟁사의 매장에서 구매해보고 평가하여야 하며, 경쟁사의 강·약점의 파악을 위한 판매망, 가격, 제품, 가치, 서비스, 납기 등 제 분야를 고려해야 한다. 모든 판매망이 기존의 경쟁자와 동일한 기회를 나에게 준다고 전제하지 마라. 다른 요구가 있을 것을 감안하라.

5. 기술현황 및 개발 계획

개발기술의 성격 및 범위, 제품과 서비스가 시장성을 가질 수 있을 때까지 투자되는 기간과 비용을 검토한다(흔히 개발비용은 종종 낮게 추정된다는 점에 주의하라). 이러한 기술개발은 공학적인 작업이 수반될 수도 있고, 디자인의 개선 또는 특별한 기술과 장비와 직원을 찾아내어 조직하여 서비스 업무를 제공하는 것일 수도 있다.

작성 주요 내용에는 개발 현황과 과업, 난관과 위험, 제품의 개선과 신제품, 개발 예산 및 독점권 문제를 포함한다. 개발현황과 과업은 각 제품과 서비스의 현재상태와 좀 더 나은 시장성을 갖기 위해 요구되는 개발사항을 설명한다. 회사가 보유한 현재 혹은 앞으로의 개발에 필요한 역량과 전문적인 기술을 제시한다. 제시한 제품의 가치를 실현할 수 있는 시기를 제시하여야 한다. 난관과 위험은 예상되는 주요 설계나 개발상의 문제점과 해결책을 밝힌다. 설계와 개발 비용에 끼칠 영향, 시장에 도입하기까지의 기간 중에 발생될 우려와 위험 등에 대한 논의를 포함한다.

제품의 개선은 초기 제품에 대한 설명과 덧붙여서 개선의 방향과 같은 소비자 집단에게 팔 수 있는 관련 신제품이나 서비스의 계획을 제시한다. 개발과 관련한 인건비, 자재비 등의 개발예산과 관련되는 비용을 제시하고, 예상되는 현금흐름의 예측을 포함해야 한다.

보유하고 있거나 필요한 산업재산권을 설명하고, 배타적 또는 독점적 권한을 가진 계약 내용을 제시한다. 소유권에 대한 분쟁과 같이 계류 중이거나, 타이밍에 관한 독점적 권리와 예상 시장에서의 미해결 문제의 영향에 대하여 설명해야 한다.

또한 완성된 개발 제품이나 서비스에 대한 설명(제품화와 상품화), 제품 또는 서비스의 특성(경쟁사와의 차이점, 비교우위 등), 제품 연구 개발 활동에 있어 기술관리와 개발전략, 그리고 제품생산 및 보증, 수리활동도 계획서에 포함되어야 한다.

작성 시 기술적 고려사항으로는 차별성을 강조하고, 모방에 의한 대비방안 기술을 제시하고, 핵심 성공요인에 초점을 맞추고, 경쟁상의 강점을 구체적으로 기술하라.

6. 생산 및 운영계획

제조 및 공장 가동 계획은 공장의 위치, 필요한 시설의 종류, 소요공간, 시설과 장비 그리고 필요한 인력을 포함한다. 제조업의 경우 생산계획에는 재고관리, 구매, 생산관리 및 판매 또는 아웃소싱(make-or-buy decisions)에 대한 정책이 포함되어야 한다.

사업상의 기본적인 영업주기를 특징짓는 조달주기를 확인하고, 계절적 수요 등에 대한 대비도 제시한다. 지리적 입지는 노동력의 조달, 고객 또는 협력업체와의 근접도, 교통의 접근성, 국세 및 지방세의 유리 여부, 공업용수나 전기와 같은 기본적 사회간접자본에의 접근성 측면에서 위치의 장단점을 설명한다.

기 창업기업이라면 현재 사용하고 있는 공장과 사무실 공간, 창고와 공장부지, 설비 및 장비를 설명하고 현재의 시설이 적정한지를 설명한다. 아울러 규모에 있어 경제성을 검토한다. 창업이라면 생산에 필요한 시설을 언제 어떻게 확보할 지를 제시한다.

시설과 공간을 임차할 것인지 매입(건축)할 것이지를 제시하고, 이에 따른 예산과 시간을 밝히고, 투여되는 자금이 자금조달의 어느 정도 비중을 갖는지 검토한다. 아울러 3년 이후의 판매예상에 부합하는 장비나 시설을 추정하고, 현재 시설의 증설 및 개선계획을 제시한다. 부품의 조달 및 하청기업의 관리, 납품관리(기일, 품질, 수량 등), 재고관리비용 및 노동의 숙련도 등 기술외적인 문제에 대한 검토도 포함해야 한다.

고객 서비스 및 불만을 최소화하기 위한 품질관리와 검사절차를 수립해야 하며, 제품 및 생산 공정에 적용되는 국내외 규제를 확인한다. 즉, 면허, 허가, 환경승인 등 사업착수에 필요한 사항을 기재한다. 관련법 상 또는 계약상의 의무와 책임을 검토한다.

운영활동은 회사의 일상적인 업무의 설명으로 개념적, 이론적인 내용을 실무에서 어떻게 적용할 것인가를 검토하는 과정이다. 운영활동에 대한 계획이 내부목적일 경우 더욱 중요하다. 이에는 활동의 규칙, 절차 매뉴얼 작성도 필요하다.

운영계획 작성의 출발점은 계획된 활동이 회사의 성격과 성공여부의 결정에 중요한 본질적 활동인가?, 경쟁에 있어 핵심역량을 구성하는 중요한 활동인가?, 사업 수행과정에서 자주 직면하는 문제해결을 위한 활동인가? 이다. 이러한 검토를 바탕으로 사업활동에 중요한 영향을 주는 활동 중심으로 계획을 수립할 필요가 있다.

생산 및 운영계획의 작성내용으로는 개발 전담부서, 주요 활동일정, 내・외부의 잠재적 문제와 같은 내용의 개발활동, 구매의사결정, 사업장 위치, 설비, 노동력, 품질경영, 재고관리, 서비스, 보험, 정부규제, 창업일정-12~18개월 정도-과 같은 생산활동이 있다.

운영계획 작성 시 기술적 고려사항으로는 개발상태 설명에 있어 지적재산권에 관한 사실과 기타 주요한 개발내용을 포함해야 한다. 투자유치 계획서일 경우는 개발상태 기술에 각별한 주의가 필요하다. 나의 계획을 듣는 상대방은 특정 분야의 전문가임을 명심하라. 부품을 자체생산 또는 외부 조달한다면 그 이유에 대하여 수익성 관점에서 설명이 필요하다. 사업장의 위치선정에 대한 이유를 시장, 수송, 원재료, 인력의 관점에서 설명할 필요가 있다.

7. 경영팀

경영팀에 대한 작성은 경영 참가자의 역할에 대한 설명과 핵심 경영인과 이들의 1차 의무에 대한 내용, 기업구조에 대한 내용, 이사회와 지분구조에 대한 설명이 제시된다. 사업에 헌신하겠다는 경영진의 자세와 기술과 관리의 적절한 균형 및 해당 사업에 대한 경험과 사업능력을 밝힌다. 구체적으로 조직, 핵심경영자, 경영 보상과 소유권, 상여금 및 기타 계약, 이사회 등에 대한 설명이 포함된다.

조직에 대한 내용은 회사의 핵심 경영자의 역할과 각 직위를 담당할 사람을 소개한다. 주요 역할을 수행하는 임원을 고용할 수 없다면 이러한 기능을 어떻데 보완할 것인지에 대한 설명이 필요하다. 초기에 핵심인력이 참여할 수 없다면 언제 합류할 것이지를 제시해야 한다. 핵심 경영자에 대한 경력, 특별한 관련 노하우, 수완, 과거 및 현재의 실적을 제시하고 그들이 역할을 충분히 수행할 수 있음을 증명하라. 아울러 책임도 명시하라.

핵심 경영팀이 받을 임금, 주식소유 계획, 스톡옵션이나 보나스에 대한 계획을 설명하고, 그들의 과거 보수와 비교하여 제시한다. 또한 제공된 옵션 등 계약의 권리 부여에 대한 제약을 설명한다. 다른 투자자의 참여가 예상되어 있다면 그들의 소유지분 비율과 참여시점, 참여가격 등도 제시한다. 아울러 이사회의 규모와 구성에 대한 정책을 제시한다.

또한 다른 주주와 관련되었거나 그들에게 보장된 권리, 제약 또는 의무를 제시한다. 또한 고문이나 전문가를 통해 받을 필요한 서비스를 밝히고 관련자를 제시한다.

8. 경제성 분석 및 위험 정보

이익과 수익의 규모와 지속성을 명료하게 포함시킨 경제적, 재정적 특징들은 기회가 매력을 지닐 수 있도록 뒷받침해 주는 기초이다. 사업의 근간이 되는 영업과 현금흐름주기, 가치사슬 등은 합리적인 수준이 되어야 한다. 이에는 총이익과 영업이익, 잠재수익과 지속성, 고정비, 변동비 및 제조 간접비, 손익분기점까지의 시간, 양(+)의 현금 흐름에 도달하기까지의 개월 수 등이 제시되어야 한다.

특히 적절한 업계의 표준, 경쟁사에 대한 정보, 또는 자사의 경험을 참고하여 사업이 산출해 낼 수 있는 예상 세후 수익의 흐름에 대한 규모와 지속성을 제시한다. 아울러 이 수익이 얼마나 지속될 지 또는 소멸할 지를 명시한다. 시장장벽의 조성, 기술적인 그리고 시장에서의 조달시간(lead time)과 같은 그 이유를 설명한다.

주어진 시장진입전략과 마케팅 계획 그리고 제안된 자금조달계획으로 성립되는 단위 손익분기점 도달 매출시점을 설명하고, 이러한 가정 하에 현금흐름이 양(+)이 되는 시점을 제시한다. 현금이 고갈되는 시점을 예상하고 상세한 대비를 제시한다. 사업의 성장과 규모의 변화에 따라 발생할 현금 흐름의 변동을 단계별로 설명한다.

벤처기회에는 위험과 문제가 따르며, 사업계획서에는 이들에 대한 의외의 가정이 항상 포함되어 있다. 작성하고 계획한 모든 계획과 반대되는 결과의 가능성과 위험성에 대한 설명을 해야 한다. 판매계획 등에 전제된 사항이 합리적인지의 여부를 검토하여야 한다. 치명적인 결함을 가진 것처럼 보일 수 있는 기회라면 그것을 합리화하는 이유를 미리 제시한다. 만약 서술되지 않은 부정적인 요인을 잠재적 투자자가 발견한다면 기회(벤처기업 또는 창업자)에 대한 신뢰는 저하될 것이고, 자금을 유치하는 데 어려움이 따를 수 있다. 대부분의 투자자들은 경영팀의 내용을 먼저 확인하고, 그 다음에 이 부분을 읽는다는 점을 염두에 두자. 이 부분을 빠트린다면 사업계획서를 읽는 사람으로 하여금 다음 사항 중 하나인 것으로 오인 받게 된다. 첫째, 창업자는 상대방을 매우 순진하거나 생각이 없는 사람이라고 생각한다. 둘째, 창업자는 상대방을 속이려 하고 있다. 셋째, 창업자는 문제를 인식하고 대처할 만큼 충분한 객관성을 갖고 있지 못하다.

제시한 사업기회의 위험성을 밝혀내어 설명하는 것은 관리자로서의 당신의 능력을 나타내고, 벤처캐피탈이나 개인투자자의 신뢰를 얻을 기회이다. 위험성을 인정하고 논의하는 데 있어 주도권을 잡는다면 투자자들로 하여금 당신이 문제를 이미 파악하고 있고, 충분히 문제를 다룰 수 있다고 생각하게 만드는데 도움이 된다. 언급할 위험은 다음과 같다. ① 사업계획서에 내포된 가정과 위험성, ② 주문확보 전의 자금고갈, 경쟁사에 의한 가격 덤핑, 업계 전반에 걸쳐 잠재해 있는 불리한 추세, 예상액을 초과하는 설계나 제조비용, 예상 매출액 미달, 제품개발 일정의 차질, 부품이나 원자재의 조달과 관련한 예기치 못한 어려움이나 장기지연, 은행신용 획득상의 예기치 못한 어려움, 대량주문 시 운영부족, ③ 성공에 영향을 미칠 가장 치명적인 가정과 문제 및 위험이 무엇인지를 지적하고, 각 경우에 있어 불리한 상황 전개에 따른 부정적인 영향을 최소화할 대안과 계획을 제시한다.

9. 재무계획 및 투자자를 위한 정보

재무정보는 창업자로 하여금 회사가 직면한 재정적인 문제에 정면으로 부딪치게 한다는 점에서 중요하다. 또한 창업자 및 투자자로 하여금 투자기회를 평가하는 기초가 되며, 투자 결정의 근거가 된다. 재무계획의 목적은 벤처기업의 잠재력을 보여주고, 재정적 생존능력을 위한 시간표를 나타내는 데 있다. 재무상태의 표준을 세워 놓고 재무관리를 하기 위한 운영계획으로서도 필요하다. 재무계획의 일부로서 자금운영표의 작성도 중요하다. 현금흐름의 필요 금액을 추정하려면 현금흐름에 기초한 회계방식을 채택한다. 가능하면 3년간의 재무제표와 근거자료로서의 매출수준과 성장, 수금과 지불기간, 재고요건 등의 전제를 제시하여야 한다.

재무계획에서 제시하는 정보는 과거 및 미래의 추정 재무제표(재무상태표, 손익계산서, 현금흐름표)와 예측 시 사용한 재무정보, 손익분기 분석과 재무비율을 포함한 재무 분석정보 및 소유구조 현황과 투자요청 내역을 작성한다. 아울러 벤처사업을 위한 투자의 상환(회수)방법을 설명한다.

재무계획의 작성 시 기술적 고려사항은 회계기준에 따라 재무제표를 작성하고 전문가의 검토도 필요하다. 모든 예측자료에는 계절성, 사업주기 등에 의한 효과를 포함하여야 하며, 현금의 필요성을 과소평가하는 우를 범하지 말라. 회사의 성장에 관한 가정은 충분한 근거를 제시하여야 하며, 투자자가 어떻게 돈을 벌 수 있으며, 투자의 대가가 무엇인가에 대하여 언급하여야 한다.

투자자를 위한 제공정보의 내용는 ① 기업이 원하는 것은 무엇이며, 투자자에게 제안할 수 있는 것은 무엇인가?, ② 기업의 강점과 약점은 무엇이며, 약점에 대한 대책은 무엇인가?, ③ 투자를 하도록 하는 매력 포인트는 무엇인지, 투자자가 부담해야 할 리스크는 무엇인가?, ④ 투자자는 어떤 방법으로 투자금을 회수할 것인가? 를 제시하여야 한다.

추정재무상태표는 ① 장래의 일정기간에 영업활동을 수행한 결과 기말에 자산·부채·자본의 상태가 어떻게 변화할 것인가를 보여주는 것이다. ② 추정손익계산서가 주로 수익성을 검토하기 위하여 작성하는데 반하여, 추정재무상태표는 경영정책, 경영의 안정성, 경영의 유동성 등에 대한 관점에서 작성되는 것이다. 작성요령은 ① 추정재무상태표를 작성함에 있어서는 최근의 재무상태표를 출발점으로 하여 그 숫자가 어떻게 변화할 것인가를 계정과목별로 하나하나 추정하여야 한다. ② 먼저 전기 말 재무상태(기존업체) 또는 현재의 재무상태(신설업체)를 기준으로 하여 작성한다. 즉 기준연도 재무상태표를 작성한 후 각 계정과목별로 순 증감액을 가감하여 현재의 재무상태표를 표시한다. ③ 매출액을 기준으로 총자본회전율(매출액/총자본)을 곱하여 자산총계 및 부채와 자본총계를 산출한다. ④ 기업경영분석은 한국은행에서 제공하고 있는 중소기업의 동 업계 재무상태표상 자산총계 및 부채와 자본총계에 대한 각 계정과목의 비율을 참고

하여 연도별 각 계정과목의 금액을 산정한다. ⑤ 각 자산계정의 합계와 자산총계, 부채와 자본 각 계정과목의 합계가 부채와 자본총계 합계와 일치하여야 한다. ⑥ 감가상각은 추정 시에는 종합상각법(단일평균 감가상각률)을 적용하는 것이 간단하나, 회사에 적합한 방법(세무서에 신고한 방법)으로 사용해도 된다(정액법, 정률법 등). ⑦ 자본금은 전기 말 자본금에서 당기 증가분을 가산하여 당기의 자본금으로 표기한다.

추정손익계산서는 기업의 장기 경영계획을 바탕으로 자금의 수지, 즉 자금의 원천(조달)과 자금의 운용계획에 의거 작성된다. 추정손익계산서는 기업의 향후 성장 가능성을 타진해 볼 수 있는 가장 중요한 재무제표로 연도별 매출액 규모는 얼마나 되며, 당기순이익은 어느 정도를 실현하여 기업의 궁극적 목표인 수익달성 가능여부를 예측할 수 있다. 작성요령은 ① 당기 제품제조원가는 각 제품별로 제품 한 단위당 원재료비, 노무비, 경비를 산출하여 당기 총제조비용을 산정한 후, 여기에 기초재공품재고액을 가산하고, 기말재공품재고액을 차감하여 당기제품제조원가를 산정한다. ② 판매비 및 관리비는 인건비와 기타 경비로 구분하여 작성한다. ③ 영업외비용은 이자비용 등을 말하며, 일괄하여 계상한다. ④ 영업외수익은 금융자산운용에 따른 이자수익 등을 기재한다. ⑤ 특별손실과 특별이익은 해당항목이 있으면 계상한다. ⑥ 마지막 단계인 법인세비용 등을 산출하여 세전 순이익에서 차감하여 당기순이익을 산출한다. ⑦ 정확한 당기순이익을 산출하기 위해서는 전문가의 세무조정이 필요로 하지만 추정손익계산서 작성 시에는 세무조정을 생략한 채 바로 세율을 적용하여 법인세비용 등을 산출하고, 법인세차감 전 순이익에서 법인세 비용 등을 차감하여 당기순익을 계상한다.

10. 첨부서류

사업계획서 속에 포함시키기에는 계획서의 내용이 너무 방대해져 곤란하지만 반드시 필요한 관련 정보를 이 항목에서 제시한다. 즉, 사업계획서에는 사업의 하이라이트만 요약하여 제시하고, 수집된 다양한 정보는 필요 시 확인토록 하는 것이 독자의 부담을 감소시켜 준다. 특히 투자유치를 위한 외부독자에게 제시할 경우 이 점은 매우 중요하다.

첨부서류의 주요 내용은 주요 경영진의 이력서, 경영자의 신용관련 서류, 제품사진이나 구매주문서 사본, 시장조사 자료 및 결과, 마케팅 홍보 자료, 제조 공정 및 기계의 사양, 임대차계약서 또는 리스 계약서, 구매계약서, 지적재산권 관련 사본, 주요계약서 사본 및 기타 증빙 서류 등이 있다.

투자자를 위한 외부용일 경우 각종 서류는 확인을 위하여 요구할 때 제시하는 것이 일반적이다.

제3절 사업계획서와 사업타당성 분석의 관계

사업타당성 분석과 사업계획 수립의 흐름은 [그림 9-6]과 같다. 시장성 분석을 통해 판매계획이 수립되는데, 이는 세부로 수요(판매)예측을 통해 판매계획을 수립하며, 부수적으로 시장의 특성과 내부역량에 따라 가격정책 등 판매전략이 수립되며 이로써 판매관리비 계획이 수립된다. 기술성 분석은 원가 및 투자계획의 근거가 되는데, 투자(시설)계획에 따라 감가상각비 추정이, 생산계획에

그림 9-6. 사업타당성 분석과 사업계획서의 흐름도

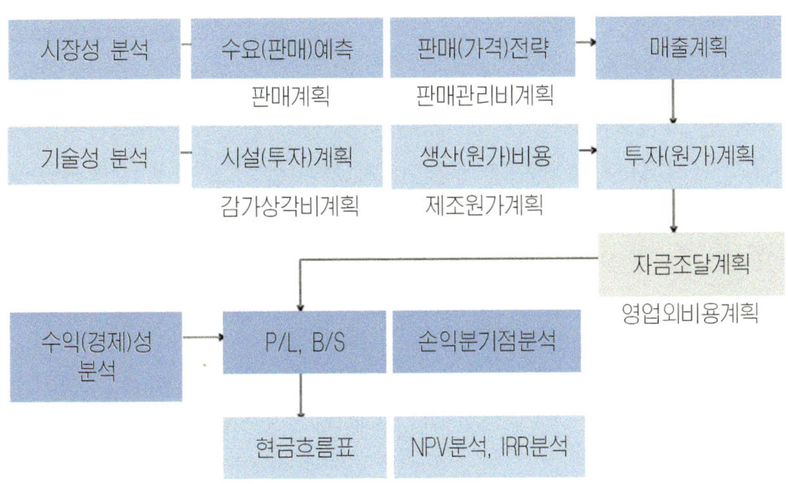

따라 원가계획이 도출된다. 투자계획에 따라 자금조달계획이 수립되며, 하위계획으로 영업외비용 계획이 수립된다. 이러한 계획과 손익분기점 분석 등 경제성 분석을 통해 손익계산서와 재무상태표를 작성한다.

각 재무제표의 구성항목 간의 관계를 도식화하면 [그림 9-7]과 같다.

그림 9-7. 재무제표의 구성

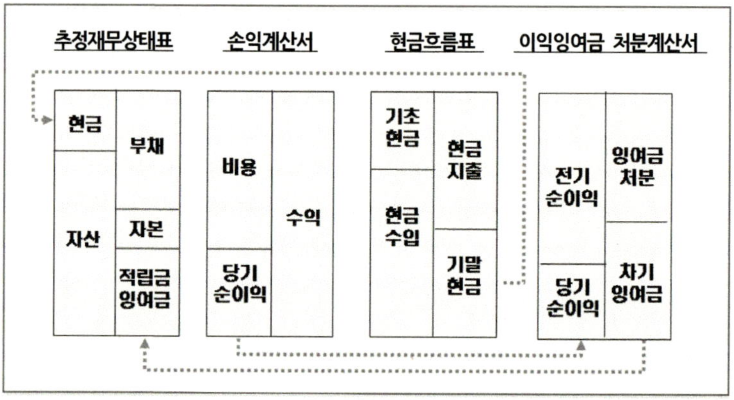

어느 시점의 재무상태를 알려주는 표 / 어느 기간의 경영성과를 알려주는 표 / 현금의 흐름을 알려주는 표 / 이익의 처분내용을 알려주는 표

그림은 현금의 흐름을 중심으로 표현한 것으로, 기업의 현금흐름이 재무제표에 어떻게 표시되는지를 보여주고 있다. 제8장에서 개념 등을 설명하였지만 사업계획서 작성 시 간략하게 사용 가능한 손익계산서의 작성절차와 계산방식은 [그림 9-8], [그림 9-9], [그림 9-10]과 같다.

그림 9-8. 손익계산서 작성절차

단계	내용	관련 계획
매출계획	①제품별 매출액 추정	-
↓		
투자계획	①유형별 유형자산계획 ②무형자산계획	①감가상각비 ②연구개발비
↓		
매출원가계획	①재료비 ②노무비 ③제조경비(외주비 포함)	①재고계획 (상품, 원재료)
↓		
판매관리비계획	①판매비(급료 포함) ②일반관리비	①퇴직충당금계획
↓		
영업외손익계획	①이자수익 ②이자비용	①현금흐름추정 ②차입금계획
↓		
이익계획	①특별손익 ②법인세 외	-

그림 9-9. 손익계산서 계산방식

(1) 매출액	상품이나 제품의 판매수익금
(2) 매출원가	판매한 상품이나 제품의 원가
(3) 매출총이익	(1)-(2)
(4) 판매비와 관리비	판매와 일반관리에 소요되는 비용(급료, 접대비 등)
(5) 영업이익	(3)-(4)
(6) 영업외수익	영업과 관련 없이 늘 발생하는 수익(이자수익 등)
(7) 영업외비용	영업과 관련 없이 늘 발생하는 비용(이자비용 등)
(8) 경상이익	(5)+(6)-(7)
(9) 특별이익	특별한 경우에 발생하는 이익(보험차익 등)
(10) 특별손실	특별한 경우에 발생하는 손실(재해손실 등)
(11) 법인세비용 차감전순이익	(8)+(9)-(10)
(12) 법인세비용	법인세, 주민세, 농특세 등 발생액
(13) 당기순이익	(11)-(12)

그림 9-10. 추정손익계산서 작성사례

(단위: 천원)

과 목	2006년	2007년	2008년	2009년
매출액	2,001,857	3,961,561	6,173,739	8,500,000
매출원가	783,023	1,244,776	1,388,498	2,125,000
매출총이익	1,218,834	2,716,785	4,785,241	6,375,000
판관비	371,112	1,737,470	3,085,669	4,500,000
영업이익	847,722	979,315	1,699,572	1,875,000
영업외수익	17,126	344,701	326,674	700,000
영업외비용	9,721	21,798	231,791	300,000
경상이익	855,127	1,302,218	1,794,455	2,275,000
법인세차감전순이익	855,127	1,302,218	1,794,455	2,275,000
법인세비용	173,124	261,372	120,057	275,000
당기순이익	682,002	1,040,846	1,674,399	2,000,000

재무정보에서 제공하는 재무상태표 계정 및 작성절차, 사례는 [그림 9-11], [그림 9-12], [그림 9-13]과 같다.

그림 9-11. 재무상태표 계정 구분

자산	유동자산	1년 내에 현금화될 것으로 기대되는 자산 1) 당좌자산→당장 현금으로 바꿀 수 있는 자산(현금과 예금, 유가증권, 매출채권 등) 2) 재고자산→판매 또는 생산에 투입되는 자산(상품, 제품, 원재료 등)
	비유동자산	1년 내에 현금화되지 않을 것으로 기대되는 자산 1) 투자자산→투자목적의 자산과 기타의 자산(장기성예금, 투자유가증권 등) 2) 유형자산→영업목적의 고정자산 중 눈으로 볼 수 있는 것(토지, 건물, 기계장치 등) 3) 무형자산→영업목적의 고정자산 중 무형인 것(영업권, 공업소유권 등) 4) 이연자산→장래의 수익과 관련된 비용을 이연시킨 금액(창업비, 연구개발비 등)
부채	유동부채	1년 내에 갚아야 할 부채(매입채무, 단기차입금 등)
	비유동부채	1년 내에 갚지 않아도 되는 부채(장기차입금, 퇴직급여충당금 등)
자본	자본금	발행된 주식의 액면 총액(보통주자본금, 우선주자본금)
	자본잉여금	자본거래로 발생된 잉여금(주식발행초과금, 합병차익, 재평가적립금 등)
	이익잉여금	영업활동으로 발생된 잉여금(법정적립금, 임의적립금, 차기이월이익잉여금)
	자본조정	자본에 가감(주식할인발행차금, 자기주식, 미교부주식배당금 등)

그림 9-12. 재무상태표 작성절차

단계	내용	근거
손익계획	①당기순이익	←손익계산서
자본금계획	①자본금계획 ②증자계획	①투자유치계획
차입금계획	①단기차입금 ②장기차입금	←손익계산서
현금유출입	①매출채무 ②매입채무	①예수비용 ②선급비용
투자계획	①투자자산 ②유형자산 ③무형자산	①감가상각비
재고계획	①상품/제품재고 ②원재료재고	←손익계산서
당좌자산	①기타당좌자산 ②현금및예금	←현금흐름표

그림 9-13. 재무상태표 작성사례

(단위 : 천원)

과목	2005	2006	2007	2008
유동자산	4,464,843	6,269,579	6,975,382	13,392,202
당좌자산	4,464,843	6,269,579	6,975,382	13,392,202
재고자산	-	-	-	-
고정자산	219,739	2,222,930	3,449,803	9,500,000
투자자산	58,286	1,582,147	2,394,254	7,000,000
유형자산	89,206	424,663	408,954	1,000,000
무형자산	72,247	216,120	646,596	1,500,000
자산총계	4,684,582	8,492,509	10,425,185	22,892,202
유동부채	344,770	1,570,442	2,021,902	2,800,000
고정부채	54,802	145,722	11,160	-
부채총계	399,571	1,716,164	2,033,062	2,800,000
자본금	3,625,000	5,725,000	5,725,000	7,540,000
자본잉여금	-	-	-	7,885,079
이익잉여금	660,011	992,724	2,667,123	4,667,123
자본조정	-	58,621	-	-
자본총계	4,285,011	6,776,345	8,392,123	20,092,202
부채와자본총계	4,684,582	8,492,509	10,425,185	22,892,202

읽을거리 1

투자자를 사로잡는 사업계획의 5가지 요소

하버드 경영대학원의 석좌교수인 윌리엄 샬먼이 말하는 투자자를 사로잡는 사업계획의 5가지 요소는 무엇일까? 에 대한 내용이다. (하버드 창업 가이드 53p~67p에서 발췌)

1. 인적 자원의 강점을 설명하라.

애플, 인텔, 텔레다인과 같은 회사의 설립에 참여하여 벤처캐피탈 업계의 신화적인 존재가 된 Arthur Rock은 "나는 사람에 투자하지 아이디어에 투자하는 것이 아니다."라고 말한다.

사업계획을 작성할 때 이러한 충고를 마음에 새겨야만 한다. 즉 사람에 관해 철저히 설명해야 한다는 말이다. 투자자는 성공의 열쇠가 사람에 있다는 것을 잘 알고 있으며 기업의 창업자와 경영팀의 경험, 재능, 성실성 등에 매우 관심을 가진다.

2. 수익기회를 명확히 밝혀라.

사업을 영위할 때는 무엇보다도 그 산업시장의 규모가 현재 크거나 성장하고 있는지, 구조적인 매력이 있는지를 먼저 파악해야 한다. 그리고, 사업 계획이 이러한 점을 명확히 설명하고 있는지 확인해야 한다.

만약 구조적인 매력이 뚜렷이 부각되지 않는다면 투자자들(또는 잠재적인 직원 또는 공급자)이 관심을 가질 수 있도록 수익을 얻을 방법을 사업계획에 충분히 명시해야 한다. 따라서 사업계획은 해당 산업에 대한 조사를 한 후에는 제품이나 서비스의 생산과 시장진입 전략을 상세히 기술해야 한다.

다음과 같은 질문에 대답을 하여야 할 것이다.

- 사업의 고객은 누구인가?
- 제품이나 서비스의 구입결정을 어떻게 내리는가?
- 서비스가 소비자의 구매욕구를 어느 정도 자극하는가?
- 서비스의 가격을 어떻게 결정할 것인가?
- 고객에게 어떻게 접근할 것인가?
- 확보하기 위한 비용(시간과 자원)은 얼마인가?
- 서비스의 생산과 유통비용은 얼마인가?
- 지원비용은 얼마인가?
- 유지는 용이한가?

3. 경쟁에 관해 밝혀라.

모든 사업계획은 필연적으로 경쟁이라는 영역을 신중하고도 철저히 다루어야 한다. 하지만 그렇지 않은 경우가 많은데, 이런 계획서는 매우 중요한 부분이 누락된 것이다. 아무도 따라올 수 없는 독보적인 위치를 확보하겠다는 계획은 생각이 짧은 사람들이나 세우는 것이다.

모든 기회에는 가능성과 취약성이 함께 존재하며, 훌륭한 사업계획일수록 취약점을 숨기지 않는다. 사업계획은 경쟁에 관한 다음 질문들에 반드시 답해야 한다.

- 사업의 경쟁자는 누구인가?
- 어떠한 자원을 가지고 있는가? 그들의 강점과 약점은 무엇인가?
- 기업의 진출에 대해 그들이 어떤 반응을 보이는가?
- 반응에 어떻게 대응할 수 있는가?
- 같은 기회를 발견하고 이용할 수 있는 사람은 누구인가?
- 합병 등의 방법으로 흡수할 방법은 있는가?

4. 외부환경에 대한 통찰력을 보여주라.

일반적으로 환경은 기회의 확인에서 투자의 회수까지 창업활동의 모든 측면에 매우 큰 영향을 미친다. 여기서 환경이란 인플레이션, 환율, 이자율, 법과 규제 등 필연적으로 변할 수밖에 없지만 창업자가 통제할 수 없는 요인들을 말한다. 이러한 환경의 변화는 매력이 없는 사업을 매력적인 것으로 바꾸기도 하고, 매력 있는 사업을 별 볼일 없게 만들기도 한다. 사업계획에는 환경과 관련된 몇 가지 근거들을 제시해야 한다.

- 외부환경과 함께 그것이 자신의 사업에 도움을 줄 것인지 방해할 것인지에 대한 통찰력을 보여줘야 한다.
- 계획서에 나타난 외부환경 또한 필연적으로 변한다는 사실을 인식하고 그러한 변화들이 사업에 미치는 영향을 예측해야 한다. 동시에 불리한 환경에 대한 대책을 상세히 설명해야 한다.
- 외부환경을 유리하게 바꿀 수 있다면 사업계획서에 그 방법도 설명해야 한다. 로비활동을 통해 규제 또는 산업 표준에 영향을 주겠다는 것도 그 한 예이다.

5. 위기관리 대책과 투자자 보상책을 밝혀라.

최고의 사업계획은 마치 미래를 그린 영화와 같아야 한다. 사람, 기회, 환경을 다양한 각도에서 보여주고 미래에 대해 현실적이고 일관된 스토리를 제시해야 하며 발생 가능한 행동과 대응도 설명해야 한다.

다시 말해 훌륭한 사업계획은 사람, 기회, 환경을 움직이는 표적으로 다루어야 한다. 이 말의 의미는 사람, 기회, 환경이라는 조건에서 직면하게 될 위험에 과감히 대처하는 계획을 세우라는 것이다.

예컨대 "새로운 사업의 리더들이 떠나면 어떻게 될 것인가?, 경쟁사가 예상보다 공격적으로 대응하면 어떻게 될 것인가?, 주요 원자재 수출국인 나미비아에 혁명이 일어나면 어떻게 될 것인가?, 그러한 경우에 경영진은 실제로 무엇을 해야 하는가?"를 사업 계획에서 정면으로 다루어야 한다.

위험과 보상에서 마지막으로 중요한 한 영역은 투자회수와 관련된다. 사업계획에서 과정의 결말이 솔직히 나타나야 한다는 것이다. 일단 사업이 최소한의 성공이라도 거둔다는 가정 아래, 최종적으로 투자자들에게 어떤 보상이 돌아가는지를 밝혀야 한다. 특히 전문 투자자들은 광범위한 대안을 가진 기업을 선호하며, 기업이 그 대안을 유지하고 지속적으로 발전시키기를 원한다.

읽을거리 2

최고(最高)에서 최적(最適)상품으로

최근 영국에서 출시된 펩시 로(Pepsi RAW)라는 제품이 화제다. 음료회사 펩시가 사과 진액과 커피 잎사귀, 포도에서 추출한 타르타르산 등 천연성분으로 만든 탄산음료인데, 인공적인 이미지가 강한 콜라 제품에 붙인 로라는 브랜드 명(名)이 각별한 눈길을 끈다. 웰빙시대를 뛰어넘는 새로운 트렌드를 함축하는 용어이기 때문이다.

로(raw)의 사전적 의미는 날 것의 혹은 가공하지 않은 등이다. 있는 그대로 혹은 때 묻지 않은, 소박한, 간결한 같은 뜻으로 확대 해석하기도 한다. 생활용품에서 로라는 명칭은 군더더기 없이 본질을 추구한다는 의미를 담고 있다. 갈수록 정교해지고 점점 인공적으로 변해가는 제품에 대한 사람들의 거부반응을 수용한 것이라 볼 수 있다.

일본의 저명한 디자이너 후쿠사와 나오토는 “오늘날 노멀(normal · 평범)한 제품이 사라지고 있음은 안타까운 일”이라고 말한다. 그는 “사람들은 뭔가 특이한 요소나 기능을 첨가해야 디자인이 됐다고 생각하지만, 진정으로 수퍼노멀(supernormal · 비범)한 제품이란 지극히 노멀한 제품을 일컫는다”라고 했다. 과도하거나 눈길만을 끌려는 디자인보다 제품의 본질에 충실한 제품을 만들라고 호소하는 것이다.

로의 개념을 활용하는 대표적인 브랜드가 일본의 무지료힌(無印良品 · 이하 무지)이다. 7000여 종의 생활용품을 판매하는 무지는 최소한의 디자인을 첨가함으로써 제품 본연의 기능을 더욱 잘 살린 디자인으로 전 세계에 파급되고 있다. 무지의 디자인은 사람들이 당연한 것으로 여기던 사소한 불편들을 흘려버리지 않고 배려하는 데 가치를 둔다. 쓰레기통을 살짝 기울여 휴지를 넣기에 편리하도록 만든다든지, 평범한 종이 클립이지만 손가락을 다치지 않게 끝을 둥굴린 제품이 대표적인 예다. 비용 절감만을 의식하는 유통업체 PB(private brand · 키워드) 방식의 노 디자인(no design)과는 다르며, 오히려 한 차원 높은 감각이 요구되는 궁극적인 디자인(ultimate design)인 것이다.

그렇다면 이런 제품들의 눈높이는 어디일까. 그들의 목표는 “그것이 좋다”가 아니라 “그것으로 좋다”이다. 즉, "그것이 아니면 안 되겠다"는 최고(最高)의 의미가 아니라 “그 정도면 충분하다”는 최적(最適)의 의미라고 볼 수 있다. 최고를 향해 필요 이상의 과도한 디자인으로 치닫던 제품에 절제와 중용의 개념이 더해진 것이다.

또 다른 예가 전 세계 42개국에 진출한 화장품 바비 브라운(Bobbi Brown)이다. 이 브랜드의 철학은 창업자 바비 브라운 여사의 “모든 여성은 기본적으로 다 아름답다”라는 간명한 말로 요약된다. 최소한의 화장품과 화장술, 그리고 약간의 도구만으로 누구라도 아름다워 보일 수 있음을 시사하는 말이다. 그들에게 로란 꾸미지 않은 듯한 자연스러움을 뜻한다. 제품 구색도 군더더기 없이 필요한 것만 쓸 수 있도록 구성했다. 3분, 5분, 10분 메이크업이라는 매뉴얼을 만들어 간편하고 신속하게 화장을 할 수 있도록 돕고 있다. 이 회사는 광고에도 로의 개념을 도입해 유명인을 모델로 쓰지 않는다. 자신의 진정한 아름다움을 발견해야지, 미디어가 만들어낸 아름다움의 기준에 현혹되어서는 안 된다는 의미다.

요즘은 디지털이나 버추얼 리얼리티(가상현실)와 같은 인공적인 것에 둘러싸여, 우리가 살고 있는 세상이 이질적으로 느껴지곤 한다. 그래서 사람들은 단순하고 자신이 통제할 수 있는 삶으로 돌아가고 싶어한다. 또한 재정적 풍요 속에 부유함의 극치를 누리던 세계경제는 완전히 새로운 국면을 맞이하고 있다. 사람들의 사고나 생활방식도 급속하게 변해가고 있다. 로는 이런 시대적 요구의 산물이다.

내추럴(natural)이나 오가닉(organic)이 자연 그대로라는 1차원적 개념이라면 로는 자연으로 돌아가자, 다만 세련되게라는 한 단계 발전된 개념이다. 마케터와 디자이너 모두 로의 시대에 어떻게 대처해야 할지 고민해야 할 시점이다.

읽을거리 3

최근 10년간 최악의 IT 실패작 10선

지난 2006년 11월, 마이크로소프트(MS)는 신제품 '준'으로 애플 아이팟이 지배하는 MP3플레이어 시장의 지형을 바꿔 놓겠다고 큰소리쳤다. MS는 역사상 가장 많은 하드웨어 개발자를 투입한 '준'의 성공을 의심하지 않았다. 2년 후인 2008년 휴가 시즌에 준이 벌어들인 매출은 8500만달러에 불과했다. 같은 기간 아이팟 매출 33억달러에 비하면 초라하기 짝이 없다.

미국 타임지는 최근 금융 뉴스 전문 사이트인 '24/7월스트리트'가 선정한 '기대만큼 실망도 큰' 최근 10년 사이의 최악의 IT 실패작 10선을 소개했다.

◇ 시장변화 못 따라가면 백전백패.

돈 많고 이름난 기업이 개발한, '좀처럼 망하기 어려울 것 같은' 역작 대다수는 급변하는 시장상황에 대응하지 못 해 쓴 맛을 봤다. 1985년 설립된 이후 2004년까지 HP·델과 함께 미 PC시장의 3대 PC판매업체로 명성을 날린 '게이트웨이'는 2007년 고작 7억달러에 대만 에이서에 인수됐다. 경쟁사들이 노트북PC로 눈을 돌릴 때 데스크톱만을 고집한 결과다. 기업용 PC시장 진입이 더뎠던 것도 실패의 원인이었다.

스마트폰 제조업체인 팜은 가장 먼저 스마트폰의 전신이라 할 수 있는 '팜 파일럿'이나 '팜V' 등을 출시했지만 블랙베리나 아이폰에 밀려 고전 중이다. 무선 인터넷 서비스를 원하는 고객 입맛을 재빠르게 간파하지 못했기 때문이다. 지난 2000년 무려 669달러에 달하던 이 회사 주식의 현 거래가는 11달러다.

◇ 지나친 욕심이 화를 부른다.

팜처럼 시장 원조격이지만 초기 과다비용 지출과 터무니없는 사업계획 탓에 큰 코 다친 기업도 적지 않다.

전 세계에서 4억 명이 넘는 가입자를 유치하면서 고속성장하는 인터넷전화(VoIP) '스카이프'의 할아버지 격인 '보니지'는 지난 1분기에 2억달러의 매출을 올리는 데 그쳤다. 1년 전과 비슷하다. 컴캐스트 등 케이블TV 사업자의 거센 도전 속에 출혈경쟁을 거듭하면서 성장을 멈췄다.

출시 전부터 '가장 성공적인 소비자 기기'로 세간의 관심을 모았던 시리우스트의 위성 라디오는 올 1분기 가입자 수가 전 분기 1800만명에서 40만 명까지 줄었다. 수익발생 시점인 가입자 1000만 명 모집 이전에 어마어마한 운영비용을 투입했다. 아이팟이나 스마트폰, PMP 등이 소비자를 사로잡으면서 뒷전으로 밀려났다. 1999년 파산을 신청한 글로벌위성전화 회사인 '이리듐'도 현실을 무시한 이상적 프로젝트의 대명사다. 66개의 위성이 필요했던 이 프로젝트에 50억 달러를 투입했지만 남은 것은 고작 1만 명의 가입자와 15억 달러가 넘는 빚이다. 3000달러짜리 기기를 구매해 정해진 장소에서 분당 5달러짜리 통화를 할 고객은 많지 않았다.

◇ 원숭이도 나무에서 떨어진다.

구글이 인수한 유튜브나 MS처럼 자금력과 대규모 가입자를 확보한 업체도 항상 성공을 거두지 않는다. MS는 윈도비스타 출시 전부터 보안기능을 크게 강화했다고 장담했지만 보안기능은 물론이고 호환성이나 속도 등이 윈도XP보다 나을 것이 없다는 평가를 얻었다.

윈도비스타의 전 세계 시장점유율은 24%에 그쳤다. 이는 23년 만에 첫 분기 매출 감소라는 악재로 이어졌다.

세계 1억 명이 50억 건의 동영상을 보는 유튜브 역시 '속 빈 강정'이다. 덩치는 커졌지만 여전히 안정적 수익 모델이 없다. 운영비용도 만만치 않다. 크레디트스위스는 유튜브가 올해 엄청난 스토리지·네트워크 운용비용 탓에 4억7000달러가량 적자를 볼 것이라고 내다봤다.

(참고자료 1)

마케팅/시장 조사방법

1. 시장조사의 필요성과 시장조사정보

1) 시장조사의 필요성

(1) 시장조사란?

시장 조사란 과거와 현재상황을 조사하고, 분석을 통해 미래를 예측함으로써 시장전략 수립의 지침을 제공하고자 하는 미래지향적인 활동으로, 마케팅 의사결정을 위해 실행 가능한 정보제공을 목적으로 다양한 자료를 체계적으로 획득하고 분석하는 객관적이고 공식적인 과정을 말한다. 즉 기업의 활동을 시장환경에 적응시켜 기업이 추구하는 목적을 달성하기 위한 수단인 전략이나 정책을 세우는데 필요한 정보를 입수하기 위해 각종 자료를 수집하고 분석하는 일련의 과정으로 정의된다.

(2) 시장조사의 목적과 활용

의사결정을 위한 정보의 제공, 즉 정확성, 현실성, 충분성, 관련성, 이용가능성을 지닌 정보를 수집하여 인터넷 비즈니스의 여러 가지 전략이나 계획을 수정, 보완하는 것을 그 주요 목적으로 한다. 최근에는 하나의 시장 트랜드를 분석하기 위한 기초자료 수집 및 신제품 개발 전에 시장동향이나 고객의 성향을 조사하여, 새로 진입하려는 시장의 성격을 미리 파악하기 위한 필수과정으로 시장조사 방법이 자리 잡아 가고 있다.

(3) 시장조사를 통해 얻는 이점

- 첫째, 시장조사는 고객들이 지닌 특성에 대한 정보를 제공한다. 이 정보는 다음과 같은 질문에 해답을 제시한다.
  - ○ 누가 우리 고객인가?
  - ○ 이 시장규모는 어느 정도인가?
  - ○ 여성비율은 어느 정도인가?
  - ○ 그들의 나이, 수입, 교육수준은 어느 정도인가?
  - ○ 그들의 직업, 관심분야, 취미는?
  - ○ 그들의 자녀 수는?
  - ○ 그들은 어디서 살며 일하는가?

- 둘째, 시장조사는 구매력(Purchasing Power)과 구매습관(Buying Habit)을 알려준다.
- 셋째, 시장조사를 통한 정보는 목표시장의 자금규모와 경제적 속성 등을 밝혀준다.
- 넷째, 시장 경쟁력은 당신과 같은 분야에 있는 다른 회사에 대한 정보로서 다음과 같은 질문에 해답을 제시한다.
  ○ 나의 초기 경쟁자는 누구인가?
  ○ 그들은 나와 어떻게 경쟁하는가?
  ○ 그들의 장점과 약점은 무엇인가?
  ○ 그들의 틈새시장은 어디인가?
  ○ 경쟁사와 비교하여 우리 회사를 독특하게 만드는 것은 무엇인가? 등
- 다섯째, 환경적인 요인에 대한 시장정보는 생산성과 사업운영에 영향을 미치는 경제적 및 정치적 환경을 알려준다.
- 여섯째, 시장조사는 현재 그리고 미래고객과의 커뮤니케이션을 제공한다. 즉 당신이 확실한 시장조사를 하게 되면, 고객들과 직접 대화할 수 있는 좀 더 효과적이고 목적지향적인 마케팅 전략을 짤 수 있다.
- 일곱째, 시장조사는 사업아이템의 리스크를 최소화시켜 주고, 사업 아이템이 지닌 제반 문제가 무엇인지 알려주고 구체화시켜준다.
- 여덟째, 시장조사는 유사사업에 대한 벤치마킹을 할 수 있도록 도와주며, 사업 프로세스의 추적 및 사업의 성공가능성을 평가할 수 있도록 해 준다.

(4) 시장조사의 단점

- 대체로 응답자의 마음 심층에 파고 들어갈 수 없으므로, 얻어진 정보가 파생적이 되기 쉽다.
- 주어진 변인 간의 관계를 있는 그대로 조사해서 분석하게 되므로 오류를 범하기 쉽다
  (∵변인 간의 관계를 고찰할 때 엄격한 통제가 불가능하므로 연구하고자 하는 변인들만의 관계를 정확히 판단할 수 없기 때문).
- 대체로 한번(at single moment in time)에 끝나게 되므로 계속적인 관찰을 통한 자료의 수집이 불가능하다.
- 많은 정보의 수집에 비례해서 비용과 노력이 적게 드는 것이지, 실제로는 많은 비용과 노력이 든다.
- 많은 시간과 인원이 경우에 따라 필요하다.
- 조사자의 능력과 기술이 문제가 된다.

2) 시장조사를 위한 정보의 분류 및 시장요소

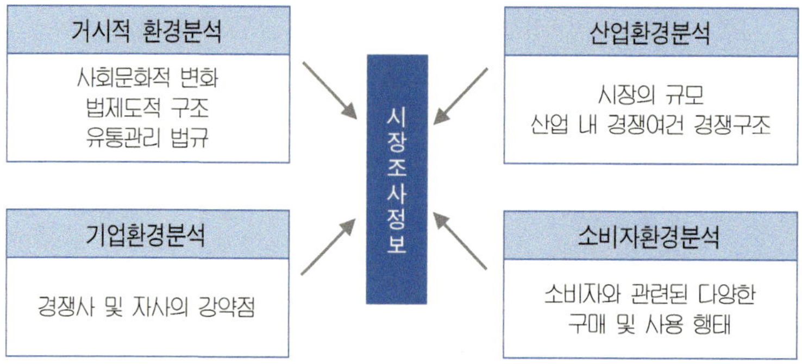

2. 마케팅/시장 조사 설계 및 절차

1) 1단계 : 조사문제의 정의

마케팅 조사를 시작하기 위하여는 우선 기업이 당면하고 있는 마케팅 문제를 명확히 규명함으로써 정보욕구를 판단해야 하는데, 이러한 정보요구를 충족시키는 일이 바로 실시될 마케팅 조사의 목표가 된다. 즉 마케팅 의사결정을 내리기 위하여 의사결정자가 갖고 있는 정보 욕구를 판단하여 조사의 목표를 설정하는 일이다. 조사과정에 있어서 조사문제를 정의하는 일은 그것이 이어지는 조사활동의 방향을 결정짓고 조사결과의 유용성에 막대한 영향을 미친다는 점에서 대단히 중요하다.

본 1단계에서 진행되어야 할 Activity는 연구문제의 결정 및 가설의 설정, 연구계획의 수립 및 계획서의 작성, 연구전문가와의 토의와 연구계획(planning)의 수정, 연구소모예산의 편성 등이다.

2) 2단계 : 조사설계

조사설계(research design)란 조사목표를 달성하기 위한 자료의 수집과 분석을 구체적으로 진행하는 계획으로서 조사형태의 선택, 자료수집의 방법 및 표본설계, 자료처리방법의 예비적 결정을 포함하기 때문에 마케팅 조사의 성과와 효율성에 많은 영향을 미친다.

조사설계는 또한 자료의 원천과도 밀접하게 관련되어 있는데 첫째, 조사목표에 일치하는 정보를 산출하고 둘째, 정확하고 경제적인 절차를 지향해야 한다. 그러나 여러 가지 조사에 걸쳐 이상적인 조사설계는 존재하지 않으며 조사설계의 유형에 따라. 탐색적 조사설계, 평가적 조사설계, 실질점검 조사설계로 구분할 수 있다.

3) 3단계 : 조사형태의 선택

동일한 조사목표를 가질 경우라도 조사자에 따라서는 상이한 조사형태가 선택될 수 있는데 조사자는 조사목표와 자료의 가용성, 조사자 자신의 경험과 친숙도, 시간 및 자원의 가용성 을 근거로 하여 구체적인 조사형태를 선택한다. 보편적으로 이용되고 있는 조사형태에는 탐색적 조사, 기술적 조사, 인과적 조사, 실질 점검 조사가 있다.

4) 4단계 : 자료원천의 확인과 자료수집

모든 조사의 결과는 자료의 품질에 크게 의존한다. 따라서 조사자는 자료의 원천과 그 품질에 대하여 항상 주의해야 한다. 자료는 조사목적에 따라 두 가지의 유형으로 구분할 수 있는데, 즉 2차 자료란 현재의 조사목적이 아니라 다른 조사목적을 위하여 이미 수집되어 있는 자료를 말하며, 1차 자료는 현재의 조사목적에 따라 조사자가 직접 창출하는 자료를 말한다. 2차 자료는 시간과 비용면에서 대단히 큰 이점을 갖고 있으므로 자료수집에 있어서 조사자는 우선 2차 자료의 가용성에 대하여 면밀히 검토한 후, 조사목표에 대한 적합성을 평가해야 한다. 2차 시장조사 정보를 수집할 수 있는 몇몇 정보소스는 도서관 및 공공 보 센터, 관련 도서 및 사업관련 간행물, 잡지 및 신문, 무역협회, 대학의 경영관련 학과들, 유관기관 및 각 연구소들 등이다. 한편, 통상 1차 조사를 하게 되면, 목표 표본 중 샘플을 뽑아 조사하게 되는데, 분석만 올바르게 되었다면 목표시장 표본 중 10% 미만 정도만 조사해도 신뢰할 만한 결과를 얻을 수 있다.

5) 5단계 : 표본설계 및 표본조사

포본설계에 있어서는 조사자는 우선 모집단의 조사목표에 맞도록 정의하여 표본추출목록을 작성한 다음, 표본의 크기와 표본추출방법을 결정해야 하는데 이러한 네 가지 절차는 표본설계의 주요한 내용이다.

위 2~5단계에서 진행되어야 할 Activity는 연구설계(research design), 표본수집 방법의 결정과 표본추출(sampling), 설문항목과 설문지의 작성(questionnaire design), 예비조사(pretest)를 통한 연구계획의 검토, 수정, 설문지 인쇄, 조사원의 선정과 훈련, 실제조사(field work) 및 조사원의 감독, 통제이다.

6) 6단계 : 자료의 처리(분석 및 해석)

일단 조사목표에 부합되는 자료를 수집하고 나면 조사자는 우선 그러한 자료를 편집과 기호화를 통하여 요약표로 정리해야 한다. 일단 관찰치에 대한 요약표를 작성하고 나면 조사자는 그것을 개략적으로 검토함으로써 구체적인 분석 방법을 결정하게 되는데, 자료의 분석은 조사문제의 정의단계에서 인식된 정보 욕구에 부합되는 정보를 산출할 수 있어야 한다.

위 6단계에서 진행되어야 할 주요 Activity는 수집된 자료의 신뢰도 검토, 수집된 응답자료의 편집과 코딩(editing and coding), 자료분석을 위한 준비(preparation for analysis), 자료의 통계적 처리 및 실제분석, 연구결과에 대한 분석 및 해석이다.

7) 7단계 : 보고서 작성

조사의 과정은 최종 결과 보고서 작성으로 종결되는데 조사자는 보고서에서 경영자에게 조사의 발견점을 제시하고 그에 따른 시사점과 대책을 추천하게 된다. 보고의 형태로는 전화로부터 차트, 슬라이드, 강연 등에 이르기까지 다양하며, 슬라이드나 차트를 통해 발표회를 하는 것이 보편적으로 채택되는 방법이다. 이때 신경써야 할 것이 누구 보더라도 보기 쉽고 이해하기 쉬운 형식으로 조사내용을 수치나 그래프로 나타낼 수 있도록 하며, 어느 때라도 이용할 수 있도록 보관에도 신경을 써야 한다.

3. 마케팅/시장 조사의 종류

1) 시장조사를 위한 가설 설정

시장조사를 실행하려면, 우선 조사하려는 문제의 제기가 선행된다. 이러한 문제를 규명을 위해서 필요한 것이 바로 가설이다. 즉 조사문제를 체계적으로 해결하기 위한 분석작업의 시작이 바로 가설의 설정인 것이다.

2) 통계학에서 가설의 개념과 제1종, 제2종 오류

(1) 귀무가설과 대립가설

통계학에서 가설(hypothesis)이란 모집단의 특성이나 모수에 관한 주장이나 서술을 말한다. 예를 들어 제약회사에서 만든 새로운 다이어트약이 효과가 있다고 주장한다면 이것은 하나의 가설이 된다. 이러한 가설은 모집단의 특성에 관한 것이지 특정한 표본이나 실험결과에 관한 것은 아니다. 따라서 통계적 가설은 절대적인 결론이 아니며 불확실성이 내포된다.

따라서, 위의 설명된 'AA 제약회사에서 만든 새로운 다이어트약이 효과가 있다'는 가설을 검증하고자 한다면, 다음과 같은 두 가지 가설을 세울 수 있다.

그 하나가 '새로운 다이어트약이 효과가 없다'는 가설과 또 다른 하나가 '새로운 다이어트약이 효과가 있다'는 가설이다. 여기서 '새로운 다이어트약이 효과가 없다'와 같이 보통 기존의 존재하는 사실에 해당하는 가설을 귀무가설(null hypothesis)이라 하고, '새로운 다이어트약이 효과가 있다'와 같이 자료로부터 새로운 사실을 입증하고자 하는 가설을 대립가설(alternative hypothesis)이라고 한다. 다음은 통계적 가설을 설정하는 하나의 예이다.

예 휴대폰을 만드는 회사에서 휴대폰의 기능에 따라 남성과 여성의 선호도가 같은지를 알기 위하여 설문조사를 하였다. 이때 선호도를 검정하기 위하여 귀무가설과 대립가설을 설정하면 다음과 같다.

귀무가설 : 휴대폰의 기능에 따라 남성과 여성의 선호도가 같다.
대립가설 : 휴대폰의 기능에 따라 남성과 여성의 선호도가 다르다.

(2) 제1종의 오류(Type1 Error)와 제2종의 오류(Type2 Error)

통계에서 가설에 대한 검정이란 완벽할 수 없다. 표본조사에서 얻은 데이터의 분석을 통해 귀무가설이 맞을 가능성이 크면 귀무가설을 채택하고, 반대로 틀릴 가능성이 높으면 귀무가설을 기각하게 된다. 여기서 옳은 주장(眞)일 때 이를 기각하던가 또는 틀린 주장(虛僞)일 때 이를 받아들이는 오류(error)를 범할 수 있다. 이러한 오류를 검정오류라 한다. 검정오류에는 크게 제 1종의 오류와 제2종의 오류로 구분된다. 대부분의 경우에 두 가지 상반된 오류는 크게 다른 의미를 갖게 되어 이들을 엄격히 구별하여 생각해야 한다.

- 제1종 오류 : 귀무가설이 맞는데 잘못하여 이를 기각하고 대립가설을 채택할 확률.
- 제2종 오류 : 대립가설이 맞는데도 불구하고 귀무가설을 채택할 확률.

이러한 2종류의 오류는 전혀 다른 것으로 꼭 구별되어야 한다. 가설검정에서 오류를 완전히 배제할 수는 없다. 단지 어느 정도의 작은 확률로 이를 피하고자 할 수밖에 없다. 즉 제1종의 오류를 범하는 확률을 0으로 하면, 제2종의 오류를 범하는 확률을 1로 만들게 된다. 이는 마치 죄 없는 선량한 백성에게 유죄판결이 되지 않게 하려면, 범인을 포함한 모든 사람을 무죄로 하면 될 것이다. 반대로 범인을 하나도 빠뜨리지 않고 유죄판결이 되도록 하려면, 이를 확실하게 하는 방법은 모든 사람을 유죄로 하면 된다. 따라서, 2 가지 오류를 범할 확률을 동시에 최소로 하여 주는 검정방법이 존재하지 않는다. 그러므로 통계학에서는 제1종의 오류를 범할 확률을 미리 지정된 확률이하로 하고, 제2종의 오류를 범하는 확률을 최소화시키는 검정방법을 사용한다. 이때 제1종의 오류를 범할 확률의 최대 허용한계를 유의수준(significance level)이라 하며, 유의수준 0.05인 검정방법이란 제1종의 오류를 범할 확률이 0.05 이하인 검정방법을 의미한다.

3) 조사의 종류

(1) 탐색조사(exploratory research)

탐색조사는 마케팅/시장 조사의 초기 단계에서 조사에 대한 아이디어와 통찰력을 얻기 위해 사용된다. 탐색조사는 특정한 조사설계를 확정하기 전에 시행되는 예비조사의 성격을 띠고 있어 유연하게 시행되어야 한다. 보통, 탐색조사 후, 보다 정교한 후속 조사인 기술조사나 인과조사가 실시된다. 따라서, 탐색조사에서는 상세한 조사설계는 요구되지 않으며, 구체적인 질문이나 표본설계도 사용되지 않는다. 이처럼 탐색조사는 초기 조사단계에 사용되고 가변성이 높으므로 효율적인 조사를 수행하고 의사결정에 의미 있는 정보를 제공하기 위해 조사자의 예리한 통찰력이 요구된다. 탐색조사의 종류로는 문헌조사, 전문가의견조사, 사례조사, 표적집단 면접법 등이 있다.

(2) 기술조사(descriptive research)

대부분의 마케팅 조사는 마케팅 관련주체나 변수들의 특성에 대한 조사가 주종을 이루고 있기 때문에 이러한 요구를 가장 잘 반영시키는 기술조사(descriptive research)가 널리 이용되고 있다. 시장잠재력에 대한 조사를 하고자 할 때에는 그 제품에 대한 소비자들의 사회, 경제적인 특성과 지역적인 분포에 대한 조사가 이루어져야 하고, 시장점유율에 대한 조사를 할 경우에는 자사와 경쟁사들의 매출액에 대한 조사가 행해져야 한다. 기술조사의 종류로는 크게 종단조사(time series analysis)와 횡단조사(cross sectional analysis)가 있다.

(3) 인과조사

인과조사는 현재 인터넷 비즈니스 상에서 발생하는 특정 현상의 원인과 결과 간의 관계를 규명하기 위해 사용될 수 있는 조사방법으로, 인과관계의 파악은 현상을 이해, 설명과 예측을 위해 매우 중요한 의미를 갖는다.

(참고자료 2)

사업계획서 작성 양식

본 양식은 기본적인 형태로 사업의 형태, 업종, 작성 목적 등에 따라 주어진 내용을 가감하여 사용합니다.

총괄요약문

아래 양식에는 당신이 사업계획서의 총괄요약문을 작성할 때 포함해야 할 내용이 제시되어 있다. 각 항목별로 필요한 답을 완성한 후 모든 정보를 종합하여 총괄요약문을 작성하라.

Ⅰ. 당신의 사업개념을 설명하시오.

(1) 회사의 법적 형태 및 설립자, 최고경영자

____

____

(2) 사업설명(사업기회의 관점에서 설명)

____

____

(3) 회사의 비전과 전략

____

____

Ⅱ. 당신 회사의 제품 혹은 서비스를 설명하시오.

(특허 등 기술적 독창성에 대한 내용과 독자적인 제품 특성을 중심으로 설명)

____

____

Ⅲ. 당신의 목표시장은 무엇입니까?

(명확하게 그리고 구체적으로 정의할 수 있는 시장을 제시할 것)

____

____

Ⅳ. 당신의 경쟁우위(핵심역량)는 무엇입니까?

(경쟁사와 당신회사의 강점과 약점을 상호 비교 검토한 후에 작성할 것)

____

____

Ⅴ. 최고경영자 및 경영진을 설명하시오.

(현 사업과 관련된 과거의 성공경력 및 예상되는 중요 공헌 역할 설명)

____

____

Ⅵ. 중요한 재무정보를 설명하시오.

(1) 과거재무제표 및 향후 추정재무제표의 중요 사항?

____

____

(2) 투자 및 대출 요청 내역?

____

____

(3) 투자 및 대출금 회수(상환) 방법?

____

회사(사업) 개요

아래 양식에는 당신이 사업계획서의 회사(사업) 개요 부분을 작성할 때 포함해야 할 정보(미션, 배경, 현황, 전략, 법적 이슈, 경영자, 사업일정)를 제시하고 있다. 아래 각 항목별로 필요한 답을 완성한 후 이들 정보를 종합하여 회사(사업)개요를 작성하라.

Ⅰ. 당신 회사의 미션 문장을 작성하기 위하여 다음 항목에 대하여 설명하시오.

(1) 당신 회사의 비전은 무엇인가?

(2) 당신 사업의 목적은 무엇인가?

(3) 당신의 주요 고객은 누구인가?

Ⅱ. 당신 회사의 과거 배경을 설명하시오.

(1) 당신 회사는 언제, 누가, 왜, 설립하였는가?

(2) 중요한 성과는 무엇인가?

(3) 실패 경험 및 대응 방향은?

Ⅲ. 당신 회사의 현재 상태를 설명하시오.

(1) 최근의 기업 내부상황(인력, 자금, 기술 등)을 설명하시오.

(2) 최근의 기업 외부상황(산업, 시장, 매출추세 등)을 설명하시오.

(3) 당신 회사의 강점(기술, 인력, 시장, 제품 등)은 무엇인가?

(4) 당신 회사의 약점을 설명하고 대책을 제시하시오.

Ⅳ. 당신 회사의 미래 목표(전략)를 설명하시오.

(1) 향후 5년간 당신 회사의 목적은 무엇입니까?

(2) 목적달성을 위한 구체적인 목표를 제시하시오.

(3) 새로운 시장개척 및 신제품 개발에 대한 계획은 무엇입니까?

Ⅴ. 회사의 법적 이슈와 소유권을 설명하시오.

(1) 당신 회사의 법적 형태는 무엇입니까?

(2) 당신 회사가 주식회사일 경우 주식보유 현황을 설명하시오.

(3) 상표권, 저작권, 특허권 등 법적 권리보유 현황을 설명하시오.

(4) 기타 계약관계 등 법적 이슈(라이센싱 등)를 설명하시오.

Ⅵ. 주요 경영자에 대하여 설명하시오.

Ⅶ. 당신 회사의 향후 중요 일정을 설명하시오.

(1) 사업을 시작하기 위해 진행해야 할 중요한 항목의 일정(이정표)을 작성하시오.
최종시한이 요구될 경우 함께 제시하시오.(신설 회사의 경우)

중요한 항목	일 정

(2) 당신 사업이 이미 시작되었다면 향후 중요 일정을 작성하시오.
최종시한이 요구될 경우 함께 제시하시오.(기존 회사의 경우)

중요한 항목	일 정

제품 / 서비스

아래 양식에는 당신이 사업계획서의 제품/서비스 부분을 작성할 때 포함해야 할 내용을 제시하고 있다. 아래 각 항목별로 필요한 답을 완성한 후 이들 정보를 종합하여 제품/서비스 부분을 작성하라.

Ⅰ. 당신 회사의 제품/서비스는 무엇입니까?

Ⅱ. 당신 회사의 제품/서비스의 특성을 설명하고, 경쟁핵심역량을 제시하시오.

(1) 당신 회사의 제품/서비스가 지닌 중요한 특성을 10가지 이상 기술하시오

(2) (1)의 특성 중 고객의 입장에서 평가할 때 중요한 가치를 지닌 특성을 기술하고 경쟁사 제품과 어떻게 차별화 시킬 것인지 전략을 제시하시오.

제품특성 　　　　차별화전략

(3) (2)의 특성 중에서 당신 회사가 특히 잘할 수 있거나 효율적으로 수행할 수 있는 특성은 무엇인가? 바로 이 특성이 당신의 경쟁핵심역량이며 경쟁수단이 된다.

(4) 경쟁사와 비교할 때 현재 당신 회사의 차별화 된 독자적인 제품/서비스 특성은 무엇입니까?

Ⅲ. 당신 사업 및 제품/서비스의 잠재적인 위험 및 대책을 설명하시오.

위험유형	내 용	대 책
시장위험		
경쟁위험		
기술위험		
제품위험		
운영위험		
자금조달위험		

Ⅳ. 당신 사업 및 제품/서비스의 강점, 약점, 시장기회, 시장위협에 대하여 아래 각 해당 칸에 설명하시오.(SWOT분석)

강점(Strengths)	약점(Weaknesses)
시장기회(Opportunities)	시장위협(Threats)

Ⅴ. 당신 회사의 제품/서비스 연구개발 활동을 설명하시오.

(1) 현재까지의 연구개발 성과를 설명하시오.(특허 등 지적재산권 내용 포함)

(2) 향후의 연구개발 방향(신제품 개발 등)을 설명하시오.

시 장 분 석

아래 양식에는 당신이 사업계획서의 시장분석 부분을 작성할 때 포함해야 할 내용을 제시하고 있다. 아래 각 항목별로 필요한 답을 완성한 후 이들 정보를 종합하여 시장분석 부분을 작성하라.

Ⅰ. 당신이 속한 산업에 대하여 설명하시오.

(1) 당신 산업의 규모(매출액, 기업 수)에 대하여 설명하시오.

____

____

(2) 당신 산업의 과거, 현재, 미래의 성장추세를 설명하시오.

____

____

(3) 당신 산업의 성장 또는 쇠퇴에 영향을 주는 중요 요인은 무엇입니까?

____

____

(4) 당신 산업 및 사업에 대한 정부의 규제를 설명하시오.

____

____

Ⅱ. 당신의 목표시장에 대하여 설명하시오.

(1) 누가 당신의 제품을 구매할 고객인가? 구체적으로 설명하시오.

____

____

(2) 당신의 고객은 어디서, 어떻게, 제품을 구매하는가?

____

____

(3) 고객이 구매결정 시 중요하게 생각하는 의사결정 요인은 무엇인가?

____

____

(4) 향후 수년간 당신의 목표시장에서 예상되는 목표시장의 변화방향을 설명하시오.

____

____

Ⅲ. 당신 회사가 고객에 관한 정보를 얻기 위해 행하는 시장조사 방법을 설명하시오.

____

____

경쟁자 분석

아래 양식에는 당신이 사업계획서의 경쟁분석 부분을 작성할 때 포함해야 할 내용을 제시하고 있다. 아래 각 항목별로 필요한 답을 완성한 후 이들 정보를 종합하여 경쟁자분석 부분을 작성하라.

Ⅰ. 당신의 경쟁자는 누구인가?

기존 경쟁자, 잠재 경쟁자, 대체재로 구분하여 기술하라. 당신의 경쟁자가 없다고 결코 생각하지 마라. 누가 당신을 자신의 경쟁자로 여길 것인지 생각해 보라.

(1) 기존 경쟁자:

(2) 잠재 경쟁자:

(3) 대체재:

Ⅱ. 당신 제품(서비스)시장의 시장점유율에 대하여 설명하시오.

(1) 현재 제품시장에서 지배력이 높은 경쟁자에 관하여 다음 표를 완성하시오.

경 쟁 자	전체 시장매출액에서 차지하는 비중(%)	전체 시장매출량에서 차지하는 비중(%)	시장점유율 추세 (증가 혹은 감소)
1.			
2.			

(2) 시장 리더인 경쟁자의 가장 중요한 특성이 무엇인지 간단하게 기술하시오.

경쟁자 1.

경쟁자 2.

(3) 시장점유율의 분포를 매출액 기준, 매출량 기준으로 파이도표를 작성하라.
(이 도표는 사업계획서에 시장을 시각적으로 설명하기 위하여 활용할 수 있다.)

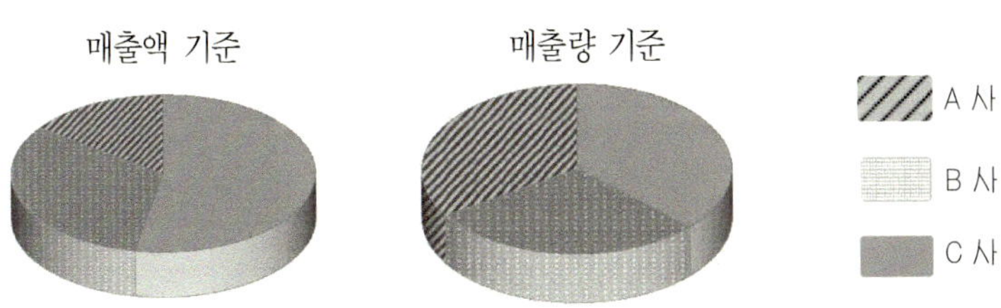

Ⅲ. 당신 회사와 경쟁자의 강점과 약점을 비교 평가하시오.

(1) 고객이 다음의 시장변수 항목에 대하여 당신 회사와 경쟁자를 어떻게 평가하고 있는 지 10점 만점으로 평가하시오.

평가 요소	당신 회사	경쟁자 1	경쟁자 2	경쟁자 3
제품/서비스 특성				
제품 가격				
추가 구매비용				
품질				
내구성/유지보수가능성				
이미지/스타일/디자인				
인지가치				
브랜드 인지도				
고객관계				
접근용이성				
납기				
사용편의성				
신용정책				
고객서비스				
사회적 인식				
기타(기술하라)				
총점				
총평				

(2) 기업의 경쟁력을 제고시키기 위하여 필요한 다음 기업변수 항목에 대하여 당신 회사와 경쟁자를 10점 만점으로 평가하시오.

평가 요소	당신 회 사	경쟁자 1	경쟁자 2	경쟁자 3
재정상태				
마케팅 프로그램/예산				
기술우수성(기술력)				
판매망 접근 능력				
공급자 확보 능력				
규모의 경제성				
운영효율성				
판매능력				
제품라인의 다양성				
전략적 파트너십				
종업원 사기				
특허권 등 지적재산				
기술혁신 능력				
기타(기술하라)				
총점				
총평				

Ⅳ. 아래에 제시된 진입장벽 요소가 당신 산업에서 어느 정도 진입장벽으로서 역할하고 있으며, 향후 얼마나 오래 동안 효과가 있을 것으로 생각하는가? 즉 신규기업이 진입장벽을 극복하는데 어느 정도의 기간이 소요될 것으로 예상하는 지 예상되는 기간을 제시하시오.

진입장벽 요소	진입장벽으로서의 역할 정도				극복 기간 (개월)
	높음	중간	낮음	해당 없음	
특허 및 독점적 제품					
높은 창업비용 및 자본요소					
전문기술 필요					
설계 및 생산의 어려움					
시장포화로 시장입지 한계					
규모의 경제성					
상표인지도					
판매유통망 확보의 어려움					
공급자 확보의 어려움					
정부 정책					
기타(기술하라)					

마케팅 계획

아래 양식에는 당신이 사업계획서의 마케팅 계획 부분을 작성할 때 포함해야 할 내용을 제시하고 있다. 아래 각 항목별로 필요한 답을 완성한 후 이들 정보를 종합하여 마케팅 계획 부분을 작성하라.

◈ 마케팅 계획의 4P[가격결정(Pricing), 시장포지셔닝(Positioning), 사업장 위치선정(Placing), 판매촉진활동(Promotion)]를 설명하시오.

Ⅰ. 가격결정에 대하여 설명하시오.

(1) 당신 제품이나 서비스의 가격을 결정하기 위한 전략을 제시하시오.

(2) 현재 가격결정을 하기 위하여 필요한 정보가 있다면 무엇입니까?
당신은 이 정보를 어떻게 확보할 계획입니까?

Ⅱ. 당신 제품의 시장 포지셔닝에 대하여 설명하라.

(1) 당신의 제품이나 서비스는 무엇이 독특한가?

(2) 당신의 제품은 어떠한 고객의 요구를 충족시켜줄 수 있나?

(3) 당신은 사람들이 당신 제품이나 서비스를 어떤 제품으로 봐주기를 원하는가?

(4) 당신의 경쟁사는 어떻게 시장에서 포지셔닝하는가?

(5) 위의 내용을 종합하여 당신 제품의 시장 포지셔닝을 설명하라.
(어떤 제품특성으로 어떤 고객을 대상으로 시장포지셔닝할 것인가?)

Ⅲ. 당신 고객이 당신 회사의 제품을 어디에서 접할 수 있는가?

Ⅳ. 당신 회사의 판매촉진활동에 대하여 설명하라.

(1) 어떠한 판매경로 및 판매방법을 이용하여 당신 제품을 판매할 것인가?

(2) 판매원을 어떻게 동기부여할 것인가?

(3) 제품판매를 위한 광고 및 홍보활동을 어떻게 할 것인가?

운 영 활 동

아래 양식에는 당신이 사업계획서의 운영활동 부분을 작성할 때 포함해야 할 내용을 제시하고 있다. 아래 각 항목별로 필요한 답을 완성한 후 이들 정보를 종합하여 운영활동 부분을 작성하라.

Ⅰ. 운영활동 부분에는 어떠한 내용을 담을 것인가?

(1) 당신 회사의 성격 및 성공여부를 결정짓는 중요한 운영활동은 무엇인가?

(2) 당신 회사가 경쟁하는데 핵심역량을 구성하는 중요한 운영활동은 무엇인가?

(3) 사업수행과정에서 자주 직면하는 문제를 해결하기 위한 운영활동은 무엇인가?

Ⅱ. 제품이나 서비스의 개발활동에 대하여 설명하라.

(1) 제품/서비스 개발과 관련된 활동(기술, 훈련, 인력 등)을 수행하는데 책임이 있는 부서는 어디인가?

(2) 전체 개발과정을 살펴볼 때 가장 중요한 활동일정은 무엇인가?

(3) 중요 활동을 수행하는데 책임 있는 부서에서 수행해야 할 과업은 무엇인가?

(4) 개발과정에서 잠재적으로 발생할 수 있는 문제는 무엇이며, 누가 이러한 문제를 검토하고 해결하는 책임을 지고 있는가?

(5) 개발과정에서 필요한 외부지원 서비스는 무엇인가? 누가 외부와의 관계 및 일정을 관리하는 책임을 지고 있는가?

Ⅲ. 생산활동의 아래 각 영역에 있어서 중요한 활동 내용을 기술하시오.

생산 활동	중요 활동 내용
구매의사결정	
사업장의 위치	
설비	
노동력	
품질경영	
재고관리	
서비스	
보험	
정부규제	

경영팀

아래 양식에는 당신이 사업계획서의 경영팀 부분을 작성할 때 포함해야 할 내용을 제시하고 있다. 각 항목별로 필요한 답을 완성한 후 이들 정보를 종합하여 경영팀 부분을 작성하라.

Ⅰ. 최고경영자에 대하여 설명하시오.

(1) 누가 사장인가? 그리고 사업과 관련된 그의 경험은 무엇인가?

(2) 사장이 현재의 사업과 무관한 과거 경력을 가지고 있다면, 과거 어떠한 업무와 책임을 수행하였으며? 현재의 사업에 어떻게 활용될 수 있는지 설명하라.

(3) 사장이 너무 젊고, 사업 경험이 전혀 없다면 당신 사업에 도움이 될 학창시절, 사회활동의 중요 경력은 무엇인가? 그리고 이러한 경력이 현재의 업무수행에 어떻게 활용될 수 있는지 설명하라.

Ⅱ. 경영진을 설명하시오.

(1) 경영진을 어떻게 구성할 것인가? 이들의 담당역할은 무엇인가? 업무와 관련된 그들의 경험 및 기술은 무엇인가?

직 위	성 명	1) 관련경험 2) 성공경력 3) 보유기술 4) 강점 및 약점

(2) 경영진 충원계획이 있는가? 누구를, 언제, 왜 고용하며 누가 의사결정 하는가?

(3) 경영진 충원 시 급여 수준 및 형태, 그리고 커미션 등 인센티브를 어떻게 줄 것인가? 현재 경영진의 이익 일부를 제공할 용의가 있는가?

Ⅲ. 당신 회사의 이사회를 설명하시오(구성원, 전문성, 역할 및 책임을 기술하라).

이사성명	1) 전문성 2) 역할 및 책임

Ⅳ. 경영/기술 자문을 받을 수 있는 자문가 집단이 있는가? 있다면 이들의 전문성, 역할 및 책임에 대하여 기술하라.

자문가	1) 전문성 2) 역할 및 책임

Ⅴ. 변호사, 회계사, 세무사, 경영 컨설턴트 및 기타 컨설턴트를 가지고 있다면, 이들의 전문분야, 동종분야의 성공경험, 회사의 활용방법 등에 대하여 기술하라.

컨설턴트	1) 전문분야 2) 동종분야 성공경험 3) 활용방법

재 무 정 보

아래 양식에는 당신이 사업계획서의 재무정보 부분을 작성할 때 포함해야 할 내용을 제시하고 있다. 아래 각 항목별로 필요한 답을 완성한 후, 이들 정보를 종합하여 재무정보 부분을 작성하라.

Ⅰ. 누가 당신의 잠재투자자이며 자금의 원천인지 먼저 생각해 보라.

____

____

Ⅱ. 당신 회사의 추정 현금흐름표를 작성하기 위하여 다음 자료를 준비하시오.

1. 영업활동으로 인한 현금흐름표를 작성하라.

영업활동으로 인한 현금흐름표 작성과 관련하여 어떠한 가정을 하였나?

____

영업 활동	○ 월	○ 월	…	1분기	2분기	…
1. 현금유입 활동						
상품 등 매출						
배당금 수입						
2. 현금유출 활동						
원자재 등 매입						
이자지급액						
현금흐름						

"영업활동의 현금흐름"이란 : 기업의 생산, 구매, 판매 활동을 말합니다. 즉 투자활동과 재무활동에 속하지 않는 회사의 모든 활동을 포함합니다.(일반적으로 제품의 생산과 상품, 용역의 구매 및 판매활동)

영업활동의 현금 유입 : 제품 등의 판매에 따른 현금유입, 이자수입과 배당금 수입, 기타 영업활동으로 인한 현금유입

영업활동의 현금 유출 : 매입처에 지급한 현금, 종업원에 대한 지출액(퇴직금 지급액 포함), 이자지급액, 법인세 지급액, 기타 영업활동에 따른 현금지출액

2. 투자활동으로 인한 현금흐름표를 작성하라.
   투자활동으로 인한 현금흐름표 작성과 관련하여 어떠한 가정을 하였나?

투자 활동	○ 월	○ 월	…	1분기	2분기	…
1. 현금유입 활동						
단기금융상품처분						
유가증권처분						
토지처분						
· · ·						
2. 현금유출 활동						
현금의 단기대여						
단기금융상품취득						
유가증권취득						
· · ·						
현금흐름						

"투자활동의 현금흐름"이란 : 현금의 대여와 회수활동, 유가증권, 투자자산, 유형자산 등의 취득, 처분활동 등 영업활동과 관련이 없는 자산의 증가, 감소 거래를 의미합니다.
투자활동의 현금 유입 : 유가증권(현금등가물은 제외)의 처분, 대여금의 회수, 투자자산의 처분, 유형자산의 처분.
투자활동의 현금 유출 : 유가증권(현금등가물은 제외)의 취득, 대여금의 지급, 투자자산의 취득, 유형자산의 취득, 무형자산의 취득 등.

3. 재무활동으로 인한 현금흐름표를 작성하라.
   재무활동으로 인한 현금흐름표 작성과 관련하여 어떠한 가정을 하였나?

재무 활동	○ 월	○ 월	…	1분기	2분기	…
1. 현금유입 활동						
단기차입금 차입						
사채발행						
보통주 발행						
· · ·						
2. 현금유출 활동						
단기차입금 상환						
사채상환						
유상감자						
· · ·						
현금흐름						

"재무활동의 현금흐름"이란 : 현금의 차입 및 상환활동, 신주발행이나 배당금지급 등 영업활동과 관련이 없는 부채 및 자본의 증가, 감소거래 등을 의미합니다.
재무활동의 현금 유입 : 장 · 단기 차입금의 차입, 사채의 발행, 주식의 발행 등.
재무활동의 현금 유출 : 장 · 단기 차입금의 상환, 사채의 상환, 배당금의 지급 등.

Ⅲ. 손익계산서를 작성하기 위하여 다음 자료를 준비하시오.

1. 매출액(판매량×가격)을 예측하시오.

매출 항목	○ 월	○ 월	…	1분기	2분기	…
제품A						
제품B						
제품C						
· · ·						
매출총액						

매출액을 예측할 때 사용한 가정은 무엇입니까? (할인판매 등)

2. 판매비와 관리비를 예측하시오.

판매비 / 관리비	○ 월	○ 월	…	1분기	2분기	…
급여						
임차료						
감가상각비						
광고선전비						
세금과공과						
대손상각비						
· · ·						
판매비 / 관리비총액						

판매비와 관리비를 예측할 때 사용한 가정은 무엇입니까?

3. 영업외 수익 및 영업외 비용을 예측하시오.

영업외 활동	○ 월	○ 월	…	1분기	2분기	…
1. 영업외 수익						
이자수익						
배당금수익						
외환차익						
· · ·						
영업외 수익 합계						
2. 영업외 비용						
이자비용						
이환차손						
기부금						
· · ·						
영업외 비용 합계						

영업외 수익 및 비용을 예측할 때 사용한 가정은 무엇입니까?

4. 특별이익 및 특별손실을 예측하시오.

특별 활동	○ 월	○ 월	…	1분기	2분기	…
1. 특별 이익						
자산수증이익						
채무면제이익						
보험차익						
· · ·						
특별 이익 합계						
2. 특별 손실						
재해손실						
· · ·						
특별 손실 합계						

특별이익과 특별손실을 예측할 때 사용한 가정은 무엇입니까?

Ⅳ. 추정재무상태표를 작성하시오.

과　　　　목	1분기	2분기	3분기	4분기
	금　액	금　액	금　액	금　액
자　　산				
Ⅰ. 유동자산				
(1) 당좌자산				
· · ·				
(2) 재고자산				
· · ·				
Ⅱ. 비유동자산				
(1) 투자자산				
· · ·				
(2) 유형자산				
· · ·				
(3) 무형자산				
· · ·				
자산총계				
부　　채				
Ⅰ. 유동부채				
· · ·				
Ⅱ. 비유동부채				
· · ·				
부채총계				
자　　본				
Ⅰ. 자본금				
· · ·				
Ⅱ. 자본잉여금				
· · ·				
Ⅲ. 이익잉여금(결손금)				
· · ·				
Ⅳ. 자본조정				
· · ·				
자본총계				
부채와 자본총계				

추정재무상태표 구성 항목 작성 시 사용한 가정은 무엇입니까?

V. 당신 회사의 손익분기점을 계산하시오.(손익분기분석)

1. 월간 고정비(총간접비, 광고비, 기타)는 얼마인가?

고정비 항목	○ 월	○ 월	…	1분기	2분기	…
임대료						
전기료						
전화료						
광고선전비						
· · ·						
월간 고정비						

2. 매출액에서 매출원가가 차지하는 비중(매출원가비율)은 얼마인가?

3. 매출총이익(Gross Profit Margin)을 구하시오.
   매출총이익=(매출액 - 매출원가)/매출액 = 1 - 매출원가비율

4. 1) 손익분기 매출액을 계산하시오.
   손익분기 매출액 = 월간고정비 ÷ 매출총이익

   2) 손익분기 생산(판매)량을 계산하시오.
   손익분기 생산(판매)량 = 손익분기 매출액 ÷ 제품 단위 판매가격

VI. 현재 당신 회사의 소유구조를 설명하시오.

VII. 투자자에 대한 당신 회사의 투자요청액 및 사용내역을 설명하시오.

VIII. 당신 회사가 투자자에게 제시할 수 있는 투자상환(회수) 방법을 설명하시오.

제10장 벤처기업의 성장전략과 사회적 책임

학습목표

- 지속가능한 경쟁우위의 개념
- 시장진입과 성장전략
- 첨단기술시장의 이해와 캐즘 극복전략
- 벤처기업의 국제화
- 기업의 사회적 책임

제10장 벤처기업의 성장전략과 사회적 책임

제1절 지속적 경쟁우위

1. 지속적 경쟁우위와 전략

창업의 기회를 발견하고, 창업팀을 구성하고, 자원을 동원하여 사업의 구체화를 위한 활동은 그 시점에서는 경쟁의 우위를 가질 수 있다. 하지만 경쟁자의 진입과 기존 기업의 보복 등으로 지속적 기회를 가지는 데에는 많은 장애가 있다. 경제적 교환에서의 경쟁우위는 제2장 경영전략에서 언급된 바와 같이 고객에게 보다 나은 가치를 제공하는 능력으로 정의된다. 창업기업은 창업단계 및 성장기에 핵심적 의사결정을 통해 시장에서 경쟁우위를 가질 수 있는 제품의 개발과 경쟁지위 확보를 위한 전략적 위치의 설정이 중요하다.

지속적 경쟁우위의 역할은 경쟁 자체를 없애버리거나, 경쟁을 피할 수 있게 해주거나, 경쟁기업이 쉽게 모방할 수 없도록 해준다. 이에는 특허, 등록상표, 고객지향적 기업문화 등이 배경이 된다. 지속적 경쟁우위는 전략적 경쟁우위이다.

경쟁우위의 지속성은 처음 시장진입시의 경쟁우위를 유지하며, 경쟁기업과 차별화되는 핵심역량을 보유하며, 지속 가능한 경쟁우위를 어떻게 유지하는가가 전략수립의 핵심요소이다. 따라서 창업자는 보유하고 있는 자원을 활용한 경쟁우위를 가질 수 있는 지위의 확보가 중요한데 이를 전략적 위치선정(strategic positioning)이라 한다.

경쟁우위는 창업벤처가 신생기업의 어려움(liability of newness)을 극복하고 생존할 수 있는가를 결정하는 핵심요소이다. 이는 투자자 등 이해관계자가 가지는 관심의 핵심이 된다. 이는 '불공정한 경쟁우위'(unfair advantage)라고 불리는 경쟁자의 입장에서 볼 때는 불공정하다고 느낄 정도의 명확한 경쟁우위

요소를 말한다.

이는 쉽게 모방할 수 없는 핵심역량의 보유를 통해 보유할 수 있으며, 시장은 항상 변하고, 경쟁자는 어디서나 있을 수 있다는 자세를 유지하여 지속적인 혁신을 이룰 때 가능하다. 기업이 활용할 수 있는 전략을 요약하면 주어진 시장에서 사업의 경쟁적 위치를 어떻게 정의하느냐의 문제인 사업부 수준과 어떤 사업에 진출할 것인가를 결정하는 전사적의 전략으로 구분 할 수 있고 각 수준별 전략은 [그림 10-1]과 같다.

그림 10-1. 전략의 선택

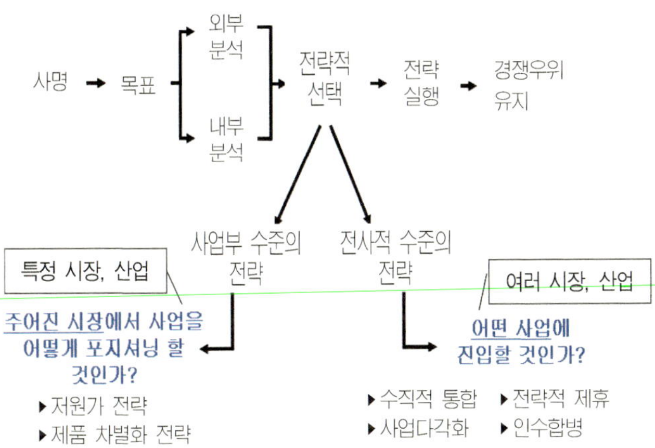

1) 사업부 수준 경쟁전략

사업부 수준에서 기업이 취할 수 있는 전략으로는 포터(M. Poter)가 제시한 원가우위, 차별화, 집중화 전략으로 구분할 수 있다. 즉 자사제품의 성능과 품질에서 우월한 제품을 생산하여 시장에서 공급하거나, 낮은 비용으로 생산하거나, 특정 고객집단의 니즈를 충족시키는 기업 경영방침을 말한다. 어떤 전략을 활용할 것인가는 회사가 보유하고 있는 자원과 역량 및 기업이 속한 산업구조에 따라 영향을 받는다.

차별화 우위(differentiation)는 고객이 느끼는 효용의 차별성을 강화시키는 것으로, 초기 시장에서는 원가우위와 구분이 어려우나 시장이 성장하면서 기술 및 마케팅의 차별화로 나타난다. 이는 진입장벽을 우회하여 진입에 따르는 비용과 위험부담을 줄일 수 있을 뿐 아니라, 기존기업의 보복적 행위를 효과적으로 대처할 수 있는 수단이다. 기술혁신 차별화에는 제품, 공정기술혁신, 특허, 노하우 등을 이용하는 방법을 말하며, 마케팅 차별화는 유통 방법, 판촉방법, 서비스 방법의 혁신에 의해서 이루어진다. 쏠리테크 및 케이디컴의 경쟁전략을 차별화 우위의 전략을 들 수 있다.

원가우위(cost leadership)는 전반적 비용우위(overall cost advantage)의 확보를 의미한다. 이는 제품설계, 원부자재의 조달, 생산공정의 이점 등의 활용을 통해 이룰 수 있다. 또한 누적생산량이 증가할수록 생산원가가 낮아지는 경험효과(experience effect)의 활용이 있다. 이는 숙련도의 향상, 생산방식의 개선 및 규모의 경제(economy of scale)에 의한 효과이다. 원가우위를 확보하기 위해서는 공정혁신(process innovation)이 지속적으로 이루어져야 한다. 창업 초기에는 제품의 성능향상 등 차별화에 중점을 두어 효율을 간과하는 경향이 있다. 하지만 초기부터 효율적인 생산역량 보유를 위한 관리의 효율화 체계를 수립하지 않으면 시장의 급성장에 따른 생산규모의 확대에 적절한 대응을 하지

그림 10-2. 사업부 수준의 전략

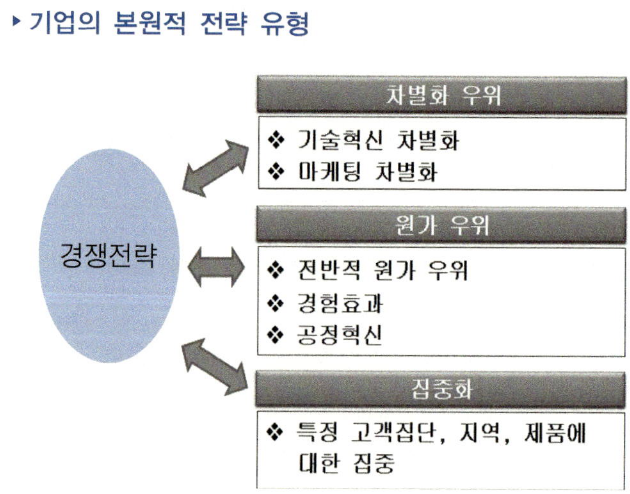

못하게 된다. 따라서 구매, 생산, 유통 등 가치사슬 경로상의 각 활동에 있어 비용을 절감할 수 있는 노하우의 축적이 필요하다. 이에는 생산공정의 자동화, 제품설계의 개선, 생산 및 유통 방법의 혁신, 재고관리 방법의 혁신 등의 방법이 있다. 델컴퓨터와 엠케이전자를 사례로 들 수 있다.

집중화 전략은 특정 고객집단, 특정 지역, 특정 제품에 집중하여 경쟁우위를 확보하고자 하는 전략이다. 이 전략은 좁은 범위의 고객과 시장을 대상으로 하여 경쟁기업과 효과적으로 대응한다는 것이다. 즉 경쟁자들이 쉽게 접근할 수 없는 틈새시장을 찾아서 경쟁우위를 확보할 수 있다면 높은 수익을 유지할 수 있을 것이다. 쿠쿠 홈시스나 컴투스의 시장진입전략을 집중화 전략의 사례로 들 수 있다.

2) 전사적 수준의 경쟁전략

전사적 수준의 전략으로는 수직적 통합, 전략적 제휴, 사업 다각화, 인수·합병 전략이 있다. 이 중 벤처기업의 지속적 우위 전략으로는 연속화 전략과 전략적 제휴가 활용될 수 있다. 수직적 통합은 전·후방 통합을 통해 시너지 효과를 추구하는 전략으로 M&A와 함께 많은 자금과 경험을 요구한다. 또한 이러한 전략은 시장의 주도권을 확보할 정도가 아니면 경쟁기업으로 하여금 경계를 증폭하게 만들어 시장환경을 악화시킬 우려가 있다. 사업 다각화 또한 기업의 자원과 역량을 분산시킬 위험을 함께하고 있기에 초기 벤처기업의 성장전FIR으로는 많은 위험을 내포하고 있다.

연속화 전략이란 초기제품의 성공에 이어 지속적인 연구개발을 통해 후속제품을 시장에 연속으로 출시하여 소비자에게 강한 인상을 줌으로써 소비자에게 선도기업으로서의 이미지를 확보하는 전략이다. 후속제품으로는 초기제품과는 전혀 다른 새로운 제품이나 초기제품의 업그레이드 제품을 출시할 수 있다. 새로운 후속제품으로 성공한 사례로는 휴맥스가 있다. 초기 단순 무료 수신기 모델에서 다양한 수신제한 장치 모델로 수평적 확대 및 DVR의 개발은 기술 선두기업으로서 위치를 공고히 하였다. 업그레이드 제품으로 시장에서의 입지를 구축한 사례로는 엔씨소프트가 있다. 또한 다음, 아이레보 등도 연속화 전략으로 성공한 사례라 하겠다. 다음은 인터넷 포털사업에서 메일 서비스로, 다음 카페로, 다음 쇼핑으로 계속 업그레이드하여 사업모델을 확고히 하였으며, 아이리버는 MP3 플레이어와 디지털 인감도장 사업에서 출발하였으나 실패한 후 암호

기술을 기반으로 디지털 도어락 사업(게이트맨)에 진출하여 성공하였으며, 홈네트워크 시큐리티 사업으로 확장하고 있다.

전략적 제휴는 외부자원 활용을 통해 내부 경영자원의 불리함을 극복하는 전략으로, 벤처기업은 외부자원 활용의 대안으로 전략적 제휴를 시도한다. 전략적 제휴는 계획적이고 명확히 제시된 목적수행을 위해 설립되며, 벤처기업의 전문성과 유연성을 견지하면서 다양한 집단으로부터 제공되는 역량의 활용이 가능하다. 즉 경쟁관계에 있는 기업이 일부 사업 또는 기능별 활동부문에 있어 경쟁기업과 일시적인 협조관계를 갖는 것을 의미한다. 이들의 형태로는 라이센싱, 상호 마케팅 협정, 상호 집분 보유, 합작투자 등이 있다.

전략적 제휴의 목적은 자원과 위험의 공유, 제품개발과 시장진입의 속도 단축, 산업표준의 선택, 기업의 유연성 확보를 위해 추진하게 된다. 벤처기업의 경우 때로는 대기업의 자금 및 유통망의 활용차원에서 또한 좋은 평판의 확보 및 홍보, 인지도 상승의 효과를 얻기 위해서, 벤처기업 간에는 공동 마케팅이나 상호 시너지 효과의 창출을 위해 전략적 제휴를 한다. 이러한 전략적 제휴가 성공하려면 상호간에 제휴의 목적을 명확히 해야하며, 상호 신뢰를 바탕으로 해야 한다.

2. 성장을 위한 벤처기업 활용전략

1) 벤처기업의 시장진입전략

벤처기업의 경쟁은 새로운 제품이나 서비스를 가지고 시장에 진입함으로서 시작된다. 초기 시장진입 시에는 진입장벽을 어떻게 극복할 것인가에 초점을 맞추어야 한다. 진입장벽을 낮추거나 우회하기 위해 새로운 제품이나 새로운 기술 등을 활용한다. 경쟁확보를 위한 전략으로는 원가우위, 차별화, 집중화 전략이 사용되며, 정책의 변화, 시장불균형의 발생, 사회적 관계 등을 적절히 활용함으로서 시장진입에 유리한 위치를 선점할 수 있다.

시장진입을 위한 벤처기업이 활용해야 전략으로는 공격자 우위(attacker's advantage), 틈새시장(neche market) 진입전략, 선발자 우위(first mover advantage) 활용 및 자산 간결화(asset parsimony) 전략이 있다.

신생 벤처기업이 제공하는 새로운 제품이나 서비스는 대체재로서 기존 기업의 영역을 침범하는 경우가 대부분이다. 반도체가 진공관을, IC에 의한 트랜지스터의 대체, PC가 메인프레임 컴퓨터를, 무선통신기기도 삐삐(페이저)와 PCS 폰에서 셀룰러 폰으로 대체되어 가는 경우이다. 크리스텐슨(Christensen)은 이를 지속성 기술과 와해성 기술의 개념으로 설명하고 있다. 주류기업들은 지속성 기술의 성능향상을 목표로 하는 반면에 와해성 기술은 기존의 고객들이 전통적으로 중요시하는 것과는 달리 판이하게 다른 성능특성을 도입하는 경향이 있다. 오랜 역사를 가진 브리태니커 백과사전은 MS의 엔카타(Encarta)라는 CD롬 백과사전에 시장지배력을 빼앗긴 것이 와해성 기술의 사례이다.

공격자는 기술혁신을 이용하여 새로운 켄셉의 제품을 가지고 시장에 진입하게 된다. 그러나 현재의 리더 기업은 기존의 기술을 바탕으로 한 경쟁우위를 가지고 있기 때문에 새로운 기술로 전환하기 쉽지 않다. 이는 기존 기술에 의한 자원과 역량을 구축하는데 막대한 투자가 있었고, 이것이 일종의 매몰비용(sunk cost)으로 작용하기 때문이다. 또한 기존의 경영시스템, 전략, 인력구조 등으로 인한 조직의 관성(organizational inertia)이 작용한다. 80년대 후반 IBM의 딜레마나 최근의 GM의 몰락이 그 예이다.

틈새시장 진입은 시장이 작거나 중요성이 낮아서 기존의 경쟁자가 효과적으로 서비스를 제공하기 힘든 시장이다. 예를 들면 모바일 게임 산업은 전체 규모가 1,000억 원 정도로 이동통신 서비스 사업자가 진입하기에는 진입비용에 비해 수익을 창출하기가 쉽지 않다. 또한 이동통신 서비스 사업자의 측면에서는 모바일 게임은 다양한 콘텐츠의 일부로 시장의 중요성이 크지 않다. 반면 벤처기업의 측면에서는 상당히 매력적인 시장이 된다. 또한 처음에는 적은 규모의 시장이지만 환경의 변화로 인해 규모가 확대되는 경우가 있다. MS의 경우 IBM이 PC산업의 중요성을 인식하지 못하고 OS를 외주함으로써 틈새시장에 진입하였다. 이후 PC산업의 성장에 따라 MS는 독보적인 존재가 되었고, IBM이 OS2를 개발하는 등 대응하였으나 시장의 신뢰성과 인지도를 갖춘 MS를 넘지 못하게 된다.

벤처기업은 선발자의 이점(first mover advantage)을 활용하는 것이 경쟁우위 확보에 유리하다. 선발자의 이점에는 기술우위, 자원획득, 전환비용의 유발 등이 있다. 선발자는 다른 경쟁자보다 기술적 우위에서 앞서갈 수 있다. 또한 공급자와의 유리한 조건 또는 장기적 계약 등을 통해 핵심적 자원의 획득에 있어서도 우위를 확보할 수 있다. 고객들에 대하여는 전환비용(switching cost)의 부담을 느끼도록 함으로써 상대적 교섭력의 우위를 유지하고, 신규 참여자에 대한 진입장벽을 구축할 수 있다.

선발자의 이점은 초기 잠재시장에 진출하여 진입장벽 극복 비용을 절감하며, 경쟁자의 참여기간 동안 초과이익을 취할 수 있으며, 선도자로서의 명성을 가질 수 있다. 선점의 이익을 누리려는 경영자는 시장의 변화를 파악할고 있어야 하며, 추세를 통해 시장을 예측하고 미리 진출할 필요가 있다. 1981년 창업한 풀무원 식품은 70년대 중반 무공해 농장에서 출발하여 소득수준의 향상에 따른 건강과 환경문제에 대한 관심이 높아질 것을 예상하고 유기농, 무공해식품 사업에 진입함으로써 선발자의 우위를 활용한 사례라 하겠다. 인터넷 기업의 경우에도 선발자 우위를 통한 회원 수의 확보와 방문자 증대는 기업의 중요한 자산이다.

자산 간결화는 초기 자원의 제약을 극복하기 위해 사무실이나 공장 등의 자산에 투자되는 비용을 최소화하는 전략이다. 즉 고정비를 최소화하고 아웃소싱을 통해 부족한 자원을 보완하는 것이다. 이는 벤처기업의 특성인 탄력성과 신속성이 잘 반영된 전략이기도 하다.

그림 10-3. 벤처기업의 시장진입전략

시장진입 전략	
공격자의 우위와 방어자의 딜레마	• 지속성 기술(Sustaining Technology) • 교란성 기술(Disruptive Technology) • 기술혁신의 활용
틈새시장 진입전략	• 벤처기업은 선택과 집중을 통한 시장진입이 절대적으로 필요
선발자 우위 활용	• 기술우위, 자원획득, 전환비용의 유발 등의 측면에서의 선발자 우위 • 교섭력의 우위 유지와 신규 진입자에 대한 진입장벽 형성
자산 간결화 전략	• 벤처기업의 초기 투자자본의 제약으로 인한 투자비용 최소화 전략

2) 첨단기술시장

불연속적인 혁신을 기반으로 하는 첨단기술 제품은 지속적으로 개발되고 있다. 특히 새로운 아이디어와 신기술을 가지고 첨단제품 시장에 뛰어드는 벤처기업들도 많이 있다. 그러나 성능 좋고, 품질이 우수한 제품을 보유한 벤처기업들은 자신들의 제품이 왜 시장에서 성공적으로 성장하지 못하는지를 이해하지 못해 실패하는 경우가 생긴다.

이러한 신기술 제품은 본질적으로 소비자의 행동 및 태도의 변화와 기존 산업 인프라의 변화를 요구하는 불연속적 혁신을 근간으로 하고 있기 때문이다. 즉 소비자가 신기술 제품에 적응하기 위해서는 전환비용(switching cost)을 지불해야 하며, 전체 산업이 신기술 제품의 혁신을 받아들이느냐에 따라서 그 제품의 운명이 결정되기 때문이다.

첨단기술제품 시장은 주어진 제품군이나 서비스에 대하여 공통적인 욕구와 필요를 가지고 있으며, 이들이 구매의사 결정 시 특정 소속집단 내에서 서로의 경험이나 사례를 참조(reference)하려는 성향이 있는 실재하거나 잠재적인 고객집단의 시장을 말한다. 이러한 하이테크 산업의 마케팅은 완전완비제품(who1e product)과 기술수용주기이론을 중심으로 파악해야 한다. 완전제품은 레빗(T. Levitt)이 처음 사용하였고, 데비도우(B. Davidow)가 '첨단기술 마케팅'(marketing high technology)에 사용하면서 미국의 실리콘 밸리에 알려지게 되었다. 기술수용주기이론이 등장하기 전에 실리콘 밸리의 하이테크 분야의 마케팅 담당자들은 브랜드 인지도 제고를 위한 광고촉진 활동을 중심으로 전통적인 소비자 마 케팅 전략을 수행했으나 만족할 만한 성과를 얻지 못했다.

첨단기술시장의 수용특성을 로저(Everett M. Rogers)는 혁신의 확산이론으로 설명하고 있다. 혁신의 확산은 기술수용주기로 구분하고 있는 데 첨단제품 시장을 3개 시장에 5가지 유형의 고객으로 설명하고 있다. 기술 수명주기에 따라서 우선 초기시장, 주류시장, 말기시장으로 구분하고, 초기시장에서는 혁신수용자(mnovators, 2.5%)와 선각수용자(early adopters, 13.5%)로 구성되고, 주류시장은 전기다수구매자(early majority, 34%)와 후기다수구매자(Late majority, 34%)로 구성되며, 말기시장은 첨단제품에 대한 지각수용자(Laggards, 16%)로 구성되어 있다. 이러한 각 고객들은 제품수용에 대한 태도와 사고방식에 있어서 차이가 있다. 반면 최근에는 slow adopters가 부각되면서 마케팅에 있어 long tail 법칙이 적용되기도 한다.

(1) 기술수용주기이론과 단계별 고객특성

① 초기시장

혁신수용자는 기술애호가(technology enthusiasts)로 이들은 초기시장의 중심으로서 신제품의 구조를 빨리 이해하고 첨단제품이 기존 제품들보다 경쟁력이 있는 이유를 먼저 인식하는 고객이다. 신기술을 배우는데 관심이 높고, 모든 사람들로부터 유능한 초기 평가자라는 인정을 받고 있다. 기술 애호가들은 구매집단으로서 또는 회사의 구매결정에 큰 영향력을 행사하는 사람으로서 역할을 한다. 초기혁신자 시장을 공략하는 경우에는 신기술 제품의 가격을 낮게 책정해야 하며, 회사나 조직의 예산에서 지출된다면 그들로 하여금 가격에는 신경을 쓰지 못할 정도의 매력적인 가격을 제시해야 한다.

직접반응 광고(direct response advertising) 중심으로 전문적인 기술과 관련된 매체에 메시지를 남겨 놓을 필요가 있다. 또한 이미지 광고는 배제하고, 기술에 대해서 사용욕구를 불러일으키는 방식을 취해야 한다. 초기시장에서 기술 애호가들은 첨단제품을 출시하는 벤처기업에게 매우 중요하다. 즉 이들의 구매 및 사용을 통해서 시장 내에서 참조원천이 될 수 있기 때문에 이들과의 관계를 유지하는 것이 중요하다.

선각수용자(visionaries) 집단은 부상하는 신기술을 전략적인 기회로 연결시킬 수 있는 통찰력을 가진 집단으로서 초기에 기술제품을 수용하는 집단이다. 선각수용자 집단은 생산성 향상과 자사의 고객에 대한 서비스를 획기적으로 개선하기 위해서 당시에 충분히 검증되지 않은 기술적 혁신(breakthrough)을 과감하게 채택함으로서 위험을 수용하고, 그것을 통한 가치창출에 초점을 두는 성향을 가진다. 초기 수용자들의 주요 특징은 가격에 민감하지 않고, 전략적 우위를 지키기 위해 상당한 금액을 투자할 여력이 있다. 벤처기업은 이들의 구매를 통해서 초기의 기본적인 자본을 얻을 수 있다. 벤처기업은 초기시장의 기술수용자들의 기대치를 관리하고 지속적으로 확신을 심어줄 수 있는 영업인력이 필요하다.

② 주류시장

전기 다수 수매자인 실용주의자(pragmatists)는 시장의 주류를 이루는 집단으로서 단계적이고 측정할 수 있는 예측 가능한 진보, 즉 점진적인 발전을 목표로 하고 있다. 무엇보다도 다른 사용자를 참조하여, 확신을 갖길 원하며, 위험부담을 하지 않는 '경향이 있다. 이들은 일단 한번 사로잡으면 중요한 고객이 되지만, 그 전에 먼저 신뢰를 얻어야 한다. 실용주의자들은 제품구매 시에 제조회사, 품질, 보조제품의 다양성, 시스템 인터페이스, A/S내용 등을 면밀히 검토하는 특성을 보인다. 또한 실용주의자들은 제품가격에 상당히 민감하며, 유통관계를 최소한으로 유지하여 자신들의 구매력을 지속적으로 유지하고, 문제 발생 시 통제할 수 있는 핵심사항을 찾아내고자 하는 특성을 가진다.

이러한 실용주의자 집단에게는 이들이 참석하는 회의나 제품발표회에 참가해야 하고, 이들이 자주 보는 잡지에 기술을 광고 등을 게재할 필요가 있다. 이들의 관심을 끌고 있는 제품의 응용제품을 개발하고, 이들과 거래하는 판매회사들과 제휴를 맺는 것이 좋다.

후기 다수 구매지인 보수주의자 (conservatives)는 불연속적 혁신에 반대하는 경향을 보이며, 첨단기술에 대해서 두려움을 가지고 있는 매우 보수적인 특성을 보인다. 사용에 필요한 모든 것이 함께 제공되며, 이미 조립되어 있는 완전한 제품을 대폭 할인된 값에 사기를 좋아한다. 보수주의자들 집단의 후기시장은 큰 기회로서 저렴한 가격에 약간 뒤쳐진 안전한 기술을 중심으로 그들의 사업 필요성에 맞추어 단일 기능의 시스템으로 재포장하는 것이 유리하다. 즉 이들을 공략하기 위해서 벤처기업은 완전제품을 준비하고, 가장 효과적으로 배포할 수 있는 유통망을 확보하는 것이 중요하다.

③ 말기시장

첨단기술 시장의 마지막을 구성하는 지각수용자는 회의론자(skeptics)로 첨단기술 시장에 거의 참여하지 않는다. 따라서 이들의 영향력을 최소화하거나 무력화시키는 것이 중요하다. 한편으로 이들의 주장에 대해서 장점은 수용할 필요가 있다. 첨단기술 제품은 업무 처리의 능률을 향상시켜 결과적으로 각 개인의 시간을 절감시켜 준다. 하지만 각 개인이 절약한 시간만큼 일을 더 해서 회사에 득이 되도록 하지는 않는다. 또 엄청난 비용을 들여 추가한 기능들이 제대로 사용되지 않고 있다. 그 이유는 사용자들이 그 기능을 배우려 하지 않기 때문이다. 또한 첨단제품을 쓸 수 있도록 하기 위한 설비와 교육에 투자된 시간 이상의 경제적 효과를 내는 사람들도 있지만 그렇게 할 수 없는 사람들도 그 만큼은 된다는 것도 사실이다. 다시 말하면 교육받느라 허비된 시간과 비용 그리고 그들을 지원하기 위해 구입된 시스템의 비용 또한 그 시스템을 효과적으로 이용할 수 없음으로 해서 발생하는 손실은 매우 크다. 따라서 벤처기업은 회의론자들의 욕구를 만족시키기 위해서는 완전제품 해결책을 통해서 이들을 설득하고, 이들의 비판을 수용하여 제품을 향상시킬 필요가 있다.

그림 10-4. 기술수용주기

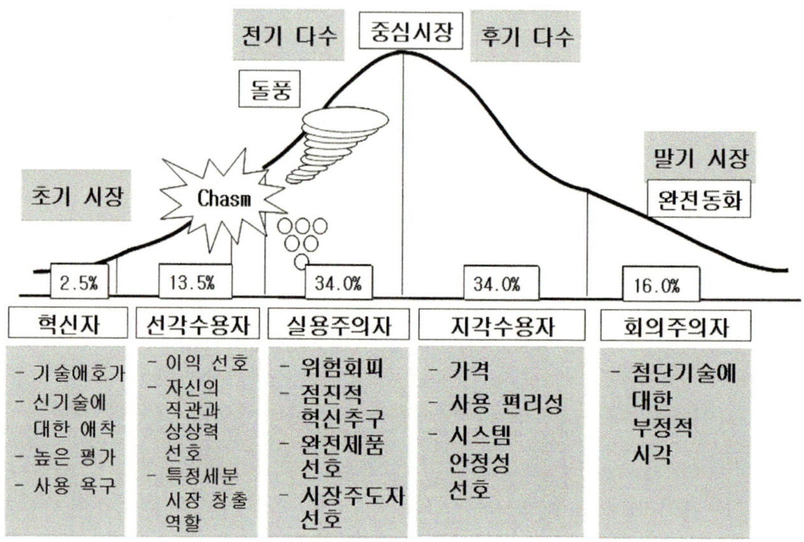

출처 : G. A. Moore, 『토네이도 마케팅(*Inside The Tornado*)』, 유승삼 외 옮김, 세종서적, 2001.

(2) 벤처기업의 캐즘(chasm) 극복 전략

① 캐즘의 특징

첨단기술 시장에서는 각 시장에서 새로운 단위시장으로 이동할 때, 참조사례가 될 만한 고객기반이 부족하다는 매우 중요한 특성을 보이고 있다. [그림 10-4]에서 알 수 있듯이 초기 수용자와 전기 다수 사이에 크게 벌어진 대단절, 즉 캐즘이 존재한다. 캐즘에서 가장 위험한 점은 새로운 고객이 부족하다는 것이다. 신기술의 채택에 적극적이고, 전략적인 초기 수용자 집단이 주도하여 생성된 기회의 초기시장은 포화상태에 이르게 되고, 주류시장의 고객들이 구입욕구를 느낄만한 수준에 이르지 못했기 때문에 매출이 급격히 감소하고, 자금 흐름이 악화되기 시작한다. 게다가 새로운 경쟁자에 대해서 반응을 하지 않던 주류시장의 기존 경쟁자들이 한두 건의 중요한 경쟁에서 패한 다음에 갑자기 신규 경쟁자를 의식하고 영업력을 가동해서 반격에 나선다는 사실이다.

캐즘을 극복하기 위해 벤처기업의 경영진은 참조 성공사례를 만들고, 불연속적인 기술혁신만이 현실적인 해결책이라는 점을 실용주의자들에게 설득시키는데 필요한 보조제품들과 인터페이스의 기반구조를 구축하려 하지만 예산의 부족상황을 맞게 된다. 이 경우 투자 자금이 부족해지고, 기존 투자자들도 의심을 가진 채로 시간을 보내게 되며, 악질적 투자자들은 캐즘 기간을 현재 경영진의 불신임과 퇴진시키기 위한 수단으로 활용하려고 한다. 따라서 이러한 캐즘을 극복하기 위해서는 전략적인 노력이 필요하다.

② 캐즘 극복의 노력

캐즘 극복의 가장 중대한 목표는 초기시장의 한계를 극복하고 주류시장으로 진입하는 것이다. 이러한 주류시장으로의 진입은 하나의 공격행위로서 시장진입 시에 기존의 경쟁자들이 거세게 대응하면서 새로운 참여자의 진입을 막으려고 한다. 캐즘에 빠진 신생 벤처기업은 경쟁자들로부터 주류시장을 탈환하기 위해서는 우선적으로 다른 제품과 회사들로 구성된 공격 결사대를 결성해야 한다. 일단 목표틈새시장으로 진입한 뒤에 주류시장의 전략적 목표 세부시장으로 옮겨가는 것이다. 벤처기업은 일단 목표 틈새시장으로부터 경쟁자들을 몰아내고, 추가적인 세분시장들을 확보하면서 전체 시장을 지배하기 위해 계속적으로 이동해야 한다.

캐즘을 극복하려는 신생 벤처기업은 목표 틈새시장 공략에 집중해야 한다. 이러한 전략의 효과는 다음과 같다. 첫째, 쉽게 성취할 수 있다. 둘째, 장기적 성공의 지렛대 효과를 얻을 수 있는 실행 가능한 구체적인 목표에 기업의 역량을 집중시킴으로서 벤처기업에 활력을 불어넣어 줄 수 있다. 그러나 상당수의 기업들은 주류시장이 보여주는 엄청난 가능성에 현혹되어 집중력을 잃고 모든 기회를 쫓아다니다가 실용주의적 구매자들이 인정할 만한 상품을 개발하지 못해 결국 캐즘을 뛰어넘는데 실패하게 된다.

따라서 신생 벤처기업이 캐즘을 뛰어넘기 위한 유일한 목표는 주류시장에 전진기지를 확보하는 것으로 해야 하며 이를 위한 세 가지 방안을 실천해야 한다. 첫째, 고객들이 원하는 모든 서비스 등이 결합된 제품, 즉 완전제품을 제공해야 한다. 둘째, 구매자들 사이에서 제품에 대한 좋은 평판이 구전되게 하는 강력한 전파력을 확보하는 것이다. 셋째, 틈새시장에서 초기에 50% 이상을 점유함으로서 시장주도력을 확보해야 한다.

실용주의자들이 주류시장에서 신생 벤처기업을 선도자로 인정하게 되면, 그 다음부터 계속 선두자리를 지키도록 만들어 준다. 한편으로 주류시장의 고객들은 제품의 기능 부족에 불평하고, 경쟁제품에 상응하는 품질을 요구한다. 벤처기업은 고객들의 구매결정을 단순화시키고, 품질을 향상시키며, 고객들이 완전제품을 구입하는데 드는 비용을 낮추며, 제 품 공급자가 바로 옆에 있다는 안정감을 제공해야 한다.

캐즘 극복을 위한 전략의 흐름과 세부전술을 요약하면 [그림 10-5]와 같다.

그림 10-5. 벤처기업의 Chasm 극복 전략

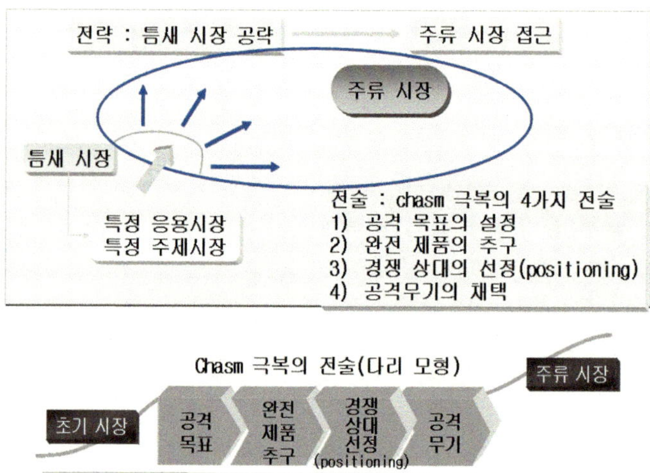

캐즘 극복을 위해서는 시장의 세분화가 필요하며, 니치 시장의 개발은 "누구에게 팔 것인가?"라는 시장을 정의하고, "무엇을 팔 것인가?"라는 제품을 정의하여야 한다. 이러한 정의를 바탕으로 고객특성을 파악하여 적합한 시장진입전략을 수립하여야 할 것이다. 기술수용주기를 활용한 단계별 고객특성은 〈표 10-1〉, 〈표 10-2〉와 같다.

표 10-1. 기술수용주기의 단계별 고객 특성 – 개인특성

· 수용주기에 있어서의 개인 특성

개인 특성	혁신자	초기수용자	초기 다수	후기 다수	Laggards
사회적 지위	상위 소수	중상류	중하류	하중류	하류
수입	고소득	고소득	평균 이상	평균수입	평균 이하 수입
직업	상위 전문직	중간 관리직 중규모 사업	중소기업 사장	노동직	단순 노동직
주택	고급 주택	좋은 아파트 넓은 집	다가구 주택	저수입 주택마련	빈민가
학력	사립 교육	대학 교육	고등학교 상업학교	고등 교육	낮은 교육 수준
시간 지향성	현재 지향	미래 지향	현재 지향	현재 지향 (안전 욕구)	과거 지향

표 10-2. 기술수용주기의 단계별 고객 특성 – 심리적 특성

· 수용주기에 있어서의 심리적 특성

심리 특성	혁신자	초기수용자	초기 다수	후기 다수	Laggards
니즈의 특성	자기실행욕구 (잠재성의 현실화)	존경 욕구	소유 욕구	안전 욕구	생존 욕구
인지 (perceptions)	넓은 시야	특권 사회적 지위 자각 상위계층선망	지역적 야심, 포부, 지역적 사회수용	가정과 제품 중심	매일매일의 생존
자기 인식	엘리트 의식	사회적 노력가 동료 그룹의 리더 모험심이 있는	참조 그룹과 가정에서 존경을 받음	안전, 가정중심 공격적, 냉소적 희망 없음	숙명론적 하루 벌어 하루 사는
포부 그룹	상류층	혁신자 집단	중산층에서 분리된 자신의 그룹	하층에서의 분리	포부가 없음
참조 그룹	스포츠 사교 여행 그룹	산업과 지역사회 주도 골프, 대학, 친목회	노조, 가정, 보조단체	가정, 노조	소수 그룹 지향

캐즘 극복의 전술인 다리모형의 첫 번째 단계인 공격목표의 선정은 시장세분화를 통해 목표고객의 전형적인 특성을 파악하고, 선정된 공격목표인 목표고객의 첨단기술제품 구매 전후에 느끼는 만족, 불만족 시나리오를 구성하여야 한다. 다음으로는 가치 삼각형과 가치 나열표를 작성하여 공격목표의 우선순위를 결정하여야 한다. 이러한 공격목표 결정의 순서도는 [그림 10-6]과 같다.

그림 10-6. 공격목표의 결정 과정

공격 목표의 결정 과정

빈약한 자료에 근거한 의사결정의 위험성 고려

↓

정보에 입각한 직감(특성화)

↓

시나리오의 활용

↓

공격 지점의 우선 순위 결정

두 번째 단계인 완전제품의 추구는 실용주의자의 특성인 제품의 안전성과 완전성을 중시함(whole product)과 시장주도적인 제품을 선호함을 충족시켜 주는 단계이다. 이를 위한 전술실행으로 자사제품을 보완해 줄 수 있는 제품을 생산하는 기업과 제휴 또는 동맹을 통해 시장에서의 인지도 및 제품에 대한 신뢰도를 증진시킨다. 또한 완전제품(whole product) 모델의 실행을 통해 고객이 추가적인 노력을 하지 않더라도 제품을 충분히 사용할 수 있도록 기존의 차별화된 성능 및 가치에 사용기능의 편의성을 추가하여야 한다. 즉 플러그 인 제품으로 만들어야 한다.

그림 10-7. 완전제품의 구성

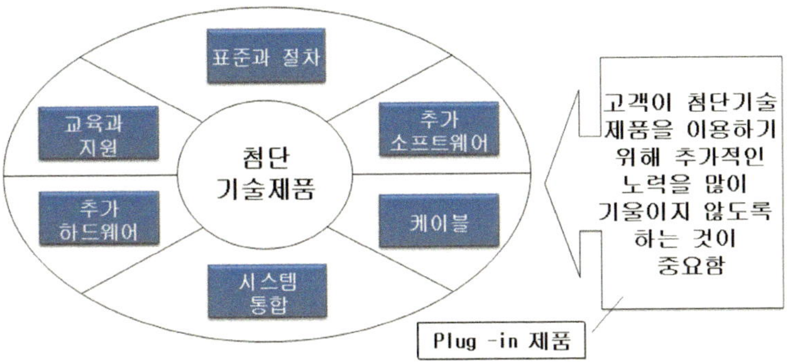

세 번째인 경쟁상대의 선정은 실용주의자의 특성인 제품의 기술이나 제품의 시장성에 관심을 가지는 특성에 부합되어야 한다. 실행 전술로는 자사제품이 경쟁제품보다 경쟁우위에 있다는 것을 인식시켜야 할 것이다. 경쟁을 위한 자사의 포지셔닝의 흐름은 [그림 10-8]과 같다. 제품의 수용범위에 따라 전문가와 일반대중으로 구분하고, 기술적 수용과 이해의 정도에 따라 비판자와 후원자로 구분할 수 있다. 초기시장 진입시기에는 기술과 제품의 개발에 초점이 맞춰지나, 주류시장에 진입하기 위해서는 비판적 일반인인 실용주의자를 설득할 수 있어야 한다. 기업의 제품과 기술 보완이 시장의 요구에 초점이 맞춰져야 할 것이다.

그림 10-8. 경쟁상대의 선정

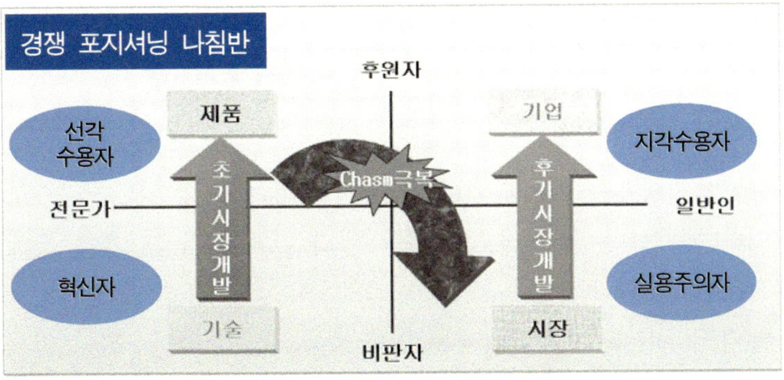

마지막 단계인 경쟁무기의 채택은 첨단기술 시장에서도 유통과 가격이 중요한 경쟁 무기임을 고려하여야 한다. 자사의 이윤 증대보다 유통경로에 이익이 많이 돌아가게 하여 이를 통한 시장선도를 주도할 수 있을 정도로 가격설정을 하여야 한다.

또한 캐즘 극복을 전술적 고려사항을 충족하더라도 벤처기업의 이해관계자들의 역할이 중요하다. 즉 벤처사업가, 벤처캐피탈은 물론 연구개발 담당자, 생산담당자 및 마케팅 담당자의 유기적인 협조가 중요하다. 캐즘 극복을 위한 관계자의 역할들을 정리하면 [그림 10-9]와 같다.

그림 10-9. Chasm 극복을 위한 역할

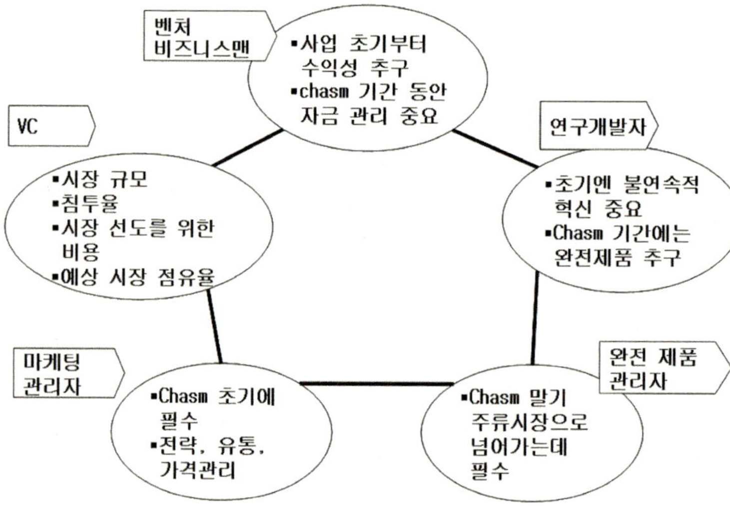

(3) 캐즘 이후의 단계

첨단제품의 신생 벤처기업은 캐즘을 넘은 이후에는 새로운 전략으로 주류시장에 진입하여야 한다. 일반적으로 볼링 앨리 단계와 돌풍단계를 통해서 급진적인 성장을 해야 한다.

볼링 앨리(Bowling Alley)단계는 일반 주류시장에 앞서 교두보인 틈새시장이 먼저 수용하는 시기로 고객의 강력한 구매충동 사유와 틈새시장에 일치하는 완전제품을 만들려는 벤처기업의 의지에 의해 추진된다. 이 단계에서는 고객중심의 틈새시장에서 캐즘 극복을 위한 전략처럼 교두보 확보, 즉 세분시장에서의 선도자가 되는 전략을 수행해야 한다. 특히 중요한 점은 제품 중심이 아닌 고객을 기반으로 하는 응용분야 중심적인(application-centric) 관점으로 전략을 수행해야 한다는 점이다.

돌풍(Tornado)단계는 대중적인 수요시장의 수용시기로, 일반시장은 새로운 인프라 패러다임으로 전환하게 된다. 볼링 앨리단계와는 다르게 대중시장을 대상으로 전략을 수행해야 한다. 틈새시장에서 어느 정도 선도자의 위치를 차지한 후에는 시장에서 돌풍을 일으켜야 한다. 이러한 돌풍단계에는 경쟁자를 가차없이 공격하고, 유통망을 확장하고, 고객을 당분간 무시하는 전략을 실행해야 한다. 반면에 첨단기술의 인프라 보유자에게만 독점적으로 초점을 맞추어 전략을 실행해야 한다.

중심가(Main street)단계는 후속시장의 발전단계로 인프라가 전진 배치되는 단계로서 남은 잠재시장의 가능성을 완성하는 단계이다. 이 단계에서는 고객중심적인 방향으로 다시 전략을 실행해야 하며, 공통의 표준 인프라를 대량맞춤생산(mass-customization)을 통한 부가가치 확보에 적합하도록 만드는 데 초점을 두어야 한다. 예를 들면 델컴퓨터의 전략과 같이 고객의 개별욕구와 필요에 맞추는 '고객맞춤' 전략이다.

완전 동화(Total assimilation)단계는 불연속적 혁신이 완전 동화되는 시기로, 기술수용 주기의 말기를 말한다. 첨단기술 분야에서는 이 시기가 매우 빠르게 진행된다. 변화의 견인차 역할을 하는 반도체 엔진이 가격 대비 성능을 계속적으로 향상시킴으로서 완전히 새로운 패러다임을 시장에 출현시켜 방금 출현한 선두주자를 밀어낼 수 있다.

3) 벤처기업의 마케팅 특성

벤처기업의 마케팅 특성은 특정한 제품 및 서비스로 단일 시장을 대상으로 하고 있기에 기존 기업과는 마케팅 상에 있어 다른 특성을 보이고 있다. 마케팅의 주요 고려요소인 제품, 가격, 촉진에 있어 주요한 고려사항 및 특성을 정리하면 아래와 같다.

그림 10-10. 벤처기업의 마케팅 특성

벤처기업 마케팅의 특징

대기업 마케팅	벤처기업 마케팅
• 여러 시장에 동종 또는 관련 제품 판매 • 보조 제품 시장의 개척 • 지역적 차이 고려 • 이미지 중심의 광고와 브랜드 인지도 강조	• 단일 시장에 집중 • 단일 제품과 제한된 관련 제품에 집중 • 고객 밀착 접근과 직관적 시장 지식에 의존 • 지리적 제한 • 경쟁우위의 원천으로 제품의 우수성 강조

제품의 가격을 적정하게 정하는 것이 매우 중요한데 이때의 고려사항으로는 경쟁사 또는 대체품과의 경쟁압력의 단계 정도, 시장의 수요에 대한 충분한 공급 여부, 수요의 계절성 및 주기 변화, 유통비용, 제품의 수명주기 단계, 제품비용의 변화, 경기상황, 판매자가 제공하는 고객 서비스, 판매촉진 활동의 양 및 시장의 실재 및 잠재적 구매력에 따라 가격전략을 탄력적으로 수립해야 한다.

제품의 특성에 따라 소비자에의 접근 및 전략적 주요 요소가 달라진다. 이러한 제품의 특성과 주요 전략적 요소를 정리하면 〈표 10-3〉과 같다.

기업이 가지는 유통 채널의 특성은 아래와 같다. 유통 채널은 새로운 시장진입자에게 기존 기업과 동일한 혜택을 주지 않음을 명심해야 한다. 그들은 기존 기업과의 거래를 통해 다양한 혜택과 관행을 유지하고 있다. 신규 진입자로 인한 관행에 불이익의 발생을 원하지 않을 것이며, 불이익을 감수한다면 그에 상응하는 추가적인 조건을 요구할 것이다. 아래 〈표 10-4〉는 유통 채널의 특성을 보여주고 있다.

표 10-3. 제품특성과 주요 전략적 요소

구분	내용
소비재 제품 (Consumption Goods)	· 소비재는 단기간에 소모되어지는 물리적 · 유형적인 아이템 · 고객 만족에 집중하여 시장에서 성공 · 고객에게 강력한 이익을 제공하는 것을 알림
내구재 제품 (Durable goods)	· 상대적으로 긴 사용 기간을 갖는 제품 · 지속성을 통한 고객 만족 제공 · 내구재는 자본적 지출, 소비재는 일반 지출
서비스 (service)	· 소비자의 긴장감(nervousness)을 다루는 것이 핵심 · 전략의 요소 - 신뢰성 - 외향성 - 유형물의 제공
엔터테인먼트 (Entertainment)	· 고객에게 즐거움을 주는 것 · 주로 민간의 언어를 통해서 이루어짐 · 주요 광고 매체가 고객
정보 (Information)	· 정보 판매에 있어서 매체의 역할을 인식하는 것이 중요 · 올바른 매체 선택을 통해서 정보 판매의 지속성 유지 · Content의 가치를 향상시킬 수 있는 매체의 선택
고급 아이템 (Status items)	· 명성을 통해서 구매자가 자부심을 갖도록 하게 함. · 명성의 원천 - 권력, 출생지, 부, 재능
사회적 만족 (Social satisfaction)	· 사람들과의 사교적 모임을 제공 · 기업과 고객과의 관계보다 실제로 고객들 간의 상호 관계를 잘 관리해야 함.

표 10-4. 유통 채널의 특성

구 분	장 점	단 점
직접 마케팅(direct marketing)	· 직접적, 즉각적 통제 · 신속함, 융통성의 확보 · 판매 방식의 시험 및 개발 가능	· 고객과의 밀착성 부족 · 고객에게 제품설명이 필요한 상품은 직접 마케팅이 어려움
내부판매인력 (In-house sale force)	· 고객과의 친밀한 관계 · 대화를 통한 시장 정보의 계속적 수집	· 비용의 증대(고정비 부담) · 관리의 필요성 -성공요소 : 교육훈련과 follow-up
외판원(Sales reps.)	· 고정비 부담의 완화 · 빠른 판매 가능성	· 기업이미지의 손상 가능성 · Reps.에 대한 통제력 약화 · 충성도가 낮음 · 시장에서 기업을 고립시킬 위험
체계적 유통 (systematic distribution) 유통업자	· 대규모 판매 네트워크 구축 · 상대적으로 계속적인 판매 채널 구축 · 우수한 유통업자는 회사의 좋은 이미지 구축에 도움	· 시장에서 기업을 고립시킬 위험 · 유통업자 및 최종소비자 모두 고객으로 모두 만족시켜야 하는 어려움

이러한 유통경로의 선정과 가격정책은 불가분의 관계가 있는데, [그림 10-11]과 같다. 주류시장에 적합한 유통경로를 탐색하고, 제품가격에 적합한 경로를 선택하며, 시장을 선도할 수 있는 가격을 책정한 후, 유통 채널에도 충분한 이윤이 보장되어야 한다.

그림 10-11. 유통경로와 가격결정 과정

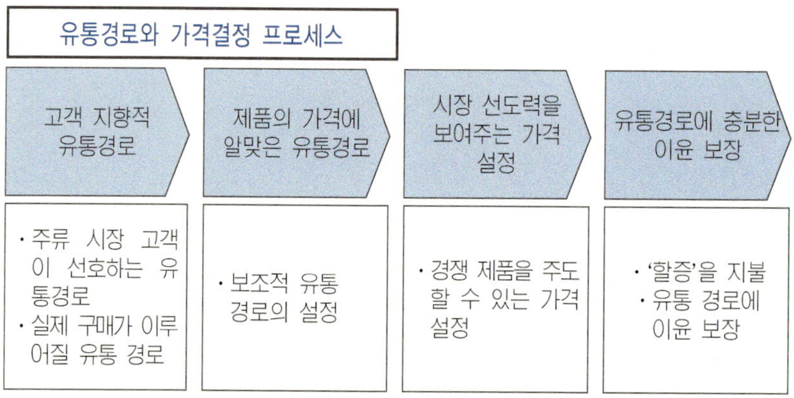

3. 성장전략으로서 벤처기업의 국제화

1) 벤처기업 해외진출의 전략적 시사점

기업의 국제화란 한 나라에서 경영활동을 수행하던 기업이 활동영역을 다른 국가로 확장하는 것을 의미한다. 국제화의 대상은 상품 및 서비스, 인력, 자본, 기술과 정보 등이다. 기업의 국제화에 영향을 주는 요인으로는 기업의 진출국 관련 요인과 기업의 목표 및 경영자의 태도, 기업이 보유한 자원의 가용성과 확장성, 기업의 역사와 제품의 특성 등이다. 기본적으로 외국시장에 진입하려는 기업은 현지국의 자국우선 정책실시, 언어와 관습의 차이, 소비자 기호의 차이 등으로 인해 현지국 기업에 비해 불리한 요소를 가지고 있다. 이를 외국비용(cost of foreignness)이라고 한다. 따라서 해외진출 기업이 외국시장에서 수익을 거두기 위해서는 해외투자에서 발생하는 외국비용을 상쇄할 만한 기업 특유의 우위가 존재하여야 한다.

기업의 국제화는 제품의 수명주기에 따라 이루어지기도 한다. 선진국에서는 이미 진부 화된 제품이 후진국에서는 새로운 제품으로 부상되는 시간차이를 이용하여 선진국에서 후진국으로 제품과 기술이 이전되는 것을 말한다. 이러한 예는 흔히 볼 수 있지만 오늘날에는 오히려 선진국의 최고급 기술과 제품을 도입하여 선진국과 같은 속도로 발전하고자 하는 추월전략(catch-up strategy)을 사용하는 국가의 등장으로 전통적인 제품 수명주기로 국제화를 설명하기는 힘들어지고 있다.

- 글로벌 경쟁시대에 국내시장만으로는 성장의 한계 인식
- 정보통신 기술의 발달로 해외진출 비용의 현격한 감소
- 시장의 세계화와 경쟁격화
- 글로벌 표준에의 접근 필요→규모의 경제 및 신규시장 확보
- 선진 지식 및 정보의 조기 습득

↓

적극적인 해외 진출을 통한 시장 확대, 경쟁력 강화,
글로벌 스탠다드 학습의 필요성 증대

기업의 국제화는 위험이 적은 방식에서 높은 방식으로 일정한 단계를 거쳐가는 방식으로 이루어지는 것이 일반적이다. 초기에는 해외진출을 위해 위험이 적은 중간상을 통한 진출을 시도하게 되는데, 이를 통해 해외활동에서의 지식과 경험을 습득하면 수출과 해외 자회사, 생산시설의 이전 등과 같은 방식으로 이전된다. 최근 벤처기업의 국제화가 활발하게 이루어지면서 기존 이론과 다른 설명이 필요해지고 있다. 벤처기업의 경우에는 대기업과 달리 한정된 자원을 효율적으로 투자하여 높은 성과를 거둘 수 있는 방안을 택하기에 위와 같은 단계별 발전보다는 자신의 상황에 맞는 방법으로 진출하고 있기 때문에, 기존 이론과는 다른 해석이 필요하다. 전통적 국제화 모델과의 유사점과 차이점은 다음과 같다.

유사점	차이점
·단계적 발전 모델 (수출→지사→FDI ·시장 기회 추구 ·전략적 자산/ 역량 강화	·초기 단계부터 해외 시장 공략 ·선진지식, 기술습득 동기 우선 ·현지 자금 조달 ·신속한 현지화 ·다양한 전략적 제휴, Outsourcing 활용

2) 벤처기업 국제화의 특징

(1) 적극적 해외진출

일부 벤처기업들은 기업의 창업과 동시에 국제화를 시도하기도 한다. 그 원인은 국내에서의 시장창출이 힘들거나, 국내 시장규모가 지나치게 협소하거나, 해외에서의 성공을 기반으로 하여 국내시장에 진입하기 위함이다. 이러한 벤처기업들은 제품의 특성이 자국 내 현재 시장의 트렌드보다는 해외시장의 트렌드에 더욱 적합하기 때문에 초기부터 적극적으로 국제화를 시도한다. 창업기부터 적극적으로 국제화를 추진하는 벤처기업들을 국제 신생 벤처(international new Venture 혹은 born global venture)기업이라고 한다.

국내보다는 해외에서 시장을 창출한 벤처기업의 대표적인 사례는 휴맥스, 창업 초기의 적극적인 해외진출 후 국내시장을 공략한 사례로는 하나코비의 락앤락을 들 수 있다. 창업초기 단계에서 적극적인 국제화에 성공한 기업의 또 다른 사례로는 디지털영상저장장치 (DVR)을 개발 생산하는 아이디스를 들 수 있다. 아이디스는 전세계 보안장비 시장에서 톱클래스의 위치를 점하고 있으며 매출의 80%를 글로벌 시장에서 일구어 내고 있다.

(2) 기술 선점 및 획득을 위한 국제화

기술개발의 속도가 빠르거나 기술개발 비용이 많이 들 경우, 기술혁신이 빈번한 경우, 기술표준의 선정이 중요한 경우에 적극적으로 국제화한다. 바이오기술의 경우 기술개발의 속도는 빠르지 않지만 막대한 개발비용과 기간이 소요되며 국제적 네트워크를 통해 정보를 확보하는 것이 중요하다. 이러한 목적에서 바이오텍 벤처기업들의 경우 초기에 해외진출을 시도하는 경우가 많다. 정보통신 벤처기업들은 기술개발이 급속하게 이루어짐에 따라 기술의 국제표준을 균히기 위해서 혹은 협소한 국내시장을 해외시장에서 보완하기 위해서 진출하는 경우도 있다.

또한 기술습득을 위한 해외진출이 활발하다. 실리콘 벨리에 진출하는 벤처기업은 대부분이 여기에 해당된다. 한국기업은 선진기술의 습득을 위한 연구소나 R&D 센터를 현지에 설립함으로써 기술력이 우수한 현지기업과 제휴를 맺거나 조사활동을 통해 학습하고 있다.

해외에서 창업하여 국내시장으로 진입하는 역진입(逆進入)현상도 나타나고 있다. 로커스도 미국에서 창업하여 국내시장으로 들어온 사례로 들 수 있다. 파크시스템도 실리콘밸리에서의 창업경험을 바탕으로 국내 재창업을 통해 성공한 사례이다. 해외시장이 동질해지고 국가 간 영역을 넘는데 드는 비용이 대폭 감소하였기 때문에 반드시 국내시장에서 창업하지 않더라도 경영에 어려움이 크지 않다.

(3) 지역별, 성장단계별 다른 국제화 동인

벤처기업은 진출시장 및 성장단계에 따라 다른 국제화 요인을 가진다. 전자는 진출대상국가가 어디인가에 따라서 차이를 보이고, 후자는 어떤 기업이 해외로 진출하는가에 따른 차이라고 할 것이다. 하지만 이 두 가지의 요소가 혼합되어 나타나는 것이 일반적이다.

벤처기업의 창업초기에는 주로 제품의 개발을 위한 기술습득이나 창업자금 및 핵심인력이 중시되므로, 자금이나 인력확보를 위한 해외진출이 시도된다. 성장단계에서는 생산을 위한 생산설비의 확보를 위한 해외활동이 활발히 일어난다. 기술개발에 성공하였으나 이러한 기술을 상업화할 설비나 제조공정을 보유하지 못했거나, 해외 진출국의 특성에 따라 진출하는 경우가 많다. 성숙기의 경우 차기 제품생산을 위한 R&D 네트워크의 형성이나 마케팅 능력의 확보를 위해 해외진출을 시도하고, IPO 이후에는 각 기능별 전략적 협력의 필요성에 의해 해외활동을 추진한다.

3) 벤처기업의 국제화 유형과 특징

기업의 국제화는 일반적으로 수출활동, 제휴를 통한 기술 및 자원의 이전, 직접투자의 형태로 구분될 수 있다. 전통적으로 기업들은 수출과 직접투자를 선호해왔던 것과 달리 벤처기업은 주로 합작투자나 제휴를 통해 국제화를 시도하고 있다. 이는 자원의 습득이나 학습의 과정을 중시하는 벤처기업의 특성을 반영한 것이다. 벤처기업의 국제화는 전략적 제휴 의 모습을 많이 띈다고 할 수 있다.

〈표 10-5〉는 벤처기업의 해외진출 유형에 따른 장・단점을 보여주고 있다. 벤처기업의 해외진출에 있어 특별히 어떠한 진입유형이 우선되거나 선호되는 것은 아니다. 진출희망 국 사정, 기술이나 인력의 특성, 제품의 속성 및 산업특성, 벤처기업이 보유하고 있는 자원의 차이, 벤처창업가 혹은 창업팀의 해외경험에 따라 다르게 나타난다.

표 10-5. 벤처기업 해외진출 유형에 따른 장・단점

	단독 진출	투자자와 합작법인	조인트 벤처 설립
장점	* 신속한 회사 설립 및 안정적 사업추진 가능 * 사업 성공 시 자본 이득 극대화	* 사업자금 확보 가능 * 신속한 시장접근가능 * 인재 확보 및 거래처 확보가 비교적 용이	* 사업자금의 확보 가능 * 신속한 시장접근가능 * 시장정보 획득 용이 * 인재 및 거래처 확보 용이
단점	* 인재채용, 투자유치, 거래처개척 등 사업 확대에 애로 * 시장정보 부족으로 시행착오의 우려	* 투자사와의 비즈니스 접목에 마찰 우려 * 사업추진의 속도 저하 * 주식분산으로 인한 자본이득의 감소	* 합작 파트너와의 문화적 갈등 우려 * 이해관계자 관리의 어려움 * 사업추진의 속도 저하

벤처기업은 기술적 우위를 바탕으로 해외시장에서 경쟁하거나, 자신에게 부족한 정보나 기술인력을 해외시장을 통해 조달하기도 한다. 따라서 대기업 중심의 해외진출 전략과는 다른 특성을 나타내고 있다.

이러한 차이점은 해외활동에 따른 비용의 감소, 산업특성의 변화 등과 같은 기업 외부 환경적인 요인들에 의한 점도 있지만 벤처기업의 한계를 극복하기 위한 노력의 결과이기도 하다. 대기업은 자신이 보유한 핵심역량의 확장 및 이전을 위해 해외시장에 진출하는데 반해 벤처기업은 새로운 사업기회의 선점과 기술획득 핵심역량의 구축과 같은 동인을 가진다. 또한 대기업은 대체로 수출→현지생산→현지개발이라는 단계적인 진출을 선호하는 데 반해 벤처는 진출동기에 따라 순서에 상관하지 않는 특징을 보이고 있다.

벤처기업의 국제화 동인은 주로 시장의 개척, 생산효율성의 추구, 기술 및 자금 확보, 마케팅 인력 및 노하우 습득, 생산과 관련된 지식습득과 같이 자금, 인력, 기술 등과 같은 자원의 획득을 중심으로 하는 활동이라고 할 수 있다. 미국 실리콘벨리에 진출하는 벤처기업들은 주로 실리콘벨리의 앞선 기술의 습득과 차후 나스닥 상장을 하기 위한 동기를 가진다. 또한 앞선 지원제도나 인프라의 활용하고 학습할 수 있는 장소로서 활용한다. 유럽이나 일본으로 진출하는 벤처는 주로 기술제휴와 현지시장 진입으로 신뢰도를 획득하고 이러한 신뢰도를 바탕으로 하여 다른 시장으로의 확대를 위한 교두보를 삼는 경우도 있다.

4) 우리나라 벤처기업의 국제화

(1) 우리나라 벤처기업의 국제화 동인

① 협소한 내수시장으로 인한 성장의 한계

한국의 벤처기업들이 해외진출을 시도하는 공통적인 원인이 협소한 내수시장의 한계이다. 벤처기업 초기에는 국내시장만으로도 충분하였지만, 기업규모의 성장에 따라 시장규모의 한계가 오게 된다. 이를 돌파하고 도약하기 위해서는 필수적으로 해외진출을 시도하게 된다. 또한 유망한 산업의 경우 국내에서 많은 기업들이 등장하여 경쟁이 격화되기 때문에 후발주자들을 견제하면서 충분한 시장을 확보하기 위해서도 해외진출을 하게 된다.

② 정보통신기술의 발달로 인한 해외진출 비용감소

정보통신기술의 발달은 국가 간 이동장벽을 급속하게 제거하였다. 교통수단의 발달이 각국의 기업들이 해외로 진출하게 되는 밑거름의 역할을 하였다면, 이제 정보통신기술의 발달은 기업들의 해외진출을 일상적인 기업행위의 일부분으로 만들어가고 있다. 본사와 현지기업 간의 의사소통 및 자료교환에 드는 비용이 감소되면서 벤처기업들이 이를 활용하여 적극적으로 해외진출을 시도하게 되었다.

③ 시장의 글로벌화와 경쟁격화

시장의 글로벌화에 따라 외국기업의 국내시장 진출도 활발해지게 되었다. 국내에만 머물러 있는 기업들은 과거에는 정부의 산업보호정책에 의해 안정적인 시장을 어느 정도 확보할 수 있었으나 이제는 해외기업들의 국내진입 가속화 및 글로벌 소비자의 등장으로 해서 안정적인 시장이 존재하지 않고 어느 곳이나 글로벌 경쟁을 피할 수 없게 되었다는 것이다. 이와 같이 글로벌 경쟁이 가속화되고 있는 가운데 국내시장만을 고집하는 것은 결국 경쟁에서 뒤떨어지는 결과를 낳을 뿐이므로 적극적인 해외진출을 통해 국제경쟁력을 강화하는 것이 필요하다. 해외진출을 시도한 많은 한국의 IT 벤처기업들은 국내시장의 경쟁격화로 인해 국제화를 선택한 경우가 많다.

④ 글로벌 스탠더드(Global Standard)에 접근

해외진출을 통한 글로벌 표준화와 규모의 경제 달성 및 신규시장의 확보 필요성이 증가했다. 정보통신기술의 발달로 글로벌화가 가속되면서 모든 산업에서 글로벌 표준을 잡기 위한 경쟁이 치열하게 진행되고 있다. 특히 인터넷 및 첨단기술 산업에서는 이러한 경쟁이 더욱 강화되고 있다. 첨단산업에서 자사의 기술이 산업의 표준을 획득하게 되면, 매출액의 급속한 성장에 비례하여 단위당 생산원가가 감소하는 수확체증의 법칙이 작용하기 때문이다. 반면 산업표준을 획득하지 못한 기업의 경우 새로운 산업표준을 따라가야 하는데 드는 추가적인 비용부담과 함께 기업 이미지의 하락으로 막대한 손실을 감수해야만 한다.

⑤ 선진 지식의 조기 습득

벤처기업은 해외진출을 통해 선진기업들이 가지고 있는 경영 노하우 및 기술지식을 습득하고자 하는 동기를 가지고 있다. 이는 주로 미국이나 유럽 등의 선진국 시장에 진출하는 기업들에게서 발견된다. 해외 선진기업들의 지식을 습득하기 위한 가장 좋은 방법은 현지에서 그들과 경쟁을 하면서 지식을 습득하고, 개발하는 것이다. 바이오기술 벤처기업들이 미국의 실리콘 밸리를 중심으로 하여 진출하는 주요한 목적이 선진지식의 조기습득과 그들과의 정보교류의 목적이라고 볼 수 있다.

(2) 우리나라 벤처기업의 국제화 현황

벤처기업 실태조사보고서(2007)에 의하면 응답한 3,244개 기업의 39.3%가 해외진출 경험이 있으며 수출이 가장 많은 것으로 나타났다. 연도별로 보면 2002년 45.1%, 2003년 47.7%, 2004년 44.7%로 2003년을 정점으로 점차 낮아지고 있는 것으로 나타났다. 해외진출 대상국도 중국 743개사(54.8%), 동남아 674개사(49.7%), 미국 532개사(39.2%), 일본 581개사(42.8%)로 나타났다. 2002년 까지는 미국에 대한 진출이 가장 많았으나, 2003년 이후로는 중국의 급속한 경제성장에 따른 시장 가능성을 보고 중국에 대한 진출이 증가하고 있다. 과거에는 선진국에 진출하여 첨단기술에 대한 학습을 강화하고자 하는 욕구가 강하였으나, 이제는 중국 및 동남아에 진출하여 시장을 창출하거나 생산비용을 절감하고자 하는 욕구가 증가하고 있음을 알 수 있다.

그림 10-12. 벤처기업의 국가별 해외 진출 현황

연도	실리콘밸리	미국	일본	중국	유럽	동남아	기타	계
2004	46 (1.1)	731 (16.9)	725 (16.8)	1,143 (26.4)	534 (12.4)	777 (18.0)	366 (8.4)	4,322 (100.0)
2005	49 (1.4)	553 (15.2)	673 (18.5)	817 (22.4)	475 (13.0)	665 (18.2)	413 (11.3)	3,645 (100.0)
2006	58 (1.7	493 (14.3)	601 (17.5)	783 (22.8)	470 (13.7)	627 (18.2)	407 (11.8)	3,439 (100.0)

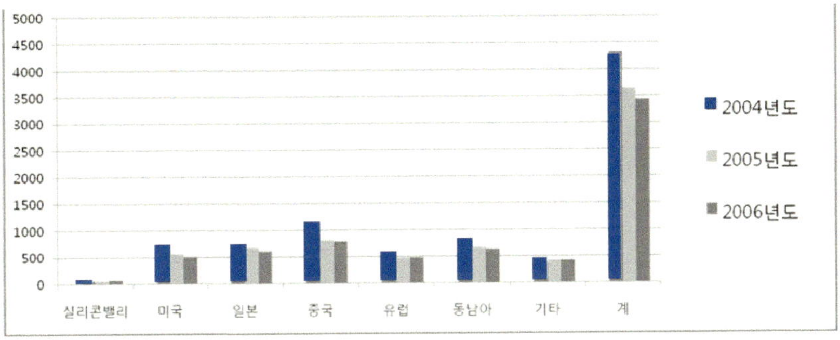

자료: 2006년도 벤처기업정밀실태조사보고서

그림 10-13. 한국 벤처기업의 해외진출 형태

• 벤처기업 중 47.7%가 해외진출 함

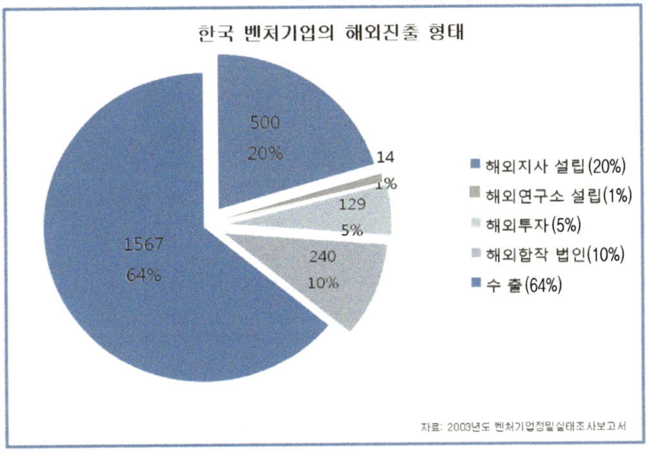

그림 10-14. 한국 벤처기업의 해외진출 동기

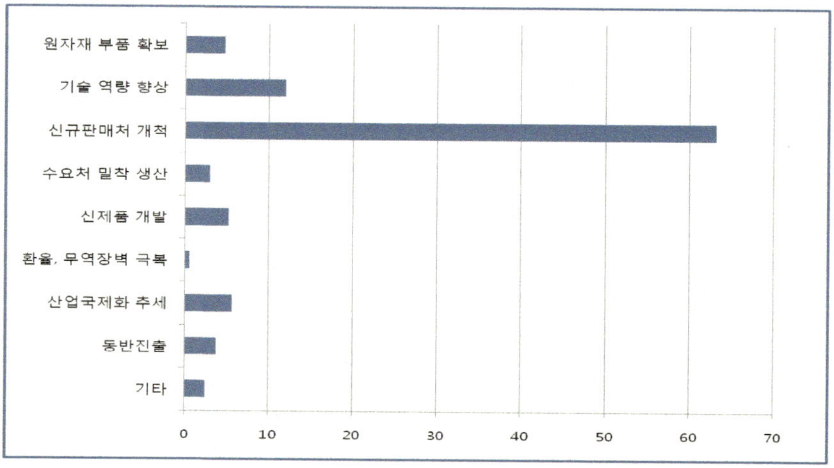

자료: 2006년도 벤처기업정밀실태조사보고서

해외진출 형태별로 보면 수출과 해외지사 설립이 주요한 진출방법으로 활용되고 있다. 되었다. 우리나라 벤처기업의 해외직접투자는 국내시장만으로는 성장에 한계가 있음을 인식하고 해외시장에서의 신규 시장개척 및 선진기술을 획득을 통해 성공을 거두려는 의지를 반영하는 것이라고 할 수 있을 것이라고 할 수 있다. 이전의 해외직접투자는 주로 자회사 현지법인 등의 형식으로 시장확대, 수출강화, 생산증가 등의 목적이었으나 향후는 위의 목적이외에 전략적 제휴, 마케팅 파트너 등 다양한 형식으로 시장확대와 더불어 선진기술 도입 기술협력 및 제휴사업 다각화 등을 목적으로 해외투자가 이루어질 것이 예상된다.

(3) 해외진출의 어려움

벤처기업은 국제화 과정에서 여러 어려움에 직면하게 된다. 이는 일반적으로 국제화 과정에서 나타나는 문화적인 차이로 현지적응에 곤란을 겪기도 하고 적절한 인력을 확보하지 못해서 겪는 어려움 등이 있다. 벤처 국제화의 어려움은 크게 벤처기업이 가지고 있는 생소함의 어려움(liability of newness)과 해외에서의 이방인의 어려움(liability of foreignness)이 존재한다.

① 생소함의 어려움(liability of newness)

생소함의 어려움은 벤처기업이 기존 기업이나 시장에서 낯선 위치를 차지하기에 발생한다. 생소함의 어려움은 벤처기업의 해외진출에서만 발생하는 어려움은 아니다. 벤처기업이 국내에서 영업을 영위하더라도 발생하는 어려움을 통칭하여 부르는 용어이다. 생소함은 크게 소비자와의 생소함, 경쟁관계에서의 생소함, 생산에서의 생소함으로 나눌 수 있다. 생소함의 어려움은 새로운 기술이나 제품과 같이 기존에 없던 새로운 현상이 발생하였을 때, 기존의 구성원들이 가지게 되는 심리적 거부감과 시장에서 위치설정의 어려움에서 나타나게 된다. 신생기업이 가지는 어려움은 경영에 관계된 생소함(novelty to management), 생산에 관계된 생소함(novelty to production), 시장과의 관계에서의 생소함(novelty to market) 으로 구분해 볼 수 있을 것이다.

경영에 관계된 생소함은 창업 팀의 사업수완의 부족, 산업에 대한 명확한 정보의 부족 창업경험의 부족에서 기인한다. 생산에 관계된 생소함은 제품의 생산에 사용하는 기술이 생산 팀이 가지고 있는 노하우나 지식, 경험과의 관련성으로 설명된다. 시장과의 관계에서의 생소함은 소비자와의 관계에서 발생하는 불확실성에서 발생한다.

벤처기업이 해외진출을 하는데 있어서 겪게 되는 생소함의 어려움은 위에서 살펴본 세 가지의 경우에 모두 발생할 수 있다. 국내에서 어느 정도 기반을 쌓은 벤처기업이라고 하더라도 진출국가에서는 낮은 인지도, 생산관련 기술의 부족과 네트워크 부족으로 인해 경쟁 열위의 입장에 놓일 수밖에 없다. 따라서 벤처기업이 해외에 진출할 경우에는 이와 같은 문제의 발생가능성을 항상 염두에 두고, 이를 극복할 수 있는 방안의 마련이 필요하다.

② 이방인의 어려움 (liability of foreignness)

벤처기업의 해외활동에서 겪게 되는 어려움을 이방인의 어려움이라고 할 수 있다. 해외시장은 국내시장과는 다른 경쟁법칙이 작용하는 시장이고 법률이나 제도적인 측면에서도 차이점이 크다. 일반적으로 이방인의 어려움은 ㉠ 운송, 여행, 시차와 거리조정에 수반되는 비용과 같이 공간적 거리감에 의해 발생되는 직접적 비용, ㉡ 현지 사정에 대한 비친숙성과 연결고리의 부재로 인해 발생하는 기업특유의 비용, ㉢ 외국기업의 정당성 부재와 경제적 애국주의와 같은 진출 대상국 환경에 의해 발생하는 비용, ㉣ 본사가 속해있는 국가의 정치 및 경제적 규제로 인해 발생하는 비용의 4가지로 요인에 의해 발생한다고 정의

하고 있다.

이방인의 어려움을 해결하는 방법은 필요한 역량을 모기업에서 들여오거나, 현지에서 새로운 역량을 획득하는 방안, 현지화를 통해 현지기업과 같은 경영 시스템을 구축하는 방안이 있다. 이방인의 어려움은 사회 · 문화적 요인에 기인하는 측면이 크다. 이방인의 어려움은 벤처기업이 해외진출을 하고자 하는데 현지의 문화적 특성을 제대로 이해하지 못함으로 인해 겪게되는 다양한 문화적 충돌이나, 사회적 관습에서 비롯되는 어려움들을 말한다. 따라서 벤처기업들이 해외진출을 함에 있어서 이방인의 어려움으로 인해 야기되는 비용을 최소화하기 위해서는 진출대상국가의 사회 · 문화적 특정을 진출 전에 명확히 인식하고 교육을 하여야 한다.

③ 우리나라 벤처기업의 국제화 어려움

우리나라 벤처기업이 직면하게 되는 국제화의 어려움은 크게 현지국 시장에서의 어려움 (언어 및 의사소통의 문제, 문화적인 차이, 경쟁자 파악의 어려 움), 경험부족의 문제(국제화 감각의 부족 및 경험부족), 운영의 어려움(자금 조달의 어려움, 유통업체 확보문제, 제휴파트너와의 문제) 등이다. 현재 한국 벤처기업이 해외시장에서 겪고 있는 어려움은 다음과 같이 요약될 수 있다.

* 내수 시장 중심의 비즈니스 모델, * 현지 Business Network 부족, * 해외진출 관련 지역문화 전문인력 부족, * 현지 Business Culture 적응 능력 부족, * 현지시장에 대한 이해 부족과 마케팅 전략 미흡, * 현지의 유능한 인력을 채용할 수 있는 보상 및 경영 시스템의 미비, * 해외 기업과 국내 본사를 유기적으로 연결할 수 있는 운영 시스템의 미비, * 기업의 지배구조와 경영방식의 현지화 미비이다.

이러한 요인들은 기업 내부적인 요소로 인한 어려움과 외부적인 요소로 인한 어려움으로 나누어 볼 수 있다. 벤처기업의 국제화에서 내부적인 요소로 인해 겪게 되는 어려움은 창업가의 국제화 마인드 부족, 해외경험의 미비 등의 요소로 나타난다. 특히 해외경험이 없는 벤처의 경우 현지국 사정에 대한 이해부족과 함께 국제적 경영감각이 부족한 경우도 많다. 또한 자신의 역량을 생각하지 않는 국제화 추진으로 실패로 이어지는 경우도 있다.

외부적인 요소는 산업의 특성, 현지국의 정치 · 경제적 특성, 현지국 문화 등 현지국과 산업에 대한 요소이다. 특히 현지국 특성과 산업에 대한 적절한 이해가 없는 해외진출은 당연히 실패로 귀결된다. 보유자원이 넉넉하지 않은 벤처기업은 현지시장에 대한 정확하고 세 밀한 조사없이 진출한 경우 대부분 실패하게 된다. 해외시장 진출에 실패할 경우 기업의 존망과 직결되는 경우가 많다. 지난 3년간 미국, 일본, 중국을 대상으로 벤처기업의 해외진출 러시가 이루어졌으나 대부분 실패로 끝나고 말았다.

벤처기업의 해외진출 시 장애요인 1순위는 거래처 발굴문제(39.6%)로 나타났으며, 다음으로는 자금부족(16.1%), 무역 전문인력 부족(11.3%) 등의 순으로 나타났다.

표 10-6. 우리나라 벤처기업의 해외진출 시 애로사항

(N=1,357, 단위: 기업 수, %)

구 분	1순위	2순위	합계
거래처 발굴문제	538(396)	223(16.4)	761(56.0)
자금부족	219(16.1)	171(12.6)	390(28.7)
무역 전문 인력 부족	1549(11.3)	155(11.4)	309(22.7)
해외 마케팅 경비 부담	83(6.1)	239(17.6)	322(23.7)
기업 신인도 부족	72(5.3)	143(10.5)	215(15.8)
현지시장 규격 및 인증 요구	66(4.9)	116(8.5)	182(13.4)
수출관련 절차적 규제부담(선적, 통관등)	57(4.2)	72(5.3)	129(9.5)
언어장벽(계약협상, 통번역 등)	50(3.7)	68(5.0)	118(8.7)
물류비용 부담	42(3.1)	78(5.7)	120(8.8)
기술력 부족	41(3.0)	24(1.8)	65(4.8)
무역금융 활용 애로	20(1.5)	48(3.5)	68(5.0)
가격경쟁력 부족	2(0.1)	5(0.4)	7(0.5)
환율	2(0.1)	3(0.2)	5(0.3)

자료: 2006년도 벤처기업정밀실태조사보고서

(4) 우리나라 벤처기업의 해외진출전략

① 적극적 현지화 실시

현지시장에서의 어려움을 타파하기 위해 한국기업은 적극적인 현지화를 실시하고 있다. 현지화를 위한 방법은 현지인 사장 채용 및 현지인 고용을 통한 현지화가 대표적인 사례이다. 한국기업이 현지화에 적극적인 이유는 한국의 경영

관행이 진출국가의 것과 잘 맞지 않는 경우가 많아 현지에 맞게 수정될 필요성이 있기 때문이다.

② 네트워킹의 활용

해외에 진출한 기업은 해외경험이 부족하여 적절한 지원을 획득하기가 어렵기 때문에 동원 가능한 네트워크를 활용할 필요성이 있다. 현지에 정착해 있는 교민을 적절하게 활용하는 것이 초기 네트워크 형성에 많은 도움이 된다. 실제로 중국이나 실리콘밸리에 진출한 벤처기업이 현지에 형성된 자생적 한인 네트워크를 활용하여 현지에 성공적으로 정착한 사례도 존재한다.

그러나 중국진출의 경우 조선족에 대한 의존으로 인한 문제점도 나타나고 있다. 중국은 조선족이 있기 때문에 중국어에 대한 숙련이 없이도 의사소통의 장애를 해결할 수 있다. 이러한 이유로 신중한 준비 없이 진출하여 실패를 겪는 기업들이 많이 있다.

③ 선진 기술력을 바탕으로 진출

국제화가 벤처성장에 중요한 촉진제 역할을 하지만 기술력이 없는 경우 시장경쟁에서 금방 뒤쳐질 수 있다. 글로벌 시장은 최고의 기술력을 겸비한 선진기업들의 경연장이기 때문에 기술력의 중요성은 커진다. 중국시장만 하더라도 세계 최고의 기업들이 자신이 가지고 있는 최고의 제품을 가지고 경쟁하고 있는 시장이다. 또한 중국 정부에서도 첨단기술을 바로 도입하여 기술격차를 줄이고자 노력하고 있다. 따라서 최고의 제품이 아니면 성공하기 힘든 경우가 중국시장이다. 이와 같이 선진 기술력을 보유하지 않고서는 해외시장에서 경쟁하기 어려운 경우가 많으므로 진출 전에 자신의 기술력을 냉정하게 평가해 보아야 한다.

④ 틈새시장의 공략

벤처기업은 태생적으로 새로운 혁신기술을 자신의 제품에 사용하는 경우가 많기 때문에 시장의 크기가 상대적으로 작다. 틈새시장의 공략 시 주의할 사항은 현지시장의 변화를 정확히 판단해야 한다는 것이다. 틈새시장은 매우 유동적이기 때문에 생성과 소멸의 주기가 매우 짧다. 소비자의 욕구는 명확하지 않은 경우가 많기 때문에 정확한 시장상황을 조사하는 것을 필수적이다. 2000년대 초반 많은 한국의 인터넷 벤처기업들이 해외시장 진출을 추진한 적이 있다.

그러나 이러한 노력이 대부분 실패로 돌아간 이유가 국내에서 존재하던 틈새시장이 문화적 차이나 소비자 관심의 부족으로 인해 해외에서는 존재하지 않았기 때문이다.

(5) 국제화를 위한 정부지원

벤처기업은 해외 진출 시 대기업에 비해 자원이나 경험이 부족하기 때문에 실패의 확률이 높다. 현지국에 대한 정보부족과 적절한 자원을 획득하지 못하기 때문에 현지화에 따른 비용의 발생과 초기 학습과정에서의 실패위험이 항상 존재하는데 이를 극복하기 위하여 정부 지원정책을 활용할 수 있다.

정부는 ① 해외진출 거점 마련 및 네트워크 구축, ② 현지 벤처정보의 실시간 제공체계 구축, ③ 우수 벤처기업을 발굴하여 해외진출 초기활동 지원, ④ 민간위탁사업을 통해 신속하고 효율적인 사업추진 등의 4가지 중점사업을 통해 벤처기업의 해외진출을 돕고 있다.

벤처기업의 해외진출 거점구축을 위하여 정부부처별로 벤처기업의 해외진출을 돕기 위해 해외지원센터를 만들고 있다. 해외지원센터는 주로 현지국 정보제공 및 현지 기업의 알선, 벤처기업의 해외활동에 관한 제반업무를 보조하는 역할을 수행하고 있다. 주요 수출지역을 중심으로 신뢰성과 전문능력이 있는 민간전문기관을 해외지원센터로 지정하여 중소기업의 해외 마케팅을 지원하고 있으며, 수출 인큐베이터를 운영하여 중소기업의 해외진출 초기 위험부담을 줄이고 조직정착을 지원하고 있다.

2008년 정부의 공공기관 선진화의 일환으로 중소기업진흥공단이 운영하던 17개 해외수출 인큐베이트와 정보통신협력진흥원의 3개 해외 정보기술(IT)센터를 코트라로 이관하였다. 코트라는 코리아비즈니스센터(KBC), 비즈니스인큐베이터(BI), IT센터를 통합하여 원-루프코리아비즈니스센터를 구축하여 중소벤처기업의 해외진출 인프라를 통합 운영함으로써 유관기관 서비스의 편의성을 제고하고 있다.

대표적인 네트워크 구축 지원으로 INKE가 있다. 이는 International Network of Korean Entrepreneur의 약자로 국내・외 벤처기업을 하나의 네트워크로 묶어 정보・기술・인적 교류를 통한 시너지 창출을 목적으로 1999년 11월 벤처산업협회와 실리콘밸리에 있는 재미기업가협회에 의해 만들어졌다. INKE는 주로 한국인 기업가들 사이에 협력 모델을 제공하고 비즈니스 제휴, 인적 자원 교류 등을 지원하는 역할을 한다. 이외에도 지식경제부에서 2002년부터 새로이 시도하고 있는 세계 한상대회를 적극적으로 활용할 수 있다.

수출자금 지원사업은 수출물품 생산기업에게 물품선적 전에 생산자금, 원자재 구입자금 등 필요한 소요자금을 지원하는 대출제도를 말한다. 대상기업은 신용장(L/C)을 개설하였거나 과거의 수출실적으로 융자를 받고자 하는 기업이다. 지원하는 자금은 수입어음이나 내국신용장의 결제 시, 실적이 증명되는 때에 한하여 융자되며 융자기간은 금융기관과 기업 간에 자율적으로 결정된다.

또한 수출과 관련된 자금지원 외에 산업설비나 자본재 · 기계류 · 첨단제품의 수출을 촉진하기 위한 자금을 대출 지원하는 제작금융과 연불금융이 사용된다. 제작금융은 국내 수출업자, 국내 제작자 및 원자재 공급업자에 대하여 수출 목적물의 제작에 필요한 국내 · 외 소요자금을 지원하는 방식이다. 연불금융이란 국내 수출기업이 외상수출을 하는 경우에 수 출 목적물의 인도완료 후 연불대금의 회수 시까지의 자금을 지원하는 방식이다.

그 외 지원사업으로 수출기업화사업은 수출가능성이 있으나 수출에 관한 노하우나 능력이 부족한 기업을 선정하여 사업초기부터 지원함으로써 기업의 수출능력을 높이고 자생력을 확보하도록 하는 지원제도이다.

수출에 대한 어려운 점이 있는 기업의 경우 중소기업수출지원센터를 활용할 수도 있다. 여기서는 바이어 및 거래선 발굴, 수출신용보증, 수출보험, 무역금융에 대한 상담과 자문을 실시하며 기술 · 디자인 · 품질향상에 대한 지원을 실시하기도 한다.

이러한 노력의 결과로 2010년 우리나라 벤처기업의 수출은 150억달러를 넘어섰다. 2005년 100만달러 달성 이후 IT품목을 중심으로 꾸준한 성장세를 보이고 있다. 특히 2010년의 벤처기업 수출증가율은 우리나라 전체 수출증가율 28.6%(잠정치)보다 8%가 높은 36.6%를 보이고 있다. 국가별로는 중국이 39억7700만달러, 미국이 17억2400만 달러, 일본이 11억 4500만달러로 약 50%의 비중을 보이고 있다. 대륙별로는 아시아가 전체 수출의 절반이 넘는 84억6000만달러를, 유럽이 23억2100만달러, 북미가 18억 2600만달러의 비중을 보이고 있다. 2010년 벤처기업의 수출이 크게 늘어난 것은 금융위기 극복을 위해 해외시장 개척을 본격화한 결과이며, 특히 대기업 납품 중심의 운영에서 글로벌 시장을 대상으로 기업활동을 해야겠다는 인식의 전환이 중요한 변수인 것으로 분석되고 있다.

제2절 기업의 사회적 책임

1. 기업의 사회적 책임에 대한 견해

기업의 사회적 책임에 관한 이론적 논의는 고전적 견해와 사회경제적 견해로 대별된다. 고전적 견해는 "기업의 사회적 책임은 이익을 증가시키는 것"이며, 사회적 책임을 주주에 대한 책임으로 한정함을 주장한다. 즉 이익을 내는 것이 경영자가 져야 할 책임의 전부이며, 사회적 활동은 전문기관이 전담해야 한다고 주장한다. 이러한 견해는 기업의 활동을 기업의 고유 목적인 이윤창출에 두는 협의적 관점이다.

또한 사회경제적 견해는 경영자의 책임은 주주를 위해 이익을 내는 것이 전부가 아니라, 기업은 사회에 대해서도 자신의 영향력에 상응하는 책임을 부담해야 한다. 기업도 사회경제 시스템의 일원으로 기업의 이익에만 집착할 경우 장기적으로는 기업도 피해를 보게 된다고 주장한다. 즉 기업활동으로 인한 사회에의 영향에 대하여 기업이 부담해야 할 사회적 비용을 부담해야 하며, 기업은 주주들만으로 존재할 수 없다고 보는 견해이다.

반면 고전적 견해나 사회경제적 모두 실증적으로 증명이 부족하다. 즉 기업이 특정 견해에 따랐을 때 기업의 성과나 생존에 대한 영향 정도를 확인할 수 있는 도구가 없다. 따라서 기업에 대한 사회적 반응성(social responsiveness) 이론이 제기되고 있다. 이는 변화하는 사회적 여건에 적응할 수 있는 기업의 역량을 지칭하며, 사회적 책임이 윤리성과 의무를 강조하며, 사회에 대한 기업의 선도적 역할을 요구하나, 사회적 반응성은 실용성과 반응 대책을 부각하는 소극적 책임수행을 강조한다. 따라서 기업의 변화는 여론에 의해 이루어진다고 본다. 사회가 발전해 가면서 단기적인 이익에만 집착하는 기업보다 사회적 반응성이 우수한 기업이 경제적 성과도 높이고 사회발전에도 기여할 수 있다고 본다.

1) 기업의 사회적 책임 범위

최고경영자의 행동에 따라 영향 받는 집단은 주주, 직원, 고객, 협력업체 등 다양한 이해관계자가 있다. 주주의 경우 소유권은 다수 투자자가 가지고 있으나, 경영권 행사는 최고경영자가 담당함에 따라 경영자가 주주 이익보다 자신의 권익을 우선 시 할 수 있다. 경영자는 주주의 적절한 수익을 보장해야 하며, 사회적 투자의 의무를 가지고 있으나 이를 수행하지 않는 대리인 문제가 발생할 수 있다.

직원은 주주의 대리인인 최고경영자의 지휘를 받으며 업무를 수행한다. 따라서 직원들의 자발적 협조 여부에 따라 회사의 실적이 좌우된다. 하지만 직원은 약자이므로 회사의 부당한 결정을 받아들이기도 하는 것이 일반적으로 이로 인해 동기저하가 일어날 수 있다. 경영자는 청결하고 안전한 작업환경의 제공과 적절한 권한위임으로 자긍심을 제고하는 노력이 필요하다. 고객이 있음으로 기업이 존재한다. 고객은 기업에 대해 영향력 가지나, 독과점 형태의 기업은 고객들에게 더 큰 영향력 행사하기도 한다. 기업은 고객에게 훌륭하고 안전한 제품과 용역을 제공해야 하는 의무를 가지고 있다.

협력업체는 원자재 공급 기업 및 유통업체들로 기업과 협력업체는 각자의 이익을 우선적으로 추구하므로 상대방을 배신할 수도 있는 관계이다. 따라서 적절한 이익의 보장 및 원원관계의 구축이 필요하다.

기업은 훌륭한 기업시민으로서 환경보호, 훌륭한 직장제공 및 자선행위 등 사회적 책임의 수행이 영속의 조건임을 명심하고 그 수행에 각별한 관심을 가져야 할 것이다.

2) 윤리에 대한 개관

사회적 책임은 사회 전체의 복리를 위한 기업체의 관심으로서 법이나 계약이 요구하는 선을 넘어서는 자발적이고 광범위한 의무들로 구성되어 있다. 이러한 기업의 사회적 책임은 그 책임의 범위에 따라 가장 낮은 단계인 경제적 책임, 법적 책임, 윤리적 책임, 박애적 책임으로 고차원의 책임이 있다.

반면 윤리는 무엇이 옳고 그른지를 판단하기 위한 윤리적 규범들의 집합으로 사회에 널리 퍼져있는 규범들에 따를 때 공정하다고 판단되는 행위를 말한다. 이러한 윤리는 몇 가지 철학적 개념이 윤리기준을 형성하는데 영향을 주고 있다. 이에는 공리주의, 권리 우선주의, 공정성 주의, 사회 계약주의가 있다.

공리주의는 사람은 최대다수의 최대행복을 창출하게끔 행동하여야 한다는 철학적 원리에 입각하여, 어떤 결정을 통해 얻는 성과가 비용보다 크면 옳은 결정으로 인식한다. 즉 다수의 사람에게 혜택이 돌아가면 윤리적이므로 '최대다수의 최대행복'을 추구한다. 고전적 경제학의 견해를 구성하고 있다.

권리 우선주의는 사람이 당연히 누려야 할 기본적 권리를 침해해서는 안 된다는 견해이다. 하지만 개인의 권리가 너무 강조될 때 조직 단합이 깨지고 생산성의 저하를 초래할 위험이 있다. 공정성 주의는 이익/불이익이 공정하게 분배되고 규칙의 차별 없는 적용 시 윤리적이라고 판단한다. 특히 의사결정과정과 피해를 볼 수 있는 소수의 입장을 특히 중시하고 있다. 공정성과 균등성은 구분되는 개념이다.

사회계약주의는 조직이 속한 사회에서 적용되는 윤리적 기준들에 합당하면 윤리적이라느 견해이다. 지역에 따라 윤리의 기준이 달라질 수 있다.

개인의 윤리발달 단계를 보면 이익을 위해서라면 무슨 짓이라도 하며, 체벌이 유효한 단계인 관습이전단계, 주변사람들이 하는 대로 행동하며, 준거집단의 기대에 부합되는 관습단계, 원칙과 신념에 따르고, 사회의 일반적인 기준 보다 높은 윤리기준을 자신에게 적용하는 원칙단계로 구분할 수 있다.

2. 창업기업가들의 윤리문제

성공적 창업가들의 상당수는 높은 윤리적 기준과 정직성이 장기적인 성공에 매우 중요 하다고 믿는다. 그러나 무엇이 윤리적이고 무엇이 윤리적이지 않은지가 명확하지 않은 경우가 종종 있다. 윤리적 문제를 포함하는 상황들에서 애매한 경우들이 자주 있다. 특히 법에 비해 윤리의 문제는 창업기업가로 하여금 어느 수준까지라는 어려움을 제공한다.

미국의 경우 500개 이상의 기업윤리 교육과정이 대학에서 현재 강의되고 있다. 현재 경영대학의 90%가 어떤 유형이든지 이 영역에서의 강의를 제공하고 있다. 이 영역에 25 개 이상의 교과서가 있으며 이 주제에 관한 3개의 전공 잡지가 있다. 적어도 16개의 기업윤리 연구소가 현재 운영되고 있으며, 기업윤리의 석좌 교수직이 조지타운, 버지니아, 미네소타, 그리고 많은 유명 경영대학에 설치되어 있다.

대부분의 기업가들도 역시 윤리를 가르쳐야 한다고 믿는다. 하버드 경영대학의 OPM 과정(Owner/President Management)에 참가한 기업가와 CEO에게 다음과 같은 질문을 하였다 : 창업자에 대한 기업교육에 있어서 윤리의 역할이 있는가? 응답자의 72%는 교과과정으로 윤리를 가르칠 수 있고, 가르쳐야만 한다고 말했다(단지 20%만이 가르쳐서는 안 된다고 말했고, 2명은 확신이 없다고 말했다).

윤리를 포함해야 하는 이유들 중 가장 뚜렷한 것은 윤리적 행동은 기업의 지속적인 성공과 개인적 관계들을 함께 묶어주는 역할을 하기 때문에, 윤리적 행동은 기업의 장기적인 성공에 있어서 핵심적인 것이라는 것이다.

창업기업가들은 시간적 압력을 받거나 생존을 위해 고민할 때 아마 고객, 피고용자, 주주, 가족, 동업자 또는 자기 자신을 포함한 많은 이들에 대한 의무를 포함한 윤리적 문제들을 결정해야 할 경우가 많을 것이다. 상식과 윤리적 틀의 균형을 맞추는 것은 외줄타기를 하는 것처럼 위험한 일이다.

창업가가 직면하게 될 필연적인 갈등을 처리하는 방법으로 자신의 팀과 투자자들, 그리고 회사가 생존을 위해 경쟁하는 환경에 있는 자들의 명시적이고 암묵적인 윤리적 신념들에 대해 자각하는 것이다. 사업가는 장기적인 가능성에 비교하여 단기적 이익을 평가하는 법을 배워야 한다. 즉각적이고 유리한 것일지라도 도덕적 희생이 너무 큰 경우는 포기하는 법도 배워야 한다. 우리가 얻으려고 고집하는 것은 우리가 궁극적으로 잃어버릴 수도 있는 것과 비교하면 거의 가치가 없는 것이다.

3. 존경 받는 기업가의 길

모든 개인과 조직은 사회 구성원의 일원이다. 사회의 타 구성원에게 해를 끼치며 자신과 자신의 조직을 이롭게 하는 것은 오래가지 못한다는 것은 당연한 결론이다. 또한 기업가는 사회로부터 자원과 시업의 기회를 제공 받았다고 할 수 있다. 사회의 다른 구성원이 기업가로서의 성장기반이 되었음을 인식한다면 기업가는 멘쉬가 될 의무와 책임이 있다. 멘쉬(Mensch)는 윤리적이고 고매한 인격을 가진 존경할 만한 사람을 지칭하는 유대어로, 사회로부터 들을 수 있는 최상의 칭찬이다. 우리 사회에도 이러한 칭호를 듣는 기업가가 많이 창출되면 좀더 나은 사회가 될 수 있을 것이다.

진정한 기업가인 멘쉬의 행동은 첫째, 많은 사람을 도와라. 주변의 사람을 돕는 데서 근본적인 즐거움을 찾아라. 둘째, 옳은 일을 하라. 합의의 정신을 준수하라. 얻은 것에 대하여 정당하게 지불하라. 그리고 중요한 것에 집중하라. 셋째, 사회에 환원하라. 돈은 사회에 환원할 수 있는 종류 중 하나일 뿐이다. 자신의 시간, 경험, 감정적 지원 등을 기꺼이 즐겁게 제공하라. 멘쉬는 사회에 환원함으로써 받길 원하는 것은 가족과 친구, 영혼의 충만함, 건강, 아름다운 환경, 경제적인 성공, 가꿈의 행운 등이다.

존경 받는 기업가의 살례로는 Ewing Marion Kauffman, Bill Gates, Pierre Omidyar 등이 있다. 카우프만은 자신의 창업기업을 통해 300명이 넘은 백만장자 배출하였으며, Ewing Marion Kauffman재단 외 12개 재단을 탄생시켰고, 기업가정신 함양에 노력하였다.

빌 게이츠는 "성공한 사람들은 사회에 자신의 부를 환원하고, 불평등을 개선하기 위해 노력해야 한다."고 강조하엿으며, Bill & Melinda Gates 재단을 설립하고 이 재단을 통해 개도국 어린이의 교육과 난치병 치료를 지원하고 있다. 2003년 말 기준 229억 불 기부(보유 재산의 1/2 이상)하였으며, 직원의 기부문화 촉진을 위한 'Giving Match'프로그램 도입하는 등 부와 건전한 기업가정신을 사회에 환원하고 있다. 오미디랴르는 이베이 창업자로 죽기 전까지 재산의 99%를 기부하겠다는 선언을 하였다. 그는 "우리가 얻게 되는 재산이란 사회에서 잠시 빌려온 것이므로 살아 있을 때 사회에 환원하는 것이 당연하다."고 주장한다. 오미디야르 재단을 설립, 자선사업을 통해 사회적 책임을 수행하나, 본인은 매우 검소한 생활을 하는 것으로 유명하다(한때는 이베이에서 산 양복 4벌, 중고차를 타고 다녔다).

4. 최근의 경향

기업의 사회적 책임에 대한 최근의 경향으로 자선행위를 기업의 사명이나 목표에 가깝게 연계시키며, 자선행위의 대상을 회사가 활동하는 지역 내에서 선정하여 기업활동과 연계하는 전략적 기증과 기업의 글로벌화에 맞추어 국제적 차원의 경영윤리와 책임을 수행하고자 해당 국가의 관습을 이해, 의사결정에 해당 국가의 이해관계자들도 참여시키며, 납품업자들이 인권침해에 관여하지 않도록 관리하는 등의 전략적 기준을 설정하고 있다.

또한 전략적 사회공헌활동이 있는데 이는 사회를 위해 좋은 일을 하면서도 경영성과를 올리는 것으로, 일상적인 경영활동과 맥을 같이 해야 한다는 취지로 2000년대 초반부터 도입되었다. 이러한 활동에는 공유 가치형, 시장 창조형, 문제 해결형의 3가지 유형이 있다.

공유 가치형은 '사업을 통한 사회공헌'을 추구하는 것이므로, 제품과 서비스를 통해 사회문제 해결(예 : 실업)과 기업의 경제적 이익을 동시에 창출하는 경우에 해당한다. 인텔이나 마이크로소프트처럼 정보격차 해소에 중점을 두는 기업활동에서 볼 수 있다.

시장 창조형은 선진국에서는 일상용품이지만 가격이나 지역적인 제약 때문에 저개발국에 없는 제품과 서비스를 지역 주민이 지불 가능한 가격으로 생산하여 판매하는 경우에 해당한다. GE의 초간편 심전계 'MAC400'이나 필립스의 '출라(인도 화덕)'는 기업이 주민의 삶의 질을 높이면서 빈부격차를 해소하기 위해 개발한 제품이다.

문제 해결형은 고도의 R&D투자가 요구되나 수익성이 낮아 대다수의 기업이 관심을 두지 않는 일을 사회공헌 차원에서 손해를 보면서까지 수행하는 경우에 해당한다. 미국의 머크사의 '멕티잔(회선사상충증 치료제) 기부 프로그램'과 매일유업의 특수이유식, CJ의 저단백밥처럼 의료격차 해소에 중점을 기업활동에서 볼 수 있다.

이들 기업의 사례를 통해 첫째, 기업들은 지속가능한 성장을 이루기 위해서 사회공헌 을 통해 신시장에 진출하는 전략과 사업을 통해 사회에 공헌하는 전략 간의 조화를 추구해야 한다는 점을 명심해야 한다. 둘째, 저개발국의 빈곤극복과 경제발전에 기여할 수 있는 사업을 통해 장기적 비즈니스 기회를 포착해야 한다는 점도 유념해야 한다. 셋째, 사회적 공헌이 기업성과에 직간접적으로 영향을 미치는 점을 인식하여, 공헌활동을 경영의 핵심전략으로 고려할 필요가 있다.

읽을거리 1

성장 전략

- 숨겨진 자산부터 찾아라 -

세계 3대 전략 컨설팅회사 중 하나인 베인&컴퍼니의 오릿 가디시(Orit Gadiesh) 회장이 멘토로 나섰습니다. 그녀는 "새로운 사업에 투자하면서 어떻게 하면 회사 전체에 생길 리스크를 최소화하느냐"는 어느 국내 휴대전화 부품업체 사장의 고민에 대해 어드바이스 해줍니다. 1977년 하버드대 경영대학원을 최우등으로 졸업한 그녀는 1993년 베인&컴퍼니 회장이 됐으며, 2005~2006년 포브스가 선정한 "세계를 움직이는 여성 100인"에 포함됐습니다.

■ 회사의 핵심사업을 전환하고자 할 때는 회사의 '숨겨진 자산'을 찾아라

2006년 초까지 세계 최장수 가족경영기업의 타이틀은, 1400여년 전 한국인이 일본에 설립한 것으로 알려진 곤고구미(金剛組)라는 건설업체가 가지고 있었습니다. 곤고구미는 사찰, 신사(神社), 성 등을 건축하는 전문 건설업체였는데 최근 아파트, 오피스 건축 분야로 사업 다각화를 시도하다가 부채를 이기지 못하고 2006년 다른 건설회사에 인수되고 말았습니다.

이처럼 사업 다각화를 성급하게 추진하다가 회사 전체에 무리가 따를 수 있습니다. 지금처럼 경기가 불확실한 상황에서는 더욱 그렇습니다.

그럼 핵심사업을 성공적으로 옮기기 위해선 무엇이 필요할까요? 우선 기존의 핵심사업을 추진하면서 갖게 됐지만 충분히 활용하지 못한 '숨겨진 자산'을 활용하십시오. 될성부른 떡잎을 회사 내부에서 찾는 것입니다. 숨겨진 자산은 대개 세 가지 중 하나입니다. 우리 회사를 믿어주는 고객의 신뢰와 같은 유무형 자산 또는 회사 내부에 감춰진 연구개발이나 디자인 역량입니다. 컴퓨터를 만들다가 아이팟(iPod)으로 더 유명해진 '애플'의 경우는 내부의 디자인 역량을 활용한 대표 사례입니다. 귀사가 신규시장에 진입할 때 활용 가능한 숨겨진 자산은 아마도 제품의 연구개발과 B2B 세일즈 역량이었을 것 같습니다.

아울러 신규사업에 대한 '성장 지도'를 만들고 이를 단계적으로 실행하십시오. 가장 자신 있는 시장에서 파일럿 테스트를 실시한 후에 본격 실행하거나, 신규 진출시장을 보다 세분화해 제품양산의 우선순위와 전체적인 진입순서를 정하는 것입니다. 참고로 귀사가 휴대전화 부품을 생산해 온 만큼 동일 생산분야인 가전제품으로의 진입이 보다 용이해 보입니다.

세부시장별 진입전략을 고려할 때는 국내시장과 해외시장도 구분할 필요가 있습니다. 우선 국내시장에서 경험을 쌓은 뒤 가전제품 수요가 많은 중국 등 해외시장으로 진출하는 방안을 고민해 보시기 바랍니다.

■ 자본 · 경험 부족은 '협업'으로 해결하라

경쟁업체들에 비해 신규시장에 대한 지식이 부족하고 브랜드와 마케팅이 뒤떨어진다고 기존 기업을 인수합병(M&A)할 필요는 없습니다. 오히려 기존 기업들과의 조인트 벤처와 같은 파트너십을 통해 이 사업에 진입할 수도 있습니다. 파트너십은 제품을 개발해서 판매하기까지 단계별로 이뤄질 수 있습니다. 귀사의 경우 R&D에 강점을 가진 만큼, 엔지니어링 부분을 제공하는 조건으로 생산기반을 갖춘 업체와 파트너십을 고려해 볼 수 있겠습니다.

글로벌 기업 중에도 파트너십을 통해 체계적으로 성장한 업체들이 많이 있습니다. 그 중 하나가 '필립스'입니다. 필립스는 자사가 보유한 여러 사업을 성숙, 성장 및 장기적 기회라는 세 유형으로 나누고 장기적 기회는 파트너십으로 추진했습니다. TV, DVD, 오디오 제품 등의 중국시장 진출이 대표적 사례입니다. 이런 방법을 통해 필립스는 과도한 자본지출을 막고 신제품을 출시할 때까지 걸리는 시간을 줄일 수 있었습니다.

■ 자금조달은 '성장 지도'에 맞춰 추진하라

신규사업에 필요한 자본은, 사업의 성장단계별 '성장 지도'를 만들고 각 단계에 필요한 자본규모를 산정해서 그 조달방안을 마련해야 합니다. 휴대전화 시장은 경기에 민감한 만큼 현금비중을 유지하는 것이 매우 중요합니다.

만약 귀사의 부채비율이 경쟁사 대비 낮은 편이 아니라면, 신규사업 추진을 위한 부채조달은 위험성이 따르게 됩니다. 한 가지 대안으로, 만약 귀사가 주식시장에 상장되어 있다면 우선주 발행이나 채권·주식을 혼합한 각종 금융조달수단, 예컨대 메자닌(mezzanine) 등을 활용할 수 있습니다. 메자닌은 부채상환 대신 주식전환이 가능하므로 담보가 부족할 때 이용하거나, 초기 부채상환에 따른 자금부담을 줄이는 장점이 있습니다. 다만 주식으로 전환되는 경우 지분구조의 변동이 불가피하므로 이에 대한 대책은 사전에 마련해야 할 것입니다.

결론적으로, 귀사에 드리는 제안을 정리하면 다음과 같습니다. 우선 기존의 휴대전화 부품 사업을 어떻게 개선할 것인지에 대한 진단과 고민을 병행하시기 바랍니다. 그리고 기존 핵심사업을 추진하면서 갖게 된 '숨겨진 역량'을 활용하십시오. 신규 진출시장에 대한 경험과 지식의 부족 등에 있어서는 파트너십 모델을 적용하는 게 도움될 것 같습니다. 새로운 사업의 단계적 목표에 따라 성장 지도를 만들고 여기에 맞춰 자금조달 계획도 세워야 합니다.

(출처: 조선일보)

읽을거리 2

1등을 추월하는 2등의 우회전략

- 좋은 시장에 진입하려면?
  기업의 성과는 기업의 역량과 속해 있는 산업인 환경의 합이다. 성공적인 시장진입 전략에 대한 우회 전략의 사례를 알아본다.

- 후발자의 유망시장 진입전략으로서의 우회공격은 저가제품, 단순제품으로 선두자의 관심을 피해 은밀하고 조심스럽게 진입하는 것으로, 단순 저가제품으로 시장을 장악하고 서서히 하이엔드로 올리면서 기존 경쟁자를 파괴하라는 하버드의 크리스텐슨 교수의 파괴적 혁신의 개념과 동일한 전략이다.
  예를 들면 코카, 팹시콜라가 진입장벽을 구축하고 있는 음료시장의 진입은 7월에 플로리다에서 눈사람을 만드는 것보다 어렵다고 비유될 정도로 음료시장의 과점체제 확고하다.
  1990년대 후반 버진드링크와 레드불스가 동시에 탄산음료시장에 진입하였다.
  * 버진드링크는 자체콜라를 개발하여, 전면적인 물량 광고와 기존 유통망 차지에 승부를 거는 등 정면 승부형태로 시장진입전략 시행하였으나 선두사의 반격으로 실패했다.

* 레드불(1997)은 나이트 클럽, 바에서 판매하는 우회공격 전략을 선택하고, 웨이터, 바텐더를 공략하여, 묘한 에너지 음료, 왠지 COOL한, 불량한 이라는 컨셉으로 접근하 였다. 시장의 반응은 최음제, 정력제, 마약으로 회자되어 젊은 충성고객을 확보하였고, 현재 미국 에너지 음료의 65%차지하고 있다.

- 우회공격의 전략
  ① 틈새시장을 공략하라 -기능최소화하고 가격 낮춘 제품으로 진입하라.
  장점은 선두기업이 방심하며, 시장진입에 유리하다. 하이엔드제품 공략의 토대를 마련할 수 있다. 사례로 1970년대 미국의 종합제철소의 수모를 들 수 있다. 단순히 고철을 녹이는 미니멀공장에 방심한 결과 콘크리트 철근 시장에서 패배하게 되었다.
  ② 가치사슬을 새로 정립하라 - 새로운 채널을 개척하라. 소매점에서 웹 사이트 판매로 돌풍을 일으킨 델의 경우로 해당 산업(컴퓨터 조립판매산업)의 가치사슬이 바뀌게 된다.
  ③ 진입 성공 후에는 자체 장벽을 쌓아라
- 유사 모방의 방지로 진입장벽을 구축한 형태로 제트블루 항공사가 있다. 기내 위성방송 TV서비스 최초 도입하였으며, 유사 서비스 방지 위해 기술개발사인 라이브 티비 매입하여다. 또한 중소도시는 중소형제트기로 운행함이 수익성 높다고 판단하고 중소형 항공기 생산업체인 엠브라에르와 2년간 제조권 구매계약 또한 타사가 자사보다 싸게 항공기 구매방지 계약 체결하여 시장의 경쟁우위를 확고히 하였다.
- 시장과 1등은 변한다. 따라서 선두주자는 레이더망에 걸리지 않는 후발주자를 경계하라. 후발주자는 선두주자의 빈틈을 은밀하게 파고들어라. 1등은 유리하다. 그러나 1등을 탈환한 2등도 많다.

읽을거리 3

아하! 이게 바로 틈새시장 전략

"혹시 렌터카 필요하신가요?" 공항에 내리면 가장 먼저 보게 되는 풍경이 있다. 타지에 온 여행객들을 잡기 위한 렌터카 업체의 치열한 경쟁이다. 보통 렌터카 서비스는 여행이나 출장 등으로 다른 지역에 왔을 때 이용한다. 때문에 렌터카 업체들은 이런 소비자를 잡으려고 공항에 사무실을 두고 치열하게 경쟁한다.

하지만 이들과 전혀 다른 시장을 공략해 성공한 렌터카 회사가 있다. 바로 1957년 설립돼 미국내 1위에 오른 엔터프라이즈렌터카다. 이 회사는 3%대의 낮은 성장률을 보이는 미 렌터카 업계에서 연평균 14%의 고성장에, 10%에 가까운 수익을 올리고 있다. 미 자동차 전문 기관인 JD파워에서 실시하는 고객만족도 조사에서 4년 연속 1위를 차지할 정도로 높은 평가를 받고 있다.

이 업체의 특별한 성공비결은 무엇이었을까? 엔터프라이즈의 사무실은 공항에 있지 않다. 대신 일반 주거지에 있다. 미국 인구의 90%가 엔터프라이즈 사무실 근처 15마일 이내에 살고 있다. 왜 그럴까?

이들은 기존 경쟁영역, 즉 '렌터카가 필요한 여행자들'에 가려 주목받지 못하던 다른 영역에 주목했다. 바로 '자동차 고장 및 정비 등으로 인해 렌터카가 필요한 사람들'이다. 엔터프라이즈는 각 지역의 정비소와 네트워크를 구축했다. 그리고 차가 고장나 정비소에 들르는 손님들에게 자연스레 엔터프라이즈 렌터카를 권하도록 했다. 엔터프라이즈는 땅값이 비싼 공항 대신 저렴한 교외지역에 차고가 있기 때문에 비용까지 절감할 수 있었다.

이들은 TV 광고에서 종이 쇼핑백에 차를 담는 모습을 보여주며 "엔터프라이즈를 선택하면, 우리는 당신을 데리러 갑니다. (Pick Enterprise, We'll pick you up!)" 라고 얘기한다. 엔터프라이즈는 소비자들을 직접 데리러 가고, 데려다 주는 서비스로 경쟁력을 얻었다.

차 안에서 고객들과 접촉하는 짧은 시간도 전략적으로 활용했다. 직원들은 항상 정장 차림을 하고 고객과 대화하면서 최적의 차종과 렌트 방식 등을 추천해준다. 30분 늦게 차를 반납했다고 다른 업체들처럼 요금을 더 받지도 않는다. 엔터프라이즈의 직원들은 고객에게 최고의 서비스를 제공하기 위해 노력했다. 직원들이 최선을 다하는 이유는 뭘까? 고객만족도 조사 결과에 따라 직원들이 받는 연봉액수가 달라지기 때문이다.

서비스에 대한 만족도를 묻는 질문에 엔터프라이즈 고객들의 95%는 '매우 만족한다'고 답하고 있다. 서비스에 만족한 수많은 고객의 추천(입소문)을 통해 새로운 고객이 생겼다. 입소문(기존 고객)이 입소문(신규 고객)을 낳는 '선순환'이 바로 엔터프라이즈의 핵심 비즈니스 모델이다.

1957년 겨우 17대의 렌터카로 사업을 시작해서 허츠(Hertz)와 에이비스(Avis) 등 선발회사를 따돌리고 업계 선두로 자리잡은 엔터프라이즈. "대기업이 이미 시장을 장악하고 있어 기회가 없다"는 말은 이제 그만하자. 틈새는 항상 열려 있다. 볼 수 있는 능력을 가진 회사만이 그 틈새를 차지할 수 있을 뿐이다.

(출처: 세계경영연구원 조미나)

읽을거리 4

시장에서 먹히는 기술

Yes 24의 총알배송 - 속도는 가격을 능가한다.

15일 오전 10시35분 경기도 파주시 탄현면에 있는 YES24 물류센터. 출력기에서 '찌직~' 소리를 내며 책 주문서가 찍혀 나온다. 주문이 들어온 책은 소설가 신경숙 씨가 쓴 「엄마를 부탁해」다. 주문량은 한 권. 주문서를 받아든 물류센터 직원이 빠른 몸놀림으로 서고로 향한다. 그는 재빠르게 책을 찾아 포장한다. 삽시간에 책 포장 위에 받는 이의 주소가 찍힌다.

포장된 책은 오전 11시 출발 예정인 택배회사 차량에 실린다. 주문서를 접수한 지 20분이 채 지나지 않았는데 책은 이미 독자를 향해 달려갔다. 주세훈 YES24 기획지원본부장은 "이것이 오전에 책을 주문해 오후에 받아 보는 YES24 총알 배송의 비결"이라고 말했다.

◆ 가격경쟁의 돌파구는 '속도'

1998년 국내 최초 인터넷 서점으로 문을 연 YES24. 10년 넘게 인터넷 서점 1위 자리를 유지해 온 비결을 묻자 회사 관계자들은 이구동성으로 '속도'라고 답했다. 주문받은 지 20분 만에 책을 포장해 택배회사로 넘겨주는 시스템이 YES24가 성공할 수 있는 밑바탕이 됐다는 설명이다.

이 회사가 처음부터 속도전에 능했던 것은 아니다. 회사를 설립한 뒤 국내에 컴퓨터 보급률이 높아지면서 위기와 기회가 동시에 찾아왔다. 인터넷 쇼핑몰을 통해 책을 사 보는 사람들이 늘어나 매출이 증가하기 시작했다. 하지만 늘어난 고객만큼 경쟁업체도 우후죽순 생겨났다. 인터넷 서점들이 출혈경쟁에 시달린 건 당연지사. 선발주자였던 YES24 역시 마찬가지였다. 조금이라도 더 싸게 책을 팔아야만 손님을 끌어들일 수 있었다.

이를 반복하다 보니 결과는 뻔했다. 쌓이는 적자를 감당하지 못한 창업주는 결국 YES24를 내놓고 말았다. 2003년 이를 인수한 이가 김동녕 당시 한세실업 회장(현 한세YES24 회장)이다. 새 주인을 맞으면서 YES24는 변신을 시작했다. 김 회장은 가장 먼저 "출혈경쟁 중단"을 선언했다. 대신 서비스로 고객을 끌어모으기 위해 아이디어를 짜내기 시작했다. 이렇게 찾아낸 돌파구가 '속도'였다.

독자들은 빠른 배송을 원했다. 얼마나 빨리 책을 배달하느냐가 회사의 신뢰를 좌우했다. 책 주문이 들어오면 모든 임직원이 창고로 달려가 책을 찾곤 했다. 열정은 남달랐지만 방법은 주먹구구식이었다. 책 한 권을 배달하기 위해 모든 임직원이 뛰어다녔으니 생산성이 형편 없었다.

김 회장은 빠른 도서 배송 시스템을 구축해야 한다는 결론을 얻었다. 열정만으로 독자들의 빠른 배송 요구를 맞추는 데는 한계가 분명했기 때문이다. 이렇게 해서 탄생한 것이 PDA(개인휴대용정보단말기)를 사용해 책이 어디에 있는지 손쉽게 찾고 기록할 수 있는 YES24만의 독자적 시스템이다. 빠른 배송을 위한 발판을 마련한 것이다.

◆ 속도는 고객을 춤추게 한다

YES24가 구축한 독자 시스템은 2007년 10월 이후 더욱 빛을 발했다. 책값 과다 인하 경쟁을 막기 위해 온라인과 오프라인 매장에서 신간 서적을 10%만 할인하도록 제한한 도서정가제가 시작됐기 때문이다. 이 조치로 가격 경쟁의 길이 완전히 막혔다. YES24는 '총알배송'에 사활을 걸기로 했다.

당시만 해도 YES24는 독자 시스템과 비싼 돈에 구입했던 자동 배송 기계를 함께 사용했다. 기계는 자동으로 책을 선별해 포장한 뒤 택배 차량에 넘겨준다. 그만큼 인건비를 줄일 수 있다. 그렇지만 문제도 많았다. 책 규격이 제각각이었다. 달력과 화장품 등 각종 경품을 끼워주는 잡지도 수두룩했다. 툭하면 에러를 일으킬 수밖에 없었다. YES24는 기계를 버렸다. 대신 자체 개발한 PDA시스템으로 무장한 '배송 전문가'를 믿기로 했다.

창고에 꽂혀 있는 책을 빠르게 분류하고 포장하기 위해 직원들의 동선을 쉴 새 없이 프로그램을 통해 재연했다. 1년 정도가 지난 2008년 10월. 주문을 받으면 당일 배송하는 '총알배송'을 시작했다. 400여명의 물류창고 직원들은 기계보다 빨리 움직이며 주문 접수 20여분 만에 포장을 마치는 달인으로 변신했다. 박은미 YES24 마케팅팀 대리는 "총알배송 실시로 2008년 2996억원이었던 매출이 올해 3690억원 수준으로 크게 늘어났다"고 설명했다.

◆ '총알배송' 뒤에 숨어 있는 인센티브

YES24 직원들이 하루가 넘게 걸리던 포장 시간을 20여분으로 줄인 것은 탄탄한 인센티브제도 한몫했다. 택배업체의 배달 속도는 거의 모든 회사가 동일하기 때문에 주문 접수에서 포장까지 이르는 시간을 줄여야만 빠른 배송이 가능하다. 직원들의 사기진작을 위해 회사는 그날 그날의 실적을 내부 인트라넷을 통해 공개하기로 방침을 정했다.

처음엔 시큰둥한 반응을 보이던 직원들도 매분기 말이 되면 아침 저녁으로 가입자 수, 매출, 주문량 등의 실적을 들여다보기 시작했다. 분기마다 설정한 '목표'를 달성하면 상여금을 주겠다는 회사 측의 약속 때문이었다. 한 직원은 "아침에 출근해 실적을 확인해 보고 조금만 더 열심히 하면 상여금을 받을 수 있다는 생각으로 열심히 일한 날이 많아졌다"고 말했다. 팀이나 부서별로 목표를 달성하면 해당 팀과 부서에 상여금이 돌아오기 때문에 자연스럽게 일에 몰두할 수밖에 없다는 설명이다.

이런 시스템의 정착으로 YES24 전 직원은 지난 1분기와 3분기에 상여금을 받았다. 모든 직원이 목표를 뛰어넘는 기록을 세웠기 때문이다. 주세훈 본부장은 "최근 천안 일대까지 하루 배송을 진행하고 있다"며 "앞으로도 빠른 배송과 고객 중심의 서비스를 통해 인터넷 서점 1위 자리를 지켜나가겠다"고 말했다.

(출처: 한국경제신문)

읽을거리 5

성공한 기업가의 기부

억만장자들의 기부 도미노가 일고 있다. 파이낸셜타임스(FT) 등 외신은 "블라디미르 포타닌 러시아 인테로스 그룹 회장 등 세계적인 부호 12명과 그의 배우자들이 '기빙 플레지(Giving Pledge)'에 새로 참여했다"고 2013.2.19일(현지시간) 전했다. 새 서약자 12명의 재산은 610억 달러 규모다.

기부서약(기빙 플레지)은 2010년 빌 게이츠 마이크로소프트(MS) 회장과 워런 버핏 버크셔해서웨이 회장이 시작한 '재산의 사회환원 약속'이다. 이날 새 참여자까지 억만장자 104명이 서명했다. 이들의 재산을 모두 합하면 5000억 달러(약 540조원)에 이른다.

서약자들은 생전이나 사후에 재산의 절반 이상을 기부하기로 약속했다. 적어도 2500억 달러가 순차적으로 사회에 환원되는 셈이다. 그들은 해마다 재산의 일정 부분을 내놓는다. 버핏의 경우 수십억 달러에 이르는 주식을 빌 게이츠의 자선재단에 기탁했다.

FT 등은 "기존 서약자들은 대부분 미국인이었다"며 "최근 러시아 · 인도 · 우크라이나 · 말레이시아 · 남아프리카공화국 등 신흥국가 부호들이 대거 동참하고 있다"고 전했다. '인도의 빌 게이츠'로 불리는 아짐 프렘지 위프로테크놀로지 회장이 그런 경우다. 그는 아버지가 운영하던 식용유 회사인 위프로를 넘겨받아 세계 굴지의 정보기술(IT) 기업으로 키웠다. 인도 3위 IT 업체를 운영하면서도 '짠돌이'로 유명한 그는 사재 20억 달러를 넣은 재단을 만들어 저소득층의 교육 등을 지원해 왔다. 그런데 이번에 아예 전 재산(122억 달러) 중 절반 이상을 내놓기로 했다.

러시아의 4대 부호 블라디미르 포타닌 인테로스 그룹 회장도 서약에 동참했다. 포타닌 회장은 러시아 광산재벌로 유명하다. 그는 재산 178억 달러 중 대부분을 사회로 환원하겠다고 약속했다. 그가 밝힌 이유가 걸작이다. "자식들을 보호하기 위해서"라고 했다. 그는 "너무 많은 돈 때문에 내 아이들이 인생에서 뭔가를 성취하고자 하는 꿈조차 꾸지 않을까 두렵다"고 털어놓았다.

영국 버진그룹 회장인 리처드 브랜슨은 취미로 우주선을 제작해 이름을 떨쳤던 인물이다. 그도 죽기 전에 재산(42억 달러) 대부분을 기부하겠다고 서약했다. 그는 "물질로는 행복을 얻을 수 없다. 가족과 친구, 건강, 만족 등이 더 중요하며 기부는 여기에 이르는 지름길"이라고 말했다.

이 밖에 '통 큰' 기부 행렬에 동참한 부호는 세계 최대 기업용 소프트웨어업체인 독일 SAP의 하소 플래트너 공동 창업자, 남아공 광산업체인 아프리카에린보미네랄(ARM)의 패트리스 모체페 회장, 말레이시아 버자야 그룹의 탄스리빈센트 탄 회장 등이다. 또 아프리카 수단의 이동통신 갑부 모 이브라힘, 호주 광산재벌 포트스쿠메탈의 앤드루 포리스트 최고경영자(CEO), 우크라이나 철강회사 인터파이프의 빅토르 핀추크 창업자 등도 눈에 띈다.

(출처: 중앙일보)

제11장 벤처기업의 회수

학습목표

- ❏ 투자회수 의의 및 방안
- ❏ M&A의 이해
- ❏ IPO의 이해

제11장 벤처기업의 회수

제1절 회수의 의의

1. 창업기업가의 길

성공한 창업가들이 공통적으로 느끼는 감정은 새로운 길에 대한 도전의식과 흥분이다.

이것이 창업가들로 하여금 그 길로 뛰어들지 않고는 견딜 수 없게 만든다. 이는 월트 디즈니가 잘 표현했는데 "나는 돈을 벌려고 영화를 만드는 것이 아니다. 나는 영화를 만들기 위해 돈을 버는 것이다." 이처럼 창업은 가치 있는 것을 추구하는 스릴이다.

이들 창업가들은 "벤처는 현금뿐만 아니라 시간, 주의력, 에너지 등 정말 믿을 수 없을 정도로 많은 것들을 끊임없이 빨아들이는 블랙홀"이라고 말한다. 대부분의 사람들은 벤처가 자기들이 상상했던 것보다 훨씬 더 힘들고 어려운 과정임을 알게 되었다고 말한다. 그런데 많은 사람들이 벤처기업을 그만두기는커녕 다시 시작하려고 하며 그것도 가급적 빨리 하려고 한다. 더 나아가서 이들 창업가들은 벤처기업을 하는 것이 과거에 다른 일을 했던 것보다 더 만족스럽고 재미있다고 말한다.

창업가들이 만족할만한 순이익을 내는 데에 대부분 10년, 15년, 어떤 경우는 20년이 걸리기도 한다. 또한 창업가들은 전적으로 사업에 몰입해야 하고, 엄청난 양의 일거리에 묻혀 가족에게 소홀하게 되며, 종종 에너지의 완전 소진도 경험하게 된다.

이는 "창업가가 창업의 험로를 즐기지 못하고, 그 길이 가치 있다고 여기지 못한다면 자칫 잘못된 목적지로 가는 엉뚱한 기차를 타게 되는 결과가 될지도 모른다."는 분명하고도 엄숙한 경고를 해주려는 것이다.

2. 회수의 의미

1) 회수의 목표

창업을 해보지 않은 사람들이 이해하는 데 가장 간단하면서도 어려운 원리 중 하나가 부와 현금이 회사를 세운 '결과'이지 '원인'이 아니라는 점이다. 이들은 돈을 버는 것과 돈을 쓰는 것의 차이를 잘 모른다. 성공한 기업가들 대부분은 이런 구분을 잘 하고 있으며, 회사가 성장하는 것을 즐거워한다. 그들은 돈을 버는 과정에 정신을 집중하면 저절로 보상을 받는다는 것을 알고 있는 것이다.

창업과정에는 중요한 모순이 있다. 좋은 기업을 세우되 회수하는 것을 잊지 말아야 한다는 점이다. 언뜻 보기에 이 말은 납득하기 어려운 모순처럼 보인다. 특히 가족 소유의 기업을 몇 대에 걸쳐 대대로 경영해 온 기업가의 경우는 더 이해하기 힘들다. 이러한 모순을 이해하기 위해서는 회수를 그저 사업체를 팔고 나서 골프나 치고 해변을 거닐며 노는 것으로 볼 것이 아니라, 이러한 기업을 공개하여 기업의 리스크를 줄이고 기업활동의 선택 폭을 넓히거나 새로운 활로를 개척하는 한 수단으로 생각해야 한다는 것이다. 즉 창업과정에서 회수는 꼭 필요한 것이며 기업을 포기하는 것이 아니라는 점이다.

회수목표를 세우고 이를 달성할 전략을 수립하는 것이 바로 성공한 기업가와 실패한 기업가를 구분 짓는다. 많은 창업가들은 자신을 위해 일거리를 만들고 돈을 버는 데만 관심이 있다. 그러나 자본이익으로 가치를 창출함으로써 근로자와 투자자를 포함한 다른 많은 사람들이 잘 살 수 있도록 기업을 키우는 일은 이와는 전혀 다른 일이다.

회수목표를 세우는 것은 단지 기업주가 세금을 낸 후 현금을 챙겨 순이익을 올리는 것 만이 아니며 이와는 다른 많은 목표를 이루게 한다. 그 목표는 사업을 발전시키는 과정에서 높은 기준을 만들고 최고를 향하여 전력투구하게 만든다. 뿐만 아니라 그 목표는 동기를 부여시키는 힘을 주고 전략적인 초점을 제공함으로써 고객이나 근로자 또는 상품이나 서비스를 희생시키지 않고 분기별 이윤을 극대화시킨다.

그 외의 이유들도 있다. 회수지향의 벤처기업은 회수를 할 수 없는 벤처기업에 비하여 일에 대한 부담감이 실제로 훨씬 덜할 수 있다. 사실 그러한 기업은 회수의 목표를 갖지 않은 기업을 경영할 때보다 훨씬 스트레스가 적을 것이다. 더구나 회수지향적인 기업가들이 선택하는 방안들은 투자자와 다른 기업가 또는 은행가와 시장의 호응을 엄청나게 이끌어 낼 것이다. 옛말에 "성공이 또 다른 성공을 부른다."는 진리처럼 말이다.

또한 회수를 할 만한 벤처기업을 일구어내는 데에는 아주 중요한 사회적 이유가 있기도 하다. 이들 기업들은 다양한 방법으로 엄청난 영향을 끼치고 부가가치를 공급한다. 또 이들 기업은 기술혁신이나 다른 부문을 혁신하는 데, 새로운 일자리를 창출하는 데, 투자자에게 수익을 주고 경제적 활력을 불어넣는 데 크게 기여한다. 뿐만 아니라 회수과정 속에서 이들 기업은 재투자와 재생의 밑거름이 되기도 한다. 이 같은 창업재능의 순환과 자본의 순환은 경제 부흥과 개인의 창업에 대한 민간의 책임을 중시하는 미국 시스템의 핵심으로 자리잡고 있다.

창업한 회사는 기회를 창출하며, 이를 인지하는 프로세스를 영구화시켜 경제 부흥과 혁신을 도모하고 현 경제에 새바람을 불어넣는 방식으로 비교적 장기간에 걸쳐 자신의 조직을 정비하고 관리해 나갈 것이다. 따라서 회수의 목표는 단지 회사를 매각하여 처분하고 떠나는 것만이 아니다. 오히려 기업으로 하여금 재투자와 재생의 바탕이 되어 기업에 내재된 실제의 부가가치를 창출해 내는 것이 회수의 장기적 목표이다.

2) 회수의 시점

회수를 위한 전략수립에 있어 가장 중요한 것은 시점이다. 하지만 창업가들은 시종일관 회수의 문제를 생각하는 것을 회피해 왔다. 스티븐 홈버그(Steven Holmberg)는 1983년부터 1986년 사이의 컴퓨터 소프트웨어 산업을 조사한 결과, 100개의 조사대상 기업 가운데 80%만이 회수에 대한 비공식적 계획을 갖고 있음을 확인할 수 있었다. 나머지 기업들에서는 기업주들이 회수계획을 회피하고 있음을 확인할 수 있었다. 이들 중 15%는 회수전략이 사업계획서에 공식적으로 쓰여 있었으며, 나머지 5%의 기업의 경우 공식적인 회수계획이 사업계획서에 첨부되어 있었다.

일단 창업을 하고 나면 생존을 위해 몸부림을 치다가 이윽고 상승국면을 맞는데, 대개 기업을 매각하는 일은 창업자가 좀처럼 마음먹기 힘든 일이다. 창업가들은 거의 모두 기업을 매각하는 것을 자신의 '자식'을 내버리는 것과 같은 것으로 여긴다. 따라서 회사 전체를 잃을 가능성에 직면하여 위기감이 느껴질 때까지 매각을 고려하지 않는다. 그런데 대개 그럴 가능성은 예기치 못하게 닥

쳐온다.

신기술의 개발로 기존의 생산 라인을 못 쓰게 되거나, 큰 경쟁업체가 갑자기 소규모 시장에 뛰어들거나, 대량적자가 발생하는 경우가 생길 수 있다. 이렇게 되어 공황감에 사로잡힌 창업가와 주주들은 기업을 급매물로 내놓게 된다. 기업은 불리한 시기에 좋지 않은 이유로 매각시장에 나오기 때문에 헐값에 팔릴 수밖에 없게 된다. 적시에 자발적으로 매각하는 것이야말로 창업가들이 모색해야 할 전략인 것이다. 창업가들은 어느 정도 수익이 생기기 시작하거나 진행 중인 사업에서 초기 투자비를 초과하여 상당한 수익을 보고 있을 때는 회수의 문제를 전혀 고려하지 않는다. 대부분의 창업가들은 고객확보와 지속적인 매출 수익을 올리는 것이 생각했던 것보다 훨씬 힘들고 오랜 기간이 필요하다는 데 의견을 같이한다.

더구나 수익추정을 쉽게 생각해서 계획하게 되면 현금을 손에 쥐게 될 때까지의 시간과 노력을 잘못 계산하게 되는 것이다. 어떤 면에서는 성장잠재력이 큰 벤처기업일수록 회수가 실현될 가능성이 크다. 전략적 측면에서 보면 문을 닫고 있을 때보다 기업을 경영하고 있을 때 매각하는 것이 더 현명하다. 매각할 기회를 놓치면 재앙이 닥칠 수 있다.

회수전략을 구상하는 것은 아주 복잡하고 어려운 문제이다. 따라서 이러한 전략을 조기에 수립하기는 쉽지 않다. 회수전략을 세우는 데에 있어서 몇 가지 지침들과 주의사항이 도움이 될 것이다.

첫째, 인내하여야 한다. 기업을 세우고 육성하는 데 성공하려면 앞에서 보았던 것처럼 몇 년이 걸린다. 따라서 인내가 중요할 수 있다. 회수전략은 7년 내지 10년의 시간을 잡아야 하며 적어도 3년 내지 5년 정도의 기간을 잡지 않으면 비효과적이다.

둘째, 비전을 가지고 대비하여야 한다. 인내심을 가지라는 것의 다른 뜻은 급변하는 상황으로 인한 결과에 당황하지 말라는 것이다. 어쩔 수 없이 매각하게 되면 대개 최악의 상황에 빠지는 것이다.

셋째, 현실적인 가치평가를 하라. 조급함이 알찬 회수의 적이라면 탐욕은 그 기업에겐 사형집행자이다. 비현실적인 자기평가는 변화하는 환경에 의해 기업의 상황악화를 가져올 수 있다.

넷째, 적절한 외부 자문을 구하라. 기업이 성장하고 있는 동안에 회수전략을 세우는 일과 동시에 기업의 가치를 객관적으로 평가하며, 인내를 가지고 기업의 가치를 극대화할 수 있는 역량을 지닌 자문역을 찾는 일은 힘들지만 매우 유용한 일이다. 이때 문제는 기업체들을 매매하는 투자은행가나 기업중개인 같은 사람들은 본질적으로 부동산 중개인들과 비슷한 역할과 기능을 하고, 이들의 목적은 대개 몇 달 사이에 얻게 될 커미션이라는 점이다. 그러나 기업체의 리더와 5년 혹은 그 이상을 함께 일한 자문역들은 사업 전반에 대한 전략을 세우고 이를 실행하는데 도움을 줄 수 있다. 그 결과 기업은 제자리를 잡게 되고, 회수기회가 나타났을 때 이를 알아 대응하게 된다.

3. 회수의 방안

기업이 창출한 가치로부터 회수를 실현시킬 수 있는 6가지 주요 방안들이 있다. 아래에 열거된 대안들은 가장 흔한 것부터 차례로 제시한 것이다. 각 방안을 충분히 설명하자면 법률제도, 세제제도, 회계제도 상의 복잡성 때문에 여기서는 간략하게 기술하기로 한다.

1) 자본 창출원(capital cow)

기업가에게 '자본 창출원'(capital cow)은 대기업에서의 자금원(cash cow)에 해당된다. 대부분의 고수익을 내는 벤처(소에 해당한다)는 창업가가 투자하는 돈보다 훨씬 많은 현금(우유에 해당한다)을 생산해 낸다. 그 결과로 엄청난 차입을 끌어올 능력과 재투자 능력을 갖추어 자본이 풍부하고 현금이 넘치는 회사가 된다. 이때 창업주는 공개된 주식을 시장에서 재매입하여 경영권 확보한다. 이런 자본창출원은 창업가들로 하여금 성장잠재력이 큰 벤처기업에 투자할 수 있는 기회를 갖게 한다. 또한 더 큰 기업의 사업부문을 매수하는데 참여할 수도 있고 벤처캐피탈의 거래에도 참여할 수 있다.

2) 우리사주제도(ESOP : Employee Stock Ownership Plans)

시장에 기업을 공개할 수 없을 때에는 우리사주정책이 매우 인기 있는 방안이 된다. 창업자들이 가진 주식을 종업원들에게 우리사주방식으로 매각함으로써 일부 환금성도 확보할 수 있다. 또한 종업원들의 주인의식이 널리 확산될 수 있기 때문에 우리사주정책은 긍정적인 사기진작책이 되기도 한다.

3) 경영권 매수(MBO : Management Buy Out)

경영권 매수는 창업자가 사업 파트너나 다른 핵심 경영자들에게 경영권을 매각하여 회수를 실현하는 것이다. 자산이 충분하고 현금흐름이 건전한 기업의 경우, 자금조달은 은행이나 보험사 또는 금융기관을 통해 차입매수(LBOs : leveraged buy outs)나 경영권매수가 이루어질 수 있다. 자산이 부족한 경우라도 부채를 상환할 정도로 현금이 원활하게 돌고 있다면 매수자가 경영권을 매수할 수 있도록 금융기관들이 자금을 지원해 줄 수 있다.

일반적으로 경영자들이 기업소유주의 경영권을 매수하기를 원하지만 자본이 없는 것이 문제이다. 드문 경우이긴 하지만, 매수자가 선금을 내지 않으면 경영권 매각이 성사될 가능성이 없어 회수의 실현이 의문시되는 경우도 있다. 경영권 매수는 대체로 매수자가 일부 금 액을 먼저 지불하고 몇 년에 걸쳐 나머지 금액을 어음으로 지급한다. 매수가격을 사업 전 망에 중점을 두어 정한 경우에는 매도자는 전적으로 매수자의 능력과 도덕성에 의존하게 된다. 더 나아가 이런 계약 하에서 경영할 때는 가능한 한 빨리 사업을 성장시켜서 그 가격을 낮출 수도 있다. 또한 신상품과 새 인력에 대한 지출을 늘리거나 이익이 거의 노출되지 않게 하는 방법으로도 매매가격을 낮출 수 있다. 이런 경우 이익을 거의 내지 못하던 기업이 할인된 가격으로 매각된 다음 2~3년 후에 큰 수익을 내는 일이 종종 있다. 이때 매도자는 그러한 거래로 인해 손해를 보게 된다.

4) 인수합병과 전략적 제휴

다른 회사와 합병하는 것도 회수를 실현할 수 있는 또 다른 방안이다. 이때는 합병하는 회사의 주식을 매각대금으로 받는 주식 스와핑의 방법이 사용되며, 합병회사가 상장회사이거나, 합병 후 조기에 공개할 경우 현금화가 가능할 것이다.

전략적 제휴 시에는 창업자들에게 절실하게 요구되는 자본을 자신들의 보유기술에 관심을 갖는 대기업으로부터 상당한 정도로 끌어올 수 있다. 이러한 계약에서는 대개 매수자가 창업자들의 주도권을 완전히 매수한다.

5) 매각

대부분의 기업 자문역들은 매각을 가장 이상적인 방법이라고 본다. 사람들이 현금을 주식보다 더 선호하기 때문이다. 주식교환방법은 매수기업의 주가가 예측불허이고 자주 변동하는 것이 문제이다. 대부분의 매수기업들은 자사의 주가가 완만한 내림세에 있을 때는 최초의 구입가에서 일정비율로 매수가격 하향 가능성을 남겨놓는다. 흔히 인수기업은 향후 몇 년 동안 피인수기업의 핵심 경영자를 유지하는 계약을 체결하려고 한다. 이렇게 하는 것이 올바른 것인지는 기업가 개개인이 처한 상황과 그의 목표에 의해 좌우된다.

6) 기업공개

경영에서 자금 창출원(capital cow) 이외에 가장 신뢰하는 자금조달 수단은 기업을 공개하는 것이다. 주식시장에 등록된 벤처나 장외에 있는 특정 벤처기업의 가능성은 주식거래를 통해 스포트라이트를 받는다. 예비 창업자들에게 있어서 이러한 포부는 두말 할 필요 없이 매력적인 것이다. 그러나 일부 선택된 기업들만이 기업을 공개하고 있으며, 일단 기업이 공개된 이후에는 이익보다는 손해를 가져오는 등 생각지 못한 문제들이 많이 발생할 수 있다. 주식시장의 폭락으로 신주의 발행가격은 물론 공개모집한 주식가격이 몇 분의 일로 줄어드는 경우가 있다.

기업공개를 하면 기업의 능력에 따라 고속성장에 필요한 자금을 확보하는 등 몇 가지 유리한 점들이 있다. 공개자본시장은 장기적으로 자본을 확보할 수 있지만 각종 필요한 절차와 규제가 뒤따른다. 기업은 공개의 절차를 통해 자금을 조달하여 사업을 확장시키거나 관련 시장으로의 진출을 도모할 수 있을 것이다. 창업자들이나 최초 투자자들은 현금화하려고 시도할 수 있지만 공개시장에서 경영진 또는 내부인사들이 처분할 수 있는 주식의 양이나 시기 등을 제한하는 제한규정이 있으므로 현금화하려면 기업공개 후 몇 년이 걸릴 수 있다. 또한 기업공개를 하게 되면 기업에 대한 일반인들의 인식이 높아질 뿐만 아니라 브랜드를 비롯한 프랜차이즈, 자사 생산제품의 시장성을 높이는 데도 도움을 줄 수 있다. 그러나 기업을 공개함으로써 인하여 생기는 불리한 점들도 있다. 예를 들어 단기적 사업수익성과 실적에 초점이 집중되어 기업의 장기적 투자 및 전략이 소홀히 다루어지는 것은 기업공개의 부정적인 면이라고 볼 수 있다.

또한 공개요건 때문에 공개하는 기업들은 사내기밀이 새 나가고 세제상의 불리한 재무자료를 내놓을 수밖에 없을 것이다. 또 일반 주주들을 의식 해서, 공개기업의 경영자들은 내부자거래의 위험이 있을 수 있기에 기업정보흐름에 대해서도 신경을 써야 한다.

4. 회수 이상의 것

크게 성공한 창업가들 대다수는 자신들이 적용해 온 시스템을 새롭게 하고 영속화시키는 데 책임을 느낀다. 이들은 미국 체제가 주는 기회와 가능성이 대부분 자기혁신 과정을 통하여 일어난다는 것을 잘 인식하고 있다. 이러한 자기혁신은 여러 방식으로 이뤄진다. 성공한 벤처기업가들이 수행하는 다음의 일들은 사람들을 놀라게 하는 것들이다.

- **대학기부금** : 몇 년 전에 MIT대학의 기부금 중 절반 이상이 기업을 창업한 사람들이 조성한 주식이나 다른 자산이었음을 볼 수 있었다. 뱁슨대학 동창회의 조사에서 기업가들이 낸 기부금이 다른 졸업생이 낸 것에 비해 8배나 많다는 보고서가 나온 바 있다. 하버드 경영대에 기부금을 낸 인사들 중 가장 후하고 열성적인 기부금 출연자들이 바로 중소기업체 사장들을 위한 단기간의 비학위 과정인 중소기업 경영자과정 출신이었다.
- **지역봉사활동** : 벤처기업을 해서 돈을 번 기업가들은 흔히 자신들의 리더십과 기술, 자금 등을 오케스트라, 박물관, 지방 대학과 같은 지역 내 기관들에 재투자하고 었다. 이들 기업가들은 자금모금운동에 앞장서거나 이사회의 멤버로 활동하기도 하고 자진해서 많은 시간을 투자하기도 한다.
- **새로운 기업의 탐색** : 회수를 이룬 창업가들은 자신들의 노력과 자원을 다음 창업세대에 재투자하기도 한다. 성공한 창업가들은 그러한 행동이 하나의 기업 시스템을 만드는 데 아주 중요한 것이며 아무나 할 수 없다는 것을 인식하고 있기 때문이다. 이들은 힘들여 귀중한 교훈을 터득해 온 것이다.

혁신이나 고용창출, 경제적 부흥은 모두 창업과정의 산물이다. 이러한 결과를 낳는 과정은 복잡하며 명쾌하게 밝혀지지 않았으나 정부에 의해 촉진되거나 방해되기는 했어도 주도된 것은 아니다. 또한 의회의 입법활동에 의해서도 영향을 받지 않았다. 바로 기회를 열심히 탐색하는 창업가와 투자자, 땀 흘려 일한 사람들에 의해 조성된 것이다.

우리 사회에서도 미국 등 선진국의 사례와 같이 시장과 사회는 창업가들이 책임의식과 성취를 보인만큼 이에 상응하는 보상을 할당하고 성과를 분배할 준비가 되어 있어야 할 것이다.

다음의 창업에 성공하는 6가지의 비밀은 창업에 유용한 도움을 얻을 수 있다.

① 특별한 비밀이란 없다. 여기서 논의된 기본적인 사항들을 이해하고 부지런히 실천하면 소기의 목적을 이룰 수 있다.
② 비밀이 있다면 누구나 다 아는 것이다. 비밀을 찾는 것은 쓸데없는 짓이다.
③ 행복이란 자금의 흐름이 좋은 것이다.
④ 당신이 한 사람에게 다른 사람 밑에서 고용되어 일하는 법을 가르친다면 그는 1년을 먹고 살 것이다. 그러나 그에게 창업자가 되는 법을 가르친다면 그는 평생을 먹고 살 것이다.
⑤ 현금이 바닥나게 경영해서는 안 된다.
⑦ 창업은 근본적으로 인간의 과정이지 기술적 과정이나 금융상의 과정이 아니다.

제2절 M&A와 기업공개

1. 기업 인수 · 합병

1) M&A의 필요성

벤처기업은 일반적으로 신기술이나 새로운 아이디어를 바탕으로 한 상품이나 서비스를 사업화하여 새로운 시장을 창출하고, 나아가 매출과 수익규모를 확대시켜 기업공개(IPO) 요건을 갖춤으로써 코스닥(KOSDAQ)시장에 상장하는 것을 성공으로 간주하고 있다. 그러나 이러한 인식은 급속한 성장을 보이던 우리나라 벤처생태계가 2000년 중반 이후 조정기를 맞이하게 됨에 따라 바뀌게 되었다. 벤처기업의 성장 및 투자회수 수단으로서 M&A의 중요성이 높아졌다.

우리나라에서는 과거 대기업 집단 주도의 M&A는 부도덕한 것으로, 또한 IMF 외환위기 이후 구조조정과 맞물려 인수대상기업은 부실기업으로 인식되어 왔다. 그러나 오래 전부터 이미 선진국에서는 신속하게 경쟁우위를 확보하는 사업전략의 하나로 M&A를 인식해왔다. M&A를 통하여 기업 내부자원의 한계를 극복함으로써 새로운 시장의 진입에 있어 비용과 시간 면에서 경쟁자에 비해 우위를 점할 수 있기 때문이다. 그럼에도 불구하고 우리나라에서는 경영자나 대주주의 이익을 위해서 현재의 지배권을 강화하거나 기업의 생산적 투자를 왜곡하고 경영의 방만화를 초래함으로써 오히려 기업의 재무구조를 약화시킨다는 인식이 많다.

또한 잇단 벤처기업 M&A와 관련된 비리문제가 불거져 나옴으로 인해 M&A에 관한 부정적 인식은 쉽게 제거되지 않고 있다. 따라서 벤처기업의 M&A가 활성화되기 위해서는 이러한 부정적 인식에서 긍정적 인식으로의 전환이 필요하다.

코스닥 시장의 급속한 침체로 말미암아 기존 상장기업의 자격문제가 거론되었고 이에 따라 상장요건이 강화된 것도 벤처기업의 M&A가 중요하게 부각된 원인 중 하나라고 볼 수 있다. 상장요건이 강화됨에 따라 VC와 투자자의 투자자금 회수 수단으로 인식하기 시작한 것이다.

최근 벤처기업의 M&A의 특징은 첫째, 벤처기업은 자금동원 능력이 떨어지므로 인해 주식교환(stock swap)방식을 선호한다. 주식교환은 인수회사가 대상회사의 개별적인 주주로부터 대상회사의 주식을 매입하고 그 대가로 인수회사가 주식을 발행하여 대상회사가 인수회사의 자회사가 되는 형태의 거래를 의미한다. 둘째는 인수 후 개발(A&D)의 활성화이다. A&D는 R&D와 M&A의 합성어인데 원천기술 등 기술력을 가진 업체가 관련기술을 가진 업체를 인수 후 R&D를 통해 기업가치를 높여 가는 기법으로 기술의 라이프사이클이 짧아지고 기술개발에 필요한 자금이 더 많이 요구되는 상황에서 인수를 통해 기술을 습득함으로써 시간적, 경제적 효과를 누릴 수 있다는 장점이 있다. 그러나 국내의 A&D의 이면을 살펴보면 성장한계에 도달하거나 자본잠식상태의 상장기업을 저가로 인수한 후 이를 지주회사로 삼아 인터넷 및 IT 벤처기업을 추가로 인수하여 기업의 단기적인 외형가치를 상승시키는 형태가 대부분이다. 이러한 형태로 우회상장(backdoor listing)이 많이 사용되기도 한다.

2) 우리나라 M&A의 현황과 문제점

우리나라 M&A 시장은 1998년 외환위기 이후 적극적인 외자유치의 결과 외국기업에 의한 인수·합병이 활발하였다. 2001년부터 2004년까지 외국기업에 의한 M&A는 420건에 13조 1000억원 정도가 이루어졌다. 하지만 2005년을 기점으로 감소 추세를 보여 2006년 현재 79건, 2조 1000억원 정도에 머물고 있다. 국내기업 간의 경우는 2006년 744억원의 인수·합병이 이루어지고 있다.

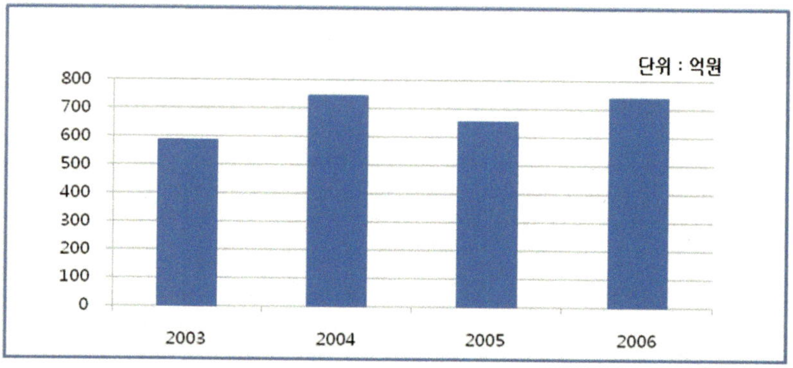

2000년 초 벤처기업의 M&A가 가장 활발한 업종은 정보통신 분야이다. 대표적인 인수합병 사례는 다음 〈표 11-1〉과 같다.

표 11-1. IT벤처기업의 M&A 현황

구 분	내 용
인터넷 기업간 결합	- 라이코스코리아와 아이팝콘 코리아의 제휴 - 다음 커뮤니케이션이 미래와 사람 등과 합작으로 머니오케이 설립 - 넷마블과 플래너스 합병→CJ인터넷에 매각
인터넷 기업과 방송기업간 결합	- KBS와 한국통신 공동으로 인터넷방송국 크레지오 설립 - SBS와 하나로통신의 제휴
통신망사업체와 컨텐츠 기업간 결합	- 두루넷이 PC통신업체인 나우콤 인수 - 데이콤이 하이마트 등 15개 인터넷 쇼핑몰과 제휴
인터넷 기업과 오프라인 기업 결합	- 현대백화점이 검색 서비스업체인 까치네 인수 - 삼성코리아와 야후코리아와의 제휴

한국증권연구원(2000)은 〈표 11-2〉과 같이 우리나라의 M&A 시장의 문제점을 중개측면, 방식 및 수단측면, 대상기업 평가측면, 제도 및 환경측면으로 나누어 분석하고 있다. 그런데 우리나라의 M&A 법률은 일반적으로 대기업을 규제하기 위한 사항이 많았고 이는 벤처기업의 M&A 활성화에도 문제점으로 작용하고 있다.

표 11-2. M&A 관련 문제점

분석측면	문제점
M&A의 중개 측면	- M&A 중개기관 간 역할 분담 미미 - M&A 전문 투자은행의 부재
M&A의 방식 및 수단측면	- 현금위주의 M&A - 주가변동성 관리 수단의 부재
M&A의 대상기업 평가측면	- 대상기업에 대한 합리적 평가 수단의 부재 - 합병가액 산정 시 자의성 개입여지 - 기업가치산정에 관한 관련 법률간 차이 존재
M&A의 제도 및 환경측면	- M&A에 대한 정서적 거부감 - 전문경영자시장 부재 - 상장기업위주의 M&A제도 - 세제 및 회계상이 문제점

벤처기업 M&A의 문제점을 정리하면 첫째, 기업가치 산정방식이 일원화되어 있지 않다는 점이다. 〈표 11-3〉과 같이 현재 상장법인은 시가로 비상장법인의 경우 본질가치에 의해 산정함에 따라 주가가 낮은 경우 합병비율에 상당한 차이가 발생하게 된다. 특히 비상장 벤처기업간의 합병 시 본질가치로 평가할 경우 가치산정에 있어 상당히 자의성이 개입될 소지가 크다고 볼 수 있다.

표 11-3. 평가방법 비교

구분	증권거래법	세 법
상장법인	1개월 평균종가, 1주일 평균종가, 최근 일 평균종가의 산술평균과 최근 일종가 중 낮은 가격	2개월 평균종가
비상장법인	본질가치와 상대가치	순자산가치

* 본질가치 : 자산가치와 수익가치
* 자산가치 : 순자산액 / 총발행주식수
* 수익가치 : 향후 2 년간 평균순이익 / 총발행 주식수
* 순자산가치 : 1 주당 최근 3 년간의 순자산액의 가중 평균일 / 금융기관이 보증한 3년 만기 회사채 수익률

둘째, 벤처기업의 M&A 방법으로 가장 각광을 받고 있는 것이 주식교환에 의한 것인데 이에 대한 현행법상 애로점이 존재하고 있다. 현행 비과세이연과 의제배당에 관한 제도의 개선이 필요하다.

셋째, 소위 사모 M&A 펀드라 불리는 기업인수증권투자회사가 제대로 활성화되고 있지 못하다. 당초 정부가 M&A 시장 활성화를 위해 적극 장려하였던 사모 M&A 펀드가 실제 M&A 시장에서는 그다지 큰 역할을 하고 있지 못한 실정이다. 이러한 이유로는 자금이 모집되더라도 M&A에 이용되는 것이 아니라 다른 투자 유가증권에 투자하여 시세차익을 얻고자 하는 경우가 많기 때문이다. 따라서 사용처에 제한 같은 조치가 필요하다고 본다. 또한 보험회사나 은행이 사모 M&A 펀드에 적극적으로 투자를 못하는 것도 원인이다. 이는 보험회사가 사모 M&A 펀드에 투자 시 금융감독원장의 허가가 필요하며 은행의 경우에는 투자한도가 지분율 15%에 묶여 있기 때문이다. 이상 벤처기업의 M&A의 활성화를 저해하는 제도적 문제점을 정리하면 〈표 11-4〉와 같다.

표 11-4. 벤처기업 M&A의 제도적 문제점

구분	문제점	개선방향
가치산정의 문제점	- 법률 간 동일성의 부재	- 합병법인 간 합의를 유도하거나 비상장기업의 객관적 산정기준 마련
주식교환의 문제점	- 상호주 소유금지 - 의무보유기간	- 주식교환 시 소유금지의 예외 인정 - 현물출자 시 통제장치 완화
M&A펀드의 문제점	- 사용처 제한이 없어 M&A에 활용이 미흡 - 보험회사, 은행의 투자 규제	- 사용처 제한 - 보험회사와 은행의 투자규제 완화

실제로 벤처기업인이 M&A 시도 시 결렬이유로 꼽은 결과는 [그림 11-1]과 같다. 2001년에 설립 1년이 경과한 IT 벤처기업 임원을 대상으로 한 설문조사 결과 그림과 같이 현격한 매도가와 매수가의 차이, 인수 후 부(-)의 효과 우려, 조직 내 구성원과 상대기업의 불신의 순으로 M&A의 결렬이유가 나타나고 있다.

그림 11-1. 벤처기업 M&A시도 시 결렬된 원인

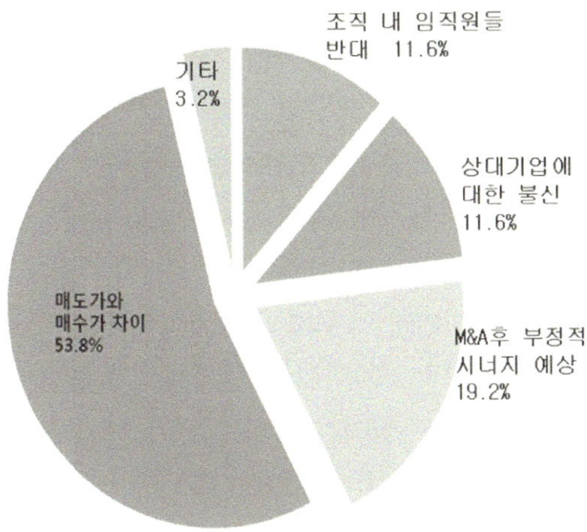

3) 벤처기업 M&A 활성화 방안

벤처생태계가 위축되어 코스닥 시장의 침체가 계속되면서 M&A는 새로운 투자회수 방법으로 주목되고 있다. 그러나 벤처기업 M&A와 관련된 비리사건이 연달아 발생하여 사회적으로 부정적 인식이 만연한 상태이다. 또한 M&A 관련 법제도를 완화하여 절차를 용이하게 하자는 업계의 주장과 감독과 규제의 중요성을 강조하는 정부의 입장이 엇갈려 이에 대한 개선도 쉽게 이루어지지 않고 있는 실정이다. 상황이 이렇다 보니 M&A를 하겠다고 나서는 수요도 많지 않고, 수요가 있다 하더라도 시장에 나오는 M&A 매물도 그다지 신뢰가 가지 않는 경우가 많아 매도기업과 매수기업의 협상이 결렬되는 경우가 허다한 상황이다. 따라서 벤처기업의 M&A 활성화를 위해 M&A에 대한 인식의 전환, 수요기반의 확대, 제도의 개선 등이 요구되고 있다.

(1) 벤처기업 M&A에 대한 인식의 전환

해외 선진국에서는 기업내부자원의 한계를 극복하고 새로운 시장 진입 시 비용과 시간을 절약함으로써 경쟁자보다 우위를 점하도록 하는 효과적인 전략으로 인식되고 있다. 또한 인수대상기업의 입장에서도 건전하고 효과적인 회수의 방법으로서 M&A를 인식해왔다. 그럼에도 불구하고 우리나라에서는 M&A가 경영자나 대주주의 이익을 위해서 현재의 지배권을 강화하거나 기업의 생산적 투자를 왜곡하고 경영의 방만화를 초래함으로써 오히려 기업의 재무구조를 악화시킨다는 인식이 많다.

'2010년 벤처기업 정밀실태조사'에 의하면 우리나라 벤처기업의 90%가 M&A를 전혀 고려하고 있지 않다고 답하고 있다. 나머지 10% 중에서도 9.6%는 "고려는 하고 있지만 구체적인 계획은 아직 없다."라고 답하고 있다. 좋은 제안이 들어왔을 때에만 매각에 나서겠다는 의사를 보인다.

이러한 부정적 인식을 전환하기 위해 인수기업의 입장에서는 M&A가 효과적인 경영전략이며 성장전략의 일환이라는 인식제고가 필요하다. 대상기업의 경영자인 경우 기업의 경영권 이전이 경영의 실패가 아닌 또 다른 차원의 성공적 경영 혹은 효과적 회수라는 인식의 전환이 요구된다. 대상기업 주주의 경우에도 기업을 보다 효율적으로 운영할 수 있는 기업에게 경영권이 이전되는 것이 주주의 입장에서도 미래에 더 많은 이익을 가져다 줄 것이므로 긍정적인 인식으로 전환되어야 한다.

미국의 경우 성장이 급속도로 이루어진다거나 시장에의 진입이 원활이 이루어지는 등 회사가 좋을 시점에 매각에 나서지만 우리나라의 경우 기업이 망가졌을 때 매각을 시도하고 있다. 당연히 거래가 성사되질 않는다. 이에 따라 투자자의 자본회수도 어려워진다. 벤처 생태계의 선순환 구조가 만들어지지 않는 이유이다.

M&A 관련 정책을 수립하는 정부의 역할은 시장 메카니즘이 효율적으로 작동하도록, 즉 비효율적 경영자는 경영권을 상실하고 효율적 경영자는 계속 경영권을 유지하는 것이 균형이 되도록 관련제도를 정비하는 것이다. 이때 실질적인 M&A의 활성화는 시장의 원리에 따라 주도되는 것이 바람직하다는 인식의 제고가 필요하다. 즉 인수기업이나 대상기업 어느 쪽에도 치우치지 않는 균형된 정책을 제시해 주어야 한다. 지나치게 인수기업 위주의 정책을 추진할 경우 효율적인 경영자가 경영권을 상실할 위험이 있고, 대상기업 위주의 정책은 비효율적인 경영자가 계속경영권을 유지할 위험이 있기 때문이다.

(2) 중개기능 강화 및 수요기반 확대

벤처기업 M&A의 중개를 담당하는 투자은행이나 증권사 등은 벤처기업에 대한 평가능력, 자금조달의 구조설계 능력, 성사가능성을 높일 수 있는 합병계약의 설계능력, 자본력을 바탕으로 한 인수능력 등을 강화해야 한다. 또한 M&A 업무를 체계적으로 하기 위해서는 산업별, 규모별, 인수기업별, 대상기업별 등 각종 특성별로 관련 데이터 베이스를 구축하 고 성공 실패 사례에 대한 심도 있는 분석능력도 갖추어야 한다. M&A 를 비롯한 기업구조조정 능력은 한 국가경제의 경쟁력을 결정하므로 이에 특화된 투자은행의 설립도 고려할 만하다.

M&A 부띠끄(Boutique)에 대한 양성화도 시급하다. 벤처기업 등 소규모 M&A를 대상으로 하는 M&A 부띠끄가 2000년 들어 많이 생겨 났으나 현재는 다수가 경영실적 악화나 비리사건에 연루되어 제대로 활성화가 되어 있지 못한 실정이다. 이들을 양성화시킬 수 있는 법을 제정하여 제도권 금융기관으로 도입시킬 필요가 있다.

M&A 펀드의 경우에도 주요 목적인 경영권 획득을 통한 기업가치제고에 충실하도록 해야 한다. M&A 펀드의 특성상 만기는 장기인 것이 합리적이며 단기적인 시세차익에 이용되지 않도록 하여야 한다.

수요를 이루기 위해서는 시장에 좋은 물건이 적절한 가격에 나와야 한다. 한 벤처기업 M&A 전문가는 벤처기업 M&A가 활성화되지 못하는 이유로 "시장에 살만한 기업이 없다"라고 말하기도 하였다. 있다하더라도 서로의 매도가, 매수가에 대한 주장차이가 커서 결렬되는 경우도 많다. 이를 위해 통일된 적절한 가치평가 방법이 마련되어져야 할 것이다.

(3) M&A 관련 법제도의 개선

M&A를 염두에 두고 있는 벤처기업의 입장에서 가장 고민스러운 부분이 필요자금의 확보 문제이다. 따라서 업계에서는 주식교환의 활성화를 요구하고 있다. 현행 상법 상 구주 대 구주의 교환에 있어서는 문제가 없으나 구주 대 신주 혹은 신주 대 신주의 교환에서는 문제가 발생하고 있다. 이를 위해서 한국증권연구원 등 관련 연구기관에서는 증권거래법이나 벤처기업육성에 관한 특별조치법 등에 현물출자에 관한 특례를 인정하는 방법이나 현행 증권거래법상 주권상장법인이 주권비상장법인과 합병하고자 하는 경우 합병비율의 적정성에 대해 외부평가기관의 평가를 받도록 되어 있다. 그리고 이와 유사한 논리를 적용하여 상장기업의 경우 공신력 있는 기관을 지정하여 이들이 감정하는 경우 법원의 심사없이 등기가 가능하도록 하는 방법 등을 제시하고 있다.

공개매수 시 투자자 보호를 위한 제도를 마련하는 것도 시급하다. 이를 위해 공개매수신고서에 포함될 내용을 강화하고 투자자를 현혹하는 가공의 공개매수는 엄격하게 금지시켜야 한다. 또한 M&A 펀드 등 공개매수자의 자의적인 공개매수를 금지하고 시장에서 부당한 이익을 목적으로 M&A가 남용되는 것을 방지하기 위해 공개매수철회권을 강화해야 한다.

세제의 개선 역시 필요한데 주식교환 시 양도소득세 과세를 다소 완화시켜줌으로써 부담을 줄여주는 것이 필요하다. 물론 조세특례제한법에서 벤처기업 간 구주 대 구주 교환 시 양도세를 감면하고 있으나 실질적으로 비상장 벤처기업의 경우에는 거의 혜택을 받을 수 없기 때문에 그 효과가 미미하다. 또한 세법과 타법과의 주식평가기준을 통일하는 것도 필요하다.

2005년 6월 25일 코스닥시장 상장규정이 일부 변경되어 코스닥 상장기업과 비상장기업간의 합병이 활성화될 수 있도록 하였다. 즉 기존에는 비상장기업이 경상이익, 부채비율, 지분변동제한, 감사의견, 소송 및 부도 등의 요건을 충족하여야 하였으나, 이를 완화하여 비상장기업이 자산 및 자본금, 매출액 가운데 2가지 이상이 합병대상 상장기업보다 더 큰 경우에만 적용하기로 하였다.

4) M&A 성공전략

글로벌 경제환경에서의 지속적인 경쟁우위의 확보를 위해서는 기업 인수·합병은 필수적이다. 다만 이러한 M&A의 활용을 위해서는 기업의 특성과 M&A의 성격에 따라 핵심이슈가 다르며 따라서 전략이 달라야 성공적일 수 있다.

M&A의 유형에는 수평적 확장형, 제품 포트폴리오 확장형, 경쟁역량 강화형, 전후방 통합형, 신사업 진출형으로 구분될 수 있다. 수평적 확장형은 동종산업 내에서 경쟁기업을 인수·합병함으로써 규모의 경제를 달성하거나 시장지배력을 강화하려는 목적이다. 제품 포트폴리오 확장형은 자사제품과는 다른 비경쟁적 인접산업에 속하는 제품 및 서비스 기업을 M&A하여 제품이나 서비스의 구성을 다양화하는 경우이다. 핵심역량 강화형은 기술, 브랜드, 생산시설 등과 같은 핵심기능을 M&A를 통해 보완함을 목적으로 한다. 전후방 통합형은 부품, 원자재 또는 유통망 등 기존사업 영역에 있어 전후방에 위치한 활동을 결합하는 수직적 통합의 유형이며, 신사업 인수는 새로운 영역에 진출하는 다각화의 형태라 할 것이다.

성공적 인수·합병이 되기 위해서 각 경우별로 발생할 수 있는 주요한 이슈를 확인하고 이를 사전에 제거함으로써 인수·합병을 통한 효과를 누릴 수 있을 것이다. M&A 유형별 성공전략과 사례를 정리하면 〈표 11-5〉와 같다.

표 11-5. M&A 유형별 성공전략

M&A 유형	핵심 이슈	성공 전략	사례
수평적 확장형	- 딜 열병과 승자의 저주 - 구조조정, 문화적 갈등 - 제도, 규제 돌발 위험	- CEO견제 시스템 - 클린 팀 설치 - 대내외 커뮤니케이션 강화	· 록히드 - 마틴 마리에타 · 보다폰-만네스만
제품 포트폴리오 확장형	- 제품 간 포지셔닝 갈등, 유통망 충돌 가능성 - 제살 깍아 먹기	- 포트폴리오 큰 그림 수립 - 인접시장 분석 전담팀 구축	· 펩시-퀘이커오츠 · P&G-질레트
경쟁역량 강화형	- 무형자산 가치평가 불확실성 - 핵심인력 이탈 위험	- 분야별 전문가 평가팀 구성 - 보상 및 가치공유 프로그램	· 노키아-내브텍 · 노무라-리먼브러더스
전후방 통합형	- 전략적 유연성 감소 - 내부조정 관리비용 증가	- 탄탄한 전략적 논거 - 원점에서 가치사슬 재배열	· 록히드마틴-로럴 · 유니온퍼시픽 - 오버나이트
신사업 진출형	- 기존 조직의 저항과 알력 - 이질적 업무관행, 프로세스 - 보유 핵심역량 유용성 감소	- 피인수 기업 독립성 부여 - 산업 융복합 트렌드 반영 - 단계별(리얼옵션) 접근	· AT&T-맥코 · 비아콤-파라마운트

자료 : "글로벌 기업의 M&A에서 배우는 교훈", 2010.5.6. 삼성경제 연구소.

2. 기업공개

1) 기업공개와 상장의 개념

(1) 기업공개(Initial public offering)

기업공개는 넓은 의미로 소수인의 주주로 구성된 폐쇄기업(c1osed company)이 최초로 일반인을 대상으로 신주를 발행하거나, 이미 발행된 주식을 매도함으로써 주식을 분산시키는 행위를 의미한다. 좁은 의미에서의 기업공개란 당해 법인의 주식을 한국증권선물거래소가 개설하는 유가증권시장 또는 코스닥(KOSDAQ) 시장에서 거래하기 위하여 일반인을 대상으로 신주를 모집하거나 구주를 매출하는 일련의 절차를 말한다.

유가증권인수업무에 관한 규칙에서는 기업공개를 "한국증권선물거래소가 개설하는 유가증권시장에 상장하기 위하여 주식을 공모하는 행위" 및 "코스닥 상장법인이 유가증권시장에 주권을 신규로 상장하기 위하여 공모하는 행위"를 지칭하고 있다.

(2) 상장

신규상장이란 일정한 요건을 충족한 기업들이 발행하는 유가증권에 대하여 한국증권선물거래소가 유가증권시장에서 최초로 매매 거래될 수 있는 자격을 부여하는 것을 말하며, 그 자격을 얻은 유가증권을 상장유가증권이라고 한다. 특히 유가증권시장에 주권을 상장하지 아니한 발행기업이 주식분산을 통하여 처음으로 발행 주권을 상장하는 것을 주권 신규 상장이라고 하며 모집 또는 매출 여부에 따라 공모상장과 직상장(유통상장)으로 구분된다.

공모상장은 유가증권시장의 예비상장심사 결과, 상장적격통보를 받은 기업이 모집 또는 매출을 통하여 자금을 조달한 후 상장을 하는 형태의 신규상장을 말한다. 즉 유가증권시장에 신규상장을 원하는 기업이 상장을 추진하는 과정에서 일반투자자들을 대상으로 공모를 통하여 자금조달을 한 후 상장하는 형태를 말한다.

직상장(유통상장)은 이미 분산요건을 충족한 기업이 유가증권시장의 예비상장심사 후 공모를 통한 자금조달을 하지 아니하고 주권을 바로 상장하는 형태의 신규 상장을 말하며 유통상장이라고도 한다. 즉 상장을 추진하는 과정에서 자금조달이 수반되지 아니하는 형태이며, 현재 코스닥시장 상장법인에 한하여 허용되고 있다.

2) 상장의 효과와 혜택

(1) 상장의 효과

기업은 발행한 주식을 어느 시장에서 유통시킬 것인가를 결정하기 위하여 유통시장별 진입기준과 유통시장의 특성(국제적 인지도, 안정적 주가형성 등) 뿐만 아니라, 산업 및 기업의 특성(성장 싸이클, 업종, 업력, 규모 등), 중장기적 성장전략(해외투자자 유치, 합작투자, 외자조달 등), 주주 및 이해관계자의 요구와 경쟁기업의 동향 등을 종합적으로 고려하 여야 한다. 증권거래소에 상장을 하게 되면 기업은 다음과 같은 효과를 누릴 수 있다.

① 직접금융 조달기회 및 능력의 증대

상장법인은 유상증자와 사채발행 등 다양한 방법으로 일반대중으로 부터 필요한 자금을 조달할 수 있다. 특히 증권거래소는 주식, 채권(국공채, 전환사채, 신주인수권부사채, 이익참가부사채, 교환사채 등 주식관련사채 포함), 신주인수권증권, 신주인수권증서 등을 상장・매매하고 있는 종합 증권시장이라 할 수 있다. 따라서 상장기업은 자금조달목적에 적합한 유가증권을 발행하여 유가증권시장에 상장함으로써 장기안정적인 자금을 조달할 수 있으며 발행한 유가증권전체를 종합적으로 관리할 수 있다.

② 기업의 국제적 인지도 제고

상장법인은 국・내외 투자자를 비롯한 많은 사람들의 관심의 대상이 되며, 기업의 재무내용이나 경영상황이 신문, TV, 증권 관계기관의 각종 자료 등을 통하여 국내외에 전달됨으로써 기업의 인지도를 제고하는 효과를 얻을 수 있다. 특히 한국증권선물거래소는 주요 선진국의 증권관계기관으로부터 해외지정증권시장 등으로 인정받고 있으며, 국제분산투자 자 및 해외 바이어들은 국제적으로 인정된 증권시장에 상장된 기업에 많은 관심을 기울이고 있다. 따라서 상장기업은 해외진출 및 해외합작투자를 모색할 경우에 상장기업으로서의 지명도를 활용할 수 있다.

③ 기업의 원활한 구조조정 추진

상장법인은 상장규정에서 정하고 있는 다양한 방법으로 구조조정을 추진할 수 있다. 즉 기업분할제도, 지주회사제도 등 기업의 구조조정과 관련된 상장제도를 적극적으로 활용하여 기업의 목적에 맞는 방법으로 구조조정을 추진할 수 있다. 특히, 상장기업이 분할(인적분할 및 물적 분할)하는 경우 분할재상장 제도를 이용하여 상장할 수 있으며, 상장기업이 기존 상장기업을 자회사로 하는 지주회사(사업지주회사 및 금융지주회사)를 설립하는 경우에도 상장규정의 특례를 적용받아 신속하게 상장할 수 있다. 또한 비상장법인이 합병, 분할, 분할합병 또는 영업양수(양수한 영업부문이 회사의 주된 영업에 해당할 경우에 한정)를 한 경우에도 실질적인 영업활동기간이 3년 이상일 경우에는 설립 후 3년이 경과하지 않은 경우에도 상장을 신청할 수 있어 기업구조조정성과를 조기에 달성할 수 있다.

④ **종업원의 사기 진작과 경영권 안정**

상장법인 또는 주식을 신규로 상장하고자 하는 법인이 주식을 모집·매출하는 경우 당해 법인의 우리사주조합에 모집 또는 매출하는 주식 총수의 20% 범위 안에서 우선적으로 배정하여야 한다. 따라서 상장기업은 발행하는 주식을 종업원에게 우선적으로 배정함으로써 종업원의 사기진작과 주인의식을 제고시키며 생산성 향상을 기대할 수 있다. 또한 종업원이 자사주식을 보유하게 되면 우호적인 주주집단이 되어 경영권의 안정을 도모하는 효과도 얻을 수 있다.

(2) 상장의 혜택

우리나라의 각종 법령에 따라 유가증권시장 상장법인 및 코스닥시장 상장법인에 대하여 동일한 혜택을 부여하고 있다. 따라서 일반법인 뿐만 아니라 중소기업 및 벤처기업이 유가증권시장에 상장하면 코스닥시장에 상장한 경우와 동일한 혜택을 유지할 수 있다. 상장을 함으로써 얻을 수 있는 법적 혜택을 기업과 주주로 나누어 보면 다음과 같다.

기업에 대한 혜택으로는 일반공모증자의 용이, 의결권 없는 주식의 발행한도 특례, 주식배당의 특례, 신종사채의 발행, 사채발행 한도의 확대, 주주총회 소집절차의 간소화, 자사주 처분 손실준비금적립이 있으며, 주주에 대한 혜택으로는 주식양도소득세에 대한 비과세, 상속 및 증여재산의 시가평가, 증권거래세 탄력세율 적용이 있다.

3) 상장시기의 결정

일반적으로 소수주주가 경영하던 폐쇄기업이 공모를 통해 기업공개를 하고 발행주식을 유가증권시장에 상장하기 위해서는 사전에 철저한 준비를 하여야 한다. 특히 기업공개 및 신규상장은 기업의 성장 및 발전 과정에서 단 한 차례만 실시하는 것이므로 의사결정에 신중을 기하여야 한다. 기업공개 및 신규상장의 시기 결정 시에는 일반적으로 다음과 같은 상황을 고려할 수 있다. ① 기업의 수익력 및 장래의 수익력 확보 가능성, ② 자본조달의 필요성 및 향후 재무정책, ③ R&D 또는 신규투자계획, ④ 기업신뢰도 및 인지도 확대, ⑤ 우리사주조합제도를 활용한 사내 분위기 진작, ⑥ 증권시장의 동향 등을 고려 하여야 한다, 특히, 유가증권시장의 예비상장심사결과 상장적격성을 통보받은 기업은 상장적격성 통지접수일로부터 6개월 이내에 상장신청을 할 수 있어, 상장적격성을 통보받은 후, 증권시장의 동향 등을 고려하여 공모시기를 조절할 수 있다.

4) 우리나라의 주식시장과 코스닥 시장

코스닥(KOSDAQ, Korea Securities Dealers Automated Quotation)은 고부가치 산업인 지식기반 중소 벤처기업에게 장기적이고 안정적인 자금을 공급하고 투자자에게는 고위험·고수익의 투자기회를 제공하기 위해 미국의 나스닥(NASDAQ) 시장을 벤치마킹하여 설립된 증권시장이다. 정부는 증권거래소 시장(현재의 유가증권 시장)을 이용하기 어려운 중소기업 등의 자금조달을 지원하고자 1986년 12월 24일 "중소기업 등의 주식거래 활성화를 위한 시장 조직화 방안"을 발표하고, 1991년 10월 1일 고객과 증권회사 간, 증권회사 상호 간 상대매매를 중개하기 위한 주식장외거래중개실을 설치하였다. 이를 확대 발전시켜 1995년 5월 (주)코스닥증권시장이 설립되었고, 1996년 7월 코스닥 시장이 개설되어 실질적인 시장기능을 하게 되었다. 2015년 현재 우리나라의 주식시장은 유가증권시장, 코스닥시장 그리고 코넥스시장이 있다. 각 시장의 조건은 다음과 같다.

KOSPI(Korea Composite Stock Price Index)라고 알고 있는 것은 한국 유가증권시장의 시가총액 지수를 말한다. 하지만 유가증권시장 그 자체를 지칭하는 말로 사용하기도 한다.

유가증권이란 자본 및 수익에 대한 청구권을 의미하는데, 보통 알고 계시는 채권과 주식 등이 여기에 포함된다. KOSPI는 한국거래소(KRX)에서 운영하는 대표적인 유가증권시장으로, 아래의 요건을 만족하는 기업은 KOSPI 상장 심사를 요청할 수 있다.

1. 자기자본 300억 원 이상
2. 상장 주식 수 100만 주 이상
3. 최근 매출액 1,000억 원 이상 및 3년 평균 700억 원 이상 or 최근 매출액 2,000억 원 이상 및 기준시가총액 4,000억 원 이상

코스닥(Korea Securities Dealers Automated Quotation) 시장은 KOSPI와는 달리 별도의 거래장소 없이 프로그램 매매만 이루어지는 전자거래시장이며, KOSPI와 비교하면 덜 까다로운 상장요건 덕분에 중소 및 벤처기업의 주식

거래 활성화에 도움을 주고 있다. 기존 코스닥위원회에서 운영하던 때에는 코스닥 '등록'이라는 표현을 사용하였으나(장외시장), 2005년에 한국증권선물거래소(통합 거래소; KRX)가 출범하면서 장내에 편입되어, 코스닥도 '상장'이라는 단어를 쓰고 있다. 상장 요건은 다음과 같다.

1. 일반 기업 – 설립 후 3년 경과, 자기자본 30억 원 이상, 기준시가총액 90억 원 이상
2. 벤처/기술성장기업 – 설립연한 미적용, 자기자본 15억 원 이상, 기준시가총액 90억원 이상

코넥스(KONEX : Korea New Exchange)는 코스닥 상장 요건을 만족하지는 못하지만 우수한 기술력을 보유한 중소/벤처기업을 위한 전용 주식시장이다. 코스닥보다도 ① 상장요건이 덜 까다롭고, ② 수시공시 · 회계 · 지배구조 · 합병 등에 있어서 부담을 완화해주는 등의 혜택을 제공하고 있으며, ③ 코넥스 상장 기업이 코스닥으로 이전 상장할 수 있도록 도움을 주고 있다. 그러나 KONEX에는 전문투자자 및 예탁금 3억 원 이상의 개인투자자만 참여할 수 있으므로, 아직은 생소한 주식시장이다. 또한, KOSPI나 KOSDAQ처럼 단기 시세차익을 추구하는 것보다는 장기투자(Buy & Hold)에 적합한 시장이다. 상장 요건은 다음 조건 중 하나만 충족하면 된다.

1. 매출액 10억 원 이상
2. 자기자본 5억 원 이상
3. 순이익 3억 원 이상

중소벤처기업의 코스닥 상장의 효과는 다음과 같다.

① 자금 조달 능력의 증대

신규 상장 및 공개 후 유상 증자를 통해 필요자금의 조달이 가능하며, 유상증자 시 발행가 결정 및 투자자 모집이 용이하다. 또한 증권거래법 상 자금조달 시 일반 공모증자 가능, 의결권 없는 주식의 발행한도 확대, 신종사채 발행 가능, 사채발행한도 확대, 자사주취득방법 확대, 주식배당한도확대 등 다양항 혜택이 있다(http://www.kosdaq.com 참조).

② 기업홍보효과와 경영합리화 도모

재무내용 및 경영정책, 현황의 공시를 통해 투자자에게 기업을 홍보할 수 있으며, 대외 진출 및 합작투자 시 신용도 제고에 유리하다. 또한 동일업종 타사와 비교가 용이하며, 주가로 경영실적이 평가되어 경영합리화 도모가 용이하다.

③ 세제상의 혜택

양도소득세 비과세, 사업손실준비금 손금산입 혜택, 배당소득세 분리과세, 적정유보 초과소득에 대한 법인세 비과세, 증권거래세 탄력세율 적용, 상속증여재산 평가 시 시가인정, 스톡옵션 행사 이익 비과세 등이 있다.

④ 직상장 가능(유가증권상장규정 제15조)

일반 비상장법인은 반드시 기업공개절차를 거쳐야 유가증권시장 상장이 가능하지만, 코스닥 시장에 상장된 중소기업 및 은행 중 30% 이상의 주식이 1,000명 이상의 소액주주에게 분산되어 있는 법인으로서 상장신청일 전 월평균거래실적인 발행주식총수의 1% 이상을 충족하는 기업은 별도의 공모(주식분산)절차 없이 상장할 수 있다.

⑤ 기타 혜택

자기주식 취득을 통해 경영권 방어 및 주가관리가 용이하며, 이익배당 시 배당 총액까지 주식으로 배당 가능하다. 소액주주의 주식 이동은 주식이동상황명세서 제출의무가 면제된다.

5) 코스닥 증권시장의 현황과 평가

코스닥 증권시장은 1996년 탄생하여 2000년 전반기까지는 급성장을 하였으나 벤처 거품의 제거 등으로 인해 어려운 시기를 보내기도 하였다. 초기 머니게임(money game)화한 시장 과열의 후유증으로 투기의 대상으로 인식되어 벤처기업의 건전한 자금조달 창구로서의 기능을 못하고 있다.

1996년 331개 기업으로 출발하여 2015년 기준 1,152개 기업이 상장되어 약 3.5배의 증가를 보이고 있다. 시가총액도 최초 7.6조원에서 2015년 현재 201.5조원으로 약 26.5배 증가하였다. 특히 2014년과 2015년 시가총액이 급증하였는바 의약품과 회장품 등의 성장업종의 급등이 원인이다. 상장 자본금 역시 3.1조원에서 2015년 현재 12.6조원으로 성장하였다.

현재 시장을 주도하는 기업은 셀트리온, 카카오, 네이버와 함께 의약업종이 20위권에 진입해 있다. 이는 전자정보통신업종 및 한류와 함께 고령화 사회에 따른 의약업종의 미래 전망을 반영한 것으로 보인다. 하지만 이러한 성장에도 불구하고 아직 코스닥 시장이 벤처기업의 자금조달 기능은 상당이 부족하다. 따라서 정부의 적극적인 시장활성화 정책과 아울러 연기금의 장기적 투자 등이 필요하다. 아울러 코스닥 상장기업 및 관계자들의 자정 노력을 통해 시장에 대한 투자자의 신뢰 회복이 중요하다 하겠다.

읽을거리 1

10억만 벌고 싶은데 1000억원 벌었다

지금으로부터 15년 전, 23세의 한 청년은 kaist 박사과정을 밟다가 친구들과 모여 네오위즈라는 인터넷업체를 창업한다. 청년의 당시 목표는 10억원을 버는 것이었다. 10억원만 있으면 '부자'가 될 것 같아서다. 그로부터 4년 뒤 청년은 세상과 담을 쌓고 일에만 매진한 덕분에 '10억원'을 거머쥘 수 있었다. 청년이 창업한 네오위즈가 기업공개에 성공한 것이다.

굴곡도 있었다. 2002년 갑자기 입영통지서가 날아왔다. 병역특례가 취소되면서 남들은 한번 가는 군데를 두번이나 가게 됐다. 군대에서도 그의 '개발자의 끼'는 유감없이 발휘됐다. 현역 근무를 하면서 틈틈이 개발한 프로그램이 국방부가 주최하는 대회에서 3위에 입상한 것이다. 능력을 인정받은 그는 제대한 다음 검색업체 '첫눈'을 창업했다. 첫눈은 2006년 NHN에 315억원을 받고 매각했다. 10억원을 벌고 싶다던 청년 개발자는 15년 만에 1000억원대 자산가로 당당히 섰다.

장병규 블루홀스튜디오 이사회 의장 겸 본엔젤스 대표(38)의 이야기다. 장 대표는 국내 벤처업계의 '큰손'으로 꼽히는 인물이다. 최근 게임업계에서 화제가 되고 있는 '테라'의 숨은 주역이기도 하다. 장 대표는 '테라'의 가능성만 보고 2007년 게임개발사 블루홀스튜디오를 창업했다. 신생 개발사인 블루홀스튜디오가 400억원 이상 투입된 게임을 개발한 것도 장 대표라는 든든한 뒷받침이 있었기에 가능했다.

장 대표는 "'테라'의 경우 순조로운 출발을 했다는 정도로 생각한다"며 "좋은 게임이 나오면 관련된 시장은 계속 열릴 것이기 때문에 블루홀스튜디오가 다중접속역할수행게임(mmorpg)의 명가라는 비전을 달성하도록 노력할 예정"이라고 말했다.

장 대표는 요즘 '테라'를 열심히 즐기면서 직원들과 허심탄회하게 이야기를 나누며 지낸다. "사람이 가장 중요한 자산"이라고 입버릇처럼 말하는 장 대표는 2006년 첫눈을 매각할 당시 본인이 보유한 지분 가운데 30%를 직원들에게 나눠줘 화제가 되기도 했다. 무려 15억원에 달하는 금액이었다.

장 대표의 도전은 여기서 멈추지 않는다. 장 대표는 지난해 본엔젤스라는 초기투자 전문 벤처캐피탈을 창업했다. 사업 초기에 어려움을 겪는 벤처업체에 금전적인 투자뿐 아니라 법무 · 회계 · 홍보업무를 도와주는 일이다. 장 대표는 본엔젤스를 설립하기 전부터 미투데이, 윙버스 등 12개 회사에 총 24억원을 투자했다. 본엔젤스를 설립한 후에도 게임 · 교육업체 등에 투자했다.

장 대표는 "사람들이 왜 벤처일을 계속 하느냐고 묻는데 벤처는 대중적인 삶과 동떨어진 뭔가 다른 삶을 경험할 수 있다는 점에서 매력적"이라며 "무엇보다 함께 일하는 사람들과 팀워크를 통해 얻는 희열감과 성취감은 돈으로 환산하기 힘든 소중한 경험"이라고 말했다.

장 대표는 "하루아침에 성공을 이루려는 창업자들이 있는데 이런 경우에는 투자를 피하게 된다"며 "투자를 할 때도 결국 사람을 보고 할 수밖에 없기 때문에 인간적으로 상호 신뢰하는 것이 중요하다"고 강조했다.

찾아보기

저자소개

최 종 열

부산대학교 상과대학 경영학과
부산대학교 대학원(경영학 석사)
경북대학교 대학원(경영학 박사)
UCLA 경영대학원 객원교수
한국경영학회, 한국경영과학회, 한국생산관리학회 회원
한국 SCM학회 이사
한국벤처창업학회 이사
(사)한국창업보육협회 회장
현, 부산대학교 경영대학 교수

정 해 주

부산대학교 상과대학 경영학과
부산대학교 경영대학원(경영학 석사)
부경대학교 대학원(경영학 박사)
한국기업금융자문(주) 부산지점장
한국중소기업학회, 한국인적자원관리학회 회원
한국인적자원관리학회 부회장
전, 부산이노비즈센터 지원실장
현, 동부산대학교 금융경영과 교수

저자와의 협의하에 인지생략

벤처창업과 기업가정신 [제2판]

2011년 2월 28일 1판 1쇄 발행
2016년 8월 30일 2판 1쇄 발행
2020년 9월 10일 2판 3쇄 발행

저 자 최 종 열 · 정 해 주
발행인 김 광 식
조 판 아 람 기 획

07285
발행처 서울특별시 영등포구 선유로3길 10, 617호
도서출판 **탑 북 스**
등 록 2009.12.21 제 2016-000101 호
전 화 02)365-2223 팩스 02)365-2224

정가 25,000 원

ISBN 979-11-87343-15-8-93320